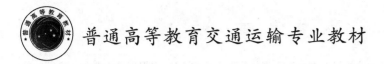

普通高等教育交通运输专业教材

现代汽车运输企业管理

（第 2 版）

马天山　宋金鹏　主　编
　　　　陈引社　主　审

人民交通出版社股份有限公司

北　京

内 容 提 要

本书是普通高等教育交通运输专业教材。本书运用现代管理理论和方法，根据运输企业生产经营的特点和近几年来运输企业不断改革和发展的变化情况，结合作者多年教学、科研的积累，对现代汽车运输企业各项经营管理活动进行了全面总结和系统论述，形成了内容全面、结构合理、体系完善的现代汽车运输企业管理内容体系。

本书可作为高等院校交通运输类专业的基础教材和运输行业相关人员的培训教材或参考书，也可作为运输企事业单位管理人员和研究人员的学习用书。

图书在版编目(CIP)数据

现代汽车运输企业管理/马天山，宋金鹏主编. —2版. —北京：人民交通出版社股份有限公司，2020.12(2025.7重印)
ISBN 978-7-114-16847-5

Ⅰ.①现… Ⅱ.①马… ②宋… Ⅲ.①公路运输企业—企业管理 Ⅳ.①F540.5

中国版本图书馆 CIP 数据核字(2020)第 177298 号

书　　名：	现代汽车运输企业管理（第2版）
著 作 者：	马天山　宋金鹏
责任编辑：	钟　伟
责任校对：	席少楠
责任印制：	张　凯
出版发行：	人民交通出版社股份有限公司
地　　址：	(100011)北京市朝阳区安定门外外馆斜街 3 号
网　　址：	http://www.ccpcl.com.cn
销售电话：	(010)85285911
总 经 销：	人民交通出版社股份有限公司发行部
经　　销：	各地新华书店
印　　刷：	北京武英文博科技有限公司
开　　本：	787×1092　1/16
印　　张：	19.75
字　　数：	452 千
版　　次：	2009 年 7 月　第 1 版 2020 年 12 月　第 2 版
印　　次：	2025 年 7 月　第 2 版　第 3 次印刷　总第 9 次印刷
书　　号：	ISBN 978-7-114-16847-5
定　　价：	52.00 元

(有印刷、装订质量问题的图书，由本公司负责调换)

PREFACE 第2版前言

本教材第1版于2009年7月出版,作为普通高等教育"十一五"国家级规划教材,得到了全国普通高等学校、运输行业培训机构、运输企业及读者的普遍欢迎。随着我国经济社会持续稳定的发展和经济体制改革的进一步深化,全球经济一体化不断加快,网络经济、科学技术日新月异,运输企业所面临的外部环境动荡复杂、各种经济体之间的竞争日趋激烈,在这种新的环境下对运输企业的各项管理活动也提出了更高的要求。本着与时俱进的精神,本教材在第1版的基础上进行了适当的修订。

本教材的编写与修订以科学发展观为指导,反映企业管理的基本规律和汽车运输企业发展的特点,力求内容的系统性、完整性,充分反映管理理论的最新成果和运输企业管理实践的新经验,在第1版的基础上增加了运输企业文化建设、运输企业经营模式分析、员工关系管理、当代管理理论和新兴技术应用、案例分析等内容,更新了运输市场有关法律法规、规章制度、行业标准等新规定,进一步完善了原有现代汽车运输企业管理的内容体系。本教材主要内容包括:汽车运输企业基本理论、经营与管理理论和汽车运输企业管理的内容体系、企业管理的发展及主要理论;运输企业经营环境分析的内容和方法、经营战略构成与管理、经营决策、市场营销策略等内容;运输企业人力资源管理、物力资源管理、运输生产组织、运输质量控制、技术管理以及现代运输技术和现代信息技术的应用和财务管理的具体内容。为提高学生或读者的综合分析能力和实践管理能力,本教材各章增加了一个综合案例分析,以供案例教学之用。

本教材由长安大学经济与管理学院博士生导师马天山教授、宋金鹏讲师主编,并负责总体结构设计、内容体系构思,以及全书统稿工作。具体编写分工为:马天山教授、宋金鹏讲师撰写第一、二、三、四、八章,张周堂教授撰写第五、七章,孙启鹏教授、朱文英副教授撰写第六、九章,马天山教授、张锦曦博士撰写第十章,宋金鹏讲师、张瑜博士撰写第十一章,何公定副教授撰写第十二章。本教材由陈引社教授主审,另外,在本教材的编写过程中还得到了樊根耀教授、杨红副教授、陈阳博士等同志的热情帮助和支持,在此表示衷心的感谢;同时,还参阅了国内外有关著作和资料,在此谨向有关作者致以诚挚的谢意。

由于编者水平有限,书中难免存在不足与错漏之处,敬请广大读者批评指正。

编 者

2020 年 6 月

CONTENTS 目　录

第一章　汽车运输企业 ……………………………………………………………… 1
第一节　汽车运输企业概述 …………………………………………………… 1
第二节　汽车运输企业系统与组织结构 ……………………………………… 7
第三节　汽车运输企业制度与经营机制 ……………………………………… 13
第四节　汽车运输企业文化建设 ……………………………………………… 22
案例分析　重庆公路运输(集团)有限公司的"搬装精神" ……………… 29

第二章　汽车运输企业经营与管理 ……………………………………………… 31
第一节　经营与管理理论 ……………………………………………………… 31
第二节　汽车运输企业管理 …………………………………………………… 36
第三节　企业管理的发展及其主要理论 ……………………………………… 41
案例分析　首届全国交通运输行业"宇通杯"机动车驾驶员节能技能竞赛 …… 54

第三章　汽车运输企业经营环境 ………………………………………………… 56
第一节　经营环境的总体分析 ………………………………………………… 56
第二节　汽车运输企业外部环境分析 ………………………………………… 59
第三节　汽车运输企业内部环境分析 ………………………………………… 67
第四节　SWOT 分析 …………………………………………………………… 72
案例分析　EFE 矩阵和 IFE 矩阵应用举例 ………………………………… 75

第四章　汽车运输企业经营战略 ………………………………………………… 77
第一节　战略概述 ……………………………………………………………… 77
第二节　企业战略的类型与内容 ……………………………………………… 82
第三节　企业战略管理 ………………………………………………………… 92
案例分析　湖北宜昌交运集团股份有限公司的多元化战略 ………………… 98

第五章　汽车运输企业经营决策 ………………………………………………… 100
第一节　经营决策概述 ………………………………………………………… 100
第二节　经营决策的基本方法 ………………………………………………… 107
第三节　投资决策与风险分析 ………………………………………………… 117
案例分析　运输产品亏损时的决策 …………………………………………… 122

第六章　汽车运输企业市场营销 ………………………………………………… 123
第一节　市场营销概述 ………………………………………………………… 123
第二节　运输企业目标市场选择 ……………………………………………… 125
第三节　运输产品策略 ………………………………………………………… 129

第四节　运输市场定价策略 137
　　第五节　运输产品分销渠道策略 142
　　第六节　运输产品促销策略 148
　　案例分析　京东物流春运公益营销 151

第七章　汽车运输企业人力资源管理 154
　　第一节　人力资源管理概述 154
　　第二节　人力资源规划与招聘 158
　　第三节　人力资源培训与组织 165
　　第四节　人力资源绩效考核与薪酬管理 171
　　案例分析　员工持股计划——苏汽集团有限公司职工持股会 177

第八章　汽车运输企业物力资源管理 179
　　第一节　物力资源管理概述 179
　　第二节　运输场站设施管理 181
　　第三节　车辆设备管理 188
　　第四节　物资采购管理 199
　　案例分析　安阳客运"以商养站"应对乘客流失 205

第九章　汽车运输企业生产管理 207
　　第一节　运输生产管理概述 207
　　第二节　车辆运行组织 212
　　第三节　旅客运输组织 221
　　第四节　货物运输组织 227
　　案例分析　定制客运之"赣州快车" 234

第十章　汽车运输企业质量管理 236
　　第一节　运输质量管理概述 236
　　第二节　运输质量特性及衡量指标 238
　　第三节　运输质量管理方法 243
　　第四节　运输质量保证体系 250
　　案例分析　A公司运输质量分析 254

第十一章　汽车运输企业技术管理 258
　　第一节　技术管理概述 258
　　第二节　运输与配送技术 260
　　第三节　现代信息技术的应用 263
　　第四节　节能技术的应用 272
　　第五节　其他新兴技术的应用 274
　　案例分析　京东物流无人机,白洋淀上空搭"天梯" 279

第十二章　汽车运输企业财务管理 281
　　第一节　财务管理概述 281
　　第二节　资金筹措与管理 283

第三节	资产运营管理	288
第四节	成本费用管理	295
第五节	营收与利润管理	298
案例分析	大秦铁路股份有限公司财务分析	303

参考文献 ··· 305

第一章　汽车运输企业

企业是现代社会赖以生存和发展的基础,是国民经济的基本单位。汽车运输企业是企业的一种类型,研究汽车运输企业管理,必须从研究汽车运输企业开始,了解企业的性质、作用、构成、分类和生产经营活动的特点。

第一节　汽车运输企业概述

汽车运输企业是运输市场的经营主体,是由各种运输生产要素组合而成、在流通领域为社会提供运输劳务的经济组织。了解汽车运输企业的概念、特征和类型以及它的产生和发展,是研究汽车运输企业管理的基础。

一、汽车运输企业

1. 汽车运输企业的概念

企业一般是指以盈利为目的,运用各种生产要素(土地、劳动力、资本、技术和企业家才能等),向市场提供商品或服务,实行自主经营、自负盈亏、独立核算的法人或其他社会经济组织。按照不同的分类方式,企业可以分为不同的类型。按照产业标准不同,企业可分为工业企业、交通运输企业、邮电企业、农业企业、建筑企业、商业企业、金融企业、旅游及服务企业等。按照运输方式和使用的运输工具不同,交通运输企业可以进一步分为汽车运输企业、铁路运输企业、航空运输企业、远洋运输企业等。

汽车运输企业是指以汽车为载运工具,专门从事汽车旅客或货物运输经济活动,为满足社会运输需求并获取盈利,实行自主经营、自负盈亏、自我发展、自我约束的法人或其他经济组织。汽车运输企业的主要生产工具是各种类型的汽车,主要经营的业务为旅客运输或货物运输,生产的产品是旅客或货物的空间位移。

2. 汽车运输企业的特征

不同类型的企业,都有反映它们各自特殊性的某些特征。汽车运输企业具有一般企业的共性,如盈利性、经济性等,同时也有自身的特点,其基本特征表现在以下几个方面:

(1)社会性。汽车运输企业是一个社会组织,企业所从事的运输生产经营活动是社会化大生产的一个组成部分,涉及社会经济发展的各个方面,完成运输生产任务所产生的效益有企业微观效益,但更多地体现在社会宏观效益方面,如促进地区经济的发展、确保社会稳定、方便人们旅行、提高生活质量等。同时,它又从属于一定的政治和社会体系,承担着一定的社会责任。因此,社会性是汽车运输企业的首要特性。

(2)经济性。汽车运输企业是经济组织,它在社会中所从事的是经济活动,以自己提供的运输劳务,通过交换来满足社会需要,并从中获得利润。如果没有盈利,企业就不能发展,就会被市场所淘汰;如果没有盈利,就没有企业财产所有者和经营者的利益,也就没有搞好企业生产经营的动力,企业就会消亡。因此,企业的经济性是它区别于从事非经济活动的政府机关、政治组织、事业单位、群众组织和学术团体等非经济组织的最本质的特征。

(3)服务性。汽车运输企业是社会经济系统中的一个子系统,它与其他子系统发生着广泛的经济联系,它既依赖于其他子系统的发展,又服务于其他子系统,在国民经济中发挥着保障和促进作用。

(4)能动性。汽车运输企业是一个能动的有机体,表现在对外部环境的适应能力、自我改造能力、自我约束能力和自我发展能力。它通过不断地与外界进行能量、物质和信息的交换,调整自己的内部结构,以适应市场环境的变化,并发展和壮大自己。

(5)竞争性。汽车运输企业是运输市场中的经营主体,同时也是竞争主体。竞争是市场经济的基本规律。企业要生存、要发展,就必须参与市场竞争,并在竞争中取胜。企业的竞争性表现在它所提供的服务要有竞争力,要在市场上接受用户的评判和挑选,要得到社会的承认。企业通过自己有竞争力的服务在市场经济中求生存、求发展。

3.汽车运输企业的构成

具有一定规模、功能比较齐全的汽车运输企业一般是由车队(或车场)、汽车客(货)运站、汽车维护场、汽车修理厂、汽车加油站(库)及有关职能部门所组成。

(1)车队(或车场)。车队(或车场)是客货车辆使用和保管的基层生产单位,它的主要任务有:运送旅客或货物并使其不受损坏;管好并合理使用车辆;对车辆进行日常维护和技术检验;加强安全教育;统计定额数据,做好原始记录,建立信息反馈系统等工作。

(2)汽车客(货)运站。汽车客运站是专门办理旅客运输业务,进行旅客和行包的始发、中转、到达以及相关作业的场所,一般设在道路旅客集散点,其规模大小视当地的客运量而定。汽车货运站是专门办理货物运输业务,进行货物的始发、中转、到达以及货物仓储保管等相关作业的场所,一般设在道路货物集散点,其类型根据作业内容不同分为整车货运站、零担货运站、集装箱中转站等。

(3)汽车维护场。汽车维护场是汽车运输生产的技术后方,是汽车运输企业的工业性生产的基层组织,其主要任务有:进行车辆各级维护作业;车辆常见故障的诊断和排除;运行中和维护中的小修作业;汽车轮胎的修补作业以及部分零件的修理工作等。

(4)汽车修理厂。汽车修理厂是进行恢复汽车技术性能的生产机构,是汽车"二次生产"的基地,其主要任务有:汽车大修及总成大修;汽车零部件的修复;汽车部分零部件的配制;车辆的技术改造;机具维修、仪表修理、轮胎翻新、废油再生产等。

(5)汽车加油站(库)。汽车加油站(库)是负责供给各种燃、润料及其他用油的机构,其主要任务有:正确选用和计量汽车燃、润料,按期校核计量工具;按规定存储燃、润料并注意其安全防护;指导合理使用燃、润料和旧油的回收和再生工作;补加加注汽车的燃、润料等。

(6)有关职能部门。有关职能部门是指根据管理原理和企业生产经营活动的需要设置的职能管理部门,如计划、技术、财务、人力资源、物资供应等,其主要任务是:按照各部门的职责有效地组织、指挥、协调运输企业的各项生产和经营管理工作。

4.汽车运输企业的基本问题与基本活动

根据美国经济学家萨谬尔森的观点,任何企业在从事生产经营活动之前或在生产经营过程中,管理者都必须首先回答以下基本问题,汽车运输企业也不例外。

(1)生产什么——市场需求问题:企业为市场提供什么产品、什么业务或服务?

(2)为谁生产——市场对象问题:企业生产经营活动的服务对象是什么?

(3)生产多少——市场潜力与企业能力问题:企业能为市场提供的产品或业务的数量?

(4)怎样生产——市场要求与企业运作问题:企业经营模式、生产组织方式等?

围绕着解决这些问题,企业必须开展一系列的技术经济与管理活动。概括起来,企业的基本活动有以下五个方面:

(1)经营活动。经营活动的主要内容是分析企业内外部环境和竞争形势,根据外部环境的变化趋势制定企业的经营目标、经营战略、市场营销策略,进行经营决策、开拓运输市场、开发运输产品,制订、落实企业经营计划等,保证企业在满足社会需要的前提下,取得良好的经济效益。

(2)人事活动。人事活动的主要内容是对企业需要的人力资源进行规划、招聘、培养、整合、激励和开发,充分发挥人的积极性、能动性,使人尽其才、事得其人、人事相宜的一系列工作,保证企业各项活动的顺利开展。

(3)生产活动。生产活动的主要内容是充分利用企业内部的资源和条件,合理组织企业运输生产活动,有效完成运输生产任务,提高运输生产效率,保证运输服务质量,降低运输生产成本。

(4)财务活动。财务活动的主要内容是以价值形态正确反映和分析企业生产经营的成果,正确处理财务活动中与有关各方面发生的经济关系,合理组织企业的资金运动过程,提高资金使用效率。

(5)技术活动。技术活动的主要内容是为企业运输生产活动提供技术保障,保证运输生产过程的顺利进行,如运输场站生产工艺设计、车辆技术装备与技术维修、运输产品开发、运输技术、物流技术、信息技术、节能技术等。

二、汽车运输企业的类型

1. 按运营组织形式划分

汽车运输具有点多面广、流动分散、机动灵活、"门到门"的特点,是一种"面上"的运输,这决定了汽车运输企业运营组织形式的多样性。按运营组织形式不同,我国汽车运输企业大体上可分为三种基本运营组织形式。

(1)公用型汽车运输企业。公用型汽车运输企业是指面向全社会,为所有运输需求者提供运输劳务的营利性经济组织。这种形式的大、中型企业一般是由在生产技术上有密切联系的若干车队(或车场)、车站(汽车货运站或汽车客运站)、车间(车辆维护车间、零件修理车间、轮胎修理车间等)和管理部门构成,其基本特征是面向全社会,自主经营,独立核算,统一处理对外经济联系事务。

(2)专用型汽车运输企业。专用型汽车运输企业是指专门为本部门、本行业运输需求者提供运输业务的运输企业,如在计划经济条件下形成的粮食车队、商业车队、外贸车队、林业车队等。这种形式企业的主要特征是专业性强、运输对象单一、服务范围有限,明显带有部门或行业特色,是计划经济条件下的产物。随着市场经济体制的建立、部门界限的破除和企业的独立化,这种形式的企业逐渐向公用型转变,形成专业化的公用型汽车运输企业。

(3)自用型汽车运输企业。自用型汽车运输企业是指只为本厂、本公司、本单位的生产或生活服务的运输企业或单位。如大型厂矿、企业、事业单位的自备车队,虽然它们当中有些大型车队也实行自主经营、独立核算,但服务范围仅限于本厂矿、本单位,不从事本单位以外的流通范围内的运输经营活动。

2.按企业规模大小划分

按照企业规模大小划分,企业一般可分为特大型企业、大型企业、中型企业、小型企业、微型企业。《道路旅客运输企业等级》(JT/T 630—2017)按照运输能力、资产规模、车辆条件、经营业绩、安全状况、服务质量、人员素质、科技应用等指标将道路旅客运输企业划分为特级、一级、二级、三级、四级。其中,特级客运企业净资产应达到15亿元(含)以上,客运资产净值应达到12亿元(含)以上。《道路货物运输企业等级》(JT/T 631—2017)按照运输能力、资产规模、车辆条件、经营业绩、安全状况、服务质量、人员素质、科技应用等指标将道路货物运输企业划分为特级、一级、二级、三级、四级。其中,特级货运企业总资产应达到30亿元(含)以上,货运资产净值应达到15亿元(含)以上。

3.按运输生产类型划分

汽车运输企业,除了不同的运营组织形式外,还有许多不同的生产类型。根据运输生产类型不同,汽车运输企业主要可分为如下几种类型,详见表1-1。

汽车运输企业主要类型 表1-1

企业类型		运输生产特点
客运企业	长途客运企业	班车客运、包车客运
	城市短途客运企业	公共汽电车客运、应招客运
	出租汽车企业	出租汽车客运
	旅游客运企业	旅游包车、班车客运
货运企业	普通货运企业	普通、整车货物运输
	零担货运企业	零担货物运输
	特种货运企业	大件、鲜活易腐、危险货物运输
	集装箱运输企业	集装箱的联运、转运、直达运输
	快件货运企业	"门到门"快捷运输
	快递货运企业	收寄、运输、投递
	其他专项货运企业	如搬家运输、鲜花配送等
搬运装卸企业	搬运装卸企业	港口、码头、车站、大型货物集散地的货物搬运装卸
联运企业	多式联运企业	组织各种运输方式联运
运输服务企业	货运代理企业	办理货运各项代理业务
	信息服务企业	运输信息服务

4.按企业的财产组织形式划分

按照企业财产组织制度和资本组织形式划分,汽车运输企业可分为个人业主制、合伙制和公司制三大类型。个人业主制即独资企业,为个人出资经营、归个人所有和控制、由个人承担经营风险和享有全部经营收益的企业。以独资经营方式经营的独资企业有无限的经济责任,破产时借方可以扣留业主的个人财产。合伙制即合伙企业,是指自然人、法人和其他组织依照《中华人民共和国合伙企业法》在中国境内设立的,由两个或两个以上的自然人通过订立合伙协议,共同出资经营、共负盈亏、共担风险的企业组织形式。独资企业和合伙企业为非公司制企业,也是非法人企业,不具有法人资格。

公司制企业包括有限责任公司和股份有限公司。有限责任公司,简称有限公司,中国的有限责任公司是指根据《中华人民共和国企业法人登记管理条例》规定登记注册,由50个以下股东出资设立,每个股东以其所认缴的出资额为限对公司承担有限责任,公司法人以其全部资产对公司债务承担全部责任的经济组织。根据《中华人民共和国公司法》,有限责任公司由50个以下股东出资设立。有限责任公司包括国有独资公司和一人有限责任公司以及其他有限责任公司。国有独资公司是指国家单独出资、由国务院或者地方人民政府授权本级人民政府国有资产监督管理机构履行出资人职责的有限责任公司。一人有限责任公司,是指只有一个自然人股东或者一个法人股东的有限责任公司。中国的股份有限公司,是指根据《中华人民共和国企业法人登记管理条例》规定登记注册,将公司全部资本划分为等额股份,股东以其认购的股份为限对公司承担责任,公司以全部财产对公司债务承担责任的法人。《中华人民共和国公司法》第七十八条规定,设立股份有限公司应当有2人以上200人以下为发起人,其中须有半数以上的发起人在中国境内有住所。《中华人民共和国公司法》第三条规定,公司是企业法人,有独立的法人财产,享有法人财产权。股份有限公司又分为上市公司和非上市公司。上市公司,是指其股票在证券交易所上市交易的股份有限公司;非上市公司是指其股票没有上市和没有在证券交易所交易的股份有限公司。

我国的公司制汽车客运企业,大部分是从计划经济时期的国有汽车客运企业经过改制转变而来的。由于20世纪末开放时期国有汽车货运企业几乎破产殆尽,所以,我国公司制汽车货运企业绝大部分都是改革开放后新组建的民营企业。在汽车客运公司制企业中,以有限责任公司为主,股份有限公司较少。在道路客运股份有限公司中,绝大部分是非上市公司,也有少数上市公司,如江西长运股份有限公司、宜昌交运股份有限公司、四川富临运业集团股份有限公司和海南海汽运输集团股份有限公司等。

5. 按企业经济性质划分

随着社会主义市场经济的建立和逐步完善,社会经济发展水平及工业化的进程加快,道路运输业已形成国家、集体、个体多种经济成分与多种经营方式并存的新格局。按照企业经济性质划分,汽车运输企业可分为国有运输企业、集体运输企业、私营运输企业、混合所有制企业、外商投资企业(中外合资经营企业、中外合作经营企业、外商独资企业)等。

(1)国有汽车运输企业,是指具备与道路运输经营项目、规模和范围相适应的设备、设施、资金和专业人员,为提供市场运输劳务以满足社会需要并获得利润,实行自主经营、自负盈亏的企业制度,企业全部资产归国家所有,并按《中华人民共和国企业法人登记管理条例》《中华人民共和国道路运输条例》规定登记注册,取得交通运输行政主管部门核发的道路运输经营许可证和相应证件、具有法律地位的经济组织。

(2)集体汽车运输企业,是指具备与道路运输经营项目、规模和范围相应的设备、设施、资金和专业人员,按照《中华人民共和国企业法人登记管理条例》《中华人民共和国道路运输条例》规定登记注册的,依法取得法人资格和交通运输行政主管部门核发的道路运输经营许可证和相应证件,为市场提供运输劳务以满足社会需要并获得利润,资产归集体所有,实行共同劳动,在分配方式上以按劳分配为主的经济组织。

(3)私营汽车运输企业,是指由自然人投资设立或由自然人控股,以雇佣劳动为基础的、以经营道路运输为主的营利性经济组织。企业的设立必须符合《中华人民共和国道路运输条例》规定,同时应取得交通运输行政主管部门核发的道路运输经营许可证和相应证件。

(4)中外合资汽车运输企业,是指适合我国道路运输市场的需求,依照《中华人民共和国中外合资经营企业法》及相关法律的规定,取得法人资格及相应运输经营许可,由外国公司和其他经济组织或个人与我国内地的公司或其他经济组织依照合同规定比例共同投资、共同经营、共担风险、共负盈亏,在我国境内从事汽车客货运输营运服务的经济组织。中外合资经营企业的形式为有限责任公司。在合营企业的注册资本中,外国合营者的投资比例一般不低于25%。合营各方按注册资本比例分享利润和分担风险及亏损。

(5)中外合作经营汽车运输企业,是指适合我国道路运输市场的需求,依照《中华人民共和国中外合作经营企业法》及有关法律的规定,取得法人资格及相应运输经营许可,由外国公司和其他经济组织或个人与我国内地的公司或其他经济组织按照平等互利的原则,在我国境内设立的合作从事客货运输营运服务的经济组织。依照《中华人民共和国中外合作经营企业法》的规定,在合作企业合同中约定投资或者合作条件、收益或者产品的分配、风险和亏损的分担、经营管理的方式和合作企业终止时财产的归属等事项。中外合作者依照合作企业合同的约定,分配收益或者产品,承担风险和亏损。中外合作者在合作企业合同中约定合作期满时合作企业的全部固定资产归中国合作者所有的,可以在合作企业合同中约定外国合作者在合作期限内先行回收投资的办法。外国合作者在合作期限内先行回收投资的,中外合作者应当依照有关法律的规定和合作企业合同的约定对合作企业的债务承担责任。

(6)外商独资汽车运输企业,是指外国的公司、企业、其他经济组织或者个人,依照我国法律在我国境内设立的全部资本由外国投资者投资的汽车运输企业。

三、汽车运输企业生产经营的特点

交通运输业是由五种运输方式组成的,由于各种运输方式的技术经济特征不同,形成了各自不同的经营范围和特点。汽车运输具有点多面广、流动分散、机动灵活、适应性强、深入性好、便于"门到门"运输的特点,这也决定了汽车运输企业生产经营的特点。

(1)汽车运输企业生产经营活动的服务性。服务性主要表现在为其他运输方式提供接送旅客、集散货物服务,直接为旅客、货主提供运输服务。因此,汽车运输企业在经营思想上首先要有"服务第一、信誉至上"的思想,在服务项目、服务方式、服务态度、服务手段等方面提高水平,全心全意为社会服务。

(2)汽车运输企业生产经营活动的波动性。波动性主要表现在随工业生产的周期性波动、随农业生产的季节性波动和其他运输需求的偶然性波动等。因此,汽车运输企业应在经营方式、运输生产组织、信息资料收集与处理等方面，寻求其规律性，不断提高运输效率。

(3)汽车运输企业产品的无形性与异质性。汽车运输企业处在流通领域，为社会提供的不是实物产品，而是运输劳务。汽车运输企业的产品不具有实物形态，只改变运输对象的地理位置，即运输对象的"位移"。同时，这种"位移"却有不同的质量要求，如要求快速、直达、便利、舒适等。因此，汽车运输企业在生产经营中应根据不同的运输需求，提供不同的运输劳务，在运输生产结构、服务范围、内容上形成自己独特的经营风格，如快捷运输、大件运输、零担运输等。

(4)汽车运输企业销售活动的超前性。与工业企业相比，汽车运输企业的销售活动在生产之前，先有客源、货源，再组织运输生产，实现其"位移"。因此，汽车运输企业的销售活动是运输生产的前提，企业应根据客货源分布情况，在组织客货源网点、组织客货源方式、组织客货源手段上采取不同于工业企业的促销策略，保证企业运输生产活动的顺利进行。

(5)汽车运输企业生产活动的开放性。汽车运输点多面广、流动分散的特点决定了企业的生产活动不可能局限在厂房(车间)里，一辆车就是一个独立的生产单位，驾驶员的形象就代表着企业的形象。因此，汽车运输企业在对生产活动的控制、对驾驶员的全面教育、提高单车运输效率等方面，形成了与工业企业不同的管理要求。汽车运输企业应根据这些特点，在车辆承包经营、租赁经营或统一调度运行等经营方式中，更进一步深化改革、完善制度、优化结构，提高运输效率。

第二节　汽车运输企业系统与组织结构

现代企业是一个人造的、开放的社会经济系统，执行着社会赋予的生产和流通职能，发展社会生产力和为社会创造和积累财富。企业作为一个系统，有其自己的构成要素、功能、运行机制和组织结构。

一、汽车运输企业系统

1. 汽车运输企业系统的概念

所谓系统，一般是指由若干部分(要素)按照一定联系结合方式组合而成、具有特定功能、与外部环境密切相连的有机整体。任何一种系统都具有整体性、关联性、目的性和外部环境适应性等特征。

根据上述系统的内涵和特征来分析，汽车运输企业是由相互依赖的运输生产要素组成的、具有一定运输生产经营能力、与外部经营环境密切相连的人机结合系统，其目的性表现在企业系统要素的选择、联系方式及系统的运动方向反映着人们的某种意志，服从于人们的某种目的。如汽车运输设置多少车辆、汽车站点如何布局、车辆如何运行等，都反映了人们的运输需求，服从于人们的运输目的。

2. 汽车运输企业系统的构成要素

要素是构成企业系统的基础，从汽车运输企业的功能、任务来分析，汽车运输企业是由投入、转换、产出和反馈四个基本要素构成并不停运转的系统，每个基本要素在系统中的具体内容如图1-1所示。

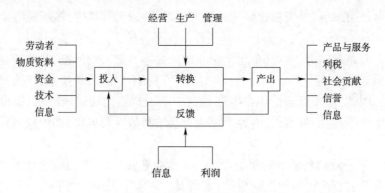

图 1-1　运输企业系统构成要素

（1）投入。投入是指企业根据生产经营的需要，把外部环境所提供的资源进行有效的组织与配合。投入的主要要素有：①劳动者。劳动者是指企业系统中的全体职工，包括管理人员、技术人员和生产人员。劳动者是现代企业生产经营活动的主体，是构成企业系统的首要要素。②物质资料。物质资料是现代企业从事生产经营活动必不可少的物质条件，是构成企业系统中的物的要素，包括运输工具、维修设备、运输场站、材料、辅助材料等。它们和劳动者一样，不仅从数量方面，而且以其质量技术状况和配套情况等影响和决定着企业系统的运行效果。③资金。从价值形态看，企业的生产经营活动实际上也是资金运动和价值增值过程。所以，资金也是构成企业系统的一个基本要素，包括货币资金、生产资金和成品资金等，它从其数量、构成、周转速度等方面对企业系统产生着影响。④技术。技术是企业生产力的重要组成部分，是构成企业系统投入的重要因素，包括生产经营活动所需要的产品研发技术、生产技术、工艺技术、信息技术、管理技术等，它们在保证企业系统运行质量、提高企业系统运行效率等方面发挥着重要作用。⑤信息。信息是指来自企业外部环境的政策、指令、任务、订单、需求等各种资料、数据的总和，也是构成企业系统输入的重要因素，包括决策信息、管理信息、作业信息等，用以指导企业经济活动的有效开展，保证企业系统运行达到预期的目标。

（2）转换。转换是指企业内部的各项经济活动过程，通过这些活动将投入要素转换为外部环境主体所需要的产出，包括经营活动、生产活动、管理活动等。

（3）产出。产出是指企业为外部环境主体输出的经营成果，包括产品与服务、利润与税金、社会贡献、信誉（商标、品牌等）、信息（企业宣传、产品广告、服务信息等）。

（4）反馈。反馈是指企业在维持再生产过程中要素的运动过程，包括利润的分配和来自外部环境的新信息，如市场需求的变化、客户对产品或服务意见和建议、政府或相关部门的要求等。

3. 汽车运输企业系统的组成及其功能

从企业管理角度看，汽车运输企业系统由两个子系统构成：一个是由"硬件"组成的运输生产经营系统，由运输工具、运输场站设施、车辆维修设备、运输生产工艺、车间厂房、研究基地等生产经营的物质要素组成；另一个是由"软件"组成的企业管理系统，由目标与价值、经营机制、管理体制、组织结构、规章制度、管理职能等管理要素组成。这两个二级子系统又都有各自更低一级的子系统，它们共同构成了企业系统的整体，如图1-2所示。

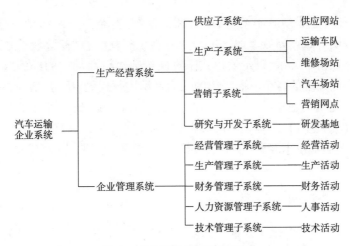

图1-2 汽车运输企业系统的构成

1) 生产经营系统

生产经营系统是由供应子系统、生产子系统、营销子系统、研究和开发子系统四大子系统构成。它们有各自的功能和任务，但又相互联系、相互制约，有效运作，保证了企业日常生产与经营活动的顺利进行。

供应子系统，主要提供生产、经营、研究开发等所必需的人力、资金、物资等生产要素；生产子系统，根据企业生产经营的目标对投入的生产要素进行最佳配置，完成运输产品的生产过程，并按时、按质、按量为运输需求者提供服务；营销子系统，协调企业已有运输产品与市场开发的关系，既要有效地组织客源、货源，又要及时反馈市场信息给研发及生产子系统；研究与开发子系统，根据企业发展和运输市场的需要，制定企业未来发展的基本对策，开发新的运输项目、新工艺、新技术。四大子系统之间的结构与功能的关系如图1-3所示。

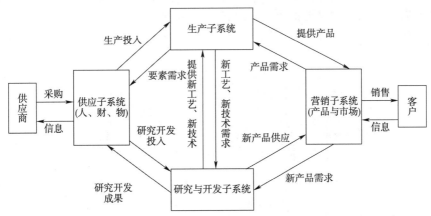

图1-3 生产经营各子系统之间的结构与功能关系

2) 企业管理系统

企业管理系统是由经营管理子系统、生产管理子系统、财务管理子系统、人力资源管理子系统、技术管理子系统五大子系统构成。它们有效地组织供应、生产、营销、研究各子系统的经济活动，实施计划、组织、指挥、协调、控制等职能，保证运输再生产过程的顺利进行。

经营管理子系统，对企业经营活动进行计划、组织、指挥、协调、控制，保证企业各项经济活动与企业外部环境达成动态平衡;生产管理子系统,对企业生产活动进行计划、组织、指挥、协调、控制,保质、保量、高效率地完成企业各项生产任务;财务管理子系统,是组织企业财务活动,处理企业财务关系,以价值形式来反映企业经济活动中的经济效益;人力资源管理子系统,是对企业系统的各个方面需要的人力资源进行规划、招聘、培养、使用等一系列工作的组织管理,为完成企业各项工作任务提供人力资源保障;技术管理子系统,是对企业各项技术活动过程(如科学研究、运输产品开发、车辆技术改造、技术创新等)和技术工作的各要素(如技术人才、运输技术装配、技术情报等)进行计划、组织、协调、控制,为企业生产经营活动提供技术保障。

二、汽车运输企业组织结构

企业组织是指对企业各生产要素投入者的力量和活动进行组合与协调,其目的是保证企业目标的实现和保证企业中成员个人目标的实现。企业组织结构是指企业内部机构设置和权力的分配方式,按照组织管理原理和企业管理实践,汽车运输企业组织结构主要有以下五种形式。

1. 直线制

直线制组织结构是最古老的企业管理组织形式,其特点是组织机构中各种职位均按垂直系统直线排列,结构简单、权力集中、命令统一、决策迅速,管理幅度较大。在组织机构中,上下级和同级之间的关系很明确,职权从下到上逐级增加,各级组织的数目由下到上逐渐减少。直线制组织实行的是没有职能机构的管理,要求各级主管人员必须具有多方面管理业务的知识和技能。由于各项业务工作都由领导者亲自处理,容易使他们陷入烦琐的日常行政事务中,影响思考企业发展的重大战略性问题。但由于这种管理机构具有机构简单、费用低、权责明确、灵活、目标清楚等特点,在一些规模较小、生产技术与工艺过程比较简单、市场范围不大、产品单一的小型企业仍还在采用,如图1-4所示。

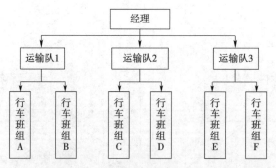

图1-4 直线制组织结构

2. 职能制

职能制组织结构形式由被誉为科学管理之父的泰勒首创,其主要内容是对企业按职能实行专业分工管理,在各级行政负责人下设相应的职能机构,并且各职能机构都可以在自己的职权范围内向下级下达命令,直接进行指挥。这种组织机构形式的优点是有助于加强各项专业管理,发挥职能机构的作用,弥补各级行政领导者的管理能力不足;其缺点是容易形成多头领导,造成管理混乱,削弱统一指挥,使下级无所适从,如图1-5所示。职能制组织结构主要适用于中小型的、产品品种比较单一、生产技术发展变化比较慢、外部结构比较稳定的企业,其经营管理相对简单,部门较少,横向协调的难度小,对适应性的要求较低。当企业规模、内部条件的复杂程度和外部环境的不确定性超出了职能制结构所允许的限度时,固然不应再采用这种结构形式,但在组织的某些局部,仍可部分运用这种按职能划分部门的方法。

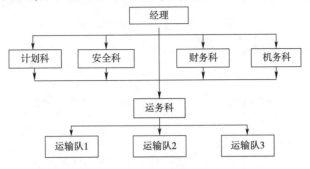

图 1-5 职能制组织结构

3. 直线-职能制

直线-职能制组织结构是综合直线制和职能制的优点而发展形成的。各职能机构由企业经理统一领导,运行生产则在运行高度机构的集中领导下统一指挥,其他职能机构对基层车队执行业务领导。这种形式既保证了生产过程的集中统一指挥,又发挥了各职能机构的业务专长,有利于现代企业的经营活动。

直线-职能制组织结构具有能够集中领导、统一指挥、便于调配各种资源、职责分明各主其事、有利于提高效率等特点,而且由于职能部门的参与,整个组织的稳定性也高。但也存在着下级的主动性不易发挥、互通情报少,职能部门同直线部门之间容易产生矛盾,权力过于依赖、不易授权等特点。因而,它主要适应于企业规模不太大,产品品种不太复杂,工艺较稳定,市场销售状况较易掌握的企业。直线-职能制组织结构如图 1-6 所示。

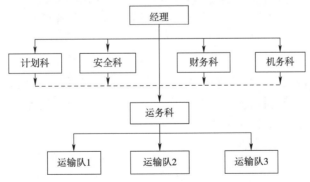

图 1-6 直线-职能制组织结构

4. 事业部制

事业部制组织结构形式首创于美国,一般称为部门化结构,其管理原则是集中决策、分散经营,即在集中指导下进行分权管理。在这种结构中企业按生产特点、地区和经营部门分别成立若干个事业部,各事业部门分别对自己所辖部门的工作负责,实行独立经营、单独核算。企业最高管理机构只保留人事决策、财务控制、规定价格幅度和监督等大权,并通过主要利益指标对各事业部进行控制。

事业部制是在组织机构上从集权化向分权化转化的一种改革,它较适用于规模较大、产品品种较多、各产品之间工艺差别较大、技术比较复杂、市场广阔多变的企业。事业部制组织结构如图1-7所示。

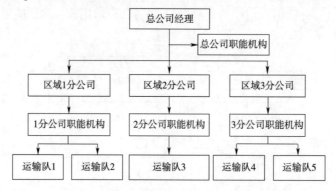

图1-7 事业部制组织结构

5. 矩阵制

矩阵机构是由专门从事某项工作的工作小组形式发展起来的一种组织机构。工作小组是由许多不同专长的人组合而成的,专门完成较为复杂的工作或涉及专业较多的工作专门小组。以某汽车运输任务为例,假设运输公司在计划期内同时受理三项大型外省重点运输项目(长期承担三家客户的运输任务,而这三家客户的运输地域分布不同,产品对运输的时间、运输的工具等都有不同的要求),公司成立三个专职运输组织,各职能机构均抽调人员分组参加,这些人员横向接受专职运输组织领导,纵向接受原职能科室领导,从而形成横行纵列的矩阵机构。

矩阵制组织形式的特点是:既有按管理职能设置的纵向组织系统,又有按规划目标划分的横向组织。这种纵横交错的组织机构,打破了传统的一个职工只有一个部门领导的管理原则,使企业组织管理中纵向的联系和横向的联系、集权化和分权化都很好地结合起来,不仅加强了各部门的协作,提高了中层和基层管理的灵活性和责任感,并且可以集中专门知识、技能和经验来制定目标、计划,还可以使上层管理集中精力于重大决策。但同时也相应地存在不足:由于项目负责人责任大于权力,当纵横向双方意见分歧时,横向领导难以开展工作,当事者更会觉得无所适从。这种结构适用于创新任务较多、以科技开发为主和生产经营多变的企业,对于有跨省执行长期、大型独立运输任务的道路运输企业,是一种较好的组织形式。矩阵制组织结构如图1-8所示。

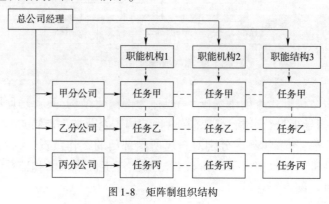

图1-8 矩阵制组织结构

企业组织结构的形式随客观环境变化而发展和完善,且没有一成不变的类型。设计和选出用什么样的组织机构,应坚持从企业自身所处的客观条件出发,既要充分考虑企业内部的条件(包括设备、人员、技术、创新能力、产品品种、材料供应等),又要分析企业外部的客观环境(包括运输市场变化、企业位置、人文及法律的影响、产品的竞争性、国家地区的经济政策等),这样才能使企业管理水平得到充分发挥、管理目标得以实现,企业也才有生命力。

第三节 汽车运输企业制度与经营机制

根据汽车运输企业的特征、系统构成、组织结构以及运行机制的要求,必须建立一个与之相适应的企业制度,形成有效的经营机制,以保证企业生产经营活动的顺利进行。

一、汽车运输企业制度

1. 企业制度概述

企业制度是指以产权制度为基础和核心的企业组织和管理制度。企业制度大体上包括三方面的基本内容:一是企业的产权制度;二是企业的组织制度;三是企业的管理制度。企业制度的内涵很丰富,主要包含以下几个方面的含义:

(1)从企业的产生来看,作为生产的基本经济组织形式,企业从产生开始,就是作为一种基本制度即企业制度而被确立起来的。

(2)从法律的角度看,企业制度是企业经济形态的法律范畴。从世界各国的情况看,通常都是指业主制企业、合伙制企业和公司制企业三种基本法律形式。

(3)从社会资源配置的方式上看,企业制度是相对于市场制度和政府直接管理制度而言的。市场制度就是在市场处于完全竞争状态下,根据供求关系,以非人为决定的价格作为信号配置资源的组织形式。政府直接管理制度是国家采取直接的部门管理方式,用行政命令的方式,通过高度集中的计划配置资源的组织形式。

当市场交易成本小于企业组织成本时,采用市场制度最好;反之,当市场交易成本大于企业组织成本时,采用企业制度则最好。由于政府直接管理制度不仅要规定人们干什么,还要规定怎样干,因此政府直接管理成本很高,在大多数情况下,政府直接管理是低效的。只有当政府直接管理成本既小于市场交易成本,又小于企业组织成本时,政府直接管理的资源配置方式才是有效率的。政府从直接管理转为间接管理,则有利于降低政府管理费用。一般来说,政府直接管理成本比较高,而政府间接管理的成本则相对较低,所以,企业制度的引入,作为市场制度和政府直接管理制度的一个中间层次,有利于降低政府的管理成本。

2. 企业制度的历史转变

企业的具体形态可以有多种多样,各不相同,但是如果按出资方式和债务责任来划分,所有的企业可以分为独资企业、合伙企业和公司企业。

企业的形态有其形成、发展的演变过程。企业形态或企业组织形式的发展变化和生产力的发展是紧密相关的,也是与商品经济及市场经济的发展密切相关的。这其中有两层含义:一是指在各个历史时期占主导地位的企业组织形式随着生产力和商品经济的发展而有相应的变化;二是指某一种企业组织形式本身随着生产力和商品经济的发展而变化、发展。

在现代市场经济体制下，企业的各种形态或企业的各种组织形式是同时并存的，如独资企业、合伙企业和公司企业同时并存于现代市场经济体制下的各个国家之中，但从企业形态或企业的组织形式发展过程看，毕竟还是有一个从独资企业到合伙企业再到公司企业的演变过程。

企业出现之初，由于生产力发展水平比较低，商品经济并不发达，当时占主导地位的企业组织形式是单个业主制企业；随着生产力水平的逐步提高及商品经济的逐步发展，单个企业进行生产经营对资本的需求量增大了，为了扩大生产经营的规模，同时也为了分散经营风险，出现了合伙企业。在资本主义制度确立以后，经历了一个从自由竞争的资本主义向垄断的资本主义发展的过程。在这样一个过程中，以公司制为代表的股份制企业（有限责任公司和股份有限公司）应运而生。

3. 现代企业制度

现代企业制度是一个内涵丰富、外延广泛的概念，但从本质上讲，它就是产权明晰、权责明确、政企分开、管理科学的企业制度。现代企业制度的基本内容包括三个方面：①现代企业产权制度，即公司法人产权制度；②现代企业组织制度，即公司组织制度；③现代企业管理制度，即公司管理制度。

1）现代企业产权制度

产权包括财产的所有权、占有权、支配权、使用权、收益权和处置权。产权制度是指既定产权关系和产权规则结合而成的且能对产权关系实现有效的组合、调节和保护的制度安排。市场经济本质上是商品经济，各经济主体通过市场结成一定的经济关系，等价交换是其遵循的最基本规则。而进入市场的各经济主体，必须首先明确所有权主体及界区，才可能建立真正的商品经济关系，如果某经济主体的产权关系本身具有不确定性，那么真正的商品交换就不可能出现。不仅如此，市场经济的运作机制是价格机制，而市场价格也只有在交易双方所有权主体、界区明确时才可能形成。显然，作为市场经济基本主体的企业，必须明确其所有权主体和界区，这是企业进入市场的前提条件。现代企业制度提供了使这两个要求都得到满足的企业组织形式。在公司法人制度下，原始所有权退化为股权，公司法人则获得了公司财产的法人所有权，公司法人可以像业主企业一样支配交换对象，参与市场交易。由此可以看出，企业法人制度下的产权明晰化，使企业具备了一个对交换对象具有独占权的真正市场主体的身份，按照等价交换原则参与市场交易活动，是现代企业制度不可缺少的首要内容。

2）现代企业组织制度

采取什么样的组织形式来组织公司，这是现代企业制度包含的第二个重要内容。公司在市场经济的发展中，已经形成一套完整的组织制度，其基本特征是：所有者、经营者和生产者之间，通过公司的决策机构、执行机构、监督机构，形成各自独立、权责分明、相互制约的关系，并通过法律和公司章程加以确立和实现。

公司是由许多投资者即股东投资设立的经济组织，必须充分反映公司股东的个体意志和利益要求；同时，公司作为法人应当具有独立的权利能力和行为能力，必须形成一种以众多股东个体意志和利益要求为基础的、独立的组织意志，以自己的名义独立开展业务活动。

在市场经济长期发展的过程中，国外公司法已经形成了公司组织制度方面两个相互联系的原则，即企业所有权和经营权相分离的原则，以及由此派生出来的公司决策权、执行权和监督权三权分立的原则。由此,形成了公司股东会、董事会和监事会并存的组织机构框架,如图1-9所示。

公司的组织机构通常包括股东大会、董事会、监事会及经理人员四大部分。按其职能不同,分别形成决策机构、监督机构和执行机构。①决策机构:股东大会及其选出的董事会是公司的决策机构,股东大会是公司的最高权力机构,董事会是股东大会期间的最高权力机构。②监督机构:监事会是由股东大会选举产生的、对董事会及其经理人员活动进行监督的机构。③执行机构:经理人员是董事会领导下的公司管理与执行的机构。

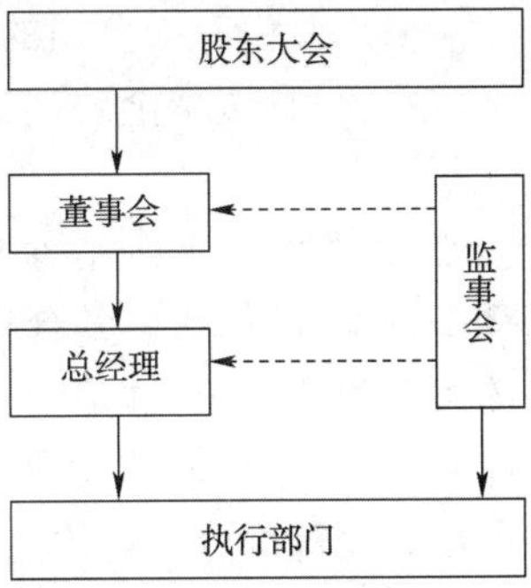

3) 现代企业管理制度

建立现代企业管理制度,就是要求企业适应现代生产力发展的客观规律,按照市场经济发展的需要,积极应用现代科学技术成果,有效地进行管理,创造最佳经济效益。这就要求企业围绕实现企业的战略目标,按照系统观念和整体优化的要求,在管理人才、管理思想、管理组织、管理方法、管理手段等方面实现现代化,并把这几个方面的现代化内容同各项管理职能(计划、组织、指挥、协调、控制)有机地结合起来,形成完整的现代化企业管理制度。现代企业管理制度包括以下几个方面的内容:①具有正确的经营思想和能适应企业内外环境变化、推动企业发展的经营战略。现代企业所处的经营环境多变,制定战略、强化战略管理,是企业立于不败之地的重要保证。②建立适应现代企业生产要求的领导制度。企业领导制度是关于企业内部领导权的归属、划分及如何行使等所做的规定。现代企业领导制度应体现领导专家化、领导集团化和领导民主化的管理原则。③拥有熟练掌握现代管理知识与技能的管理人才,并具有良好素质的职工队伍。④有一套符合本企业特点、保证生产经营活动高效率运行的组织机构和管理制度。⑤在生产经营各个主要环节普遍有效地使用现代化管理方法和手段,建立起比较完善的管理信息系统,推行现代管理手段。⑥建设以企业精神、企业形象、企业规范等内容为中心的企业文化,培养良好的企业精神和企业集体意识。

图1-9 公司组织结构图

4. 现代汽车运输企业制度的建立

汽车运输企业是国民经济的一个重要组成部分,在社会经济中发挥着重要的作用。改革开放以来,公有制汽车运输企业在由计划经济体制向社会主义市场经济体制转变的过程中曾经历了承包经营、单车租赁经营、内部融资等多种改革形式,起到了重要的历史作用。

党的十五大在公有制实现形式的理论方面有了重大突破,为汽车运输企业股份制改造和资产优化重组提供了历史性机遇。一是政策允许职工将资金和生产要素作为股份投入企业,这不仅可以缓解企业的负债压力,减少财务成本,提高运营效率,还可以提高职工对企业的关切度,加强股东对企业的监督力度,新的产权结构推进了实现所有制到位、产权明晰和责任明确的改革目标。二是国家在宏观上出台若干政策,鼓励优势企业兼并劣势企业,冲销坏账,处理不良资产,分离非经营性资产,逐步实现政企分开的改革目标。经过资产优化和重组,国有资本主要集中在跨地区大型运输企业集团,这些大型企业集团具有雄厚的运营成本、先进的管理模式和高效的运行机制,具有在国际国内两个市场上竞争的能力,而大批效益不高、规模较小的企业走上了股份合作制和民营化的道路。

（1）大中型汽车运输企业采用股份有限公司形式。这种形式的股份制,股东只按自己所持的股份承担公司的风险及责任,经批准,公司可在市场上公开发行股票,问题较少,便于运作。采用股份有限公司的形式必须具备一定的条件:一是企业要有一定的规模;二是管理水平较高;三是资本金要达到一定的数额;四是连续几年不出现亏损;五是经济效益保持较高水平。

（2）股份合作制是小型运输企业改制的重要形式。股份合作制就其股份的含义来说,包括了资本的联合;就其合作含义而言,又表明是本企业职工劳动的联合。股份合作制企业大体可分为两种:一种是转股型,即将企业的净资产全部或部分分成一定数额的股份出售给全体职工;另一种是扩股型,即不仅可以将企业的净资产全部或部分出售给全体职工,而且还可以再发行部分股份给企业职工。前者只是对现有存量而言,后者还包括增量。职工有了股份,就会更加关心企业的发展,把自己的命运和企业的兴衰紧密地联系在一起,从而以主人翁的姿态和责任感参与管理,做好本职工作。

（3）对效益差的企业,则要谨慎从事、有针对性地采取措施。例如,如果领导班子不得力,领导无方,应先进行调整,使之具有领导企业进行正常生产的能力。如果企业内部有章不循,无章可循,管理混乱,人心涣散,应及时进行整改,以保证正常的生产秩序。假如只是缺乏"造血"功能,则可以实行股份合作制,以存量转股或增量扩股方式解决发展资金不足的问题,调动起职工的生产积极性,促进企业更好地发展。

二、汽车运输企业经营机制

1. 经营机制概述

"机制"一词来自机械术语,原指机器的构造和动作原理,即机器运转中各零部件之间的相互联系及运转方式。例如,一辆汽车有动力系统、传动系统、控制系统和制动系统等,各系统的内在运动及系统间相互匹配和制衡的关系,即为汽车的运行机制。企业的各项经济活动要正常、高效地运作,也需要有一个运作机制——企业经营机制。

对于企业经营机制这一概念,由于人们的认识不同,在概念表述上也不尽一致,比较有代表性的观点有以下几种:①企业经营机制是国家与企业之间责、权、利划分方式及其相互作用关系;②企业经营机制是指企业生产、经营等一系列活动的自我控制和自我调节的功能;③企业经营机制是指企业真正成为独立或相对独立的自主经营、自负盈亏经济实体的机制。

可以看出,人们给企业经营机制下的定义存在很大差别。探讨企业经营机制的含义应该把握以下三点:第一,企业经营机制的定义范围应该是企业内部经营活动总体,不应指其他活动或指经营活动中的某一方面;第二,企业经营机制的内涵应该是生产要素之间的联系和制约关系,而不是生产要素本身;第三,企业经营机制的形成和转换首先必须由国家为企业提供必要的环境条件,这些条件就体现在国家对企业的各项政策上,其次是企业要具有对环境的动态平衡能力。

综上所述,汽车运输企业经营机制可以理解为:在外部环境影响下,汽车运输企业内部有关经营的各要素之间相互联系和作用的制约关系及其功能。

2. 经营机制的基本内容

企业经营机制既然是经营活动要素之间联系方式和制约关系,而各要素的联系方式和制约关系又多种多样,可以从不同角度进行考察,所以作为整体概念的企业经营机制包括多种具体机制。企业经营机制主要有决策机制、运行机制、竞争机制、激励机制、约束机制,它们在企业经营机制系统中各自处于不同地位,起不同作用。

(1)决策机制是企业经营活动的导向机制。决策机制决定着企业的经营目标、经营方针、经营计划和经营过程,决定着企业的前途、命运,因此它在经营机制中处于核心地位。国内外的经营管理实践证明,在市场经济条件下,企业的兴衰成败和经济效益的好坏,主要取决于决策机制发挥的作用如何。

(2)运行机制是企业经营过程中的主体机制。企业的经营活动是个连续不断的过程。运行机制是研究在运行过程中各生产要素之间相互联系和作用及其制约关系,是企业经营运行自我调节的方式。运行机制可以使企业经营活动协调、有序、高效运行,增强内在活力和对外应变能力。

(3)竞争机制是企业经营活动的压力机制。竞争必然使企业正视优胜劣汰的规律,在平等竞争的环境中,竞争的胜负是决策企业盈利与亏损、生存与倒闭、发展与停滞的关键因素。竞争机制作用是结果会使企业增强素质,从而全面提高生产力水平和经营管理水平,既能搞活企业,又可促进社会主义市场经济的发展。

(4)激励机制是企业经营系统高效运行的动力机制。企业作为独立的商品生产者,其利益得失体现在盈亏两个方面。盈利对企业有极大的激励作用,促使企业获得最好的经济效益。负亏往往也能使压力转化为动力,督促和鞭策企业从维护自身利益出发,充分挖掘生产潜力。因此,要在企业内部形成一个具有既受盈利激励,又为负亏鞭策的合动力的激励机制。

(5)约束机制是约束企业行为使之合理化的制衡机制。企业在扩大了自主权,取得了一定的经济利益之后,由于缺乏控制企业行为的约束力,容易出现行为不合理现象。为使企业活而不乱,能够以商品经营者的行为准则来从事生产经营活动,企业内外必须共同努力,来培育企业约束机制,使之有效地抑制短期行为和违法乱纪行为。

以上几种机制相互影响、相互渗透、相互作用,它们共同维持着企业经营活动的正常运转,并与企业外部环境相适应,从而使企业获得成功。

3. 汽车运输企业经营机制的形式

(1)承包经营责任制(简称承包制)。承包制是以不改变生产资产的全民和集体所有制的性质为基础,在两权分离的前提下,企业所有者通过同承包者签订承包合同的形式,将企业的经营管理权交给承包者。承包合同明确规定双方承担的责任、权力和利益,规定了企业所有者权凭据资产所有权取得稳定的收入,承包者则以保证资产增值为条件,以利润分享为代价,有权取得有限的资产经营权等。常用的承包制有以下几种类型:

①上缴利润递增包干制。上缴利润递增包干制是承包制的一种重要形式,其主要内容是:在核定企业上缴利润的基础上,逐年按规定的递增率向财政上缴利润,上缴后的多余利润,全部留给企业,一定几年不变。这种承包形式的主要特点是:第一,上缴国家的利润按固定比例递增,使国家财政收入年年稳定增加而不受企业经营状况影响。企业超收部分全部留给企业,这对企业追求高效益,通过超收增加企业的留利水平,有很强的刺激作用。第二,承包期一定几年,企业对自己的财力心中有数,可以统筹安排,有利于克服企业的短期行为。

第三,企业要保持实现利润的持续稳定增长,就必须用留利的大部分再投入技术改造和技术进步。企业由此进入生产经营的良性循环。第四,这种办法对企业有压力,如果完不成上缴利润,要用企业的资金补充。上缴利润递增包干要求企业要有稳定的市场。

②上缴利润基数包干,超收分成。这种形式的主要内容是,确定企业上缴利润基数,超额部分按规定进行比例分成或分档分成。上缴利润基数包干制的特点是:首先保证上缴利润基数。企业超收后,国家和企业都可以从超收中多得,可以减少由于基数确定不准或外部环境难以预测而带来的问题,国家和企业风险都比较小。因此,对于企业的压力和动力也比较小。这种承包办法主要适用于承包期内市场变化因素比较大的企业。

③上缴利润定额包干制。这种形式的主要内容是核定上缴利润基数,超额部分全部留给企业。上缴利润定额包干制主要适用于利润不高而又为社会需要,处境困难急需扶持的企业。这些企业设备老化、生产萎缩,有的长期处于亏损边缘,成为财政负担。定额包干以后可以在短期内使它们休养生息,进入产性循环。

④亏损企业减亏(或补贴)包干制。这种形式主要适用于亏损企业,一般对经营性亏损企业实行"亏损包干,减亏分成"。对政策性亏损企业实行"定额补贴,减亏分成"。有些地区在企业扭亏以后的一定期限内给予适当减免所得税照顾,对促进企业扭亏起到了较好的作用。

⑤"两保一挂"承包制。这种形式的主要内容是,一保上缴利润,二保技术改造任务,工资总额同上缴利润挂钩。这种办法的特点是把承包和企业发展有机结合起来。企业保证上缴利润数额,使国家财政收入能够稳定增长;同时保证技术改造任务,使企业的发展后劲用合同形式明确下来,有利于促进企业的长期发展。对一些有技术改造任务的大中型企业,实行"两保一挂"承包较为适宜。

(2)租赁经营责任制。租赁经营责任制是指在不改变企业资产性质的前提下,实现所有权与经营权相分离的一种企业经营形式。它是由国家授权单位为出租方,将企业有限地交给承租方经营,承租方需按租赁合同的规定向出租方交付租金,并依照合同规定对企业实行自主经营。租赁制所采取的方式主要有以下几种:

①个人租赁。个人租赁就是由一个人承租企业。目前,采用这种方式的比较多。实行个人租赁有利于发挥承租者个人的才能,调动积极性,增强责任心,管理效率高,因而经济效益比较突出。但风险责任较大,一旦风险成为事实,财产抵押或赔偿都将无济于事。同时,由于承租者往往只考虑租赁期间获得更多的租赁利润分成,容易导致企业行为短期化。

②集团租赁。集团租赁就是几个人自愿结合,风险共担,利益均沾,共同租赁企业。集团租赁责任和风险相对分散,有利于发挥集团群体力量的优势,减少由于个人独断专行而造成的经济损失。采取这种租赁方式,通常在合同上明确具体地规定承租集团中每一个人的责任、承担的风险和获得利益。

③全员租赁。全员租赁也称集体租赁,这种租赁方式是国家将企业租赁给该企业的全体职工和干部,被租赁的全体职工和干部作为承租者。由职工代表大会选举企业的法人代表——厂长(经理)。厂长(经理)与职工签订权责利合同。厂长以此合同为基础和依据与国家签订合同,国家与厂长的关系同时也是与企业全体职工的关系。这种租赁形式可以使责任、风险、利润最大限度地分散化,从而化解风险,减少可能发生的利益损害,有利于调动

职工的积极性和主动性,进一步强化民主管理,把企业办好。

④企业租赁。承租者是企业,即一个企业承租另一个企业。对那些经济效益不好,而个人和集团都无能力承租的企业,国家可以把它租赁给另一同类或相近、经济效益又较好的企业。对这类企业的租赁,租金可略低一些,以利于两个企业的共同发展。

租赁制是搞活小型运输企业的一种理想选择。小型全民所有制运输企业生产规模小,职工人数少,技术装备落后,资金不足。采用租赁制,在转变经营机制、增强企业活力、提高企业经济效益方面显示出独特的作用,具体表现在:a.实行租赁有利于所有权与经营权的分离;b.实行租赁制有利于贯彻按劳分配原则;c.实行租赁制有利于企业按市场规律办事。

(3)股份制。股份制是将一个企业的资金额划分成若干相等单位,以股票的形式体现,然后通过公开发行股票或内部认购方式筹集资金来兴办企业的一种经济组织形式。我国的股份制企业主要有股份有限公司和有限责任公司两种组织形式。

三、汽车运输企业经营模式

1. 汽车运输企业经营模式的含义

模式原指某种事物的标准形式,是能够起到引领作用的典型样式。所谓企业经营模式,是指企业根据其经营宗旨,为实现企业确认的价值定位,所采取的某一类经营制度和方式方法的总称,包括企业规定的业务范围、组织制度、运行机制、工艺流程,以及实现价值的方法和途径。从本质上说,经营模式是企业对市场作出反应的一种范式,这种范式在一定的环境下是有效的。

对于特定的产品或服务,其生产和消费采用何种经营模式,主要取决于四个方面的因素:第一是产品(服务)自身的属性和特点,包括其生产特点和消费特点。第二是生产这种产品(服务)当时的科学技术水平。例如,国家高速公路网络建成、信息技术普及、车辆的技术性能和装备提高,对汽车运输企业的经营模式转变产生了很大影响。第三是生产这种产品(服务)当时的社会经济发展程度和人民群众的富裕程度。例如,当国民经济显著发展、人民生活很大提高之后,社会对高效、快捷的运输需求将大为提高,这将促使汽车运输企业采用更集约化、规模化、网络化的经营模式。第四是生产这种产品(服务)当时的社会经济体制机制及政策环境。例如,国家由计划经济体制转向社会主义市场经济体制期间以及改革开始阶段到初步形成市场经济制度阶段,不同阶段社会经济体制机制环境,将对汽车运输企业的经营模式产生很大影响。所以,随着上述四个因素(或者其中的若干个因素)的变化,特定产品或服务的经营模式也将会与时俱进,进行相应的调整。从本质上讲,这种调整属于生产关系与生产力相适应规律的表现。进入 21 世纪后,汽车客运企业的经营模式从承包经营、挂靠经营向公司化经营的改革,正是体现了上述规律。当前,在高速铁路、私家车、网络预约出租汽车冲击下,一些汽车客运企业班车客运经营模式从公式经营调整为承包经营,也是上述规律的体现。

2. 汽车运输企业经营模式的类别

在汽车运输企业的发展历程中,主要出现过公司化经营、承包经营、租赁经营和挂靠经营四种不同的经营模式。

1)公司化经营的概念与类别

公司化经营是用公司制框架和制度来规范企业经济行为的经营。汽车运输公司化经营特指道路运输行业的经营模式，它是在特定的发展环境下，针对行业普遍存在的承包、租赁、挂靠等经营模式(这些模式的共同点是个人而不是企业拥有车辆的经营权)在经营中出现的问题，为了研究和解决这些问题而使用的概念。

汽车运输公司化经营是指企业以现代企业管理制度和经营机制为运作基础，遵循有序、公平竞争和优质安全服务的经营规范，在车辆产权归运输企业所有和依照《中华人民共和国劳动法》(以下简称《劳动法》)管理职工的条件下，由运输企业实行统一管理、统一调度并承担全部经营风险和安全管理责任的经营。鉴别运输企业是否公司化经营的准则有四个：第一，车辆产权清晰，完全归运输企业所有；第二，企业用工制度规范，驾乘人员应为企业依照《劳动法》管理的职工；第三，不以承包、租赁、合作、联营等方式转让或变相转让经营权；第四，运输企业统一经营管理车辆并承担全部经营风险和安全管理责任。这四个条件可以简单归纳为车、人、线、管四个字。这四个条件互为关联、相互支撑、关系密切，缺少任何一个条件都不是真正意义上的道路客运公司化经营。

在公司化经营实践中，按照责任分担和运营方式的不同，又分为"公车公营"和"责任制公司化经营"两种子模式。

(1)公车公营。公车公营的"公"字，体现为企业对运营活动全面负责的内涵，不能理解为生产资料全民所有的"公"字概念。在公车公营模式里，驾驶员是企业依照《劳动法》管理的职工，其身份是单一的操作者，只需认真做好本职工作就可以，不需要对车辆产权及经营权承担任何责任，而企业则拥有完全的车辆产权和经营权，对运输经营负全部责任。而在承包、租赁、挂靠经营中，驾驶员则承担经营职责，具有经营者和操作者的双重身份。上面所列的判定公司化经营的四个准则对于公车公营模式是全部符合的，企业对车辆和驾驶员具有完全的管控指挥能力，企业承担经营风险，全面负责安全管理责任。所以，公车公营也被称为纯公司化经营。

(2)责任制公司化经营。责任制公司化经营也可称为"准公司化经营"，它是汽车运输企业根据实际情况创新试营的一种公车公营的衍生模式。之所以把这种经营归入公司化经营范畴，是因为它基本上符合公司化经营的四个判定准则：车辆由企业投资购买，归企业所有；驾驶员是企业依照《劳动法》招聘和管理的职工；线路经营权属于企业，不存在将线路经营权向驾驶员有偿转让(或有偿使用)的情况；在运营管理方面，对驾驶员的思想教育、安全培训及日常管理等与公车公营完全一样。两者主要的区别是在驾驶员对所驾驶的车辆经营效益承担的责任上。公车公营驾驶员不对车辆经营的盈亏负责任，而责任制公司化经营驾驶员对所驾驶的车辆盈亏要负一定责任，一般是规定驾驶员每月应当完成的利润指标，由企业测算规定月度利润指标，月底核算利润，超出归己、亏欠补足。与此同时，也给驾驶员一定的营销权力，对于道路班车客运企业来说，主要是在客运班线途中的揽客权和售票权上，就是在途中站点，驾驶员可以通过企业认可的营销手段揽客，驾驶员可以售票收取票款；当然，进行这些活动时，必须按照规范执行，不允许发生兜圈拉客、甩客、宰客等违法经营行为；有时，企业酌情也给驾驶员调整高峰、低谷期间票价浮动的建议权，具体操作时驾驶员可根据线路上的客流变化情况，向企业提出调低或调高票价的建议，经企业批准后，驾驶员按调整后的费率向沿途上车旅客售票,当然,浮动幅度必须是在法规允许的浮动范围之内。

责任制公司化经营在规定驾驶员要完成一定的利润指标上,似乎有些承包经营的倾向,但和承包经营有很大区别。承包经营是全方位的承包,其承包范围和责任要大得多。以客运企业为例,承包内容既包括营运线路还包括整个客车固定资产。承包的内容多了,承包人负担的责任就相应增大,承包人的经营权力也相应较大。承包经营、租赁经营与挂靠经营模式一样,它们的共同点都是个人拥有车辆的全部经营权,企业只是坐收费用。与此不同,责任制公司化经营只规定驾驶员要完成一定的利润指标,而这样的规定,为一些不具备公车公营条件的企业提供了改进经营的有效途径,也为一些没有实施公司化经营经验的企业在着手实施公司化经营时提供了一种过渡保障。

2) 承包经营模式

承包经营模式的一般定义是指企业与承包者间订立承包经营合同,将企业的"经营管理权"全部或部分在一定期限内交给承包者,由承包者对企业进行经营管理,并承担经营风险及获取收益的行为模式。

道路客运企业的承包经营,专指对营运客车及线路经营权的承包,可归纳定义为:以经营合同形式,确定运输企业与承包人之间关于客运车辆及班线等经营权的责权利关系,承包人在合同规定期间上交承包费用后,对所有旅客运输活动自主经营的形式。承包经营只是企业经营管理的一种补充措施,不能改变原有企业的法人地位和经营范围,也不能设立新的企业,承包者与运输企业间所存在的只是一种合同关系。承包经营通常采取公开招标方式进行,或者可根据董事会决议由企业直接与承包者谈判签订承包经营协议。

3) 租赁经营模式

一般意义上的租赁经营是指企业所有者或出租人通过订立合同,将生产资料出租给承租人使用并收取租金的经营方式。租赁经营的实质是所有者与经营者之间实现的经营管理权的转移。租赁经营的内容是生产资料的占有、使用和收益权等。承租者作为企业的经营者,按租赁合同的规定完成各项经济技术指标,并承担全部责任。承租者要向出租者交纳租金,同时承担财政上缴或税收任务。

道路客运企业的租赁经营,专指对营运客车及线路经营权的租赁。客运企业为出租方,个人或其他经营单位为承租方,出租方将客运车辆(有时与经营权一起捆绑)有期限地交给承租方经营,承租方要向出租方交付租金并按照合同规定实行自主经营。

4) 挂靠经营模式

车辆的"挂靠经营",指个人或者个人合伙(以下简称"挂靠者")出资购买车辆,车辆的机动车登记证书及行驶证的所有(权)人不具备相应运输经营资质,为营运过程中的方便,将车辆登记在某个具有运输经营资格的运输企业名下,并以其名义进行运输经营活动的行为。挂靠者对车辆享有占有、使用、收益等权利,而被挂靠的企业只是名义上的车主。我国一些地方性法规及规章制度要求汽车运输经营必须依法办理行政许可手续,且大多要求或鼓励实行公司化运作,汽车客运、货运行业均曾一度广泛存在挂靠经营行为。

车辆挂靠经营的具体形式主要有以下三种:一是运输企业将企业拥有的线路或其他特许经营权以收取费用的形式有偿给职工或不具备经营资质条件的企业或个人(简称车主)使用,由车主出资购买车辆、以企业名义进行经营的行为;二是运输企业在兼并、收购、重组中,吸收低资质经营业户加盟或入盟后对经营业户的线路经营权和车辆所有权不按有关规定进行有效改造,仍由原经营者以挂靠企业的名义经营并收取管理费的行为;三是个体车主自己拥有车辆和经营权,为吸引客源或货源,向企业缴纳少量挂靠费,以企业的名义经营,也属于挂靠经营。

车辆挂靠经营在实践中非常普遍,虽然存在各种问题和隐患,且国务院办公厅、交通运输部等部门多次发文要求清理、制止挂靠车辆,但屡禁不止。挂靠经营模式是特定社会经济背景下的产物,有其发展与生存的空间。随着其存在的现实需求和客观政策法律环境条件的改变,挂靠经营模式或许会退出历史舞台。

承包、租赁和挂靠经营是我国从计划经济向市场经济转制期间的产物,其背景是在实施道路运输市场化改革之后,"有路大家走车"的开放政策和个体运输的迅速崛起,使传统运输企业受到巨大的冲击;而当时传统汽车运输企业的大锅饭和行政化管理体制尚未彻底改革,这些企业还背着沉重的社会重负,企业无法解决改革过渡阶段的"三私行为",大多数运输企业在"生存线"上挣扎;企业为求生存,只有进行改革,而承包、租赁和挂靠经营解决了这一难题。从历史角度说,承包、租赁和挂靠经营曾经协助传统运输企业度过了生存危机,是企业在当时形势下的无奈之举,它是历史发展阶段的产物。

第四节 汽车运输企业文化建设

现代企业文化是在20世纪80年代初对管理科学、行为科学、文化学等当代管理理论的研究和探索中逐渐形成的。企业文化建设既是企业管理的重要内容,也对企业生产经营活动具有重要影响。随着现代企业制度的建立和经营管理水平的提升,汽车运输企业越来越重视企业文化建设。

一、企业文化概述

1. 企业文化的含义

掌握企业文化的概念,是企业文化建设的第一步。国内外关于企业文化的定义很多,如美国学者约翰·科特和詹姆斯·赫斯克特认为,企业文化是指一个企业中各个部门,至少是企业高层管理者们所共同拥有的那些企业价值观念和经营实践,是指企业中一个分部的各个职能部门或地处不同地理环境的部门所拥有的那种共同的文化现象;特伦斯·迪尔和艾伦·肯尼迪从企业文化构成要素的视角提出企业文化包括的五个要素,即企业环境、价值观、英雄人物、礼仪和庆典、文化网络,他们认为文化是一种集意义、信仰、价值观、核心价值观在内的存在,企业文化可以视为一个企业所信奉的主要价值观;威廉·大内认为,企业文化由传统和风气构成,此外还包含企业的确定活动、意见和行为模式等的价值观。国内的则包括"精神现象"说、"企业精神"说、"精神信息系统"说、"企业特色的共同价值"说、"群体意识"说、"企业的总体文明状态"说、"三层次"说等。

根据国内外学者的研究和企业实践,对企业文化的含义可作如下表述:企业文化是指在一定的历史条件下,企业及其员工在生产经营和变革的实践中逐渐形成的共同思想、相互关系、价值观念和行为准则,是一种具有企业个性的信念和行为方式。

2. 企业文化的特征

汽车运输企业文化受汽车运输企业内外各种环境因素的影响,但作为一种特定的文化现象与管理思想,与其他企业往往表现出共同的特征。

(1) **整体性**。企业文化是以企业作为一个整体,阐明企业多维、立体和有机的辩证关系,并对其进行整体的综合研究。它不仅研究企业价值观、企业目标、企业精神、企业制度、企业经营哲学以及企业道德等,而且还研究企业环境、文化礼仪、文化网络等方面的内容。更重要的是,它不仅研究个别事物,而且重在探索整个系统的系统效应,为广大员工积极工作创造优良的环境和有利的条件。

(2) **稳定性**。企业文化的形成总是与企业的发展相联系,是一个长期渐进的过程。企业一旦形成具有自身特点的文化之后,就必须相对稳定地存在,不会轻易消失,不会因企业领导人的更换、组织制度、组织策略和产品方向的改变而发生大的变化。

(3) **时代性**。任何有用、健康、进取的优秀企业文化,都是时代精神的体现,并随着时代精神的发展而前进。同时,它还受时代政治、经济、文化、社会形势的影响,因而必须以新的思想观念来丰富企业文化的内容,并紧跟时代步伐,使企业文化具有明显的时代特征。

(4) **人本性**。企业文化非常重视员工的主体性。它强调人的理想、道德、价值观、行为规范等在企业管理中起核心作用;强调在生产经营管理过程中,关心人、尊重人、信任人,使全体员工互相尊重,团结奋进,积极参与企业管理,推动企业发展。

3. 企业文化的功能

汽车运输企业文化在企业运输生产过程和企业管理活动中发挥着重要作用,其主要功能可归纳为以下五个方面:

(1) **导向功能**。企业文化一旦形成,就建立起一套自身系统的价值和规范标准,对企业员工个体思想和企业整体的价值和行为取向发挥导向作用。建立在共同价值观基础上的企业文化,反映了企业整体的共同意识、共同追求、共同价值和共同利益等观念,让企业中的绝大多数人员清楚地知道企业倡导什么、反对什么。企业文化把员工的个人目标引导到企业所确定的目标上来,使成员在潜移默化中接受企业文化的共同价值理念,形成一股力量向既定的方向努力,对企业整体和企业每个成员的价值取向和行为取向起到了导向作用。

(2) **规范功能**。企业文化在企业中形成一种"软约束"机制,它可以借助共同价值观和相关理念以及与之对应的行为规范和准则,引导和规范成员的行为。相对于企业制定的规章制度对成员所产生的"硬约束","软约束"往往可以产生这些"硬约束"所起不到的作用。"软约束"机制是以共同的价值观和相关理念为核心的,借助从众心理、群体压力等机制,在成员的心理深层形成一种定势,构造出一种响应机制。企业文化正是通过软、硬两种约束机制的共同作用,对员工的意识和行为起到规范作用。

(3) **激励功能**。企业文化能产生一种激励机制,通过奋发向上的价值观的熏陶和良好文化氛围的引导,企业的宗旨和目标被确立起来并加以具体化。有了共同的目标,在群体行为规范下,全体员工的使命感和责任心进一步增强,激发并培育起当代员工的主人翁态度。

(4) **凝聚功能**。企业文化犹如强有力的"黏合剂",把企业全体职工形成一个整体,使职工之间团结一致、和谐协调,职工与企业之间同舟共济、荣辱与共,把每一个职工的力量凝聚成一股合力,最大限度地发挥企业系统的效能。一方面是通过目标凝聚,即通过企业目标以其突出、集中、明确和具体的形式,向员工和社会公众表明企业群体行为的意义,成为企业全体员工努力奋斗的方向,从而形成强大的凝聚力和向心力;另一方面是价值凝聚,即通过共同的价值观,使企业内部存在着共同的目的和利益,使之成为成员们的精神支柱,从而把企业成员牢牢联结起来,为了实现共同理想而聚合在一起,即所谓的志同道合。此外,企业文化如能有效发挥其激励功能,也能培养成员的归属感,增强企业的凝聚力。最后,对于长期在一种相对稳定的文化环境中的成员来说,共同的事物、共同的语言、共同的举动和共同的感受使人们更容易达成共识,也更容易形成相似的习惯,找到安全感。这种安全感还常常会伴随着依赖性,表现为成员对文化环境的依赖性,这也是企业文化凝聚成员的一种表现。

(5)对外辐射功能。企业文化的辐射功能主要是通过以下四种途径实现:一是向社会传播企业的价值观、伦理道德、经营管理理念等,引起社会有关方面的反应;二是以企业的产品或服务为载体向社会辐射;三是通过企业成员的言行所体现的企业精神和价值观,向社会传播和扩散企业文化;四是通过多种方式来塑造公司形象,进而传播公司文化。

上述企业文化功能是由企业文化的价值观念和行为规范直接引发出来的。此外,企业文化还具有一些衍生功能。比如,企业文化对企业的经营绩效会产生间接的作用,对企业的组织结构模式也会产生影响。

企业文化的功能既有积极的一面,也可能带来不利的影响,即企业文化存在负向功能,主要表现在以下三个方面:一是变革创新的障碍。企业文化往往是企业精神经过多年的沉淀,经过多年的建设缓慢地形成,一旦成形,企业文化便会具有长期的稳定性,当企业面对的环境比较稳定时,企业文化所强调的行为的一致性对企业而言很有价值;但当企业所处的环境不断动态变化时,企业内部根深蒂固的企业文化就变成一种可怕的惯性,它可能会束缚企业的手脚,束缚企业成员的思想,使其不敢或不愿进行创新,对企业进行变革。二是多样化的障碍。在企业中,往往需要存在多样的文化。一旦强有力的企业文化抹杀了不同背景、不同特色的员工所带给企业的独特优势,企业文化也就成了文化多样化的一个巨大障碍。一旦环境改变,旧的文化不能适应变化,又不能马上建立起新的文化,如果企业中已经存在多样化的文化,就可以从中寻找适合新环境的文化,并将之发展起来,作为新的企业文化。这样,企业成员也不会很难适应。三是兼并和收购的障碍。企业间相互兼并或收购时,虽然必须考虑融资优势和产品协同性,但同时双方文化的兼容性也成了兼并或收购成功与否的十分重要的影响因素,兼容性极差的企业文化有可能对合并后的企业造成灾难性的影响。

二、企业文化的结构

关于企业文化的结构,有沙因的企业文化三层次结构划分方式,也有国内较为流行的四层次结构划分方式。本教材采用四层次结构划分方式,将企业文化划分为物质文化、行为文化、制度文化和精神文化四个层次。

1. 物质文化——表层

物质文化是指企业成员创造的产品和各种物质设施等所构成的器物文化,也称为外观层,是外界最容易接触和体会的企业文化现象。物质文化主要包括企业产品结构和外表款色、企业劳动环境和员工休息娱乐环境、员工的文化设施以及厂容厂貌等。物质文化是企业员工的理想、价值观、精神面貌的具体反映。所以,尽管它是企业文化的最外层,但它却集中表现了一个现代企业在社会上的外在形象。因此,它通常是社会对一个企业总体评价的起点。

物质文化的载体是指物质文化赖以存在和发挥作用的物化形态,主要划分为以下几类:

(1)生产资料。物质文化载体中的生产资料包括建筑物、机械工具、设备设施、原料燃料等。这些是企业直接生产力的实体,是企业进行生产经营活动的物质基础,它标志着人类文明进化的程度,是社会进步程度的指示器。企业的生产机器、设备设施的摆设、颜色等生产资料的使用状况往往折射出管理理念和企业的价值观。企业的技术、设备的现代化与企业的文明程度密切相关,它是企业进行生产经营活动的物质基础,是生产资料中最积极的部分。员工凭借先进的技术、设备,使劳动对象达到预期的目标,为社会生产出质优、价廉的产品,创造优质的物质文化。随着知识经济的到来,技术、设备对企业文化的制约作用越来越大。因此,现代企业在注重技术设备现代化的同时,不可忽视技术、设备本身对员工的影响。

(2)企业的产品。企业不仅通过有目的的具体劳动,把意识中的许多表象变为具有实际效用的物品,更重要的是在这一过程中,不时地按照一种文化心理来塑造自己的产品,使产品的使用价值从一开始就蕴涵一定的文化价值。企业生产的产品和提供的服务是企业生产的经营成果,它是企业物质文化的首要内容。企业文化范畴所说的产品文化包含以下三层内容:一是产品的整体形象;二是产品的质量文化;三是产品的设计中的文化因素。

(3)企业名称和企业象征物。企业名称和企业象征物都是企业文化的可视性象征之一,充分体现企业的文化个性。企业名称和企业象征物还是企业作为一种文化、智慧、进步的结晶奉献给社会,以显示企业的文化风格。

此外,企业对员工工作所建立的必要的保健、卫生、安全等设施,以及为提高员工文化知识、科学技术素质所建立的必要的技术培训、职业教育、文化教育设施与环境氛围,这一切均是企业文化的外化物。它们会使人受到文化的熏陶,提高员工的文化素质。

汽车运输企业物质文化包括汽车运输企业环境和企业文化建设的"硬件"设施,如客运站、货运站的设计,运输车辆外观的设计等。

2. 行为文化——浅层

行为文化是指企业员工在生产经营、学习娱乐中产生的活动文化,也称为企业文化的行为层。行为文化包括企业经营、教育宣传、人际关系的活动、文娱体育活动中产生的文化现象,它是企业经营作风、精神面貌、人际关系的动态体现,也折射出企业精神和企业价值观。

从人员结构上划分,企业行为包括企业家行为和企业员工行为。

(1)企业家行为。企业家是企业的灵魂。企业家的价值观与人格魅力决定企业文化的健康与优化的程度,决定了员工对企业的信心程度,也决定了企业在未来竞争中的胜负。有什么样的企业家,就有什么样的企业和什么样的企业文化。企业家的一项重要任务就是建设企业文化。企业家是企业文化的积极倡导者和模范实践者,通过自己的行为,引导和扶持企业文化的发展。首先,企业家的创业实践和个人价值观是企业文化的基础;其次,企业家的身体力行和积极倡导是企业文化确定、形成的重要推动力量;最后,企业家的应变意识和能力是企业文化丰富、充实、重建的重要条件。

(2)员工行为。员工是企业的主体,员工的群体行为决定企业整体的精神风貌和企业文明程度。因此,员工群体行为的塑造是企业文化建设的重要组成部分。企业通过树立科学、明确的行为规范,来引导和培育员工职业、文明、健康的行为。

除了企业家和员工行为外,企业文化要素中所提及的英雄人物,或者说是模范人物,其行为在企业文化建设中也具有相当重要的地位。

3. 制度文化——中层

制度文化是具有本企业文化特色的各种规章制度、道德规范和职工行为准则的总称,包括厂规、厂纪、厂服、厂徽以及生产经营中的交往方式、行为准则等,也称企业文化的制度层。制度文化在企业文化中居中层,属于强制性文化。

企业的规章制度主要包括企业的领导制度、人事制度、劳动制度和奖惩制度等。企业的领导制度规定着企业领导者的权限、责任及其具体的实施方式,是企业的基本制度。人事制度包括用工制度和晋升制度,它关系到企业人力资源的充足程度、使用效率、员工的素质和企业内部的人际关系,是企业的重要制度之一。劳动制度包括企业的安全管理、劳动时间和劳动纪律,它是企业生产顺利进行的必要保证。奖惩制度是企业员工的行为导向,意在通过奖励和惩罚向员工明确表明企业所倡导和禁止的东西,以此规范企业员工的行为。

企业制度文化是企业为实现自身目标对员工的行为给予一定限制的文化,它具有共性和强有力的行为规范的要求。企业制度文化的"规范性"是一种来自员工自身以外的、带有强制性的约束,它规范着企业的每一个人。企业工艺操作规程、厂规厂纪、经济责任制、考核奖惩制等都是企业制度文化的内容。

4. 精神文化——核心层

精神文化是指企业在生产经营中形成的独具本企业特征的意识形态和文化观念,也称企业文化的精神层,是企业文化的核心层,包括企业精神、企业道德、价值观念、企业目标和行为准则等。由于精神文化具有企业的本质特点,故往往伴随企业的经营发展而逐步形成。

5. 四个层次之间的联系

企业的物质文化、行为文化、制度文化、精神文化是密不可分的,它们相互影响、相互作用,共同构成企业文化的完整体系。

首先,精神层决定了行为层、制度层和物质层。精神层是企业文化中相对稳定的层次,它的形成受到社会、政治、经济、文化以及本企业的实际情况、企业管理理论等的影响。精神层一经形成,就处于比较稳定的状态。精神层是企业文化的决定因素,有什么样的精神层就有什么样的物质层。

其次,制度层是精神层、物质层和行为层的中介。精神层直接影响制度层,并通过制度层影响物质层。基于领导者和员工的企业哲学、价值观念、道德规范等,使他们制定或形成一系列的规章制度、行为准则来实现他们的目的,体现他们特有的精神层内容。由此可见,精神层对制度层的影响是最直接的。在推行或实施这些规章制度和行为准则的过程中,形成独特的物质层,并以特有的价值取向和精神反映在其行为中,因此,精神层对物质层的影响一般是间接的。制度层的中介作用,使得许多卓越的企业家都非常重视制度层的建设,使它成为企业的重要特色。

最后,物质层和制度层是精神层的体现。精神层虽然决定着物质层、制度层和行为层,但其具有隐性的特征,它隐藏在显性内容的后面,必须通过一定的表现形式来体现,精神活动也必须付诸实践。因此,企业文化的物质层和行为层就是精神层的体现和实践。物质层和制度层以其外在的形式体现了企业文化的水平、规模和内容。企业文化的物质层和制度层除了体现精神层的作用以外,还能直接影响职工的工作情绪,直接促进企业哲学、价值观念、道德规范的进一步成熟和定型。所以,许多成功的企业都十分重视企业文化中物质层和制度层的建设,以明确企业的特征和标志。成功的企业通过完善企业的制度建设和规范的形成,以文化的手段激发职工的自觉性,进而实现企业的目标。

三、企业文化的冲突与整合

1. 企业文化冲突的含义

文化冲突指不同文化的性质、特征、功能和力量释放过程中,由于差异而引起的互相冲撞和对抗的状态。企业文化冲突是企业文化发展过程中不同特质的文化在相互接触、交流时产生的撞击、对抗和竞争。企业文化冲突的产生主要是由不同类型、不同模式、不同行业、不同区域、不同历史阶段的企业文化的不同特质所构成的基本价值观之间的过分悬殊造成的。企业文化冲突并不能简单地理解为企业文化之间的冲突,它实质上是人与人之间、群体与群体之间、组织与组织之间在价值观和行为上的冲突。

2. 企业文化冲突的表现

企业文化冲突主要表现在以下几个方面:

(1)显性文化的冲突。企业中最常见和公开化的文化冲突,是显性文化的冲突。显性文化的冲突来自行为者双方的象征符号系统之间的冲突,也就是通常所说的表达方式所显示的意义不同而引起的冲突。显性文化的冲突文化差异在语言行为上的表现。文化差异反映到语言上,就成为语言上的差异。文化决定人的思维方式,从而决定语言的表达方式,具体表现在领导职权方面、沟通与协调方面以及人际关系的差异上。

(2)价值观的冲突。价值观是指人们对事物的看法、评价,是人们信仰、价值、心态系统中可以评价的方面。不同文化背景下的人对工作目标、人际关系、财富、时间、风险等的观念会不尽相同。

(3)制度文化的冲突。制度文化冲突往往存在于跨国企业、并购企业或者组织内部制度不同的部门之间。

(4)经营思想与经营方式的冲突。不同的企业或者性质不同的部门有可能具有不同的经营理念,有的着眼于长远,制定适宜的远景战略规划;而有的只注重短期利益,热衷于一次性博弈。经营思想与经营方式的不同往往造成跨国企业、并购企业或者差异较大的部门间的冲突,尤其是跨国企业内部。

(5)人力资源管理的冲突。基于经营思想和价值观的差异而导致用人制度的不同,也会成为企业的冲突。一些企业在选人用人上片面强调政治素质、职务对等、个人历史、人际关系等;而有些企业更多地强调创新素质,强调贡献、成就和企业管理能力。由此形成的观念冲突,会给合并企业的管理本身带来矛盾,也给员工带来巨大的心理压力和困惑。

3. 企业文化冲突的类型

根据冲突的类型不同,企业文化冲突可以分为企业传统文化与现代文化的冲突、企业主文化与亚文化的冲突、群体文化与个体文化的冲突。

(1)企业传统文化与现代文化的冲突,是指企业的新思想、新观念与传统思想和传统观念的冲突。从企业内部来看,经过了若干年的发展,已经形成了具有本企业特色的文化体系,对已有的文化已经习以为常,甚至形成了习性,特别是老员工、企业的创始人,总是沿袭自己已经习惯的工作方法和思维模式,不肯轻易接受新的东西。而新员工、新的管理者,尤其是对现代企业经营比较了解和熟悉的管理者,则认为老的办法、过去的经验和传统的思维模式,已经与时代的发展相脱节,如果一味地因循守旧,则不利于企业的发展。双方在做事风格、考虑问题、管理思路、决策模式等方面会产生较大分歧。

(2)企业主文化与亚文化的冲突,是指企业居于核心地位的、正宗的文化与企业处于非核心地位的、非正统的文化,以及企业整体文化与企业亚文化的冲突。这种文化冲突有两种性质或两种可能:一是价值观引起的正统与异端、新与旧之间的冲突和对立;二是整体和局部因利益、观念或其他原因所引起的文化冲突。

(3)群体文化与个体文化的冲突。良好的或健全的企业文化总是一种使企业群体行为与企业个体行为、企业群体意识与企业个体意识、企业群体道德与企业个体道德大体上保持和谐一致的企业文化,但这不等于说优势的企业文化从未有过企业群体与企业个体文化的冲突,也不等于说它们总是能够轻而易举地解决这两者间的冲突。

4. 企业文化冲突的后果

企业文化冲突是企业客观存在的现象之一,不可避免。企业文化冲突有积极的后果,也有消极的后果。如果能够把企业文化的冲突控制在一定的范围和程度内,并有效、妥善地处理企业文化的冲突,那么会增强企业内部活力和创造力,使企业更加多元、更能适应外部的环境;如果企业当中的系列文化冲突不能得到有效解决与防御,必将给企业的经营和管理造成多方面不利影响,导致不良后果,如决策低效率、极度保守、组织涣散、沟通中断、非理性反应、怀恨心理等。

5. 企业文化冲突的管理

只有通过有效管理企业文化冲突,才能避免企业文化冲突所带来的不良后果,从而使企业因为文化冲突的存在而变得更有活力。本教材主要介绍 Mirvis 与 Marks 提出的企业文化冲突管理和南希·爱德勒(Nancy J Adler)的观点。

1) Mirvis 与 Marks 的方法

Mirvis 与 Marks 建议按照以下三个步骤来管理文化冲突:①重视双方文化。为了避免或缓解文化冲突,并购双方应对自己以及对方企业的经营历史、管理风格、员工特征以及企业形象等方面有一个清楚的认识,明智的领导者应该在并购之初就能以敏锐的眼光观察到双方文化差异,预见潜在的文化冲突,并以谨慎的态度对待差异问题。②明晰双方文化。造成文化冲突的另一原因是双方认识偏差或理解有误,如果能在并购双方建立有效的信息渠道、加强员工之间的沟通与交流,无疑将增进理解、修正错误认识,从而大大降低文化冲突的概率。③促进相互适应。在重视双方文化和明晰双方文化的基础上,进一步的工作是通过双方经理和普通员工传授关于对方文化的知识,建立相互适应、相互尊重和理解的关系。

2) 南希·爱德勒的方法

按照加拿大著名的管理学者南希·爱德勒的观点,解决企业中的文化冲突有以下三种方案:一是凌越。所谓凌越,是指组织内一种文化凌驾于其他文化之上,而扮演着统治者的角色,组织内的决策及行为均受这种文化支配,而持另一种文化的雇员或外部成员的影响力则微乎其微。这种方式的好处是能够在短期内形成一种"统一"的组织文化,其缺点是不利于博采众长,而且其他文化因遭到压抑,极易使其成员产生强烈的反感,最终加剧冲突。二是妥协。所谓妥协,是指两种文化的折中与妥协。这种情况多半发生在相似的文化间,指不同文化间采取妥协与退让的方式,有意忽略、回避文化差异,从而做到求同存异,以实现企业组织内的和谐与稳定,但这种和谐与稳定的背后往往潜伏着危机,只有当彼此之间文化差异很小时,才适合采用此法。三是融合。所谓融合,是指不同文化间在承认、重视彼此间差异的基础上,相互尊重、相互补充、相互协调,从而形成一种你我合一的、全新的组织文化。这种统一的文化不仅具有较强的稳定性,而且极具"杂交"优势。这种方案能够认识到构成组织的两个或多个文化群体的异同点,且不忽视和压制这些文化差异。它与妥协的不同在于对待这些差异的态度,前者只是暂不考虑不同点,而后者则把不同点统一地纳入组织文化内。

6. 企业文化整合

企业文化整合是指企业文化在发展过程中将相异或矛盾的文化特质在相互适应、认同后形成一种和谐、协调的文化体系。整合不是联合,更不是混合,而是摒弃自己文化的弱点,吸取其他文化的优点。企业文化整合的主要内容包括经营宗旨的整合、企业精神的整合、道德行为准则的整合、组织机构的整合、物质文化的整合、企业形象的整合等。尽管企业面临的具体文化整合情况可能千差万别,但仍有一些基本原则是相通的,具体应遵循相互尊重、平稳过渡、充分沟通、专人负责、求同存异、系统整合等原则。

在文化整合初步获得成功后,还要加强防范意识,通过反复监督、强化来巩固已有成果,防止倒退现象的发生。

案例分析 重庆公路运输(集团)有限公司的"搬装精神"

重庆公路运输(集团)有限公司(以下简称"公运公司")起源于1952年成立的重庆市搬运公司,是重庆市交运集团下属国有大型物流骨干企业、交通运输部重点联系道路运输单位、中国物流与采购联合会认证的5A级物流企业、重庆市具有区域性核心竞争力的综合性第三方物流服务供应商。公运公司拥有国家货运一级、国家客运二级、国际货运代理一级、国际国内航空货运代理一级、A类报关企业、无船承运人、大件运输四级、危险品运输等资质,并通过了ISO 9001:2015质量管理体系认证。公运公司注册资金8.6亿元,旗下拥有全资子公司、控(参)股公司25家,员工总数1.1万人。公运公司经过"十二五"时期的快速发展,已由传统的货运企业转型成为综合的现代物流企业,形成以现代物流业为核心、都市客运业为支撑、相关产业为支持的"2+1"产业格局。

公运公司一直秉承"开拓、求实、拼搏、奉献"的企业精神,以及"诚信、规范、专业、创新"的经营理念,履行国有企业的责任,在服务经济、保障民生、节能减排等方面发挥积极作用,得到了社会和业界的认可。虽然经过多次合并拆分,经营范围不断拓展,但公运公司历史沉淀下来的以"开拓、求实、拼搏、奉献"为标志的"搬装精神"一直没有丢弃。在发展的各个时期,公运公司以自己独特的方式谱写了催人奋进的历史篇章,形成了独具特色的企业文化,沉淀了独有的"搬装精神",并赋予了其丰富的内涵。

(1) 与时俱进的开拓精神。历史上，公运人凭借自己的智慧，在劳动中自行设计、制造了代表当时先进生产力的装载机、皮带运输机、水泥船、载货载客缆车等码头装卸机械和其他生产工具，承担起重庆市工农业生产需要的运煤、运粮、保市场的艰巨任务和保障重庆市各厂矿企业生产所需原材料及成品运输任务，为重庆市的经济恢复、稳定、发展作出了重大贡献。这是公运人勇于挑战贫穷落后，勇于改变和掌握自己命运，不安于现状、敢为天下先的开拓精神。

(2) 实事求是的求实精神。公运公司先后面临费改税、营改增等改革难题，每一次改革都颠覆了企业的根本经营模式，造成生产经营举步维艰。但历代公运人都能团结一心、积极应对、共克时艰，度过传统运输最为困难的阶段。公运公司根据市场发展趋势和企业经营实际，积极坚守运输主业，先后开发了冷链物流、仓储配送、多式联运、生产供应链等现代物流业务，使企业焕发出全新的生命力和竞争力，成为重庆市乃至全国传统货运企业中转型最早、结构最优的企业。这是公运人"一切从实际出发""脚踏实地、励精图治""不唯书、不唯上、只唯实""不盲从、不蛮干、不空谈""说实话、办实事、求实效""对国家负责、对企业负责、对自己负责"的具体表现。

(3) 坚韧顽强的拼搏精神。搬运装卸公司刚成立时，设备陈旧，生产工具极为简陋，牛拉车、人力独轮车、板车、箩筐、扁担、铁铲是搬运工人的主要生产工具，仅有的 30 多辆汽车是重庆解放时国民党败逃时留下的、以烧木炭为动力的汽车。在这样的生产工具面前，搬运工人干劲十足，靠肩挑臂抬完成了重庆人民大礼堂、重庆嘉陵江大桥等重要基础设施的早期建设任务。这是公运人不畏困难、永不言败的斗志，更是艰苦奋斗、奋发图强的豪气与实践。

(4) 埋头苦干的奉献精神。公运公司经过 60 多年的洗礼，铸就了一支兢兢业业、甘于奉献、战斗力强的员工队伍，他们有着忘我的工作态度和严谨的工作作风，为企业的发展呕心沥血、忘我工作，坚持把工作当作事业和责任成为一种工作习惯和自觉行为。他们为攻克某个经营项目，带着衣被、洗漱用品"扎根"现场或办公室一个月不回家，也不分昼夜全体出动，深入出租汽车驾驶员群体摸排不稳定情况。

"搬装精神"是以公运公司为代表的传统运输企业历经长期历史沉淀和锤炼形成的独具特色的行业精神。公运公司成立 60 多年来，"搬装精神"凝聚了全体公运人的奋进意志，培育了艰苦奋斗、吃苦耐劳的企业文化，锤炼了一支特别能战斗的坚强团队。在企业持续发展壮大的情况下，越来越多的新生力量加入这个大集体中。加强"搬装精神"教育和传承，可以让员工特别是新进员工形成"企业是我家"的共识，形成更多相同的行为习惯和共同的责任感、荣辱感和使命感，最终更好地培育企业文化，并将其传承下去，不断增强员工的认知度、归属感、凝聚力和向心力，努力为企业生产经营和改革发展提供强大的精神动力。

第二章 汽车运输企业经营与管理

现代汽车运输企业的生产经营活动是一个不断运动的过程,在这个过程中,必然受到企业内部条件和外部环境诸多因素的影响和制约,与多方面发生关系,企业需要对其进行经营和管理,处理好这些关系,确保生产经营活动的顺利进行。

第一节 经营与管理理论

经营是商品经济的产物,管理是由共同劳动引起的,经营与管理从不同的角度来实现企业的经营目标。了解经营与管理的概念、职能和基本理论,对准确把握企业的经营活动和管理活动,搞好企业经营管理有着重要意义。

一、经营概述

1. 经营的含义和职能

"经营"一词出自我国《诗·大雅》中,"经始灵台,经之营之",本为经度营造的意思,引申为筹划与营谋。当时的社会处于自然经济状态,还没有形成现代的经营概念。现代的经营是商品经济的产物,是商品生产者的职能。马克思的再生产理论告诉我们,在市场经济条件下,社会生产过程是直接生产过程与流通过程的统一。商品生产者不仅要通过生产过程把物质产品生产出来,而且还要进入市场,通过流通过程把产品销售出去,转移到消费者手里,商品的使用价值和价值才能实现,生产过程中的物化劳动与活劳动的消耗才能得到补偿,再生产过程才能够继续进行。因此,为了最经济有效地把商品生产出来、销售出去,商品生产者要根据市场条件、销售对象、价格等因素,选择材料、设备、工具和生产方法等。所有这些对市场的选择,对产品的选择,对材料和设备的选择,以及对消费者、市场行情的研究,对竞争对手的研究,都属于经营活动。经营就是对这些活动的筹划与营谋。

通过以上分析,我们可以认为:经营是指商品生产者或经营者以市场为对象,以生产和交换为手段,为实现企业的目标,使企业的一切经济活动与企业外部环境达成动态平衡的一系列组织活动。

以上概念反映了经营的基础是商业活动,经营的对象是市场,经营的目的是盈利,经营的实质是解决企业外部环境、企业经营目标和企业生产经营活动之间的动态平衡关系。

管理的职能是由管理活动派生的,企业的经营职能也是由企业经营活动决定的,一般包括以下五个方面的职能:

(1)战略职能。企业所面对的经营环境是一个非常复杂的环境,影响因素多,变化快。在这样的环境里,企业欲求长期稳定的生存和发展,就必须高瞻远瞩,善于审时度势,随机应变,从而也需要实行战略经营。战略职能通过制定经营战略和实施经营战略的过程实现。

(2)决策职能。管理的重点是经营,经营的核心是决策。企业经营的优劣与成败,完全取决于决策职能。决策正确,企业的优势能够得到充分的发挥,扬长避短,在风险经营环境中以独特的经营方式得到压倒的优势;决策失误,将使企业长期陷入困境之中。决策职能通过市场预测、制定决策方案并进行方案优选、方案实施诸过程来完成。

(3)开发职能。有效的经营必须善于积极开发和有效地利用各种资源,企业经营职能的发挥在很大程度上取决于开发职能的作用。因此,人力资源的开发、技术开发、产品开发、市场开发是经营开发职能的主要任务。

(4)财务职能。企业的经营过程自始至终都伴随着财务职能。财务职能集中表现为资金的筹措职能、资金的运用职能、增值价值的分配职能以及经营分析职能。资金筹措是企业经营活动的起点,资金运用贯穿企业生产经营全过程,经营分析则是企业经营活动的终点。

(5)公共关系职能。企业经营活动的正常进行必然与企业外部诸多方面有着密切的联系,必须与赖以生存的社会经济系统的诸环节保持协调,这种同外部环境保持协调的职能,被称为社会关系职能或公共关系职能。由此可见,公共关系职能是企业生存和发展的必要条件。公共关系包括企业与投资者、厂商、竞争者、顾客、社区、公共团体、政府机关的关系,企业与职工的关系等。

2. 经营理论

(1)大经营理论。这种理论认为经营包括管理,管理仅是经营的一种职能。这种理论在日本比较盛行,经营包括企业的人、财、物、供、产、销各项经济活动,如图2-1所示。这种理论是由被称为经营管理之父的法国管理学家法约尔最早提出的,他认为,企业的经营有六项基本活动,而管理只是其中的一项。经营的六项基本活动是:①技术活动,包括生产、制造、加工;②商业活动,包括采购、销售、交换;③财务活动,包括资本筹措和运用;④安全活动,包括保护财产和人员安全;⑤会计活动,包括资产目录、借贷对照、成本核算、统计等;⑥管理活动,包括计划、组织、指挥、控制、协调等职能。

(2)小经营理论。这种理论是我国管理学家根据企业管理改革演变的过程提出来的。改革开放以后,我国企业经历了一系列的重大变革,特别是伴随市场经济体制的确立和现代企业制度的形成,企业的经营自主权不断扩大,企业拥有了独立的经营权,由"生产型企业"逐渐转向"经营生产型企业",企业也开始重视经营问题,经营理论由此而产生。小经营理论认为经营与管理既有区别又有联系,在企业生产经营活动中它们各自作用的侧重点不同,如图2-2所示。

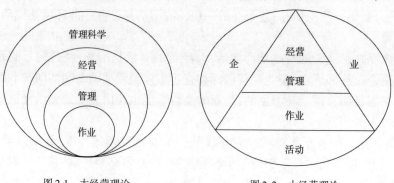

图2-1 大经营理论　　　　图2-2 小经营理论

（3）经营和管理等同理论。这种理论认为在企业活动中，经营与管理的内容是相同的，经营与管理是同一个概念。这种理论在美国比较盛行，在英语中 Management 一词意为管理或经营，其基本含义是指通过计划、组织、指挥、协调、控制等管理职能，合理利用人力、物力、财力、市场、士气等资源，最大限度地满足社会需要，争取最好的经济效益的一系列工作，如图 2-3 所示。

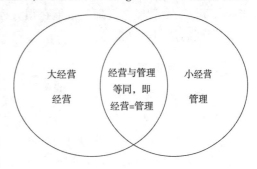

图 2-3 经营和管理等同于大经营、小经营的关系

一般意义上，经营与管理既有一致性，又有所区别。从它们的产生过程来看，管理是劳动社会化的产物，而经营则是商品经济的产物；从他们的应用范围来看，管理适应于一切组织，而经营则只适应于经济组织；从它们达到的目的来看，管理旨在提高工作效率，而经营则以提高经济效益为目标。

从企业角度，经营是管理职能的延伸与发展，二者是不可分割的整体，但有各自的侧重点。经营侧重于企业的整体和对外活动的统筹与谋划，管理则侧重于企业内部活动的规划和组织。企业的全部经济活动，按其性质不同可分为经营活动、人事活动、生产活动、财务活动、技术活动等。经营活动的主要内容是了解企业外部环境和竞争形势，根据外部环境的变化趋势制定企业的经营目标、发展战略、投资决策、营销策略等，保证企业在满足社会需要的前提下，取得良好的经济效益。因此，经营管理是管理职能在经营活动中的延伸，是对企业经营活动的管理。同样，管理职能在人事活动、生产活动、财务活动、技术活动等中的应用，就形成了企业的人力资源管理、生产管理、财务管理和技术管理等。

本教材的编写建立在小经营理论基础上。因此，现代汽车运输企业管理的内容包括经营管理、人力资源管理、生产管理、财务管理和技术管理五大部分，它们在企业运行过程中发挥着各自的作用，保证了企业各项活动的顺利进行。生产管理和经营管理的区别见表 2-1。

生产管理和经营管理的区别　　　　表 2-1

项目	生产管理	经营管理
主要内容	生产组织、劳动组织、生产技术、工艺准备、物资供应、设备利用与维修、生产进度计划与控制、质量控制、成本控制	市场调查研究，市场预测，经营目标、经营计划的制定，经营战略与策略的制定，产品开发，技术开发，资源开发，市场开发，投资与财务决策
性质	方法性、战术性、执行性、程序性	目的性、战略性、决策性、非程序性
目的	实现预定计划，提高生产与工作效率	实现企业目标，提高企业经济效益
职能特点	计划、组织、指挥、控制、企业内部各项工作的平衡与协调	选择目标、制定战略、进行决策、企业活动与外部环境平衡与协调
执行者	中下层管理者	高层管理者

从表 2-1 中能够清楚地看出，生产管理所解决的是企业管理中战术性、方法性的问题；经营管理所解决的是战略性、方向性的问题。生产管理决定着企业资源利用率的高低，经营

管理则决定着企业效益和兴衰。经营战略与决策是正确的,生产管理的效率越高,企业的经济效益也就越高;经营战略与决策如果是错误的,生产管理的效率越高,企业的损失就会越惨重。可见,尽管经营管理的效能在很大程度上受到生产管理效率的制约,但是其作用却比生产管理的作用重要得多。

二、管理概述

1. 管理的含义

管理作为一种人类的实践活动虽然古已有之,但形成一门科学却是在工业革命以后19世纪末20世纪初的事。但到目前为止,管理一词还没有一个统一的定义,其原因是不同的人在研究管理时的出发点不同、角度不同,因而他们对管理所下的定义也不同。强调工作任务的人认为"管理就是由一个或多个人来协调其他人的活动,以便收到个人单独活动所不能收到的效果";强调个人管理艺术的人认为"管理就是领导";强调决策作用的人认为"管理就是决策";强调管理过程的人认为"管理就是为了达到一定的组织目标所进行的计划、组织、控制过程";强调管理中人的因素的人认为"管理就是调动人的积极性,通过他人的努力达到组织目标"。这些都从不同角度和侧面反映了管理的性质和内容。

综合以上各种对管理的理解,我们可以把管理定义为:管理是指通过计划、组织、指挥、协调、控制等职能,对组织的人力、物力、财力、信息、时间等资源进行有效整合,以达到组织既定的目标与责任的动态创造性活动。

企业管理就是管理理论在企业生产经营活动中的应用,是指为了保证企业各项经济活动的正常进行,实现企业的既定目标与社会责任,对企业的生产、财务、经营等活动进行计划、组织、指挥、协调和控制等一系列活动。

2. 管理的特性

自从有人群组织以来,便存在管理活动。管理活动不同于文化活动、科学活动和教育活动等,是因为它有其自己的特性。

(1)管理的二重性。管理的二重性即管理的自然属性和社会属性。管理的自然属性,指管理是与生产力相联系的,是由生产力的发展引起和决定的,是社会化大生产的需要;管理的社会属性,指管理是与生产关系相联系的,是一定生产关系的体现,管理必须维护资产所有者的利益,实现所有者的意志。

(2)管理的动态性。管理的动态性主要表现在管理活动需要在变动的环境与组织本身中进行,需要消除资源配置过程中的各种不确定性。因此,管理不是停留在书面上的东西,它是现实实践中的操作。学习管理需要学书面上的东西,但更重要的是学会在什么样的状况下如何实施具体的管理。事实上,由于各个组织所处的环境与具体的工作环境不同,各个组织的目标与从事的行业不同,从而导致了每个组织中资源配置的不同性,这种不同性就是动态特性的一种派生,因此,不存在一个标准处处成功的管理模式。

(3)管理的科学性。管理活动尽管是动态的,但还是可将其分成两大类:一是程序性活动。所谓程序性活动就是指有章可循,照章运作便可取得预想效果的管理活动。二是非程序性活动,是指无章可循、需要边运作边探讨的管理活动。这两类活动虽然不同,但却可以转化,实际上现实的程序性活动就是由以前的非程序性活动转化而来的,这种转化的过程实在是人们对这类活动与管理对象规律性的科学总结，管理的科学性在这里得到了很好的体现。对新管理对象所采取的非程序性活动只能依据过去的科学结论进行，否则对这些对象的管理便失去了可靠性，而这本身也体现了管理的科学性。

（4）管理的艺术性。由于管理对象分别处于不同环境、不同行业、不同的产出要求、不同的资源供给条件等状况下，故对每一具体管理对象的管理没有一个唯一的安全有章可循的模式，特别对那些非程序性的、全新的管理对象，则更是如此，从而导致具体管理活动的成效与管理主体管理技巧发挥的大小相关性很大。事实上，管理主体对这种管理技巧的运用与发挥，体现了管理主体设计和操作管理活动的艺术性。另一方面，由于在达成资源有效配置的目标与现行责任的过程中可供选择的管理方式、手段多种多样，因此，在可选择的管理方式中选择一种合适的用于现实管理之中，也是管理主体进行管理的一种艺术性技能。

（5）管理的创造性。管理的艺术性特征实际上与管理的另一个特征相关，这就是创造性。管理既然是一种动态活动，既然对每一个具体的管理对象没有一种唯一的完全有章可循的模式可以参照，那么欲达到既定的组织目标与责任，就需要有一定的创造性。管理活动是一类创造性的活动，正因为它是创造性的活动，才会有成功与失败的存在。管理的创造性根植于动态性之中，与科学性和艺术性相关，正是由于这一特性的存在，使得管理创新成为必需。

（6）管理的经济性。资源配置是需要成本的，因此，管理就具有经济特性。管理的经济性首先反映在资源配置的机会成本之上，管理者选择一种资源配置方式是以放弃另一种资源配置方式的代价而取得的，这里有个机会成本的问题。其次，管理的经济性反映在管理方式方法选择上的成本比较，因为在众多可帮助进行资源配置的方式方法中，其所费成本不同，故如何选择就有个经济性的问题。再次，管理是对资源进行有效整合的过程，因此，选择不同资源供给和配比，就有成本大小的问题，这就是经济性的另一种表现。

3. 管理的要素

管理活动过程中涉及的一些重要因素称之为管理要素。它们既是管理活动的对象，也是开展组织活动的基础，对管理过程及管理效果产生影响。管理包括哪些要素，目前还没有完全统一的认识，有三要素说、五要素说、七要素说等不同的说法。总结这些说法，企业管理要素的具体内容如下。

（1）人员（men）。人是组织的主体，是最活跃、最积极并起决定性作用的要素。管理应重视人的巨大的内在潜力，通过科学的方法调动所有人员的积极性，使每一名员工都能尽其所能，展其所长，自觉努力地工作。人员是管理的首要对象，在人员方面的工作主要包括员工招募、教育培训、考核奖惩、升降任免等。

（2）物质资料（materials）。物质材料包括各种设备、运输工具、原材料、辅助材料等，它是企业生产经营活动的物质基础，是企业固定资金和流动资金的实物形态。企业物质资料状况如何，不仅直接影响企业产品的品种、产量、质量、劳动生产率、原材料、燃料、动力的消耗，而且影响企业的成本、利润、交货期、安全生产、环境保护、员工的工作情绪和企业的生产秩序。物质资料方面的工作主要包括生产经营活动中使用的各类机械、动力、运输设备、仪器、仪表、装置、房屋建筑物等的现场管理和使用管理;企业的原、辅材料的采购、包装、储运、检测、收发管理;产品的进货、储运、质检、保管、发货管理等。

(3)资金(money)。资金是企业生产经营活动的核心,提高资金效益是企业管理的重要目标之一。企业的生产经营过程实质上是资金不断运动的过程,随着资金不断运动和增值,最终实现企业的生存与发展。因此,加强资金的运营管理,实现较高的资金回报率,是现代企业管理必须高度重视的首要问题。在资金方面的工作主要包括资金的筹集、预算的编制、成本核算、价格制定、利润管理等。

(4)市场(markets)。市场是实现企业目标的关键,是企业管理的重要环节。市场方面的主要工作包括信息的收集、整理、分析,使用过程的管理,市场预测和开拓管理,新产品开发、研制和推广管理,企业形象、公共关系和营销策划管理等。

(5)工作精神(morale)。工作精神是组织一切活动的灵魂,它需要靠组织有目的的培育、相关机制的促进和各种制度的保证,因此,也属于管理的范围。工作精神方面的工作主要包括敬业精神的培养、工作效率的提高、组织文化的培育、激励机制的形成等。

上述要素中不仅包括人的因素,也包括物的因素;不仅包括资金、物质因素,也包括精神因素;不仅包括企业内部因素,也包括市场环境因素。因此,五要素说是比较全面完整的企业管理要素描述方法。

第二节 汽车运输企业管理

汽车运输企业管理是企业管理原理在汽车运输企业中运用所产生的管理学科,它与企业管理有着共同的原理和方法,但也有其自身的特点。

一、汽车运输企业管理的概念和特点

1. 汽车运输企业管理的概念

汽车运输企业管理是指根据企业的特性及运输生产经营规律,按照运输市场反映出来的社会需求,对企业运输生产经营活动进行计划、组织、指挥、协调和控制,充分利用各种资源,实现企业的经营目标,满足社会需求,求得企业自身的发展和满足职工利益的一系列管理活动。汽车运输企业管理包括以下四方面的含义:

(1)企业管理的对象。企业的再生产活动是生产过程和流通过程的统一,因此,企业的主要活动是内部的管理活动和涉及外部的经营活动。企业管理的对象就是内外结合的生产经营活动。

(2)企业管理的主体。企业是由管理者来管理的,包括企业的高层领导、中层领导在内的,凡是参与管理的人,都是管理者。当然,企业的总体发展,各方面活动的总体控制是由企业的厂长、经理及以他们为中心组成的企业管理系统来进行的。这个系统中的人,就是企业管理的主体。

(3)企业管理的目的。管理是一种有意识、有组织的动态活动过程。管理是为了实现企业的目标,合理地利用资源,在满足社会需求中获得更多的利润。

(4)企业管理的依据。企业管理是管理者的主观行为,要使主观行为变成可行的客观活

动并取得客观效果,就必须使管理的行为符合客观规律。因此,管理的依据是企业的特性及由此表现出来的生产经营规律。可以说,企业管理的成效如何取决于管理者的认识和利用生产经营规律的程度以及主观能动性的发挥程度。

2. 汽车运输企业管理的特点

汽车运输企业管理与其他工业企业管理相比较,具有共同的特点,即企业管理的自主性、盈利性和风险性,也有其自身的特点,表现在以下四个方面:

(1)在运输生产力要素组织方面的独特性。作为工业企业,在从事劳动生产时,必须具备生产力三要素,即劳动者、劳动工具和劳动对象。就运输生产而言,它是一个特殊的生产领域,运输企业只具备劳动者和劳动工具,进行运输生产时,只能通过活劳动的消耗和劳动工具的损耗为服务对象提供运输服务,而绝不会将劳动对象消耗或转化。

(2)在组织运输生产过程中表现出的独特性。作为一般工业企业,其产品的生产过程和消费过程在时间上和空间上是相互分离的,它们生产的产品只有以商品的形式进入流通领域后才能被用户消费。而运输产品的生产过程与消费过程同时发生、同时结束,表现为运输企业使服务对象产生位移的生产过程,也是服务对象消费运输产品获得使用价值的过程。

(3)在运输产品开发和管理上的独特性。作为一般工业企业,其生产中劳动对象的形态或属性将被改变,劳动产品以实物形态存在。而运输生产活动不改变运输对象的形态和属性,只改变其空间位置,产品为非实物形态,既不能储存,也不能调拨,产品的消费也只是在生产过程中完成。

(4)在营销管理方面表现出的独特性。作为工业企业,产品的销售活动发生在产品生产之后。而运输产品的"销售"活动则发生在生产之前,即"销售"活动的前置性。运输企业的生产必须先有客源、货源,再组织运输生产,实现其"位移",先于生产取得运营收入。

二、汽车运输企业管理的职能

企业管理职能是指管理者为了实行有效管理所必须具备的基本功能。实行有效管理,就是企业管理者通过合理选择和配备人员,采取正确的领导方法,运用先进可行的计划和健全的组织,实行统一指挥和有效的内部协调,依靠及时而准确的信息系统以及严密合理的控制,使企业的生产经营要素做到最佳的配合,以达到预期的目的,获得尽可能好的经济效益。按照马克思主义关于管理二重性的学说,企业管理的职能可分为一般职能和具体职能两个方面。

企业管理的性质与职能之间的相互关系如图2-4所示。

1. 企业管理的基本职能

企业管理的二重性是通过管理的基本职能来表现的。企业管理的基本职能有两个方面:一方面是合理组织生产力的一般职能,这对任何社会制度下的企业都适用;另一方面是维护和完善现有的生产关系,实现生产目的的特殊职能。但是在企业管理实践中,这两种职能总是结合在一起发生作用。因为生产过程本来就是生产力和生产关系的统一体,人与物的关系同人与人的关系密不可分,当它们结合作用于生产过程时,又表现为管理的具体职能。

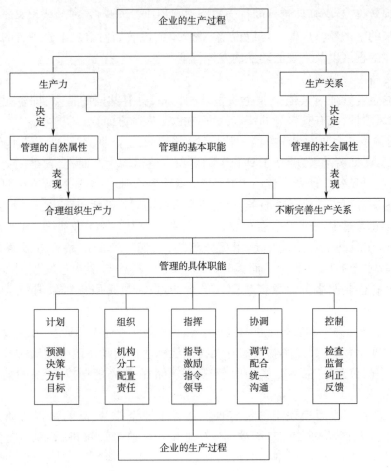

图 2-4 企业管理性质与职能之间的相互关系

2. 企业管理的具体职能

根据汽车运输企业管理工作的基本内容或过程的理论概括,企业管理的具体职能主要是计划、组织、指挥、协调和控制,这些职能贯彻企业生产经营活动的各方面,是统筹全局的综合性职能。

(1)计划职能。计划职能是管理的首要职能,是指把企业的各种生产经营活动按照实现企业目标的要求,纳入统一的计划。广义的计划还包括研究和预测未来运输市场的变化,以及据此作出正确的决策,决定企业的经营目标和经营方针,并编制为实现此目标服务的综合经营计划以及各项专业活动的具体执行计划及对计划执行情况进行的检查、分析、评价、修正等。计划的职能在于确定企业的计划目标和制订计划,以便有计划地进行生产经营活动,保证企业经营目标的实现。

(2)组织职能。管理的组织职能是指按照制订的计划,把企业的劳动力、劳动资料和劳动对象,从生产的分工协作上、上下左右的关系上、时间和空间的联结上合理地组织起来,组成一个协调一致的整体,使企业的人、财、物得到最合理的使用。企业组织可分为管理机构组织、生产组织和劳动组织三部分。管理机构组织规定着企业管理的组织层次和组织系统,各个组织单位(部门)的职责分工以及相互关系。生产组织是对企业进行生产布局,将各个生产环节进行合理的衔接。劳动组织规定每个职工的职责分工及其相互关系。

（3）指挥职能。为了保证企业的生产经营活动按计划、有组织地运转，企业的一切活动都必须服从统一的指挥，这是现代社会化大生产的客观要求。指挥职能包括领导、指挥、教育、鼓励、正确处理各种关系等。

指挥的基本原则是：①目标协调原则，即指挥应使每个职工的工作都与企业的整体目标、计划要求相协调，为完成企业的任务而有效地工作；②指挥统一化原则，即指挥要统一，命令要统一，避免多头领导。

指挥的方式有：①强调运用管理权力，以命令、指示等强制性方式进行指挥和领导；②强调人际关系，反对强制性指挥，强调以民主方式进行指导、教育和激励，使被领导者产生自觉的工作热情、责任心和积极性；③思想政治工作和行政命令相结合的方式。

（4）协调职能。协调职能是指为完成企业计划任务而对企业内外各部门、各环节的活动加以统一调节，使之配合适当的管理活动，其目的就是为了使各种活动不发生矛盾或重复，保证相互间建立良好的配合关系，以实现共同的目标。协调可分为垂直协调和水平协调、对内协调和对外协调等。垂直协调，是指各级领导人员和各职能部门之间的纵向协调；水平协调，是企业内各专业、各部门、各单位之间的横向协调；对内协调，是指企业内部的协调活动；对外协调，则指企业与外部环境的协调，如企业与国家、企业与其他经济单位之间的协调活动。

（5）控制职能。控制职能是指根据企业的经营目标、计划、标准以及经济原则对企业的生产经营活动及其成果进行监督、检查，使之符合计划，以及为消除实际和计划间差异所进行的管理活动。控制的目的和要求，就在于把生产经营活动及其实际成果与计划、标准化比较，发现差异，找出问题，查明原因，并及时采取措施，加以消除，防止问题再度出现。

以上各项管理职能，并不是孤立和割裂的，而是一个相互依存、相互作用的有机整体。计划是前提，提供目标和标准；组织是保证，提供计划实施的组织机构和氛围；指挥是手段，是实现计划目标的必要途径；协调和控制则分别解决计划和目标实施中的增效和失效问题，最终达到企业生产经营活动过程的目标。

三、汽车运输企业管理的任务和内容

1. 汽车运输企业管理的任务

汽车运输企业管理的任务，就是按照运输市场的客观规律，对企业的全部运输生产经营活动进行计划、组织、指挥、协调和控制，使各运输生产环节互相衔接、密切配合，使人、财、物各因素得到合理组织、充分利用，以最小的投入，取得满意的产出，完成企业的任务，实现企业的经营目标。

从企业管理要达到的基本目的讲，就是要不断提高企业的各项工作效率和经济效益。工作效率是指工作成果与工作标准的比值；经济效益是指产出与投入的比值。为达到上述两个基本目的，企业管理的任务，可具体概括为以下六个方面：

（1）合理组织企业生产经营活动。生产经营活动是企业活动的中心，管理是为生产经营服务的。为保证生产经营活动的顺利进行，企业必须建立高效的组织机构，制定科学的管理制度，使上下级之间、各部门之间、各环节之间职责分明、责权一致、信息畅通、协调配合。

(2)促进技术进步,不断提高企业竞争实力。根据我国运输市场的具体情况和世界交通科学技术发展的新成果,研究和制定企业运输技术发展规划和技术政策,加强科学研究,开展技术革新和技术革命,推广先进技术,努力提高运输效率和运输质量水平。

(3)加强职工教育,开发人力资源。企业管理的核心是对人的管理,加强文化和科学技术教育,不断提高职工的科技知识和业务技术水平,建设一支思想过硬、技术较高的工人队伍,培养一批善于管理现代化企业的技术人员和管理干部,以适应交通运输事业发展的需要。

(4)有效地利用人力、物力、财力等各种资源。人、财、物是企业构成的基本要素,也是企业管理的基本对象,只有有效地利用这些资源,才能降低运输成本,节约原材料和能源消耗,提高运输经济效益,为社会提供优质运输服务,满足社会需求。

(5)协调内外关系,增强企业的环境适应性。企业是社会经济系统的一个子系统,企业外部的政治、经济、社会、科学技术等环境因素都会对企业的生存和发展产生极大的影响。而且,企业是一个开放的动态系统,它与外部环境之间进行着广泛的物质、能量和信息的交换。在这些影响和交换中,必然会产生各种各样的矛盾,这就需要通过企业的管理活动进行内外关系的协调,并不断调整内部结构,使企业适应外部环境的变化。

(6)正确处理人与人、人与工作、工作与分配之间的关系,在发展生产的基础上,不断改善劳动条件,不断提高广大职工的物质文化生活水平。

2. 汽车运输企业管理的内容

在第一章中,我们分析了汽车运输企业的基本活动,包括经营活动、人事活动、生产活动、财务活动、技术活动等,企业管理就是围绕着做好这些基本活动实施计划、组织、指挥、协调、控制等职能,开展有效的管理工作。所以,汽车运输企业管理包括企业经营管理、人力资源管理、生产管理、财务管理和技术管理五大部分内容。

(1)企业经营管理。企业经营管理是指为实现企业目标,使企业生产技术经济活动与企业外部环境达成动态平衡的一系列管理活动,是一项战略性、决策性管理。企业经营管理的主要内容包括通过对企业外部经营环境的研究,确定企业的经营思想和方针,制定企业的发展战略和目标,做好企业经营决策、经营计划、市场营销、产品开发、技术创新等管理工作,它具有战略性、方向性的特点。

(2)人力资源管理。人力资源管理是为实现企业的经营目标,不断地获取人力资源,并对所获得的人力资源进行整合、激励和开发,充分发挥人的积极性、能动性,使人尽其才、事得其人、人事相宜的一系列管理工作。人力资源管理的主要内容包括对人力资源进行规划、招聘、培养、整合、激励、开发和绩效评估等,它具有主导性、能动性的特点。

(3)生产管理。生产管理分为狭义的生产管理和广义的生产管理。狭义的生产管理通常由企业生产调度部门负责,主要是对基本生产过程和辅助生产过程的管理,这也是传统的概念。现代生产管理的概念应当把生产管理作为一个系统来研究,即广义的生产管理,其内容主要包括运输生产组织与劳动组织、运输生产计划与作业计划以及设备管理、物资管理、技术管理、质量管理等。生产管理具有战术性、方法性的特点。

(4)财务管理。财务管理是企业再生产过程中对资金运动的管理,是对企业再生产过程以价值形态表现的全部活动,包括物质资源配置、产销经营过程、经营活动成果以及最后生产经营过程结束处理的全过程在账面上的正确反映和分析。所以,现代财务管理的主要内容包括资金的筹集、运用,资产的管理,收入、成本、利润管理,分配管理等。财务管理具有总结、分析的特点。

(5)技术管理。技术管理是对企业各项技术活动过程(如科学研究、产品开发、技术改造、技术创新等)和技术工作的各要素(如技术人才、技术装配、技术情报等)进行管理的一系列工作,为企业生产经营活动提供技术保障。技术管理具有保障性、开发性的特点。

第三节 企业管理的发展及其主要理论

企业管理的发展历经200多年,在这一发展过程中,不同阶段产生了大量的管理理论和观点,在管理实践中都起过重要的指导作用。了解企业管理的发展过程以及产生的主要理论和观点,对进一步完善现代企业管理理论具有重要的指导作用。

一、企业管理的发展历史

企业管理作为管理科学的一个重要组成部分,是随着企业的发展而逐渐发展起来的。资本主义企业管理从产业革命算起,至今已有200多年的历史,这段历史大体可分为三个阶段。

(1)传统管理阶段。从18世纪末至20世纪初,即由产业革命建立工厂制度开始,到自由资本主义结束为止,历经100多年的时间。在这个阶段,虽然出现了亚当·斯密、查尔斯、巴贝奇等科学管理思想的先驱,但就整个资本主义企业管理而言,还没有形成系统的、科学的管理理论,大多数企业没有摆脱小生产方式的影响,主要靠个人经验进行生产和管理。

(2)科学管理阶段。从20世纪初到20世纪40年代末,是资本主义自由竞争阶段向垄断阶段过渡的时期,经历了大约半个世纪。在这一阶段,资本主义企业管理发生了很大的变化,科学管理代替了传统的经验管理,出现了美国的弗雷德里克·泰罗科学管理理论,法国的亨利·法约尔组织管理理论和德国马克斯·韦伯行政组织体系理论等,把资本主义企业管理提高到了一个新阶段,大大促进了资本主义企业的发展。

(3)现代管理阶段。从20世纪40年代开始,特别是第二次世界大战结束以后,随着科学技术的飞跃进步和资本主义经济的发展,资本主义各国先后进入现代化的大生产时期,生产规模不断提高,市场范围不断扩大,企业竞争日趋激烈,这就要求不断改进和提高企业管理水平,以适应新的经营环境。因此,许多工程技术人员、社会学家、心理学家都积极从事管理研究,创立了许多新的管理理论和方法,出现了管理程序学派、行为科学学派、社会系统学派、决策理论学派、系统管理学派、权变理论学派等许多管理学派,促进了企业管理的发展。

二、管理理论的起源与发展

现代管理理论从产生至今已有100多年的历史,在这一发展过程中经历了许多阶段,产生了大量的理论和观点。学习这些管理理论,对全面了解管理的内容,深入认识管理的本质,掌握管理的内在规律,从而更自觉地运用理论来指导管理活动具有非常重要的意义。

(一) 早期的管理思想

早期管理思想有比较大的发展还是资本主义的产业革命以后。18世纪60年代开始的资产阶级产业革命产生了以机器为基本生产手段的工厂代替了手工业工场,生产规模扩大、专业化程度高、产品和生产技术复杂,因而要求有高水平的管理和专门从事管理事务的人员。于是,以现代工业生产为背景的管理思想和管理理论相继出现。资本主义社会中早期管理思想的代表人物是英国的经济学家亚当·斯密和数学家查尔斯·巴贝奇。

亚当·斯密在他1776年发表的经济学著作《国富论》中,以制针业为例说明了劳动分工理论,分析了劳动分工能提高劳动生产率的原因有三个方面:①劳动分工可以使工人重复完成单项操作,从而提高劳动熟练程度,提高劳动生产率;②劳动分工可以减少由于转换工作而损失的时间;③劳动分工可使劳动者的注意力集中在特定的对象上,有利于创造新工具和改进设备。

亚当·斯密的劳动分工理论成了以后企业管理理论中的一条重要原理。

查尔斯·巴贝奇在亚当·斯密劳动分工理论的基础上对专业化分工问题作了进一步深入的研究,在他1832年发表的《论机器和制造业的经济》一书中,更深入、更细致地分析了劳动分工提高工作效率的问题。

我国古代社会中的管理思想主要体现在政治、军事、教育和大的土建工程方面。例如,诞生于2200多年前战国时期的《周礼》一书,是一部论述国家政权职能的专著;杰出的军事家孙武所著《孙子兵法》精辟地阐述了战略战术中的预测决策思想;驰名中外的都江堰水利工程和万里长城是我国古代系统思想应用的结晶。

(二) 古典管理理论

从19世纪末到20世纪20年代,被视为管理理论体系正式形成的时期,是管理科学发展的第一阶段,我们称之为古典管理理论阶段,主要代表人物有泰罗、法约尔和韦伯。

1. 泰罗的"科学管理"理论

美国工程师弗雷德里克·泰罗是科学管理理论的创始人。他根据自己多年试验研究的结果,于1911年出版了《科学管理原理》一书,他提倡要用科学思想、科学方法来处理和解决企业管理问题,提出"要用科学方法来代替单凭粗暴估计行事""科学管理是用精确的科学调查研究和科学知识来代替个人的判断或意见"。在企业管理史上,泰罗被称为"科学管理之父"。泰罗提出的科学管理理论的要点如下:

(1) 运用观测分析方法制定工作定额。泰罗首创了工时研究和操作方法研究。他选择最强壮、最熟练的工人,对每一个操作的动作,每一工序的时间消耗,用秒表进行观测、记录和分析研究,消除其中多余的和不合理的动作,把各种最经济、效率最高的动作集中起来,制定出标准的操作方法和工时定额,并且用这种标准的操作方法训练工人,要求工人执行工时定额。

(2) 把工人使用的工具、设备、材料及作业环境标准化。泰罗认为,为了使工人完成较高的工时定额,不仅要使工人掌握标准的操作方法,还要适应标准操作方法的要求,把工人使用的工具、设备、材料及作业环境标准化。例如,泰罗在铲矿石和铲煤末的试验中,经过多次试验,确定了工人铲铁矿石和铲煤末所采用的能使工效最高的不同规格的铁锹。

（3）实行有差别的计件工资制。为了鼓励工人完成工时定额，泰罗提倡实行有差别的、有刺激性的计件工资制，对于完成工时定额的人，按较高的工资率计发工资；如果完不成工时定额，则按较低的工资率计发工奖。

（4）把计划职能和执行（作业）职能分开，以便用科学方法代替原来的经验工作法。泰罗认为，要改变原来那种经验工作法，必须把计划职能和执行职能分开。计划职能归企业管理当局，并设立专门的计划部门来承担。他认为，工人的职责就是服从管理当局的命令，就是从事执行职能，并根据执行的情况领取工资。

（5）对于管理组织问题，泰罗有两项主张，一是实行"职能制"，即要使每一个管理者只承担1~2种管理职能，同时每一个管理者对工人都有指挥监督权。后来的实践证明，这种多头领导的"职能制"是不恰当的。但是泰罗的这种职能管理思想，对职能部门的建立和促使管理人员专业化是有重要意义的。二是主张实行"例外原则"。所谓"例外原则"，就是企业领导者把管理工作中经常发生的一些事，拟就处理意见，使之规范化，然后授权给下级管理人员处理，而自己主要去处理那些没有规范化的例外工作，并保留监督下属人员工作的权力。这种"例外原则"对实行分权制有重要意义。

2. 法约尔的组织管理理论

法国的亨利·法约尔是与泰罗同时代的人，其代表作是1925年出版的《工业管理与一般管理》一书。法约尔在科学管理理论上也作出了贡献。

泰罗的理论主要是以工厂内部生产管理为重点，以提高生产效率为中心，解决生产组织方法科学化和生产标准化等方面的问题。而法约尔主要是在经营管理的活动、职能、原则等方面进行研究，这是与泰罗着重研究作业管理的区别。

法约尔认为经营和管理是两个不同的概念。他认为企业的经营有六种活动是不可缺少的，而管理只是其中的一项活动。经营的六种活动是：①技术活动，包括生产、制造、加工；②商业活动，包括采购、销售、交换；③财务活动，包括资本筹措和运用；④安全活动，包括保护财产和人员；⑤会计活动，包括资产目录、借贷对照、成本核算、统计等；⑥管理活动，包括计划、组织、指挥、控制、协调等职能。

法约尔还根据自己长期的管理实践，总结出了14项管理的一般原则。

（1）劳动分工。分工可以提高效率，因而有普通意义。劳动分工不仅适用于技术工作，而且也适用于管理工作，适用于职能的专业化和权限的划分。

（2）权力和责任。权力是指发布命令要求别人服从。权力有职权和个人权力之分。职权是由管理人员的职务或地位决定的，个人权力则是由管理人员的经验、道德品质、智力、领导能力、资历构成的。权力与责任应当对等。

（3）纪律。纪律的实质是遵守公司各方达成的协议。纪律松懈是领导不力的结果，严明的纪律来自良好的领导。

（4）统一指挥。如果是双重或多重指挥，纪律就无法保证，秩序就紊乱，权力和纪律就要受到影响。

（5）统一领导。统一领导是保证行动的统一、力量协调和集中努力的关键。下属只执行来自一个上级的指挥和决策，并只和这个上级联系。

（6）个人利益服从整体利益。整体大于各部分之和，要克服一切企图将个人或小集团置于整体利益之上的个人情绪。

(7)人员的报酬。报酬必须公正,对有贡献的职工进行奖励。报酬的方式取决于多种因素,然而目的都是为了激发职工的热情。

(8)集中。企业的集权和分权不是固定不变的,要根据企业的规模、条件、管理的习惯、管理人员的素质、经理个人的性格因素决定。

(9)等级制度。从最高层领导到基层之间存在着一条等级链,它是执行权力的路线和信息传递的渠道。但如果大企业行政机构等级系列太长,则层层传递信息往往容易延误工作。为了克服这一缺点,法约尔设计出一种"联系板"(即法约尔桥),利用这种"联系板"可以加强横向联系,如图2-5所示。

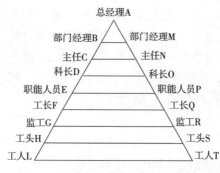

图 2-5 法约尔桥

(10)秩序。在企业中、人和物都要认清自己的位置,职位要适合于职工的才能水平,有秩序地活动和排列。

(11)公平。公平即为亲切、友好和公正。用这种态度对待职工,可以鼓励职工热情地履行他们的职责。

(12)人员的稳定。成功的企业中管理人员应相对稳定。如果人员不断变动,则不利于工作的完成。领导人要有秩序地安排人员,并补充人力资源。

(13)首创精神。企业职工的主动性和创造性是企业力量的源泉,必须鼓励职工发挥主动性和创造性。

(14)人员的团结。分裂队伍是对企业的严重犯罪,应鼓励职工发扬团结合作精神,保持队伍的融洽与和谐。

3. 韦伯的理想行政组织理论

马克斯·韦伯是德国著名的社会学家。他在管理理论方面的主要贡献是提出了"理想的行政组织模式",即"韦伯模式",成为古典管理理论的又一重要支柱。

韦伯理论的主要内容可以分为两大部分:一是关于组织形成的社会基础;二是关于"理想的行政组织模式"。

韦伯认为任何组织的形成和建立,都有赖于某种形式的权威。权威能带来秩序,有秩序的人群就有组织,因此权威是行政组织形成的社会基础。权威有三种形式:第一种是"传统权威",是对传统习惯的信仰与尊重,特别是追随者对权威顶礼膜拜、绝对服从,权威的意志是规范追随者行为的至高无上的法律;第二种是"超人权威",它表现为对少数个人的迷信与崇拜,这种权威对人们行为的约束力较上面一种逊色,但仍然是非常大的,杰出的政治和军事领袖就属于这一类;第三种是"法理权威",它表现为组织内部各种纪律、规则和权威者地位的合法性的遵守与认可。韦伯认为,在现代社会里人们要做出有意义的行为,就必须加入一个组织,在组织中他们被分配做具体的工作,还必须牺牲个人的志向和兴趣,按组织规定的程序去工作。在这种情况下,组织的体制和支配人们行为的力量即权威是否合乎理性,具有重要的意义。这实际上表明了韦伯主张现代组织应建立在"法理权威"而不是其他两种权威的基础上。

韦伯提出的"理想的行政组织模式"具有如下特点:

(1)有明确的分工。组织按照需要设置各种职位,每个职位都有明确规定的权利和义务,以及固定的办事程序。

(2)有等级系统。组织中各个职位按照自上而下的原则构成等级系统,每个下级要接受其上级的指挥与监督。每级管理人员不仅要对自己的行为负责,还要对直接领导的下级的行为负责。

(3)人员的任用。除了某些按法规必须通过选举产生的公职外,其他管理人员的任用完全按职位的要求来选配,通过培训,考核录用。

(4)最高领导者。组织的最高领导并不是所有者,而是和其他人一样,是组织中的一名员工。他拥有行政权力的法定手段,须按法规进行管理,不得利用职位牟取私利。

(5)人员之间的关系。组织是非人格化的,因此成员之间只是一种职业关系,不应受到个人情感的影响和控制,而应以理性作为指导相互往来关系的准则。

(6)管理人员职业化。组织中的管理人员是专职,领取固定的薪金,并明文规定升迁制度,工作中的功过由上级主管评判。

(7)规则和纪律。管理人员必须严格遵守组织的各项纪律,正确履行组织规定的职责、权力、协作形式和办事程序,以消除摩擦和冲突。

(三)行为科学管理理论

在跨越两次世界大战的历史时期,行为科学管理理论得到了较快的发展。古典管理理论存在着"见物不见人"的不足之处,认为管理中的人只是一种"生产工具",是只追求经济利益的"经济人"。而行为科学理论在人的本性方面进行探索,使管理理论进入了新的阶段。

1. 梅奥的人际关系理论

乔治·埃尔顿·梅奥是美国哈佛大学教授,著名行为科学家,他的人际关系理论为管理科学作出了重要贡献。1924年11月,美国全国科学技术研究委员会在芝加哥郊外的西方电气公司所属霍桑工厂开始了一项为期8年的试验,即在管理科学上颇为著名的"霍桑试验"。通过试验,梅奥得出了以下一系列重要的结论:

(1)人是"社会人",而不是单纯追求金钱的"经济人"。因此,影响工作效率的因素除了经济利益外,更重要的还有社会的和心理的因素。

(2)企业内部存在着"非正式组织",它是工人在共同劳动中形成的非正式团体,有自己的规范、感情和倾向,并且左右着团体内每个成员的行为。在正式组织中,是以"效率的逻辑"作为行为的标准,人们为了提高效率而保持形式上的合作;而在"非正式组织"中,则以"感情的逻辑"作为行为的标准,人们出于感情上的需要而进行实质上的使用,对"非正式组织"保持忠诚。在感情与效率之间,人们往往更多地受到感情的支配。因此在管理活动中,不仅要重视正式组织的作用,也要重视非正式组织的作用,注意保持"效率的逻辑"与"感情的逻辑"之间的平衡。

(3) 工作条件和工资报酬不是影响工作效率的首要因素。工作效率的高低主要取决于工人的"士气",工作条件和工资报酬只有通过"士气"才能对工作效率产生影响。而"士气"则取决于社会因素特别是人际关系的满足程度,即个人的工作是否被上级、同伴和社会所承认。满足程度越高,"士气"也越高,工作效率也就越高。所以领导的职责在于提高"士气",善于倾听下属的意见,使正式组织的经济需求与非正式组织的社会需求保持平衡,以提高工人的满足程度。

2. 激励理论

激励理论是行为科学理论的核心,它主要是通过探索对人的需要的满足以达到调动人的积极性。这一理论主要包括马斯洛的需要层次理论、赫茨伯格的双因素理论、弗隆的期望理论、亚当斯的公平理论、麦格雷戈的"X-Y"理论和威廉·大内的Z理论。

图2-6 马斯洛的需要层次论示意图

1) 马斯洛的需要层次理论

马斯洛是美国心理学家和行为科学家,其代表作是《激励与个人》。他提出了著名的需要层次论,其基本观点是:人是有需要的,只有尚未满足的需要能够影响行为;人的需要有高低层次之分,低层次的需要满足之后,高层次的需要才出现。马斯洛把人的需要分为五层,如图2-6所示。

(1) 生理的需要。生理的需要包括维持生活所必需的各种物质需要,例如衣、食、住、行等。这些是人的最基本需要,也是推动力最大的需要。

(2) 安全的需要。安全的需要是指心理上的物质上的安全保证。例如遭到盗窃和威胁,预防危险事故,职业有保证,有社会保险及养老基金等。

(3) 社交的需要。社交的需要包括与周围同事、朋友保持良好的关系,相互间的友爱和群体的归属感,彼此同情、互助和赞许。

(4) 尊重的需要。每个人都有自尊的需要和希望他人尊重自己的需要,这些需要被满足后,会给人带来自信和声誉。

(5) 自我实现的需要(即自我成就的需要)。这是最高一级的需要,通过自己的努力,实现对生活的期望,从而真正感受到工作和生活的意义。

马斯洛的需要层次论认为,人们的需要是依次要求、依次满足、递级上升的。满足了的需求不再是激励因素。但当低一级的需要受到威胁时,则会牺牲高一级的需要去追求低一级的需要。需要学说应用到企业管理实践中,就必须细致地了解下属的种种需要,并把人们的合理需要和企业的目标结合起来,做到在满足下属合理需要的同时,实现企业最终目标。

2) 赫茨伯格的双因素理论

赫茨伯格是美国著名的心理学家,其代表作是《工作的推动力》。他提出了著名的"激励因素-保健因素"理论,通过对200名工程师、会计师的调查,把企业中的有关因素分为满意因素和不满意因素。

满意因素指的是可以使人得到满足和激励的因素,即激励因素,其内容包括:①工作上的成就感;②得到承认;③提升;④工作的性质;⑤职务上的责任感;⑥个人发展的可能性。

不满意因素指的是,如果缺少它便容易产生意见和消极情绪,故又称保健因素,其内容包括:①公司的政策与行政管理;②技术监督系统;③与监督者个人间的关系;④与上级之间的关系;⑤与下属之间的关系;⑥薪金;⑦工作安全性;⑧个人的生活;⑨工作环境;⑩地位。

这两类因素会影响职工的工作情绪。经过调查分析发现,使职工感到不满的都是属于工作条件、工作关系方面的问题。如果能改善这些情况,就能消除不满情绪,维持原来的工作效率,但不能提高生产率。使职工感到满意的都是属于工作本身和工作内容方面的问题,如果使这些问题得到满足,则可以增强职工工作能力,提高劳动生产率。

3) 弗隆的期望理论

期望理论由美国心理学家弗隆提出。这种理论认为,激励人们从事某种活动的内动力的大小,取决于活动目标对他的价值乘以目标实现的预期概率,即:

$$激励力(M) = 效价(V) \times 期望概率(E) \tag{2-1}$$

在这个公式中,"激励力"是指调动个人积极性、激发人的内在潜力的强度,"激励力"越大,人们参与活动的积极性就越高;"效价"是指活动目标实现后对满足个人需要的意义,也给个人带来好处,这是动机产生的主要诱因;"期望概率"则是指根据经验判断目标达到的可能性有多大。目标实现的可能性太小,会挫伤下属的积极性;目标实现太容易,也不能激起人们的热情。

弗隆还提出了期望模式,说明激励形成的过程,如图2-7所示。

图 2-7 弗隆的期望模式

这个模式表示,人们由于自己的努力取得了成绩,如果这种成绩得到应有的奖励,就能满足个人的心理需要,从而产生激励的作用。

4) 亚当斯的公平理论

1967年,美国心理学家亚当斯提出了公平理论,又称社会比较理论,中心是研究工资报酬的合理性、公平性与工作情绪的关系。这种理论认为,人们被激励的程度不仅与所得报酬的绝对量有关,而且还与报酬的相对量有关。报酬的相对量有两种,一种是将自己的报酬对投入的比例与其他人进行比较,即:

$$\frac{O_p}{I_p} = \frac{O_a}{I_a} \tag{2-2}$$

式中:O_p——对自己所获报酬的感觉,包括工资、福利、领导常识、受人尊敬等;

I_p——对自己所作投入的感觉,包括所受的教育、努力、工作时间、精力和其他无形损失;

O_a——对作为比较对象的其他人所获报酬的感觉;

I_a——对作为比较对象的其他人所作投入的感觉。

另一种是将现时的报酬对投入的比例与过去进行比较,即:

$$\frac{O_p}{I_p} = \frac{O_h}{I_h} \tag{2-3}$$

式中:O_h——对自己作为比较基期的过去某个时期所获报酬的感觉;

I_h——对自己在那个时期所作投入的感觉。

亚当斯认为,如果人们觉得自己的报酬-投入比例与他人相等,或现时的报酬-投入比例与过去相等,就认为得到了公平待遇,因而心情舒畅,努力工作;否则就会产生不公平感,内心不满,工作积极性降低。

5) 麦格雷戈的"X-Y"理论

美国社会心理学家道格拉斯·麦格雷戈于1960年在《企业的人性问题》一书中提出了"X-Y"理论。

麦格雷戈认为,传统的管理理论之所以对人的行为管理存在着不正确的看法,根本原因是对人的看法不正确,把人当作消极因素对待,对人的本性作了错误的假设,他把这种错误的假设称为X理论。依据X理论的假设,管理者必然要采取"命令与统一""权威与服从"的管理方式,管理者把人看作物体一样,忽视人的自身特征和精神需要,只注意人的生理需要和安全需要。

随着社会科学的发展,麦格雷戈对人的需要、行为的动机进行了重新研究后又提出了相反的假设,即Y理论。他认为以这种理论指导管理实践,能充分利用企业的人、财、物等生产要素,实现企业的经营目标;同时应注意发挥人的主动性和创造性,重视人的自身特征,把责任最大限度地交给工作者,相信他们能自觉地完成任务。

6) 威廉·大内的Z理论

威廉·大内是日裔美国管理学家,1973年研究日本企业管理以后提出Z理论,其核心思想是:①企业对职工实行长期或终身雇佣制度,使职工与企业同甘共苦,并对职工实行长期考核和逐级晋升制度,这样使职工看到企业对他有好处,因而会积极关心企业的利益和发展;②经营者有权让职工完成生产任务,而且注意对他们的教育培训,以使他们能适应各种工作环境,对职工的考核要兼顾生产技术能力和社会活动能力等多方面能力;③管理过程既要运用统计报表、数字信息等控制手段,又要注意对人的经验和潜在能力进行诱导;④企业决策采取集体研究和个人负责的方式,由有关部门职工提出建议,集思广益,然后由经营者作出决策并承担责任;⑤上下级关系要融洽,管理者对职工要多方面关心,并让职工参与管理。

(四)现代管理理论

第二次世界大战后,世界上许多国家都致力于发展本国经济,科学技术迅速发展,生产社会化程度日益提高。生产力的快速发展,对管理提出了更高的要求。因此,第二次世界大战以后,特别是20世纪50年代至70年代,管理科学有了飞速的发展,各种管理理论不断涌现,并形成不同的派别。较具代表性、影响较大的学派主要有以下几种。

1. 社会系统学派

社会系统学派的代表人物为查斯特·巴纳德,他在1938年发表的《经理的职能》一书中,把人们有意识地加以协调的各种活动的系统的思想,称之为"组织管理"。他认为,在企业这个组织中,最为关键的是经理人员,他描绘了经理人员的工作过程,提出了一些独到的见解。他认为,经理人员的职能应该是:①建立和保持一个信息相通的系统;②招聘和选拔称职的工作人员,使他们协调有效地工作;③规定组织的目标;④授权;⑤决策。

巴纳德还认为,要保持一个正式组织系统的运转,必须有三个基本要素:①要有协作的意愿;②要有共同的目标;③要有信息的联系。

巴纳德对管理的论述不同于泰罗和法约尔等人。泰罗主要集中注意于个人的作业效率；法约尔提出了管理的整体概念，并分析了经营管理的原则、职能等；而巴纳德则分析了组织和管理中的各种因素及其性质，以及各种因素相互作用的方式等。

2. 决策理论学派

决策理论学派是从社会系统学派中发展起来的，代表人物是美国卡内基梅隆大学教授赫伯特·西蒙，其代表作是《管理决策新科学》。西蒙认为："管理的关键是决策，决策的程序就是管理的全过程。"在现实生活中，决策者由于所处的环境和条件所限，既不可能找到一切方案，也不可能比较一切方案，因此在实际上不可能进行最优化决策。人们应当用"令人满意"准则代替"最优化"准则。他还提出了决策过程的一般程序以及程序化决策和非程序化决策。

程序化决策与非程序化决策并非截然不同的两类决策，而是一个像光谱一样的连续体。其一端为高度程序化的决策，而另一端为高度非程序化的决策。西蒙认为，最高管理层次的人员主要应关注非程序化决策，而基层管理人员通常关注程序化决策。

3. 管理科学学派

管理科学学派，又称数理学派，是泰罗科学管理理论的继续和发展，其代表人物是美国的伯法，其代表作是《现代生产管理》。管理科学学派的基本观点是：采用数学模型进行科学决策，减少决策的个人艺术成分，以经济效果作为评价可行方案的依据，广泛使用电子计算机。

4. 管理程序学派

管理程序学派是在法约尔管理思想的基础上发展起来的，它的代表人物是美国的哈罗德·孔茨和西里尔·奥唐奈，其代表作是他们二人合著的《管理学》。该学派的基本观点是将管理视为一套程序，并由许多职能要素构成，其中公认的是计划、组织、指挥、控制、协调职能。根据这些职能可归纳出若干指导原则，按照这些原则进行指导，可以提高组织效力，达到组织目标。

5. 经验案例学派

经验案例学派，也称经验主义学派，代表人物是戴尔和彼得·德鲁克，戴尔的代表作是《伟大的组织者》《管理：理论和实践》；德鲁克的代表作是《有效的管理者》。这一学派的基本管理思想是：管理学就是研究管理经验，通过研究管理中的成功经验或失败教训，或通过解决管理工作中的问题，就能理解管理问题。

德鲁克认为，管理只与生产商品和重视各种经济服务的工商企业有关。作为一个企业的经理，有两项特殊任务是别人替代不了的：第一项任务是建造一个"生产的统一体"，使这个统一体的生产力大于组成统一体的各部分生产力的总和；第二项任务是在作出每一决策和采取每一行动时，必须把当前利益和长远利益联系起来，经理必须通过各种信息去激励、指挥和组织人们去做各自的工作。

德鲁克针对泰罗只重视动作分析而忽视工人劳动兴趣及把计划与执行分开等问题，提出了目标管理的设想。他指出："企业的目的和任务必须转化为目标，企业的管理人员必须通过这些目标对下级进行领导，并以此来保证企业总目标的完成，每个企业管理人员或工人的分目标就是企业总目标对他的要求。"在德鲁克的这种主张影响下，美国及一些发达国家逐步产生了目标管理制度。

6. 系统管理学派

系统管理学派是将自然科学的系统理论和控制论引入管理科学,代表人物是卡斯特等人,其代表作是《系统理论和管理》。系统管理理论的主要观点是:

(1)管理必须建立在系统的基础上。管理是把本来相互间没有关系的各种资源要素集合起来,但这种集合不是这些要素的简单堆砌,而是在同一目标下形成一个整体。这一系统的成长和发展受到各组成要素的影响,也受到外界环境的影响。因此,管理人员必须从企业的整体出发,研究企业各组成部分之间的关系,研究企业与外部环境的关系,以利作出正确的决策和进行组织、协调。

(2)企业本身是一个系统。企业是一个以人为主体的人造系统,它由六个分系统组成。①目标子系统,包括企业的总体目标、各部门的具体目标和员工的个人目标;②技术子系统,包括机器、工具、工艺、方法和专业知识;③工作子系统,包括企业各层次和每名员工的工作;④结构子系统,包括各部门的工作组合、部门间的联系和分工以及工作上的惯例、职权系统、有关的联系、协调、控制、决策的程序和实际工作;⑤人际社会子系统,包括个人的行为和动机、个人的地位和作用、个人的技术和能力、领导方式、正式组织与非正式组织系统;⑥外界因素子系统,包括信息的搜集、资源的获得、外界环境的反应与影响。

(3)企业是社会大系统中的一个分系统。企业不仅是人造系统,而且是开放的社会经济系统,是更大的社会系统中的一个分系统。因而,企业不可避免地会受到周围环境的影响,但反过来它也会影响环境,而且在与环境相互影响中达到自身的动态平衡。

7. 权变管理学派

权变管理学派是20世纪70年代新出现的管理学派,代表人物是英国的伍德沃德等人。权变管理学派的理论认为,组织和组织成员的行为是复杂的,而环境也是复杂的,没有一种管理理论和管理方法适于所有情况。因此,管理方式或方法应随情况而变。根据不同情况建立不同的管理模式。建立模式时应考虑组织的规模和结构、工艺技术的复杂性、管理者的位置与权力、人员的素质以及环境的不确定性。权变管理学派的具体观点如下:

(1)将环境对管理的作用具体化,使理论与实践紧密地结合起来,从而极大地提高管理的效率,使采用的管理观念和技术能有效地达到目标。

(2)在一般情况下环境是自变量,管理观念和技术是因变量。因此如果环境条件一定,为了更快地达到目标,必须采用相应的管理原理、方法和技术。

(3)环境变量与管理变量之间的函数关系就是权变关系,这是权变管理理论的核心内容。这里所说的环境变量中包括外部环境和内部环境,外部环境又可分为由社会、科学技术、经济、政治、法律等组成的一般环境和由供应者、顾客、竞争者、雇员、股东等组成的特定环境。内部环境是指企业内部正式的组织系统。

从上述管理科学的发展,可以看出以下特点:①管理的中心由物逐渐转向人,强调发挥人的潜能;②管理的组织由强制性逐渐转向民主化,强调分权、授权、责权结合,职工参与管理和实行目标管理;③管理的方法,由知觉的经验逐渐转向科学化,强调现代科学技术成就在管理上的应用,从而出现了新的学科,如管理工程、价值工程、信息工程、运筹学、电子计算机、管理心理学等。

(五)当代管理理论

1. 学习型组织理论

学习型组织理论是一种企业组织理论。学习型组织是一种有机的、高度柔性的、扁平化的、符合人性的、能持续发展的、具有持续学习能力的组织。成为学习型组织的途径有五种,即自我超越、改善心智模式、建立共同愿景、团体学习、系统思考(即五项修炼),其中以系统思考为核心,而系统思考的基本方法和理论基础是系统动力学。因此,学习型组织理论是系统动力学方法在组织管理领域的成功运用。

学习型组织不存在单一的模型,它是关于组织的概念和雇员作用的一种态度或理念,是用一种新的思维方式对组织的思考。在学习型组织中,每个人都要参与识别和解决问题,使组织能够进行不断的尝试,改善和提高它的能力。学习型组织的基本价值在于解决问题,与之相对的传统组织设计的着眼点是效率。学习型组织理论的理论内容如下:

(1)培养组织成员的自我超越意识。"自我超越"包括三项内容:①建立愿景(指一种愿望、理想、远景或目标);②看清现状;③实现愿景。即组织中的每一成员都要看清现状与自己的愿景间的距离,从而产生出"创造性张力",进而能动地改变现状而达到愿景。原先的愿景实现后,又培养起新的愿景。随着愿景的不断提升,又产生出新的"创造性张力"。显然,组织成员的自我超越能力是组织生命力的源泉。

(2)改善心智模式。"心智模式"是人们的思想方法、思维习惯、思维风格和心理素质的反映。一个人的心智模式与其个人成长经历、所受教育、生活环境等因素密切相关。因此,并非每个人的心智模式都很完美,人们通过不断的学习就能弥补自己心智模式的缺陷。

(3)建立共同愿景。"共同愿景"源自个人愿景,它是经过各成员相互沟通而形成的组织成员都真心追求的愿景,它为组织的学习提供了焦点和能量。企业只有有了共同愿景,才能形成强大的凝聚力,推进企业不断地发展。

(4)做好团体学习。组织由很多目标一致的团队构成。"团体学习"指每一团体中各成员通过"深度会谈"与"讨论",产生相互影响,以实现团体智商远大于成员智商之和的效果。它建立在发展"自我超越"及"共同愿景"的工作上。团体是企业的基础,每个团体的"团体学习"都做好了,企业才更有竞争力。因此,"团体学习"比个人学习更重要。

(5)运用系统思考。"系统思考"指以系统思考观点来研究问题、解决问题,其核心是从整体出发来分析问题;分析关键问题;透过现象分析问题背后的原因;从根本上解决问题。系统思考是见识,也是综合能力。这种见识和能力只有通过不断学习才能逐渐形成。

2. 业务流程再造理论

业务流程再造理论(Business Process Reengineering,简称 BPR)也译为业务流程重组、企业流程再造,是由美国麻省理工学院(MIT)的计算机教授迈克尔·哈默和 CSC 管理顾问公司董事长钱皮提出,在 20 世纪 90 年代达到了全盛的一种管理思想。1993 年,哈默和钱皮指出,200 年来人们一直遵循亚当·斯密的劳动分工的思想来建立和管理企业,即注重把工作分解为最简单和最基本的步骤;而目前应围绕这样的概念来建立和管理企业,即把工作任务重新组合到首尾一贯的工作流程中去。他们给 BPR 下的定义是:"为了飞跃性地改善成本、质量、服务、速度等现代企业的主要运营基础,必须对工作流程进行根本性的重新思考并彻底改革。"它的基本思想是必须彻底改变传统的工作方式,也就是彻底改变传统的自工业革命以来按照分工原则,把一项完整的工作分成不同部分、由各自相对独立的部门依次进行工作的工作方式。流程再造是一种企业活动,内容为从根本重新而彻底地去分析与设计企业程序,并管理相关的企业变革,以追求绩效,并使企业达到戏剧性的成长。企业再造的重点在于选定对企业经营极为重要的几项企业程序加以重新规划,以求其提高运营效果,目的在于对成本、品质、对外服务和时效上作出重大改进。

1995 年,钱皮又出版了《再造管理》,提出应在新的企业运行空间条件下,改造原来的工作流程,以使企业更适应未来的生存发展空间。这一全新的思想震动了管理学界,一时间"企业再造""流程再造"成为大家谈论的热门话题。在短短的时间里,该理论便成为全世界企业以及学术界研究的热点,被称为"现代管理的一场革命"。从现代组织学的观点看,它属于"组织转型"的范畴;从管理理论学派划分的角度看,它源于"管理过程学派",是对"管理过程学派"的创新;从管理理论的经济学原理看,它是对古典"分工理论"的否定,提出了"合工"的思想。

"企业再造"就是重新设计和安排企业的整个生产、服务和经营过程,使之合理化。通过对企业原来生产经营过程的各个方面、每个环节进行全面的调查研究和细致分析,对其中不合理、不必要的环节进行彻底的变革。在具体实施过程中可以按以下程序进行:①对原有流程进行全面的功能和效率分析,发现其存在问题;②设计新的流程改进方案,并进行评估;③制定与流程改进方案相配套的组织结构、人力资源配置和业务规范等方面的改进规划,形成系统的企业再造方案;④组织实施与持续改善。

3. 核心竞争力理论

1990 年,美国著名管理学者加里·哈默尔和普拉·哈拉德在《哈佛商业评论》发表了核心竞争力理论的文章,在当时的商业界大受欢迎。他们提出的核心竞争力模型是一个著名的企业战略模型,其战略流程的出发点是企业的核心力量。他们认为,随着世界的发展变化,竞争加剧,产品生命周期的缩短以及全球经济一体化的加强,企业的成功不再归功于短暂的或偶然的产品开发或灵机一动的市场战略,而是企业核心竞争力的外在表现。他们对核心竞争力的定义是:"在一个组织内部经过整合了的知识和技能,尤其是关于怎样协调多种生产技能和整合不同技术的知识和技能"。按照他们给出的定义,核心竞争力是能使公司为客户带来特殊利益的一种独有技能或技术。

企业核心竞争力是建立在企业核心资源基础上的企业技术、产品、管理、文化等的综合优势在市场上的反映,是企业在经营过程中形成的不易被竞争对手仿效、并能带来超额利润的独特能力。在激烈的竞争中,企业只有具有核心竞争力,才能获得持久的竞争优势,保持长盛不衰。

(1)核心竞争力的识别标准。企业核心竞争力的识别标准有四个:①价值性,这种能力首先能很好地实现顾客所看重的价值,如能显著地降低成本,提高产品质量,提高服务效率,增加顾客的效用,从而给企业带来竞争优势;②稀缺性,这种能力必须是稀缺的,只有少数的企业拥有它;③不可替代性,竞争对手无法通过其他能力来替代它,它在为顾客创造价值的过程中具有不可替代的作用;④难以模仿性,核心竞争力还必须是企业所特有的,并且是竞争对手难以模仿的,也就是说它不像材料、机器设备那样能在市场上购买到,而是难以转移或复制。这种难以模仿的能力能为企业带来超过平均水平的利润。

(2) 核心竞争力的主要构成要素。构成核心竞争力的要素可以是企业的任何能力，但它们必须是"企业特有的，足以能胜过对手的"。如果企业的某一方面的能力强大到足以能胜过对手，或者难以被模仿(或模仿的代价很高)时，就可以成为企业的核心竞争力，而不论它是不是企业的职能领域的能力还是其他，但通常核心竞争力是管理能力、技术能力、组织能力等方面能力的有机整合。

(3) 核心竞争力的作用。核心竞争力是企业拥有的主要资源或资产，决定企业经营范围的广度与深度，是企业长期竞争优势的源泉。核心竞争力不仅是企业在本行业、本领域获得明显竞争优势的保障，而且还是企业开辟新领域、建立新的利润增长点，甚至是建立新的主导产业、实现战略重心转移、寻求不断发展的重要手段。企业可以凭借自己的核心竞争力，为自己寻找一个既有可观利润又有独特性的市场，或创建一种独特的市场运作方式，从而避免陷入惨烈的市场竞争中。

4. 企业文化理论

企业文化是一个全新的企业管理理论，它发祥于日本，形成于美国，是继古典管理理论(又称科学管理)、行为科学管理理论、丛林学派管理理论(又称管理科学)之后，世界企业管理史上出现的第四个管理阶段的理论，也称世界企业管理史上的"第四次管理革命"。

企业文化的理论最早出现于美国，而其作为一种主流的管理思想则最早出现于日本。作为管理哲学的企业文化，它是管理实践的结晶，又是管理科学的发展。企业文化认为，企业管理的基本原则是以人为本，即以尊重人的人格、促进人的发展为中心，充分尊重员工的价值，重视人的需求的多样性，运用共同的价值观、信念、和谐的人际关系、积极进取的企业精神等文化观念，来营造整体的企业人生，使管理从技术上升为艺术。成功企业之所以取得成功，不在于它们的资金、技术、设备、建筑物、销售网络等硬件，而在于有致力于人的发展的企业文化。

5. 战略管理理论

战略管理理论起源于20世纪的美国，它萌芽于20世纪20年代，形成于60年代，在70年代得到大发展，80年代受到冷落，90年代又重新受到重视。20世纪70年代以后，由于国际环境的剧变，尤其是石油危机对国际环境产生了重要影响。这时的管理理论以战略管理为主，研究企业组织与环境关系，重点研究企业如何适应充满危机和动荡的环境的不断变化。迈克尔·波特所著的《竞争战略》把战略管理的理论推向了高峰，他强调通过对产业演进的说明和各种基本产业环境的分析，得出不同的战略决策。

6. 危机管理理论

危机管理是企业为应对各种危机情境所进行的规划决策、动态调整、化解处理及员工培训等活动过程，其目的在于消除或降低危机所带来的威胁和损失。关于危机管理理论，不少专家已经在该领域进行研究并提出了一些模型。John J. Burnett 于1998年提出的危机管理模型，将危机作为企业战略管理的组成部分，提出了危机管理的战略方法。Robert Heath 则对危机管理机构进行了研究，提出了危机管理的壳层结构模型(Crisis Management Shell Structure，简称CMSS)，描述了危机管理机构的特点。此外，Matra 提出的危机公关模型首次将危机信息沟通作为理论变量引入危机管理，该模型解释并预测了危机能够被很好地管理的原因。上述研究从不同方面对危机管理的影响因素进行了分析，但是并未阐明危机管理过程的内部动力机制以及各影响因素之间的相互关系。在上述研究的基础上，企业危机管理五力模型应运而生,即企业战略、危机管理小组、信息沟通、资源保障、组织文化,五种作用力相互联系,缺一不可。其中,企业战略是核心力,起主导作用;危机管理小组、信息沟通和资源保障三者相辅相成,危机管理小组的扁平型组织模式正是为信息沟通提供了一个快速有效的信息通道,有效的资源准备也为危机管理小组的快速反应以及信息沟通渠道的畅通和连续性提供了保障;组织文化提供了导向和原则。

7. 知识管理理论

知识管理是指在组织中建构一个人文与技术兼备的知识系统,使组织中的信息与知识,通过获得、创造、分享、整合、记录、存取、更新等过程,达到知识不断创新的最终目的,并回馈到知识系统内,个人与组织的知识得以永不间断地累积。从系统的角度进行思考,这将成为组织的智慧资本,有助于企业作出正确的决策,以适应市场的变化。

20世纪60年代初,美国管理学教授彼得·德鲁克博士首先提出了知识工作者和知识管理的概念,指出人们正在进入知识社会,在这个社会中最基本的经济资源不再是资本、自然资源和劳动力,而应该是知识,在这个社会中知识工作者将发挥主要作用。20世纪80年代以后,彼得·德鲁克继续发表了大量相关论文,对知识管理进行了开拓性的工作,提出"未来的典型企业以知识为基础,由各种各样的专家组成,这些专家根据来自同事、客户和上级的大量信息,自主决策和自我管理"。20世纪90年代中后期,美国波士顿大学信息系统管理学教授托马斯·H·达文波特在知识管理的工程实践和知识管理系统方面进行了开创性的工作,提出了知识管理的两阶段论和知识管理模型,是指导知识管理实践的主要理论。与此同时,日本管理学教授野中郁次郎博士针对西方的管理人员和组织理论家片面强调技术管理而忽视隐含知识的观点提出了一些质疑,并系统地论述了关于隐含知识和外显知识之间的区别,为我们提供了一种利用知识创新的有效途径。

21世纪初,瑞典企业家与企业分析家卡尔·爱立克·斯威比博士将对知识管理的理论研究引向了与实践活动紧密结合并相互比照的道路,他从企业管理的具体实践中得出,要进一步强调隐含知识的重要作用,并指出了个人知识的不可替代性。另外,在上述大师和其他学者们不同理论与观点交相辉映的影响和指引下,基于知识的企业理论和知识联盟也已成为近年来备受关注的热点领域。

案例分析　首届全国交通运输行业"宇通杯"机动车驾驶员节能技能竞赛

首届全国机动车驾驶员节能技能竞赛于2009年4月在北京正式启动,覆盖全国50万家企事业单位。经过分省预赛、全国决赛两个阶段的比赛,共有来自25个省(自治区、直辖市)近300家客运企业的500余名驾驶员参与了竞赛,累计赛程4万多km,共组织节能驾驶培训138场,培训驾驶员1万余人。

参加决赛的50名选手的百公里油耗平均值为17.4L,该油耗平均值与竞赛用车的标准百公里油耗25L相比,节油率超过30%。500余名参赛选手的预赛百公里油耗平均值为20L,节油率达到20%。我国现有同类型营运车辆近60万辆,若简单按照节油率20%、节能驾驶技能普及率50%计算,则仅通过推广运用先进的节能驾驶技能,每年可节省燃油120多万 t,减少二氧化碳排放近 410 万 t。如果此节油效果能体现到全社会所有营运车辆,则年节省燃油可达 680 多万 t,减少二氧化碳排放将达到 2100 多万 t。这些成果充分展示了道路运输业的节能减排工作大有潜力、大有可为。

在 2009 年首届全国交通运输行业"宇通杯"机动车驾驶员节能技能竞赛中,一等奖获得者金向阳从最初的 52 选 8,到 8 进 4 再到最后 4 进 2,他一路过关斩将,最终代表河南队赢得了全国比赛技能先锋一等奖。金向阳百公里耗油 15.14L,与竞赛用车的标准百公里耗油 25L 相比,节油率超过 40%。在决赛前的训练中,金向阳时刻牢记教练传授的节油技巧:起步合理操作、注意换挡时机、保持匀速行驶、合理运用挡位、控制最高车速、避免长时间怠速、减少制动增加预判、正确使用车载空调、保持冷却液正常温度。靠着自己的"节油"秘诀和多年的驾驶经验,金向阳驾驶的长途客车平均每百公里油耗仅为 23L,远低于公司制定的 27L 的标准。一个月下来他至少可以节油 200L。金向阳所在的公司,新运公司机务处的伦宪华处长算了一笔账:按当时市场价格 6 元/L 计算,一个月可以节省 1200 元,一年下来就是 14400 元。新运公司当时有客车 800 辆,油料成本占企业整体运营成本的 40%。从全面提高经济效益出发,新运公司把节油降耗放在管理工作的第一位,先后出台了一系列节能措施。在操作上,出台了严格的油耗管理制度,制定了详细的油料消耗定额。同时,定期对全体驾驶员和技术管理人员开展节油意识教育、组织节油培训、节油竞赛、节油演讲等多种形式的活动,推广节油经验。在此基础上,公司设立了节油奖,对每月油耗低于公司定额的驾驶员,按照节油部分的 50% 以市场价给予奖励。通过这些措施,2009 年全公司公有车辆节油达到 20 万 L,降低油料开支 120 万元。

从 2009 年到 2019 年,"宇通杯"持续举办了 10 年。10 年间,"宇通杯"竞赛从最初的长途客车领域到 2015 年首次全面切入公交车领域,从传统燃油车到燃气车,再到纯电动车等新能源客车,"宇通杯"竞赛车型多样,有 12m 纯电动车、10.5m 纯电动车、12m 的柴油车、LNG(液化天然气)车等各种车型,但始终秉持节能降耗的初衷,推广应用节能降耗的操作方法、经验和技巧,向行业持续传递的驾驶技能、服务理念、责任意识,为全行业的发展提供了新路径与新方法。同时,"宇通杯"无疑已经成为一个很好的行业交流平台。它通过走进国内数百家客运及公交企业,为驾驶员传授客车的使用经验,持续培养驾驶员日常驾驶中的安全、节能等良好习惯。同时,驾驶员大赛也成为培养各地客运和公交企业职业驾驶员安全、节能驾驶习惯的重要举措,并极大推动了交通运输行业的节能减排工作,成为推动交通运输节能减排工作的一个载体。

仔细分析上述材料,我们可以看到泰罗的科学管理理论在实践中的应用,充分显示了其理论的生命力。首先,节能的技术和技巧来源于竞赛中表现优秀的驾驶员的节油节能"秘诀",节能技能的推广就如同泰罗选择最强壮、最熟练的工人,对每一个操作的动作、每一工序的时间消耗,用秒表进行观测、记录和分析研究,消除其中多余的和不合理的动作,把各种最经济、效率最高的动作集中起来,制定出标准的操作方法加以推广一样。其次,油料消耗定额管理就如同泰罗用标准的操作方法训练工人,要求工人执行工时定额。此外,节油奖则是泰罗科学管理理论中"实行有差别的计件工资制"在本案例中的应用。

第三章　汽车运输企业经营环境

企业总是在一定的环境中生存和发展的,其生产经营活动必然受到外部环境的影响。因此,汽车运输企业应当加强对外界环境的分析和认识,客观地根据自身条件提高对可变的动态环境的适应能力和反应能力,充分利用有利机会,避开威胁,谋求生存和发展。

第一节　经营环境的总体分析

企业经营环境分析是指在一定的内部条件下,通过对外部环境的调查分析,揭示经营环境变化的规律,预测经营环境在未来的变化中对企业经营造成的影响,从而为企业经营决策和制定发展战略提供依据。

一、经营环境的含义及其特征

1. 经营环境的含义

汽车运输企业的生产经营过程,依赖于对多种生产要素的综合运用,如对企业职工、运输车辆、燃料、厂房设备、资金、技术等的运用,这些要素都必须在外部环境的原料市场、能源市场、资金市场、劳动力市场、技术市场中去获取。离开环境中的这些市场,汽车运输企业经营活动便成了无源之水、无本之木;同时,企业利用这些生产要素为社会提供运输劳务也要在环境中(运输市场)去实现。因此,汽车运输企业只有不断地从外部环境中获取各种生产要素,并不断地向运输市场提供运输服务,才有可能不断发展壮大。

由此可知,任何企业的生产经营活动都是在一定的环境中进行的。一般而言,经营环境是指企业面临的客观条件和主观条件的总和,包括外部环境和内部环境。外部环境是指企业外部各种影响因素的总称;内部环境是指企业本身的内部条件。

汽车运输企业内部条件与外部环境之间有着密切的联系。一方面,外部环境为企业提供了生存的条件,必然也会对企业内部条件起着制约作用;另一方面,改善企业内部条件,增强企业势力,又将反作用于外部环境,增强企业适应外部环境变化的能力。因此,企业只能根据外部环境能够提供的资源种类、数量和质量来决定运输生产经营活动的具体项目、领域、内容和方向。

2. 经营环境的特征

企业的外部环境和内部条件对企业生产经营活动的影响是多方面、多层次、多角度的,影响的程度也是不同的,有其各自的特征。

外部环境的特征是它的可变性和不可控性。由于新技术的采用、政治和经济体制的改革、社会和文化方面的变革等,企业面临的外部环境正在变得更加动荡和不稳定。外部环境变化的程度主要表现在以下三个方面:

（1）对未来事件的熟悉程度。变化程度低的环境,未来事件以前曾出现过,比较熟悉,因而企业可以用以前的经验、知识来应对;变化程度高的环境,未来事件往往是新出现的,企业以前从未碰到过,比较生疏,因而很难用以前的经验、知识来处理。

（2）未来事件的可预测性。随着环境变化程度的提高,环境中未来事件的可预测性就逐渐降低。在变化较大的环境中往往存在着不少不可预测的突发事件。

（3）现在企业能力对环境的适应程度。对变化不大的环境,企业用现有能力即可适应;对变化较大的环境,企业还得开发新的能力才能与之适应。

外部环境的不可控性是指外部环境中的政治、经济、社会、文化等因素虽会影响企业生产,但企业本身却难以控制,只能顺应其变化趋势。

内部条件的特征是它的特殊性和可控性。由于企业的产权制度不同、所从事的行业不同以及生产规模不同,各个企业的内部条件有其特殊性,即有其不同于其他企业的一面。但企业的技术素质和管理素质等处于自己力所能及的范围之内,企业是可以加以控制的。因此,企业得以通过自己的努力来改善内部条件,增强企业实力,以适应外部环境变化的需要。

3. 经营环境分析的作用

经营环境分析是制定经营战略的基础或前提。战略是跟着环境走的,有什么样的环境,就会有什么样的战略。通过经营环境分析,可以找出外部环境中存在的机会和问题。机会或机遇是对企业发展有利的因素;问题或威胁是对企业发展不利的因素。分析外部环境是为了找到和利用市场机会,采取措施克服存在的问题,使企业生产能适应情况的变化。通过经营环境分析,还可以弄清与竞争者相比,本企业的内部环境或内部条件上的优势和劣势。通过分析内部条件可以发挥优势、扬长避短,使企业能有效地使用自己的资源,更好地适应外部环境变化的需要。只有在对企业经营环境进行优劣势分析的基础上,企业才能制定出切合实际的、竞争力较强的、使企业得以稳定发展的经营战略。

二、经营环境的评价

企业在生产经营活动中,遇到的外部环境因素非常多,有直接影响因素和间接影响因素、主要影响因素和次要影响因素、全面性影响因素与局部性影响因素、有利因素与不利因素等。但不管是什么因素,外部环境对企业产生影响的实质是:带来了机遇或机会,出现了问题或困难。我们简称为环境机会和环境威胁。

1. 环境机会及其评价

环境机会是指对企业发展有利的条件和时机。机会水平的高低可从机会的吸引力和成功的可能性两个方面进行评价。评价通常采用"环境机会矩阵图"(图3-1)来分析,图中横坐标代表机会成功的可能性,纵坐标代表机会的吸引力。

从图3-1分析可知,当企业处在第Ⅰ象限时,代表其拥有较高的机会水平,应采取积极的发展战略;当企业处在第Ⅳ象限时,其面临机会水平较低的状况,应进一步分析研究环境机会的潜力,寻求更好的发展机会;当企业处在第Ⅱ象限时,代表其有较高的发展机会,但同时也存在较大的风险,应加强风险管理,稳健投资,既不能失去发展机会,又要避免盲目发展;当企业处在第Ⅲ象限时,虽然机会的吸引力较小,但具有较大的成功把握,企业应根据自身的条件,采取适时发展战略。

2. 环境威胁及其评价

环境威胁是指对企业发展不利的因素。威胁水平的高低也可从威胁的严重性和出现威胁的可能性两个方面进行评价。评价通常采用"环境威胁矩阵图"(图 3-2)来分析,图中横坐标代表出现威胁的可能性,纵坐标代表威胁的严重性。

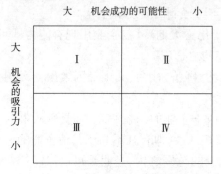

图 3-1　环境机会矩阵图 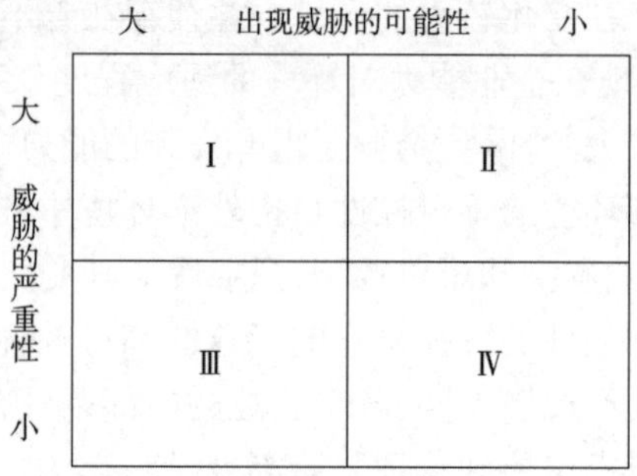　　　　图 3-2　环境威胁矩阵图

分析环境威胁水平的思路和方法与上述机会水平分析的方法一样,图 3-2 中不同象限分别表示了环境威胁的不同程度。企业应根据处在不同象限的情况,提出相应的应对策略,尽量避免或减轻外部环境带来的威胁,保证企业在外部环境不利的情况下稳步发展。

3. 机会与威胁的综合评价

对于机会水平和威胁水平的分析,可将两个矩阵图结合在一起,分析企业在环境中所处的地位,具体通过"机会-威胁矩阵图"来反映,如图 3-3 所示。图中横坐标代表威胁水平,纵坐标代表机会水平,四个象限分别表现出四种情况:①理想企业,即高机会和低威胁的企业;②冒险企业,即高机会与高威胁的企业;③成熟企业,即低机会和低威胁的企业;④困难企业,即低机会和高威胁的企业。不同的企业应根据环境提供的机会或带来的威胁,及时调整企业经营目标和发展战略,采取有效的应对措施,抓住机会、避免或减轻威胁,确保企业生产经营活动的顺利进行。

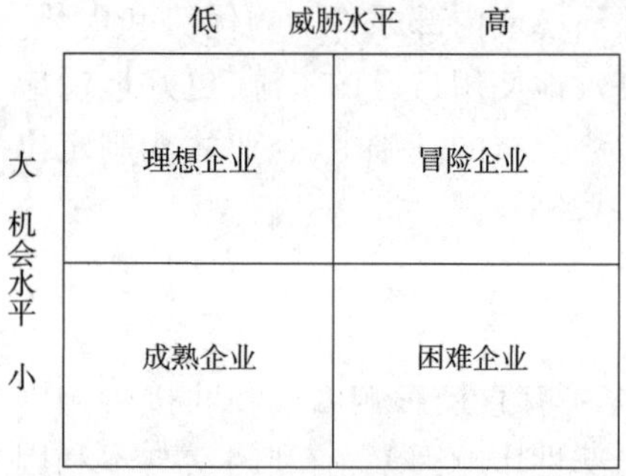

图 3-3　机会-威胁矩阵图

4. 应对外部环境的措施

通过对外部环境的分析和评价,在明确了企业在环境中地位、找出了企业面临的机会或威胁后,企业应结合本身的内部条件、经营目标和存在的问题,采取积极的应对措施。

(1)针对环境威胁采取的对策。经营环境的可变性和不可控制性的特点,决定了企业生产经营活动与环境之间的关系是一种单向适应关系,即企业要适应外部环境的变化。因此,针对环境威胁采取的对策主要有:①反对策略,试图限制或扭转不利因素的发展,如通过各种方式促使政府通过某种法令达成某种协议,或制定某项政策来改变环境的威胁;②转移策略,根据环境威胁的性质、水平、时间长短,及时调整企业经营方向、产品结构,改变市场营销策略,开辟新的市场或产品,寻求新的发展思路和途径;③减轻策略,根据已确定的威胁水平,及时减少投资、减缓发展速度,或停止生产、处置设备、调整人员,尽量避免损失,积极寻求发展机遇。

(2)针对环境机会采取的对策。每个企业都面临着许多机会,但要把环境机会变为企业实际有利的时机,一靠企业能否发现机会,二靠企业内部条件、经营管理水平和决策效率。因此,针对环境机会的策略主要是:①及时发现机会,充分利用市场信息,分析市场变化规律,寻求发展机遇;②有效利用机会,在确定环境机会水平基础上,果断决策,适时地利用机会;③主动创造机会,企业应根据市场变化情况,采取多种营销形式,营造市场氛围,积极主动地引导消费,开拓新市场、开发新产品,创造机会发展企业。

第二节 汽车运输企业外部环境分析

企业外部环境是由多因素、多层次构成的整体,根据外部环境对企业的影响程度不同,可分为微观环境、中观环境和宏观环境。汽车运输企业外部环境分析也由这三个层次构成,具体内容如图3-4所示。

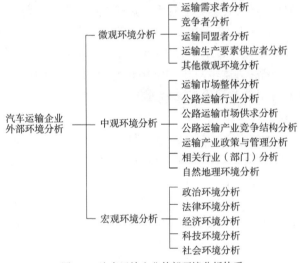

图 3-4 汽车运输企业外部环境分析体系

一、汽车运输企业微观环境分析

微观环境是直接影响企业的因素,主要是指汽车运输企业与运输需求者(旅客、货主)、市场竞争者、运输同盟者以及运输生产要素(运输工具、资金、燃料、运输职员等)供应者和其他因素之间的关系,其中最主要的是与运输需求者、竞争者、同盟者之间的关系。

1. 运输需求者分析

旅客和货主是运输企业所提供运输劳务的需求者,更是企业利润的源泉,直接影响着企业的生存和发展。因此,对旅客和货主的分析是至关重要的,它是企业选择目标市场、制定营销措施和企业发展战略的基础。

运输需求者分析的主要内容包括:①运输需求规模、时空分布构成分析;②运输需求的构成分析,如旅客按出行目的、旅客身份等划分,其构成比例如何;货运需求可按货类、货物自身价值、对运输工具的要求等划分以分析其构成状况;③运输需求在不同时间、地域空间范围内,可替代性的强弱分析;④运输需求者心理、动机分析,运输需求行为模式分析;⑤运输需求在运价、运输质量要求方面的偏好分析；⑥潜在运输需求分析，运输需求的引导、刺激分析等。

2. 竞争者分析

竞争者是指与本企业竞争运输市场(即争夺旅客和货主)和运输资源的对手。从争夺运输市场来看，竞争者是同本企业提供相同、相似并在同一运输市场或同一运营方向(平行运营方向)上的运输企业或单位，如与本企业提供同类运输劳务的汽车客、货运企业，与本企业经营同一运营线路的汽车运输企业或单位，与本企业经营相同方向的其他运输方式的客、货运企业等。从争夺运输资源来看，竞争者是指同本企业使用相同或可替代的运输工具、设备、燃料等运输资源的需求者。如争夺运输新技术、新运输工具、新开辟的运营线路、具有较高素质的运输职员及运输管理人才等。从企业经营角度来看，竞争对手可分为直接竞争对手和间接竞争对手、现实竞争对手和潜在竞争对手。对竞争对手的分析，是企业提高市场占有率，制定市场竞争策略的依据。

竞争者分析的主要内容包括：①竞争对手的运输规模、财务状况、营销能力分析；②竞争对手的运价水平、成本水平分析；③竞争对手的经营战略或经营方针及预期发展计划分析；④竞争对手的特色及运输服务质量水平分析；⑤竞争对手的优势与不足分析；⑥竞争对手在运输市场上的基本营销策略；⑦竞争对手内部结构和有关规章制度；⑧运输企业按规模、地域、经营方式、服务对象等划分及构成状况分析。

3. 运输同盟者分析

运输同盟者是指与本企业在运输业务上(如联运、货运集配)和运输生产要素供应等方面具有合作关系的单位。从汽车运输企业经营角度来看，运输同盟者中有基本同盟者(全面合作)与临时同盟者(某事、某时、某方面的合作)；直接同盟者与间接同盟者；现实同盟者和潜在同盟者；长期同盟者与短期同盟者等。应该注意的是，随着内部环境的变化，企业与同盟者的关系具有可变性及复杂性，即同盟者有可能变成竞争对手，而竞争对手也可能变为同盟者。

运输同盟者分析的主要内容包括：①同盟者运输规模、生产规模、财务收支状况分析；②同盟者所具有的明显有别于本企业的优势及不足之处分析；③同盟者在运输市场及社会上的声誉、信誉和影响力大小分析；④同盟者主要经营项目现状及未来发展分析；⑤同盟者的逆变行为及其预防分析；⑥同盟者的其他社会合作伙伴及相互之间关系分析等。

二、汽车运输企业中观环境分析

汽车运输企业中观环境是指介于宏观环境与微观环境之间，并与企业有着紧密联系的各种客观条件，称为行业环境。行业环境分析一般包括行业总体环境分析和行业竞争结构分析。

1. 运输行业总体环境分析

交通运输行业作为一种直接的外部环境，对汽车运输企业生产经营活动产生着直接影响。因此，运输行业总体环境分析是汽车运输企业外部环境分析的重要内容。

交通运输行业总体环境分析主要包括：①交通运输业在社会经济中的地位及作用分析，包括交通运输业作为国民经济基础产业的特点、交通运输业与社会经济发展的关系和适应性、交通运输业的特性分析等;②交通运输业总体发展现状、存在问题及今后的发展趋势分析,包括各种运输方式技术经济特征及其可能变化分析、各种运输方式之间的竞争状况、特点及今后的可能变化趋势分析、各种运输方式协作状况分析等;③运输供求的基本状况分析,包括运输供给规模、静态和动态供给能力分析、供求所处基本状态、运力与运量平衡关系分析等;④交通运输行业规模结构、行业集中程度、新技术、新能源分析等;⑤交通运输业的社会影响、可持续发展分析,包括运输生产对空气、森林、水源、植被、地貌等自然环境污染和对社会公众生命财产安全的影响分析等。

2. 运输行业竞争结构分析

按照迈克尔·波特的观点,一个行业中存在着五种基本竞争力量,即新进入者的威胁、行业中现有企业间的竞争、替代品或服务的威胁、供应者讨价还价的能力、用户讨价还价的能力,如图3-5所示。这五种基本竞争力量的现状、增长趋势及其综合强度,决定了行业竞争的激烈程度和行业的获利能力。在竞争激烈的行业中,一般不会出现某个企业获得非常高的收益的状况;在竞争相对缓和的行业中,会出现相当多的企业都可获得较高的收益。这五种基本竞争力量的作用是不同的,问题的关键是在该行业中的企业应找到能较好地防御这五种竞争力量的位置,甚至对这五种基本竞争力量施加影响,使它们对本企业有利。

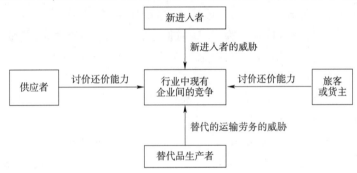

图3-5 运输行业竞争结构

1)可能的新进入者的威胁

新进入者,可以是一个新办的运输企业或是一个采用多元化经营战略的原从事其他行业的企业。这个新进入者给汽车运输行业带来了新的运输能力,并要求取得一定的市场份额。这个新进入者对汽车运输行业的威胁的大小取决于该企业进入行业需要克服的障碍和付出的代价(又称"进入壁垒")以及进入后原有汽车运输企业反应的强烈程度。

进入障碍主要包括规模经济、产品差异、资本需要、转换成本、销售渠道开拓、政府行为与政策、不受规模支配的成本劣势、自然资源、地理环境等方面,这其中有些障碍是很难借助复制或仿造的方式来突破的。预期现有企业对进入者的反应情况,主要是采取报复行动的可能性大小,则取决于企业的财力情况、报复记录、固定资产规模、行业增长速度等。总之,新企业进入一个行业的可能性大小,取决于进入者主观估计进入所能带来的潜在利益、所需花费的代价与所要承担的风险这三者的相对大小情况。

2)可替代运输劳务的威胁

可替代的运输劳务是指与现有的运输劳务具有相同、相近或更高质量的运输劳务,如目前出现的快速运输服务等。来自可替代运输劳务的压力有三个因素:①可替代运输劳务的盈利能力。若可替代运输劳务具有较大的盈利能力,则会对本行业原有运输劳务形成较大压力,使本行业企业在竞争中处于被动地位。②提供可替代性运输劳务的企业所采取的经营战略。若它采取迅速增长的积极发展战略,则它会构成对本行业的威胁。③旅客、货主转移运输需求的转变费用。旅客、货主的转变费用越小,可替代运输劳务对本行业的压力越大。

总之,替代品价格越低、质量越高、用户转换成本越低,其所能产生的竞争压力就越大;而这种来自替代品生产者的竞争压力的强度,可以具体通过考察替代品销售增长率、替代品企业生产能力与盈利扩张情况来加以描述。

3) 旅客、货主讨价还价的能力

购买者主要通过压价与要求提供较高的产品或服务质量的能力,来影响行业中现有企业的盈利能力。购买者能够形成议价影响力主要有以下原因:①购买者的总数较少,而每个购买者的购买量较大,占了卖方销售量的很大比例;②汽车运输行业由大量相对来说规模较小的企业所组成;③购买者购买的基本上是一种标准化产品,同时向多个汽车运输企业购买该运输服务在经济上也完全可行;④购买者有能力实现后向一体化,而汽车运输企业难以前向一体化。

汽车运输企业的购买者一般是旅客或货主,也可能是有运输需求的企、事业单位或其他组织。旅客、货主往往希望运价更低廉、运输质量更高、运输需求更能方便实现等,他们会利用各运输企业之间的竞争来施加压力,降低汽车运输行业的盈利能力。

4) 现有运输企业间的竞争

大部分行业中的企业,相互之间的利益都是紧密联系在一起的。作为企业整体战略一部分的各企业竞争战略,其目标都在于使得自己的企业获得相对于竞争对手的优势,所以,在实施中就必然会产生冲突与对抗现象,这些冲突与对抗就构成了现有企业之间的竞争。现有企业之间的竞争常常表现在价格、广告、产品介绍、售后服务等方面,其竞争强度与许多因素有关。

一般来说,出现下述情况意味着行业中现有企业之间竞争的加剧,包括:行业进入障碍较低,势均力敌的竞争对手较多,竞争参与者范围广泛;市场趋于成熟,产品需求增长缓慢;竞争者企图采用降价等手段促销;竞争者提供几乎相同的产品或服务,用户转换成本很低;一个战略行动如果取得成功,其收入相当可观;行业外部实力强大的公司在接收了行业中实力薄弱企业后,发起进攻性行动,结果使得刚被接收的企业成为市场的主要竞争者;退出障碍较高,即退出竞争要比继续参与竞争代价更高。在这里,退出障碍主要受经济、战略、感情以及社会政治关系等方面考虑的影响,具体包括资产的专用性、退出的固定费用、战略上的相互牵制、情绪上的难以接受、政府和社会的各种限制等。

汽车运输行业各汽车运输企业广泛存在上述多种情况,业内企业之间的竞争尤为激烈。

5) 运输资源供应者讨价还价的能力

供应者力量的强弱主要取决于他们所提供给买者的是什么投入要素,当供方所提供的投入要素的价值构成了买者产品总成本的较大比例、对买者产品生产过程非常重要或者严重影响买者产品的质量时,供方对于买者的潜在讨价还价能力就大大增强。一般来说,满足如下条件的供方会具有比较强大的讨价还价能力:①供方行业为一些具有比较稳固市场地位而不受市场激烈竞争困扰的企业所控制,其产品的买者很多,以至于每一单个买主都不可能成为供方的重要客户;②供方各企业的产品各具特色,以至于买者难以转换或转换成本太高,或者很难找到可与供方企业产品相竞争的替代品;③供方能够方便地实行前向联合或一体化,而买者难以进行后向联合或一体化。

运输资源供应者对汽车运输行业的竞争压力主要表现在要求提高原材料、轮胎、燃料、配件或其他供应品的价格,减少紧俏资源的供应量或降低供应品的质量等。

波特的"五力"分析法是对一个产业盈利能力和吸引力的静态断面扫描,说明的是该产业中的企业平均具有的盈利空间,所以这是一个产业形势的衡量指标,而非企业能力的衡量指标。通过对五种基本竞争力量的分析,可以了解汽车运输行业的基本状况,从中辨认本企业在行业中的竞争地位、优势和劣势,从而确定本企业在各种竞争力量中的基本态度及基本对策。

三、汽车运输企业宏观环境分析

宏观环境是指间接影响汽车运输企业的各种客观因素,主要包括政治与法律环境、经济环境、科技环境、社会与文化环境等,如图3-6所示。

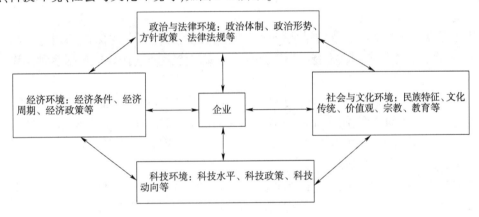

图3-6 宏观环境分析的内容

1. 政治与法律环境分析

1)政治环境分析

政治环境是指制约和影响企业的各种政治要素及其运行所形成的环境系统。政治因素及其运行状况是企业宏观环境的重要组成部分,因为政治给企业带来的影响异常巨大和明显,同时影响企业生存和发展的其他社会因素也都会因为政治条件的不同而对企业产生不同的影响。因此,政治是决定、制约和影响企业经营活动的极其重要因素。政治环境的具体内容包括以下五个方面:

(1)政治制度。我国政治制度的实质是人民代表大会制度。

(2)政党和政党制度。政党和政党制度是影响国家政治环境的主要因素,也是影响企业政治环境的重要因素。例如,我国的政党制度是中国共产党领导的多党合作和政治协商制度。

(3)政治性团体。如工会、青年团、妇联等,这些政治性团体对国家政治决策具有很大的影响作用,有时也会使企业政治环境发生重大变化。

(4) 党和国家的方针政策。这是一定阶段内指导国家政治、经济、文化等具有全局性、方向性、原则性的战略规范,因此企业必须遵循这些方针政策,它对企业经营活动往往具有控制和调节的作用。

(5) 政治气氛。政治气氛一是指政党政治主张的矛盾和力量对比在政权上的反映形成的国家政治局势;二是指基层组织和群众的政治情绪,如政治倾向、政治热情及政治思想等。

此外,国家的政治经济制度与体制也是企业生产经营活动的基本影响因素,首先决定企业的产权制度与结构,进而影响企业的经营机制;国家或地方的方针政策又是影响和制约企业生产经营的一股重要政治力量。正确、充分地利用、适应企业所面临的政治环境,是企业生存和健康发展、实现其战略的重要前提。

2) 法律环境分析

企业的法律环境是指和企业事务有关的法律及其实施所形成的外部客观环境和基本氛围。与企业经营活动相关的法律,如《中华人民共和国公司法》《中华人民共和国反不正当竞争法》《中华人民共和国知识产权法》《中华人民共和国劳动法》《中华人民共和国环境保护法》,以及一系列的经济法,甚至是公法、国际法等都有可能构成企业开展经营活动的基本法律环境。

法律环境是制约企业经营的重要外部条件,企业既要受到它的保护,又要受到它的限制,企业必须在法律规定的准则指导下开展经营活动。企业的法律环境包括多种因素,主要有以下三种:

(1) 国家的法律规范。它是由国家制定或认可,由国家强制力保证实施的行为法则。法律规范是一个完整的体系,同企业营销活动相关的法律规范体系由不同效力等级的一系列法律所组成,主要有宪法、基本法律、行政法规、地方性法规等,其中与企业相关的法律规范构成企业法律环境中最基本的内容。

(2) 国家司法、执法机关。这是指国家设立的法律监督、法律审判和法律执法机关,主要有法院、检察院、公安机关及各种行政执法机关。与汽车运输企业关系较密切的行政执法机关有工商行政管理机关、税务机关、物价机关、公路运输管理机关、政府审计机关等。此外,还有一些临时性行政执法机关,如各级政府的财政、税收、物价检查组织等。

(3) 企业的法律意识。法律意识是法律观念和法律思想的总称,是指企业对法律制度的认识和评价。因为任何企业都要同与其生产经营活动相关的企事业单位发生经济、技术关系,这些关系都具有社会经济法律关系的性质。企业的法律意识,最终都会物化为一定性质的法律行为,并造成一定的行为后果,从而构成每个企业不得不面对现实的法律环境。

2. 经济环境分析

经济环境是指构成企业生存和发展的社会经济状况及国家经济政策。社会经济状况包括经济要素的性质、水平、结构、变动趋势等多方面的内容,涉及国家、社会、市场等多个领域。国家经济政策是国家履行经济管理职能,调控宏观经济水平及经济结构,实施国家经济发展战略的指导方针,对企业经济环境有着重要影响。

企业经济环境是一个多元动态系统,主要由社会经济结构、经济发展水平、经济体制和经济政策四个要素构成。

(1) 社会经济结构。社会经济结构又称"国民经济结构",指国民经济中不同经济成分、不同产业部门以及社会再生产各个方面的组成国民经济整体时相互质的适应性、量的比例性及排列关联的状况。一般而言,社会经济结构主要包括产业结构、分配结构、交换结构、消费结构和技术结构五个方面的内容,其中最重要的是产业结构。企业应时刻关注经济结构的变化动向,以便及时地调整企业经营活动内容,主动适应变化的经济结构环境,安全、健康地推动企业向前发展。

(2)经济发展水平。经济发展水平是指一个国家经济发展的规模、速度和所达到的水准。反映一个国家经济发展水平常用的主要指标有民生产总值、国民收入、人均国民收入、经济增长速度等。对企业来讲,从这些指标中可以看到国家近期经济的发展状况和水平,利用全国各地区和企业自身的条件对比,加之时间序列的比较,可以从中认识到国家宏观经济形势和企业工作环境的发展变化及宏观经济形势对企业经营环境的影响,这对企业有指导和帮助意义。

(3)经济体制。经济体制是指国家组织经济的形式。经济体制规定了国家与企业、企业与企业、企业与各经济部门的关系,并通过一定的管理手段和方法,调控或影响社会经济流动的范围、内容和方式等。正因如此,经济体制对企业的生存与发展的形式、内容、途径都提出了系统的基本原则与条件。在经济体制改革过程中,企业应加强和重视对新经济体制实质、形式及运行规律等方面的了解、把握、建立起新的体制意识,改变企业行为的方式和方法,这对企业的发展至关重要。

(4)经济政策。经济政策是国家在一定时期内为达到国家经济发展目标而制定的战略与策略,它包括综合性的国家经济发展战略和产业政策、国民收入分配政策、价格政策、物资流通政策、金融货币政策、劳动工资政策、对外贸易政策等。它规定企业活动的范围、原则,引导和规范企业经营的方向,协调企业之间、经济部门之间、局部与全局之间的关系,保证社会经济正常运转,实现国民经济发展的目标与任务。

综上所述,这4个要素构成了企业外部的经济环境,它们综合地影响着企业的生存与发展。为了取得经营上的成功,企业的经营者必须识别出那些能够影响战略决策的关键的经济力量,增强对企业宏观经济环境分析的意识,这样才能使企业在复杂多变的经济环境中取得生存与发展。

3. 科技环境分析

企业的科技环境是指企业所处的社会环境中的科技要素及与该要素直接相关的各种社会现象的集合。企业的科技环境,大体包括以下四个基本要素:

(1)社会科技水平。社会科技水平是构成科技环境的首要因素,它包括科技研究成果的数量、门类分布、先进程度和科技成果的推广应用四个方面。

(2)社会科技力量。社会科技力量是指一个国家或地区的科技研究与开发的实力,它包括从事科技研究与开发人员的数量、科技人员的水平等。

(3)国家科技体制。科技体制是指一个国家社会科技系统的结构、运行方式及其与国民经济其他部门的关系状态的总称,主要包括科技事业与科技人员的社会地位、科技机构的设置原则和运行方式、科技管理制度、科技成果推广渠道等。

(4)国家的科技政策和科技立法。国家的科技政策和科技立法是国家凭借行政权力和立法权力,对科技事业履行管理及监督职能的策略及行为规范。

我国科学技术近年来获得了飞速发展,在信息技术、新材料技术、新能源技术、空间技术、电子计算机技术等许多部门都取得了重大成就。科学技术的发展,极大地促进了我国劳动生产率的提高和生产力的迅速发展。自21世纪以来,移动互联网、物联网、车联网、云计算、大数据等占据了信息技术的前沿,高速铁路技术、航空运输技术的进步等,给交通运输业带来了革命性的影响。汽车运输企业应适应并大力推动应用这些现代高新技术,力争在市场竞争中立于不败之地。

4. 社会与文化环境分析

1）社会环境分析

企业的社会环境包括社会阶层的形成和变动、人口的地区性流动、人口年龄结构的变化、社会中权力结构、人们生活方式及工作方式的改变、就业状况、城乡差别、社会福利、社会保障、廉政建设、社会道德风气、公众对国家的信心等。这些方面必然都要反映到企业中来,影响着旅客和货主对运输劳务的需求,也改变着企业的经营战略。

交通运输活动与人们的生活息息相关,社会环境对汽车运输企业的生产经营活动影响很大,人们的生活方式、消费方式、出行方式、出行习惯等,是影响汽车运输企业供给方式和供给数量的重要因素。

2）文化环境分析

文化是企业赖以生存和发展的基础,构成了企业的文化环境。文化环境始终以一种不可违逆的方式影响着企业,影响着企业的目标和宗旨,影响着企业内部文化的底蕴和色彩,进而也会影响企业对社会责任的态度。

文化的基本要素包括宗教、语言与文字、哲学、文学艺术等,它们共同构成文化系统,是企业文化环境的重要组成部分。宗教作为文化的一部分,在其长期发展过程中对人们的心理、风俗习惯、文学艺术、哲学思想、科学技术及政治经济生活等都会产生深刻的影响;语言文字是一种传递信息、观念和规范的基本文化手段,是一个民族得以发展和流传的直接载体;哲学是文化的核心部分,在整个文化中起着主导作用,常以各种微妙的方式渗透到文化的各个方面,发挥着强大的影响作用;文学艺术往往是文化整体形象的具体表现,是社会现实生活的反映,对企业职工的个体心理、人生观、价值观、道德及审美观点的影响及导向是不容忽视的。

文化的影响遍及企业生产和经营的各个领域,包括产品设计、生产、定价、促销、分销渠道的建立、产品包装及产品服务等。此外,企业一切生产经营活动都会受到环境文化价值观念的检验,有的产品受欢迎,有的产品则遭到排斥和地址。因此,成功的企业不仅要了解环境中有关文化的具体知识,而且必须对文化有非常敏感的感受力和影响力,能够捕捉文化环境中对人们的价值观、人生观等有影响的抽象文化理念在产品以及市场中的需求和反应,这样才能够客观地评价和理解企业所处的文化环境,并以此作为制定企业战略的重要依据和参考。

四、外部因素评价矩阵（EFE 矩阵）

1. EFE 矩阵简介

外部因素评价矩阵（External Factor Evaluation Matrix，简称 EFE 矩阵）是一种对外部环境

进行分析的工具,其做法是从机会和威胁两个方面找出影响企业未来发展的关键因素,根据各个因素影响程度的大小确定权数,再按企业对各关键因素的有效反应程度对各关键因素进行评分,最后算出企业的总加权分数。通过EFE矩阵分析,企业就可以把自己所面临的机会与威胁汇总,刻画出企业的全部吸引力。

2. EFE矩阵的建立步骤

EFE矩阵可以通过如下五个步骤来建立:

(1)列出在外部分析过程中确认的关键因素。①因素总数为10~20个;②因素包括影响企业和所在产业的各种机会与威胁;③首先列举机会,然后列举威胁;④尽量具体,可能时采用百分比、比例和对比数字。

(2)赋予每个因素以权重。①数值由0.0(不重要)到1.0(非常重要);②权重反映该因素对于企业在产业中取得成功的影响的相对大小性,主要以产业为基础;③机会往往比威胁得到更高的权重,但当威胁因素特别严重时也可得到高权重;④确定权重的方法分为主观赋权法(德尔菲法、用户调查法、层次分析法)和客观赋权法两种;⑤所有因素的权重总和必须等于1。

(3)按照企业现行战略对关键因素的有效反应程度为各关键因素进行评分。①分值范围为1~4;②4代表反应很好,3代表反应超过平均水平,2代表反应为平均水平,1代表反应很差;③评分反映了企业现行战略的有效性,因此它是以企业为基准的;④步骤(2)的权重是以产业为基准的。

(4)用每个因素的权重乘以它的评分,即得到每个因素的加权分数。

(5)将所有因素的加权分数相加,以得到企业的总加权分数。

无论EFE矩阵包含多少因素,总加权分数的范围都是从最低的1.0到最高的4.0,平均分为2.5。高于2.5则说明企业能对外部影响因素作出反应。如果总加权分数达到了4.0,说明企业在整个产业中对现有机会与威胁作出了最出色的反应。如果总加权分数为1.0,就说明企业没有能够很好地利用外部机会或者化解外部威胁。EFE矩阵应包含10~20个关键因素,因素数不影响总加权分数的范围,因为权重总和永远等于1。

在进行EFE矩阵分析过程中,因素的选择、权重的确定和评分等环节,主观因素比较多,是一种定性结果的定量描述,有相当大的主观性。因此,在进行EFE矩阵分析过程中应特别注意,彻底理解EFE矩阵中所选择的因素,比实际的权重和评分更重要。

第三节 汽车运输企业内部环境分析

环境给企业经营所带来的机会与威胁是相对于企业内部条件而言的。汽车运输企业内部条件包括企业经营规模、产品结构、企业素质、企业制度、经营模式等各种条件的总和,其实质是能力,即企业各种能力的综合表现。汽车运输企业要做好生产经营活动,就必须准确掌握内部实力,依靠自身条件,提高对经营环境的适应性。

汽车运输企业内部条件可从汽车运输企业素质、企业活力、营销能力和资源状况着手分析,具体内容如图3-7所示。

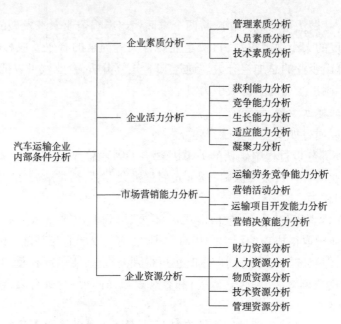

图 3-7 汽车运输企业内部条件分析体系

一、汽车运输企业素质分析

汽车运输企业素质的内容主要包括三个方面,即企业技术素质、企业管理素质和企业人员素质。企业技术素质是企业素质的基础,主要包括运输工具、设备的质量及水平等;企业管理素质是企业素质的主导,是技术素质得意发挥的保证,包括企业的领导体制、组织结构、企业基础管理水平及管理方法、管理手段、管理制度、企业经营决策能力、企业文化及经营战略等;企业人员素质是企业素质的关键,包括企业管理人员和职工的政治素质、文化素质、技术素质及身体素质,以及部分人员的年龄结构、政治结构、文化结构及技术结构等。

二、汽车运输企业活力分析

企业活力是指企业作为有机体通过自身的素质和能力在与外界环境交互作用的良性循环中所呈现出自我发展的旺盛生命力的状态。对于这一概念,有以下四点解释:

(1)交互作用,是指企业的活力状态,既不完全取决于外界环境,也不完全取决于企业自身素质,这两方面是在不断地相互作用,也就是说,既要看到外界环境对企业活力的影响和制约作用,又要看到企业充分发挥活力对外界环境提出的要求。

(2)良性循环,是指在内在环境交互作用中,要不断地向更好的方面转化,并在转化中达到新的平衡,促进这样的循环往复。

(3)强调企业自我发展的旺盛生命力状态,即企业生存与发展的能力。生存与发展有相互依存的关系,生存是发展的基础,生存应在发展和创新中求得,发展也不仅仅是外延扩大再生产,也不只是数量上的增加,而首先要注重内涵式扩大再生产,包含自身素质的增长、运输质量的提高、服务结构的调整、基础管理的转化和经济效益的提高,即要注重企业素质的增长,只有这样企业才能更好地生存并具有旺盛的生命力。

(4)要明确企业活力的基础在于企业的内部,在于企业自身素质与能力,而外部环境只是企业活力的影响和制约因素。

汽车运输企业的活力大致有四种状态,如图3-8所示。

第Ⅰ象限:外界环境适合企业发展,企业自身素质好,则企业活力一定很强。第Ⅱ象限:外界环境不适合企业发展,虽然企业素质好,但企业活力不会很强。第Ⅲ象限:外界环境不适合企业发展,企业自身素质又不好,则企业活力一定很差。第Ⅳ象限:外界环境适合企业发展,但企业自身素质不好,则企业活力不强。这是因为企业如果不注重自身素质和能力的提高,在良好的外部环境下,即使企业在一定时期内可能呈现出活力,最终也会由于自身素质不佳,而在激烈的市场竞争中被淘汰。

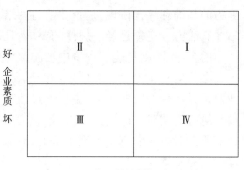

图3-8 汽车运输企业活力的四种状态

汽车运输企业活力可以用企业获利能力、竞争能力、生长能力、适应能力、凝聚力来表示,如图3-9所示。

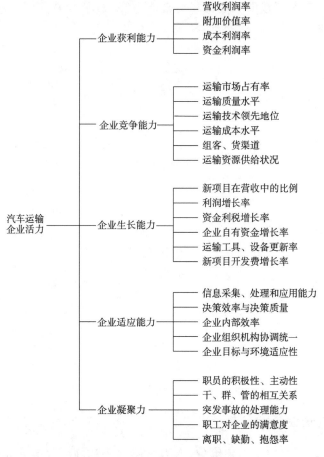

图3-9 汽车运输企业活力结构体系

获利能力是企业赖以生存的最基本的要求,是企业竞争能力、生长能力、适应能力和凝聚力的基础和综合体现,是企业活力的结果。竞争能力是企业生存本能的表现,企业只有竞争才有活力。竞争是经济规律的要求,凡是在社会竞争环境中能够生存的企业,都必然是有活力的企业,否则只能在竞争中被淘汰。生长能力是企业在竞争中生存的前提条件,企业的生存必须建立在内涵扩大再生产的基础上,否则企业将会失去生存的能力。适应能力是企业对外界环境的应变能力,主要通过改善企业经营管理来实现。企业要根据市场需求和外界环境的变化对生产进行调整,调整得越及时、越顺利,企业的应变能力越强。凝聚力是以企业职工对企业的态度表现出来的,凝聚力的强弱关系到职工积极性和创造性以及企业整体功能的发挥。

三、汽车运输企业市场营销能力分析

市场营销能力是企业适应市场变化、积极引导需求、争取竞争优势以实现经营目标的能力,是企业决策能力、应变能力、竞争能力和组客(货)能力的综合体现。市场营销能力的强弱是决定企业经营成果优劣、影响企业生存和发展的关键,掌握和分析企业的市场营销能力是企业内部条件分析的中心工作。市场营销能力可分解为运输产品市场竞争力、市场营销活动能力、新项目研究与开发能力及市场决策能力等,如图3-10所示。这四种能力自成系统,彼此紧密联系并相互影响。

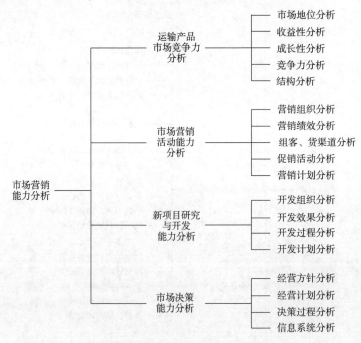

图3-10 汽车运输企业市场营销能力分析体系

四、汽车运输企业资源分析

汽车运输企业的资源包括财力资源、人力资源、物力资源、技术资源和管理资源等,如图3-11所示。

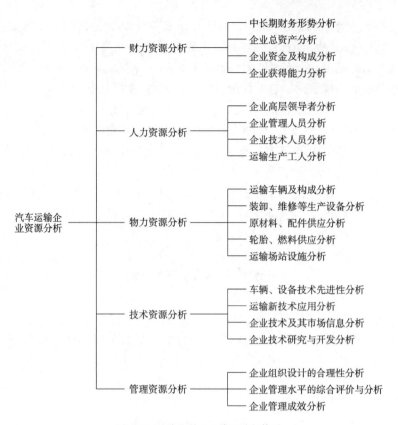

图 3-11　汽车运输企业资源分析体系

五、内部因素评价矩阵(IFE 矩阵)

1. IFE 矩阵简介

内部因素评价矩阵(Internal Factor Evaluation Matrix,简称 IFE 矩阵),是一种对内部因素进行分析的工具,其做法是从优势和劣势两个方面找出影响企业未来发展的关键因素,根据各个因素影响程度的大小确定权数,再按企业对各关键因素的有效反应程度对各关键因素进行评分,最后算出企业的总加权分数。通过 IFE 矩阵分析,企业就可以把自己所面临的优势与劣势汇总,刻画出企业的全部引力。

2. IFE 矩阵建立的步骤

IFE 矩阵可以通过如下五个步骤来建立:

(1)确定关键内部因素。列出在内部分析过程中确定的关键因素,一般采用 10~20 个内部因素,包括优势和弱点两个方面。首先列出优势,然后列出劣势。要尽可能具体,要采用百分比、比例和比较数字。

(2)为每个因素分配权重。为每个因素指定一个权重以表明该要素对企业经营战略的相对重要程度。权重取值范围从 0.0(不重要)到 1.0(非常重要),所有权重取值之和等于1。无论该因素是内部优势还是劣势,只要它对企业绩效产生重要影响,就应当得到较高权重。

(3)为每个因素进行评分。以 1、2、3、4 分别代表相应要素对于企业经营战略来说是主要劣势、一般劣势、一般优势、主要优势。1分代表主要劣势;2分代表一般劣势;3分代表一般优势;4分代表主要优势。值得注意的是,优势的评分必须为4或3,劣势的评分必须为1或2。评分以公司为基准,而权重则以产业为基准。

(4)用每个因素的权重乘以它的评分,即得到每个因素的加权分数。

(5)将所有因素的加权分数相加,得到企业的总加权分数。

无论IFE矩阵包含多少因素,总加权分数的范围都是从最低的1.0到最高的4.0,平均分为2.5。总加权分数大大低于2.5的企业的内部状况处于弱势,而分数大大高于2.5的企业的内部状况则处于强势。数值越大,企业优势越突出。

像EFE矩阵一样,IFE矩阵同样依赖于分析专家个人的主观判断和个人评价。这意味着,如果专家的判断不准确、评价不客观,分析结果就会失去科学性和参考价值。因此,在使用这一方法时,应该对判断和评价予以高度重视。

第四节　SWOT分析

SWOT分析法又称为态势分析法,是由旧金山大学的管理学教授韦里克于20世纪80年代初提出来的,现被广泛运用在企业战略管理、市场研究、竞争对手分析等领域,是企业经营环境分析常用的方法。

一、SWOT分析概述

所谓SWOT分析,就是将企业内部各种主要优势因素(Strengths)和劣势因素(Weaknesses)与外部环境中的机会因素(Opportunities)和威胁因素(Threats),通过调查罗列出来,并依照矩阵形式排列,然后运用系统分析的思想,把各种因素相互匹配起来加以分析,从中得出一系列相应的结论。其中,优劣势分析主要是着眼于企业自身的实力及其与竞争对手的比较,而机会和威胁分析将注意力放在外部环境的变化及其对企业的可能影响上,但外部环境的同一变化给具有不同资源和能力的企业带来的机会与威胁可能完全不同,因此,两者之间又有紧密的联系。

SWOT分析的目的,是通过给出一个有关企业内外环境、问题的有效信息,清晰地展示出现有情况下企业的优势与不足,并激励企业调动其优势,从而最大限度地利用机会,规避风险。

运用SWOT分析法,有利于人们对企业所处境况进行全面、系统、准确的研究,有助于人们制定发展战略以及与之相应的发展计划。

二、SWOT分析的内容

SWOT分析的主要内容包括运用各种调查研究方法,分析出企业所处的各种环境因素,即外部环境因素和内部能力因素,构造SWOT分析矩阵,制订行动计划。

1. 分析外部环境因素

外部环境因素包括机会因素和威胁因素,它们是外部环境对企业发展直接有影响的有利和不利因素,属于客观因素,一般归属为经济的、政治的、社会的、人口的、产品和服务的、技术的、市场的、竞争的等不同范畴。

2. 分析内部环境因素

内部环境因素包括优势因素和弱点因素，它们是企业自身存在的积极和消极因素，属主动因素，一般归类为管理的、组织的、经营的、财务的、销售的、人力资源的等不同范畴。在调查分析这些因素时，不仅要考虑到企业的历史与现状，更要考虑企业的未来发展。

3. 构造 SWOT 矩阵

将调查得出的各种因素根据轻重缓急或影响程度等进行排序，构造 SWOT 分析矩阵。在此过程中，将那些对企业发展有直接的、重要的、大量的、迫切的、久远的影响因素优先排列出来，而将那些间接的、次要的、少许的、不急的、短暂的影响因素排列在后面。

4. 制订行动计划

在完成环境因素分析和 SWOT 矩阵的构造后，便可以制订出相应的行动计划。制订计划的基本思路是：发挥优势因素，克服弱点因素，利用机会因素，化解威胁因素；考虑过去，立足当前，着眼未来。运用系统分析的综合分析方法，将排列与考虑的各种环境因素相互匹配起来加以组合，得出一系列公司未来发展的可选择对策。

三、SWOT 分析的步骤

根据 SWOT 分析的内容，SWOT 分析的具体步骤如下。

1. 罗列企业的优势和劣势，可能的机会与威胁

（1）企业优势(S)：是指企业超越其竞争对手的能力，或者企业所特有的能提高竞争力的东西，如技术技能优势、有形资产优势、无形资产优势、人力资源优势、组织体系优势、品牌声誉优势、资金财务优势、竞争能力优势等。

（2）企业劣势(W)：是指某种企业缺少或做得不好的东西，或指某种会使企业处于劣势的条件，如缺乏具有竞争意义的技能技术；缺乏有竞争力的有形资产、无形资产、人力资源、组织资产；关键领域里的竞争能力正在丧失等。

（3）企业潜在机会(O)：是影响企业战略的重大因素。企业管理者应当确认每一个机会，评价每一个机会的成长和利润前景，选取那些可与企业财务和组织资源匹配、使企业获得的竞争优势的潜力最大的最佳机会，如政府政策的支持、市场需求增长强劲等。

（4）企业外部威胁(T)：是在企业的外部环境中，总是存在某些对企业的盈利能力和市场地位构成威胁的因素，如新竞争对手的出现、市场需求减少等。企业管理者应当及时确认危及企业未来利益的威胁，作出评价并采取相应的战略行动来抵消或减轻它们所产生的影响。

2. 确定企业总体战略方向

SWOT 分析法为企业提供了四种可供选择的企业总体战略方向，如图 3-12 所示。

根据 EFE 矩阵和 IFE 矩阵分析得到外部环境总加权分和内部条件总加权分。据此，可以在图 3-12 中找到一个且只有一个准确的点来确定企业的总体战略。具体步骤如下：第一步需要确定 x、y 轴，x 轴代表企业的内部优劣势，y 轴代表企业的外部机会和威胁；第二步需要确定原点的坐标，在此原点坐标为 $x=(4+1)/2=2.5$，$y=(4+1)/2=2.5$；第三步是以原点(2.5,2.5)为圆心、半径2.5画圆，然后把 x 轴、y 轴所在的直径标上刻度；第四步把所求得的点 P 放入定位图。一般 SWOT 分析，可在图 3-12 的四种战略类型中，根据 P 点的位置确定企业的总体战略方向。

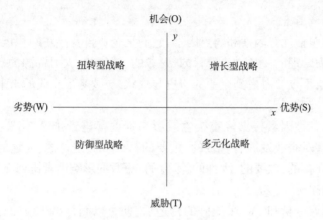

图 3-12　SWOT 战略定位图

也有学者对四种战略类型进行了进一步细分,如图 3-13 所示。通过 SWOT 定点分析,对位于不同位置的战略定点 P,确定的具体战略类型不同。增长型战略具体细分为实力型增长战略和机会型增长战略;扭转型战略分为积极进取型扭转战略和调整型扭转战略;防御型战略分为退却型防御战略和回避型防御战略;多元化战略分为调整型多元化战略和进取型多元化战略。

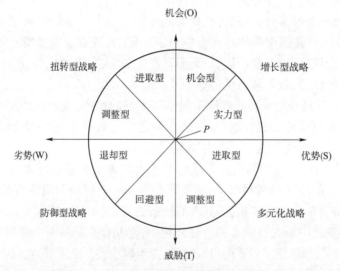

图 3-13　SWOT 定点战略分析图

3. 进行战略组合分析

将企业的优势、劣势与外部环境中的机会、威胁相组合,形成 SO、ST、WO、WT 策略,如图 3-14 所示。

(1) SO 战略。SO 象限内的区域是企业机会和优势最理想的结合,这时的企业拥有强大的内部优势和众多的环境机会,可以采取增长型战略。

(2) WO 战略。WO 象限内的业务有外部市场机会但缺少内部条件,可以采取扭转型战略,尽快改变企业内部的不利条件,从而有效地利用市场机会。

(3) ST 战略。ST 象限内的业务尽管在当前具备优势,但正面对不利环境的威胁。面对这种情况,企业可以考虑采取多元化经营战略,利用现有的优势在其他产品或市场上寻求和建立长期机会,通过多种经营分散环境带来的风险。另外,在企业实力非常强大、优势十分明显的情况下,也可以采用一体化战略,利用企业的优势正面克服存在的环境障碍。

(4) WT 战略。WT 象限是最不理想的内外部因素的结合状况。处于该区域中的经营单位或业务在其相对弱势处恰恰面临大量的环境威胁,这时企业不应该也没有实力实施扩展战略。在这种情况下,企业可以采取减少产品或市场的紧缩型或防御型战略或是改变产品或市场的放弃战略。

外部因素 \ 内部因素	优势(S)	劣势(W)
战略组合	S_1 S_2 …	W_1 W_2 …
机会(O) O_1 O_2 …	SO战略 (增长型战略)	WO战略 (扭转型战略)
威胁(T) T_1 T_2 …	ST战略 (多种经营战略)	WT战略 (防御型战略)

图 3-14 SWOT 分析矩阵

4. 确定具体战略与策略

对 SO、ST、WO、WT 策略进行甄别和选择,确定企业目前应该采取的具体战略与策略。

案例分析　EFE 矩阵和 IFE 矩阵应用举例

按照 EFE 矩阵的评价思路,围绕汽车运输企业宏观环境及行业环境,某汽车客运企业运用 EFE 矩阵对企业的外部因素进行分析计算,得出外部机会和威胁分析结果,见表 3-1。通过 EFE 矩阵评价结果可以看出,该汽车客运企业的 EFE 矩阵加权平均总分值即综合系数为 2.83,略高于平均值 2.50,表明该汽车客运企业所面临的环境发展机遇略大于所面临的挑战,公司可以利用外部机会并将外部威胁的潜在不利影响降至最小。

某汽车客运企业 EFE 矩阵　　　　表 3-1

	外 部 因 素	权重	得分	评分
机会 (Opportunities)	经济社会发展必然诱发道路客运需求的不断增长	0.10	4	0.40
	国家地理和人口特征以及环境压力为道路客运产业提供了生存环境	0.08	3	0.24
	移动互联网技术为企业创新经营模式和运输组织提供历史性机遇	0.08	1	0.08
	汽车时代为企业汽车后市场业务发展带来了新生机	0.08	4	0.32
	经济趋稳态势为企业持续发展奠定了坚实的基础	0.07	3	0.21
	公车改革给企业租、包车业务带来了新的发展空间	0.04	5	0.20
	高速铁路、航空业的快速发展企业开拓集疏运业务提供了机会	0.05	4	0.20

续上表

	外部因素	权重	得分	评分
威胁 （Threats）	高速铁路严重冲击道路中长途客运	0.10	2	0.20
	自驾出行不断压缩中短途道路客运市场空间	0.10	2	0.20
	旅游观念转变带给传统旅游客运严峻考验	0.09	2	0.18
	网约车分流部分客源	0.07	3	0.21
	非法运营抢占中短途客源	0.07	3	0.21
	快递市场业态制约企业传统小件快递业务拓展	0.03	3	0.09
	驾驶员考试改革使企业驾驶员培训业务面临重大挑战	0.03	3	0.09
	合计	1.00	—	2.83

按照 IFE 矩阵的评价思路，运用 IFE 矩阵对该汽车客运企业的内部条件因素进行分析计算，得出企业内部优势和劣势分析结果，见表 3-2。

某汽车客运企业 IFE 矩阵　　　　表 3-2

	内部因素	权重	得分	评分
优势 （Strengths）	经营业务范围广泛，有利于多种经营分散风险	0.10	4	0.40
	内部资源丰富，可持续发展潜力大	0.10	4	0.40
	经营团队敬业创新，凝聚力强	0.08	4	0.32
	公司发展历史悠久，从业经验丰富	0.08	4	0.32
	具有多种经营资质，具备业务拓展条件	0.07	4	0.28
	公司知名度高，市场开拓力强	0.07	4	0.28
	在区域中位于行业主导地位，有利于争取政策支持	0.06	4	0.24
劣势 （Weaknesses）	经营业务关联度高，系统性经营风险较大	0.10	1	0.1
	业务结构比例不平衡，危机应变能力较弱	0.10	2	0.2
	组织机构庞大，资源比较分散	0.08	1	0.08
	运输场站及其他资源综合开发利用不足	0.06	1	0.06
	信息技术应用的深度和广度不够	0.05	2	0.10
	产品品牌建设发展缓慢	0.05	2	0.10
	合计	1.00	—	2.88

该汽车客运企业的内部因素评价综合系数计算值为 2.88，略高于平均水平 2.50，表明该汽车客运企业具有较强的内部优势，其优势在一定程度上遏制住了自身的潜在劣势及其所带来的不利影响，但该企业仍存在问题和不足，需要在未来的发展中予以解决或改进。

第四章 汽车运输企业经营战略

自20世纪初以来,随着科学技术的发展和经济全球化的进展,围绕企业管理工作的中心,企业管理经历了几次管理主题的演变,由19世纪末20世纪初开始的以生产管理为中心,转变到20世纪30年代开始的以营销管理为中心,再转变为20世纪50年代开始的以战略管理为中心。企业战略管理成为企业管理的重要内容。

第一节 战略概述

战略是企业面对激烈变化、严峻挑战的环境,为求得长期生存和不断发展而进行的总体性谋划。制定企业经营战略,首先要了解经营战略的概念、特征和战略层次、内容等基本问题。

一、战略的概念与特点

1. 战略的概念

战略一词来源于希腊语,意为"将军的艺术",原指军事方面事关全局的重大部署,筹划和指挥战争全局的方略。对于企业来说,战略可以简单地理解为企业为了生存和发展,所作的全盘考虑和统筹安排。

在学术界,学者们从不同角度阐述了战略的含义。美国经济学家切斯特·巴纳德最早把战略思想引入企业管理领域。他于1938年出版的代表作《经理的职能》一书中开始运用战略思想,但没有形成系统的战略观点,只是框架。20世纪60年代,企业战略作为一门综合学科开始兴起,主要以阿尔弗雷德·D.钱德勒、艾格·安索夫和阿尔弗雷德·斯隆为代表。

1)阿尔弗雷德.D.钱德勒的战略观

1962年,钱德勒在其著作《战略与结构》中将企业战略定义为:决定一个企业基本和长期的目的和目标,并通过经营活动和分配资源来实现战略目标。即:战略=目的+手段。

2)安索夫的战略要素观

1965年,美国学者安索夫在其出版的《公司战略》一书中认为,企业战略的构成要素包括产品与市场领域、成长方向、竞争优势和协同效应4个方面。战略就是将企业活动和这4个方面连接起来的决策规则,强调战略管理者总是试图在企业资源和环境之间寻求最佳匹配。

3)明茨伯格的"5P"模式

加拿大麦吉尔大学教授明茨伯格把战略定义为一系列行为方式的组合,创立了战略的"5P"模式,即计划(Plan)、计策(Ploy)、模式(Pattern)、定位(Position)和观念(Perspective)。这五个定义从不同角度对企业战略这一概念进行了阐述。

第一,战略是一种计划(Plan)。它是指战略是一种有意识、有预计、有组织的行动程序,是解决一个企业如何从现在的状态达到将来位置的问题。战略主要为企业提供发展方向和途径,包括一系列处理某种特定情况的方针政策,属于企业"行动之前的概念"。

第二,战略是一种计策(Ploy)。它是指战略不仅仅是行动之前的计划,还可以在特定的环境下成为行动过程中的手段和策略,一种在竞争博弈中威胁和战胜竞争对手的工具。

第三,战略是一种模式(Pattern)。它是指战略可以体现为企业一系列的具体行动和现实结果,而不仅仅是行动前的计划或手段。即无论企业是否事先制定了战略,只要有具体的经营行为,就有事实上的战略。

明茨伯格认为,战略作为计划或模式的两种定义是相互独立的。实践中,计划往往没有实施,而模式却可能在事先并未计划的情况下形成。因此,战略可能是人类行为的结果,而不是设计的结果。因此,定义为"计划"的战略是设计的战略,而定义为"模式"的战略是已实现的战略,战略实际上是一种从计划向实现流动的结果。那些不能实现的战略在战略设计结束之后,通过一个单独的渠道消失,脱离准备实施战略的渠道。而准备实施的战略与自发战略则通过各自的渠道,流向已实现的战略。这是一种动态的战略观点,它将整个战略看成是一种"行为流"的运动过程。

第四,战略是一种定位(Position)。它是指战略是一个组织在其所处环境中的位置,对企业而言就是确定自己在市场中的位置。企业战略涉及的领域很广,可以包括产品生产过程、顾客与市场、企业的社会责任与自我利益等任何经营活动及行为。但最重要的是,制定战略时应充分考虑到外部环境,尤其是行业竞争结构对企业行为和效益的影响,确定自己在行业中的地位和达到该地位所应采取的各种措施。把战略看成一种定位就是要通过正确地配置企业资源,形成有力的竞争优势。

第五,战略是一种观念(Perspective)。它是指战略表达了企业对客观世界固有的认知方式,体现了企业对环境的价值取向和组织中人们对客观世界固有的看法,进而反映了企业战略决策者的价值观念。

明茨伯格认为,人们在谈及战略时都是在谈论"5P"中的某一个和几个含义。实际上,战略具有多重含义,即应准确理解每种含义,又应将多个含义联系起来以形成整体的战略观念。

2. 战略和战术

战略和战术是相对应的。战术是指导行动和竞争的方法,是达成战略目标、克敌制胜的手段。如果说战略明确了企业发展的方向,战术则决定由何人、在何时、以何种方式方法、通过何种步骤,将战略付诸实现。战术从属于战略,但可在战略允许的限度内,随环境和条件的变化而相应地变换。在我国的企业界,人们有时使用"策略"一词分别替代战略或战术,或将其作为这个概念的总称。

3. 战略与规划、计划

从广义来讲,战略、规划、计划都是对未来的筹划,也可通称为计划。国外也有采用广义的计划概念。根据时间长短划分,计划划分为短期(1年以下)计划、中期(3～5年)计划和长期(5年以上)计划。

以狭义来讲,战略、规划、计划既有联系,又有区别。战略是规划和计划的灵魂,规划和计划必须体现既定的战略,因此战略是规划的基础,规划又是计划的基础,应当先有战略,再有规划,再订计划,使其成为可以布置、可以检查的具体行动方案。从这个意义上讲,规划和计划又是战略的继续、深入和细化。

二、汽车运输企业经营战略的概念及特征

1. 汽车运输企业经营战略的概念

归纳以上人们对企业经营战略的认识,结合汽车运输业的具体情况,可以把汽车运输企业的经营战略定义为:为了适应未来环境的变化,寻求企业生存和长期稳定的发展而制定的总体性和长远性的谋划与方略。它是在对未来外部环境的变化趋势和企业自身实力进行充分分析的基础上,通过一系列科学决策的程序绘制出来的,是汽车运输企业经营思想的集中体现,其实质是实现外部环境、企业实力和战略目标三者之间的动态平衡。

这个概念说明了:①战略是有形的,不仅是一种战略思想或原则,而且是一种具体设计或规划;②这个规划首先是根据外部环境的分析为企业确定长期发展目标;③战略重点是选择实现企业发展目标的途径或指导方针;④实现企业发展目标的途径与方针的选择,必须以扬长避短、发挥企业优势为基准。

2. 汽车运输企业经营战略的特征

(1) 全局性。全局性是指经营战略以企业的全局为研究对象来确定企业的总目标,规定企业的总行动,追求企业的总效益。全局性是经营战略最根本的特征,其正确与否直接关系着企业的兴衰存亡。首先从企业内部来讲,企业经营战略要服从经营活动的总体发展目标,例如企业的利润增长目标、企业经营方向的总体规划等,都是制定企业经营战略时必须考虑的因素。其次从企业外部来讲,企业制定的经营战略,必须与国家的经济、技术、社会发展战略相协调一致,与国家发展的总目标相适应。否则,企业的经营战略就不会取得成功。对于汽车运输企业来讲,经营战略的制定,要考虑到国家对交通运输的总体规划,综合交通网络的规划,公路网络的规划,各地工农业发展规划对运输量增长的影响,人们的出行意愿,收入水平等因素。只有这样,企业制定的经营战略才是科学的、可行的。

(2) 未来性。未来性是指经营战略的着眼点是企业的未来,战略决策和计划要决定和影响将来较长的时期,是为了谋求企业未来的发展和长远利益,而不是为了眼前利益。因此,从企业发展的角度来看,企业今天制定的战略正是为了明天更好地发展,企业经营战略的拟订要着眼于企业未来的市场。当然,未来要以当前作为出发点,对未来发展趋势和未来市场占有率的预测要以企业的过去和现在作为依据。作为企业领导者,要高瞻远瞩,面向未来,只有这样才能使企业的经营战略具有未来性。

(3) 系统性。系统性是把企业的各个方面作为一个彼此密切契合的、有机联系的整体。企业经营战略是个庞大复杂的大系统,由许多子系统构成,有层次大小和母子系统等区别。对不同层次的系统,应有不同层次的战略,每个层次和部门系统的战略,又只是整体系统战略的一个组成部分,局部应当服从全局。就一个企业而言,不能只局限于从某一个技术或经济的因素孤立地制定战略,而应该把企业战略作为一个多因素、多层次的复杂系统来考虑,追求整体发展效益的最大化和最优化。

(4) 竞争性。制定企业经营战略的目的就是要在激烈的竞争中壮大自己的实力,使本企

业的产品在与竞争对手争夺市场的斗争中占有相对优势。因为企业的经营战略就是针对来自环境及竞争对手等各方面的冲击、压力、威胁和困难,为迎接这些挑战而制定的长期行动方案。因此,企业必须使自己的经营战略具有竞争性特征,以保证自己能够战胜竞争对手,保证自己的生存和发展。

(5) 相对稳定性。战略必须在一定时期内具有稳定性,这样才会对经营实践具有指导意义。如果朝令夕改,就会使经营活动发生混乱,从而给企业带来损失。当然,企业的经营实践是一个动态的过程,指导企业经营实践的战略也应该是动态的,以适应外部环境的多变性,因而企业的经营战略应具有相对稳定性的特征。

(6) 指导性。企业战略界定了企业的经营方向、远景目标,明确了企业的经营方针和行动指南,并筹划了实现目标的发展轨迹及指导性的措施、对策,在企业经营管理活动中起着导向的作用。

(7) 风险性。企业作出任何一项决策都存在风险,战略决策也不例外。市场研究深入,行业发展趋势预测准确,设立的远景目标客观,各战略阶段人、财、物等资源调配得当,战略形态选择科学,制定的战略就能引导企业健康、快速地发展。反之,仅凭个人主观判断市场,设立目标过于理想或对行业的发展趋势预测偏差,制定的战略就会产生管理误导,甚至给企业带来破产的风险。

三、企业战略的影响因素

战略是指导企业未来走向的行动纲领,受多种因素的共同影响,概括起来有以下四个方面,如图 4-1 所示。

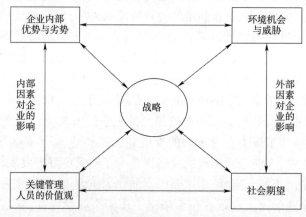

图 4-1 战略影响因素示意图

1. 企业面临的环境机会或威胁

外部环境对企业的影响是不可控因素,可能提供给企业发展的机会或带来威胁,它们确定了企业的发展条件和相应的风险。企业若能及时抓住机会,采取相应积极的经营战略,成功的可能性就很大;当遇到环境威胁时,同样应采取相应稳妥的经营战略,以尽可能减弱威胁的程度,减少企业的损失。

2. 企业内部的优势与劣势

企业内部条件对经营战略的影响是可控因素,清楚企业自身的优势或劣势,就能主动适应外部环境的变化。若处在优势地位,就应采取相对积极的经营战略,成功的可能性就大;当处在劣势地位时,就应回避相应的风险,采取稳妥的经营战略。

3. 企业关键管理人员的价值观

企业关键管理人员的价值观是影响经营战略的又一重要的主观因素,因为企业关键管理人员的价值观不同,其所采取的经营战略就必然不同,其执行经营决策的态度也不同。如具有较强进取精神的管理人员,一般采取积极的经营战略,以求得企业不断发展壮大;而保守型的管理人员,一般不愿意冒风险,仅满足于保持企业现状。

4. 社会期望

社会期望是影响企业经营战略另一类客观因素,尤其是对有一定市场地位和社会声望的大中型企业有较大的影响,它包括新闻媒介、社会文化、公众利益等方面的影响。社会期望值较高的企业,一般在采取不同经营战略时考虑社会的期望。

四、企业战略的内容和层次

1. 企业战略的内容

任何一个战略系统都包括三项最基本的内容,即战略目标、战略方针和战略规划。企业战略也不例外。

(1) 战略目标。战略目标的重点是企业成长方向,包括市场开发、产品开发、企业规模的扩大、竞争优势的增长,它是战略的出发点和归结点,在企业战略体系中居于主导地位。

(2) 战略方针。战略方针是为了实现战略目标所制定的行动方案和政策性决策。如果把战略目标比作过河,战略方针就是解决桥的问题。没有正确的战略方针,任何战略目标都难以实现。因此,战略方针在企业战略体系中居于关键或核心地位,对战略目标的实现起保证作用。

(3) 战略规划。战略规划是企业经营战略的实施和执行纲领,它的任务是将企业的战略目标具体化,将企业战略方针措施化,并制定出具体步骤。所以,它在企业的战略体系中居于特殊的地位,既是企业战略的重要组成部分,又是指导战略实施的纲领性文件,以至于人们往往把战略与战略规划视为一体。

2. 企业战略的层次

企业的目标是多层次的,与之相对应的战略也具有多层次性。对于一个多业务领域的大企业而言,完整的企业战略包括三个层次,即:最高层的企业总体战略(又称公司战略)、事业部层的业务战略或称为竞争战略,以及各职能层的功能战略(也称职能战略)。企业战略层次如图4-2所示。

(1) 企业总体战略。企业总体战略又称公司战略,是企业最高层次的战略。企业总体战略关系企业未来的发展方向,需要根据企业的经营目标和自身的内部条件,选择企业可以竞争的生产经营领域,合理配置企业生产经营所必需的资源,使企业各项生产经营活动相互支持、相互协调,确保企业战略目标的实现。

(2) 业务战略。企业的二级战略常常被称为业务战略或竞争战略。业务战略涉及企业各业务单位或事业部,其主要任务是将公司战略所包括的企业经营目标、发展方向和战略措施具体化,形成本业务单位或事业部的具体战略,如推出新产品或服务、建立研究与开发设施等。

（3）功能战略。功能战略是企业各功能层的战略，又称职能战略，主要涉及企业内各职能部门的工作业务，如营销、人事、财务和生产等具体业务的发展目标和实施措施，以及如何更好地为高一级战略服务，确保企业总体战略的实现。

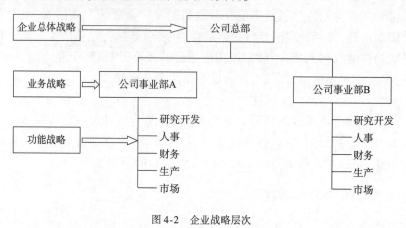

图4-2　企业战略层次

第二节　企业战略的类型与内容

根据企业战略的层次和范围不同，企业战略可分为企业总体战略、业务战略和职能战略；根据其内容和特点不同，又可分为发展型战略、稳定型战略、收缩型战略和混合型战略。不同经营战略类型包含的内容不同，在不同时期发挥的作用也不同。

一、企业总体战略

企业总体战略是企业的最高行动纲领，它主要是回答企业应该在哪些经营领域里进行生产经营活动的问题，即回答"我们应该拥有什么样的事业组合"。企业总体经营战略的侧重点有三个：①确定企业的宗旨，即企业最适合从事哪些业务领域、为哪些消费者服务，以及向哪些领域发展；②划分战略经营单位和制定战略事业的发展规划；③明确关键战略经营单位的战略目标。

企业总体战略可分为三种类型：发展型战略、稳定型战略和紧缩型战略。

1. 发展型战略

发展型战略又称增长型战略、扩张型战略、进攻型战略。发展型战略强调的是如何充分利用外部环境机会，避开环境威胁，充分发掘和运用企业内部资源，以求得企业的发展。发展型战略的特点是：投入大量资源，扩大产销规模，提高竞争地位，提高现有产品的市场占有率或用新产品开辟新市场。发展型战略是一种向更高水平、更大规模发动进攻的战略态势。

发展型战略根据发展方向和范围不同，又可分为产品-市场组合战略、一体化发展战略、企业联盟战略等。

（1）产品-市场组合战略。产品-市场组合战略是由美国战略管理教授安索夫提出的。他认为企业战略的4项要素（即现有产品、未来产品、现有市场、未来市场）有四种组合，即市场渗透、产品开发、市场开发和多角化经营(表4-1)。

产品-市场组合战略　　　　　　　表4-1

市　　场	产品类型	
	现有产品	新产品
现有市场	市场渗透	产品开发
新市场	市场开发	多样化

组合一:现有产品与现有市场的组合,应采取市场渗透战略。这是指企业在原有产品和市场上进一步深入、扩大,提高市场占有率,进行纵向渗透的战略。所以,企业必须尽可能稳定原有顾客,设法使其增加购买量,并通过提高运输产品质量,降低运输产品价格,改善服务方式,以及加强广告和促销等措施,占领竞争对手的市场;并深入进行市场调查,争取潜在的顾客。

扩大市场销售量的因素有两个方面。由销售量=产品使用人的数量×每个使用人的使用频率可知,主要措施有:①扩大使用人的数量——转变非使用人。企业能够通过努力把非使用人转变成为本企业产品的使用人。汽车运输企业可以通过广告宣传的手段向乘客说明使用汽车相比使用其他运输工具的优势,努力发掘潜在的顾客。例如,在高速公路出现以前,人们总是使用铁路进行长途运输,现在就可以让顾客体会到公路运输"门到门"的便利,从而把竞争者的顾客也吸引过来,这包括从同类运输方式的竞争对手中吸引顾客,也包括从其他运输方式的竞争对手中吸引顾客。②扩大产品使用人的使用频率。主要通过优质的运输服务,使人们认识到利用该公司运输服务的好处,增加"回头客"的数量。③改进产品特性。对于汽车运输企业来讲,其方法有开辟旅游专线、增加导游服务、代办中转服务、改善乘车条件、改进货运包装条件等。

组合二:现有产品与未来市场的组合,应采取市场开发战略。这是企业用现有产品开辟新市场领域的战略。如果市场上企业现有的产品已经没有进一步渗透的余地,就必须设法开辟新的市场,比如将产品由城市推向农村,由本地区推向外地区等。

组合三:现有市场与未来产品的组合,应采取产品开发战略。这是通过改进现有产品或开发新产品来扩大企业在现有市场销售量的战略。比如增加产品的规格式样、开发产品新的功能等,以满足不同顾客的需要。而对于过时的产品,就必须果断地加以淘汰。

组合四:未来产品与未来市场的组合,应采取多角化经营战略,也称多样化经营战略。这是指企业在市场和产品两方面都从现有领域面向新的领域求得发展,从而形成多个产品、多个市场领域。多样化经营战略主要形式有以下三种。

①同轴多样化,即围绕着企业核心产品向相关产品领域发展,形成系列产品。运输企业可围绕着基本运输业务,开展货运代理、快件运输、搬家运输、旅游运输、出租汽车运输等业务,形成系列化运输产品。

②水平多样化,即向与企业核心产品有联系的其他产品或领域发展,形成相关产品链。运输企业可根据需要与实力,开展与运输相关的业务,如货物装卸、仓储保管、流通加工、车辆租赁、车辆维修、驾驶员培训等业务,向综合物流发展。

③综合多样化,即根据企业实力和市场情况综合发展,形成多产品、多个市场领域的经

营格局。例如运输企业客运站围绕着客运业务,开展商业、旅游、住宿、餐饮一条龙服务业务,与铁路、航空、水运部门协作,开展售票代理、接站送站业务等。

(2)一体化发展战略。一体化是指将独立的若干部分结合在一起形成一个整体。在企业实力增强、市场地位不断提高的情况下,就要考虑如何发展企业,以及向什么方向发展的问题,一体化发展战略由此而产生。一体化发展战略的目标是巩固企业市场地位、提高企业竞争优势、增强企业实力。一体化发展战略的基本形式有以下三种:

①后向一体化发展战略,指生产企业向供应链后续企业渗透,形成供产一体化,其目的是确保产品或劳务所需的全部或部分原材料的供应,加强对所需原材料供应的控制,将原来作为成本中心的原材料供应变成利润生产中心。

②前向一体化发展战略,指生产企业向供应链前瞻企业渗透,形成产销一体化,其目的是确保产品或劳务的销售,促进和控制产品或劳务的需求,做好市场营销。

③水平一体化发展战略,指向同行业竞争企业渗透,通过收购、兼并、联合等方式,实现规模化经营,形成经营领域的一体化。其目的是扩大企业生产规模,巩固企业市场地位,提高企业竞争优势,增强企业经营实力。

一体化发展战略可通过三种形式实现:①通过企业本身实力的壮大,进入新的经营领域;②通过与其他经营领域的企业合作,实现契约式联合;③通过收购、兼并,重新组合其他经营领域的企业,如图4-3所示。

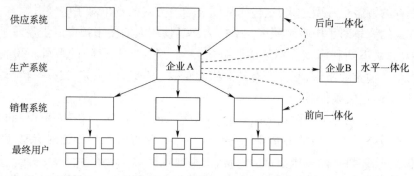

图4-3 一体化发展战略模式示意图

(3)企业联盟战略。企业联盟是指两个或两个以上的企业、科研单位、大专院校等具有共同利益的双方,在自愿互利的原则下,打破地区、部门和所有制界限,打破部门分割和地区封锁,逐步形成和建立的一种长期联盟关系或企业联合体。企业联盟不改变原有企业或单位的利润中心地位,仅仅是一种战略伙伴关系,实现的是联盟双方的共赢。企业联盟战略的基本形式有纵向联盟和横向联盟两种。

①纵向联盟:是指在产品、市场、发展方向等方面有联系的企业或单位之间的联盟,形成共同的产品和市场。纵向联盟的主要表现形式包括供应链上下游企业之间的联盟,相同研究项目的科研单位、大专院校与生产企业之间的联盟等。例如,产品生产企业与原材料供应企业之间的联盟,运输企业与能源和车辆消耗材料供应企业之间的联盟等。

②横向联盟:是指产品或业务相同的企业之间、不同产业却有共同利益的企业或单位之间的联盟。横向联盟的主要表现形式包括企业与竞争对手之间的联盟,服务型企业与生产型企业、经营型企业之间的联盟等。例如,运输企业、物流企业与生产企业、销售企业之间的

联盟,为他们提供第三方运输、物流服务,既可增强各自的核心竞争力,又可实现双方共赢。

2. 稳定型战略

稳定型战略又称防御型战略,是指在内外环境的约束下,企业准备在战略规划期使企业的资源分配和经营状况基本保持在目前状态和水平上的战略。采取稳定型战略,企业目前所遵循的经营方向及其正在从事经营的产品和面向的市场领域,企业在其经营领域内所达到的产销规模和市场地位都大致不变或以较小的幅度增长或减少。稳定型战略实质上是一种防御型战略,强调的是投入少量或中等程度的资源,保持现有产销规模和市场占有率,稳定和巩固现有的竞争地位,这是一种偏离现有战略起点最小的战略。这种战略的特点并不是消极防守,而是以守为攻、后发制人。按照不同的分类角度,稳定型战略可以划分为不同的类型。

(1)无增战略和微增战略。根据偏离战略起点的程度不同,稳定型战略可以划分为无增战略和微增战略。

无增战略,是一种没有增长的战略,即按照原定的经营战略和实施策略进行经营,不作重大调整。采用的企业除了每年按通货膨胀率调整其目标外,其他暂时保持不变。

微增战略,指企业在稳定的基础上,略有增长与发展的战略,其增长速度一般非常慢。

(2)阻击式防守战略和反应式防御战略。根据企业采取的防御态势不同,稳定型战略可以划分为阻击式防守战略和反应式防御战略。

阻击式防守战略,即以守为攻,其指导思想是"最有效的防御是完全防止竞争较量的发生"。操作方法主要有两种:一是企业投入相应的资源,以充分现实企业已经拥有阻击竞争对手进攻的能力;二是不断无误地传播自己的防御意图,塑造出顽强的防御者形象,使竞争对手不战而退。

反应式防御战略,是指当对手的进攻发生以后,针对进攻的性质、特点和方向,企业采用相应的对策,施加压力,以维持原有的竞争地位和经营水平。

(3)无增战略和维持利润战略等。从战略的具体实施划分,稳定型战略可分为无增战略(同前文所述)、维持利润战略、暂停战略和谨慎实施战略。

①无增战略(同前文所述)。

②维持利润战略。维持利润战略注重短期效果而忽略长期利益,其根本意图是渡过暂时性的难关,因而往往在经济不景气的时候采用,以维持过去的经济状况和效益,实现稳定发展。如果使用不当,维持利润战略可能会使企业的元气受到损伤,影响企业长期发展。一般当产品进入成熟期后,应抓紧时机,力图在短期内获得更多的利润。

③暂停战略。企业在一段较长时间的快速发展后,可能会遇到一些问题使得效率下降,这时就可以采用暂停战略,即在一定时期内降低企业的目标和发展速度,使企业积聚能量,为今后的发展做准备。或企业经营经过一段高速发展,开拓了新的经营领域后,为巩固成果,暂时放慢企业发展步伐。

④谨慎实施战略。如果企业外部环境中某一或某些重要因素发生了显著变化,而企业对环境变化的未来趋势难以预测、把握不住,企业的战略决策就要有意识地减缓实施进度。采取稳定战略,谨慎行事,步步为营,可使企业稳定地向前发展。

3. 紧缩型战略

紧缩型战略又称撤退型战略,是指企业从目前的战略经营领域和基础水平收缩和撤退,且偏离起点战略较大的一种经营战略。当外部环境与内部条件的变化都对企业十分不利时,企业只有采取撤退措施,才能抵住对方进攻,保住企业的生存,以便转移阵地或积蓄力量,东山再起。一般地,企业实施紧缩型战略只是短期的,其根本目的是使企业换过风暴后转向其他的战略选择。有时,只有采取收缩和撤退的措施,才能抵御竞争对手的进攻,避开环境的威胁和迅速实现自身资源的最优配置。可以说,紧缩型战略是一种以退为进的战略。

根据不同的分类角度,紧缩型战略可以分为不同的类型。

(1)按紧缩的原因不同划分。从采用紧缩型战略的原因来看,紧缩型战略可以分成以下三类。

①适应性紧缩战略,是指企业为了适应外部环境而采取的紧缩型战略。外部环境的特点是:整个国家的经济处于衰退之中,市场需求缩小,资源紧缺,从而导致企业在经营领域中处于不利地位。

②失败性紧缩战略,是指企业由于经营失误造成竞争地位下降,经济资源短缺,只有撤退才有可能最大限度地保存实力。

③调整型紧缩战略,是指企业为了利用环境中出现的新机会,谋求更好的发展,不是被动采用,而是为实现长远目标而采取的积极主动的紧缩型战略。

(2)按实施紧缩型战略的基本途径不同划分。根据实施紧缩型战略的基本途径不同,紧缩型战略可以划分为三类。

①转向战略。转向战略即抽资转向战略,是指企业在现有的经营领域不能维持原有的产销规模和市场面,不得不采取缩小产销规模和市场占有率,或者企业在存在新的、更好的发展机遇的情况下,对原有的业务领域进行压缩投资,控制成本以改善现金流为其他业务领域提供资金的战略方案。另外,企业在财务状况下降时也有必要采取抽资转向战略,一般发生在物价上涨导致成本上升或需求降低使财务周转不灵的情况下。抽资转移战略会使企业的主营方向改变,有时会涉及基本经营宗旨的根本变化,其成功的关键是管理者明晰的战略管理理念,即必须决断是对现存的业务给予关注还是重新确定企业的基本宗旨。

在采取抽资转移战略无效时,企业可以尝试放弃战略或清算战略。

②放弃战略。放弃战略又称剥离战略,是指将企业的一个或几个主要部门、分企业转让、出卖或停止经营,果断放弃,收回资金。这个部门可以是一个经营单位,一条生产线或者一个事业部。放弃战略的目的是清理、变卖某些战略业务单位,以便把有限的资源用于经营效益较高的业务,从而增加盈利。

③清算战略。清算是指为实现有形资产价值而将公司全部资产分块售出。清算战略又称清理战略,是指企业受到全面威胁、濒于破产时,由于无力偿还债务,通过出售或转让企业资产,以偿还债务或停止全部经营业务从而结束企业生命的一种战略。对单一经营的企业来说,清算意味着结束了企业的生存;对多种经营的企业来说,清算则意味着关掉一定的经营单位和解雇一定数量的员工或进行培训转岗。显然,只有在其他战略都失败时才考虑使用清算战略。但在确实毫无希望的情况下,较之固执地维持经营,尽早地制定清算战略,及时进行清算是更适宜的战略,可以尽可能多地收回企业资产,从而减少股东的损失。

通俗来讲,发展型战略是向前进攻的战略,稳定型战略是既不前进也不后退、固守阵地的战略,而紧缩型战略是向后撤退的战略。因此,发展型战略是个长期战略,而稳定型及紧缩型战略是短期的调整型战略。长期执行稳定型战略,长期地固守阵地,企业就要萎缩。长期执行紧缩型战略,长期地向后撤退,企业就要破产。所以,执行稳定型及紧缩型战略只能在一定的战略期限之内。

4. 混合型战略

混合型战略是稳定型战略、增长型战略和紧缩型战略的组合。事实上,许多有一定规模的企业实行的并不只是一种战略,从长期来看是多种战略结合使用。

从采用情况看,大型企业采用混合型战略较多。因为大型企业相对来说拥有较多的战略业务单位,这些业务单位很可能分布在完全不同的行业和产业群中,由于面临的外界环境和所需的资源条件不完全相同,因而若对所有的战略业务单位都采用统一的战略态势,就有可能导致由于战略与具体的战略业务单位不一致而使企业的总体效益受到伤害。因此,混合型战略是大企业在特定历史发展阶段的必然选择。

根据不同的分类方式,混合型战略可以分为不同的种类。

(1) 按照各自战略的构成不同划分。

①同一类型的战略组合。同一类型的战略组合是指企业采取稳定、发展和紧缩中的一种战略态势作为主要的战略方案,但具体的战略业务单位又是由不同类型的同一种战略态势来指导。因此,从严格意义上来说,同一类型的战略的组合并不是"混合战略",因为它不过是在某一战略态势中的不同具体类型的组合。

②不同类型的战略组合。这是指企业采用稳定、发展和紧缩战略中的两种以上的战略态势的组合,因而这是严格意义上的混合型战略。这种战略要求企业的高层管理者能很好地协调和沟通企业内部各战略业务单位之间的关系。

(2) 按照战略组合的顺序不同划分。

①同时性战略组合。同时性战略组合是指不同类型的战略被同时在不同战略业务单位执行而组合在一起的混合型战略。战略的不同组合有很多种,最常见的同时性战略组合有三种。一是在撤销某一战略经营单位、产品系列或经营部门的同时增加其他一些战略经营单位、产品系列或经营部门。这其实是对一个部门采取清算战略,同时对另一个部门实施增长战略。二是在某些领域或产品采取抽资转向战略的同时,在其他业务领域或产品采取发展战略。在这种情况下,企业实施紧缩战略的业务单位可能还未到应该放弃或清算的地步,甚至有些可能是仍旧有潜力的发展部门,但是为了提供其他部门发展所需要的资源,只能实施紧缩型战略。三是在某些产品或业务中实施稳定型战略而在其他一些产品或部门实施发展型战略。这种战略组合一般适用于资源相对丰富的企业,因为它要求企业在并没有靠实施收缩而获取资源的前提下,以自己的积累来投入需要发展的业务领域。

②顺序性战略组合。顺序性战略组合是指一个企业根据生存与发展的需要,先后采用不同的战略方案,从而形成自身的混合型战略方案。这是一种在时间上的战略组合,常见的顺序性战略组合有两种。一是在某一特定时期实施发展型战略,然后在另一时期使用稳定型战略。这样做,是为了使企业能够发挥"能量积聚"的作用。二是首先使用抽资转向战略,然后在情况好转时再实施发展型战略。采用这种战略的企业主要是利用紧缩型战略来避开外界环境的不利条件。

一般来说,不少企业既采用同时性战略组合,又采用顺序性战略组合。

二、竞争战略

竞争战略是指战略经营单位或事业部在企业总体战略的指导下的业务战略,是企业在特定的市场环境中如何营造、获得竞争优势的途径或方法。它是决定如何在选定的经营领域与竞争者竞争的战略,所回答的问题是"在企业的每一项事业里应当如何进行竞争"。竞争战略的重点是改进战略经营单位在它所从事的行业,或某一特定的细分市场中所提供的产品和服务的竞争地位。根据不同战术,竞争战略分为以下几种类型。

1. 与对手直接竞争的战略(一般性竞争战略)

出于不同的立场,汽车运输企业之间的竞争会有各种各样的情况,有线路的竞争、运价的竞争、服务条件方面的竞争等。但归纳起来,企业竞争战略的基本类型主要有三种,即成本领先战略、产品差异化战略、目标集中战略。

1) 成本领先战略

成本领先战略的指导思想是要在较长期间内保持企业的运输成本处于同行业中的领先水平,并按照这一目标采取一系列措施,使企业获得同行业平均水平以上的利润。

成本领先战略的优点是:在与竞争对手的斗争中,企业具有进行价格战的良好条件,即企业可用降低价格从竞争对手中夺取市场占有率,扩大市场份额,因而低成本的企业在同行业中享有竞争优势。在争取顾客的斗争中,低运价可以刺激人们出行的愿望,使原本属于竞争对手的客源向自己方面转移,因而使低成本企业巩固和维护了市场地位,扩大了市场占有率。在争取供应商的斗争中,由于企业的低成本,相对于竞争对手具有较大的对原材料、零部件价格上涨的承受能力,能够在较大的边际利润范围内承受各种不稳定经济因素所带来的影响。同时,由于低成本企业对原材料或零部件的需求量大,因而为获得廉价的原材料或零部件提供了可能,同时也便于和供应商建立稳定的协作关系。在与潜在进入者的竞争中,低成本企业由于采用低价格而提高了进入壁垒,使新进入者不致构成对低成本企业的威胁。在与替代运输方式的竞争中,低成本企业可以利用削减运价的办法,稳定现有顾客的需求,使之不被其他运输方式所替代。当然,如果企业要较长时期地巩固企业现有竞争地位,还必须在服务及市场上有所创新。

成本领先战略的要求是:首先,企业必须具备先进的运输管理方式,提高运输车辆的使用率。例如,有的企业采用一车多驾驶员的方式,即驾驶员换班、车不休息的生产组织方法,便可以降低运输成本,当然车辆的维护一定要跟上,不能使车辆带病运行;其次,提高企业管理工作的效率,减少非生产人员的数量,也是降低运输成本的有效途径。

实现成本领先战略必须满足五个条件:第一,企业必须具备先进的管理方式;第二,要严格控制一切费用开支,全力以赴地降低成本,最大限度地减少开发研究、服务、推销、广告及其他一切费用;第三,该战略适用于大批量生产的企业,产量要达到经济规模,这样才会有较低的成本;第四,要有较高的市场占有率,要严格控制产品定价和初始亏损,以此来创立较高的市场份额;第五,由于有较高的市场占有率,就有可能赢得较高的利润,以此利润又可重新对先进设备投资,进一步维护成本领先地位,应当说,这种再投资往往是保持较低成本状态的先决条件。

2) 产品差异化战略

产品差异化战略的指导思想是企业提供的产品与服务在产业中具有独特性,即具有与众不同的特色,这些特色可以表现在产品设计、技术特性、产品品牌、产品形象、服务方式、销售方式、促销手段等某一方面,也可以同时表现在几个方面。这种产品由于具有与众不同的特色,因而能够赢得一部分用户的信任,其替代品也很难在这个特定的领域与之抗衡。

产品差异化战略通常包括四种差别形式:①由产品的技术物理特性导致的差异,主要表现为产品的款式、性能、质量和包装等方面的不同;②由卖方的主观印象导致的产品差异,主要表现为买者对不同企业的产品品牌、企业形象的主观印象和评价的差异;③由产品生产或销售的地理位置导致的产品差异,主要表现为不同产地或销售地的产品所引起的产品运输费用、交易费用等方面的差异;④有销售渠道及营销服务的不同导致的产批差异,主要表现为企业及经销商、代理商提供有关服务能力的差异。

对于汽车运输企业来讲,运输产品差异化主要表现在运输车辆的性能差异、服务项目差异、运输路线安排(长途或短途、经过的城镇)的差异、运输组织方式的差异、运输时间的差异等方面。

3) 目标集中战略

目标集中战略通过满足特定消费者群体的特殊需要,或者集中服务于某一有限的区域市场来建立企业的竞争优势及其市场地位。目标集中战略的最突出特征是企业专门服务于总体市场的一部分,即对某一类型的顾客或某一地区性市场做密集型的经营。这种战略的优点在于企业能够控制一定的产品势力范围,在此势力范围内,其他竞争者不易与之竞争,故其竞争优势地位较为稳定。

适用目标集中战略的条件是:①在行业中有特殊需求的顾客存在,或在某一地区有特殊需求的顾客存在;②没有其他竞争对手试图在上述目标细分市场中采取集中战略;③企业经营实力较弱,不是以追求广泛的市场目标;④产品在各细分市场的规模、成长速度、获利能力、竞争强度等方面有较大差别,因而使部分细分市场有一定的吸引力。

目标集中战略包括三种具体形式:①产品类型的专一化,企业集中全部资源生产经营特定产品系列中的一种产品;②顾客类型专一化,企业只为某种类型的顾客共产品或服务;③地理区域的专一化,企业产品经营范围仅限于在某一特定地区。

企业选用目标集中战略要注意防止来自三个方面的威胁,并采取相应措施维护企业的竞争优势:①以较大市场为目标的竞争对手,很可能将该目标细分市场纳入其竞争范围,甚至已经在该目标细分市场中竞争,它也可能成为该细分市场的潜在进入者,对企业造成威胁。这时,选用集中战略的企业要在产品及市场营销等各方面保持和加大其差异性。产品的差异性越大,集中战略的维持力越强。需求者差异性越大,集中战略的维持力也越强。②该行业的其他企业也采用集中战略,或者以更小的细分市场为目标,对企业造成威胁。这时,选用集中战略的企业要建立防止模仿的障碍壁垒。当然其障碍壁垒的高低取决于特定的市场细分结构。另外,目标细分市场的规模也会造成对目标集中战略的威胁,如果目标细分市场较小,竞争者可能不感兴趣;但如果是在一个新兴的、利润不断增长的较大目标细分市场上采用目标集中战略,就有可能被其他企业在更为狭窄的目标细分市场上也采用目标集中战略,开发出更为专业化的产品,从而剥夺了原选用目标集中战略的企业的竞争优势。③目标集中战略的细分市场中由于有替代品出现或消费者偏好发生变化,价值观念更新,社会政治、经济、法律、文化等环境的变化、技术的突破和创新等多方面的原因引起目标细分市场的替代,导致市场结构性变化,此时目标集中战略的优势也将随之消失。

以上三种一般性竞争战略的联系与区别如图4-4所示。

图4-4 三种竞争战略的联系与区别

2. 使对手难以反击的战略

使对手难以反击的战略主要是要缩小竞争对手反击的欲望,即使竞争对手有反击的欲望,也要制造障碍使竞争对手难于反击或没有能力反击,有如下三种较为典型的情况:

(1)使竞争对手自身陷入被动而不能反击。这种情况是指竞争对手一有反击行动,则该反击行动给自身带来波及效果,使其自身陷入被动,自己掐住了自己的脖子,因此反击欲被大大削弱。例如,在竞争中推出代替竞争对手商品的替代品,竞争对手为了对抗这种产品,如果也跟着搞出类似的替代品,则立即就会在竞争对手企业内部造成自己侵犯自己的竞争,因为这种对抗商品必然要侵犯原有商品的需求,这种情况并不少见。又如在较大范围内设有分公司的运输企业,在受到地方小型运输企业低价格战略挑战时,如果也采取降价的竞争手段,那么,该运输企业的其他分公司和其他顾客也会提出降价要求,一旦出现这种情况,设有分公司的企业就会陷入被动局面。

(2)先下手为强,使竞争对手难于反击。先下手为强,主要是指抢先抓住企业经营必不可少但却有限的资源,使竞争对手的资源供给受到限制。例如抢先招聘到熟练工人及优秀的技术人员,抢先与原材料供应企业签订长期供应合同,抢先获得专利技术,抢先获得一笔投资等,即谁先下手取得这些资源,谁就能得到发展,同时也就给竞争对手制造了障碍。另外,企业先下手所做的事,必须使对手认识到反击会造成更大的浪费,从而减弱反击欲望,造成对手难于反击的局面。例如,通过预测顾客需求的发展变化,抢先进行大规模投资的战略,置竞争对手于困难的境地。如果竞争对手进行对抗性的大投资,则整个行业就会出现设备过剩的危险,使竞争对手对抗性投资收益不大而陷入困境。如果竞争者是明智的,很可能就自动放弃投资的打算,即先下手投资的企业,实际上把竞争对手逼到了进退维谷的境地。

(3)向竞争对手显示有再反击的充分准备和能力,使竞争对手难于反击。例如当发现竞争对手打算进行大规模投资时,为了警告它,本企业特意透露消息或发布新闻,公开宣称正在考虑降低产品价格,这样就会使新参与者在加入初期赤字增加,参与价值缩小;也可公开宣称已完成设备投资等,以遏制住竞争对手的进攻。另外,也可以采用其他反击手段,例如向有反击欲望的竞争对手所在地区派去得力的营销人员,宣传本企业的实力及准备采取的竞争措施,显示出已准备好打击竞争对手的雄厚实力等。

以上的战略主要是一种威胁、牵制的战略,这种战略能否取得成功,关键在于要调查研究,要做到知己知彼,要认真了解竞争对手的实力及以往采取战略的基本内容,了解它的产品状况、生产状况、市场营销、产品开发能力、技术力量、企业文化及领导者价值观等,所有这些都是研究、推测竞争对手反击特点的重要信息。

3. 与对手不战而胜的战略

这是竞争战略的最佳形式。企业在可能的条件下应首先考虑到采取这种战略,即使可能成为竞争对手的企业,实际上却不树为敌手。不战而胜战略可以分为两种类型:第一种是分居共处,即把产业分割成若干部分,各企业各居一处,避免互相直接接触;第二种是协调行动,即各企业共处于一个产业中,互相成为伙伴,协调行动。

(1)分居共处。竞争对手之间,各自选择不同的细分市场,相互避开争执纠缠而实现分居共处战略。在社会经济生活中,实力强大的大企业和实力相对单薄的中小型企业在竞争中也能保持共存的局面。即使在发达资本主义国家,资本呈现出集中趋势,但大量中小企业仍有足够生命力在竞争中得以生存发展。形成这种现象的原因是很多方面的,其中最主要的原因是竞争各方虽然力量悬殊,但它们都具有在竞争中形成的、适合于在各自环境下生存下去的某种长处。实现这一战略的方法有两种:

①向未开拓的领域投资。一个企业的成功在于能够开发潜在的顾客需求,发现潜在的细分市场。如果该领域的利润率很高,必然找来很多企业参与,在众多企业参与热潮前,创业者可以享受创业利润,并且在参与热潮过去之后,如果和其他企业比较还能确保优势,则还可以继续获得作为市场领袖的利益。

②谋取竞争对手的薄弱部分。分居共处战略并非只限于新市场的开发,在一个市场中利用每个细分市场竞争状况的差别,在竞争较薄弱之处巧妙地发挥自己的产品和市场机制的作用,也是一个重要手段。例如,在某一地区,大型运输企业正好在短途运输市场上得到很好的发展。这就是避开了与最强大的企业进行正面的对抗,选择强大企业的薄弱之处发展,以充实相对弱小的企业,使其确保市场占有率。

以上两种方法的共同特点是:一旦获得成功,使人们认识到分居共处的这一市场领域是个利润率较高的领域,则成功的可能性越大,新企业加入的可能性就越大,因此分居共处的企业在获取成功后自我保护的一个手段,就是尽量延长分居共处的时间。同时也要清醒地看到,分居共处战略是早晚不得不瓦解的一种适应型战略手段,因此企业在采用这种战略的初期,也必须做好几手准备。

(2)协调行动。社会主义的经济关系首先是互助协作、互相支援的关系,但这种关系并不排斥竞争,竞争与协作是对立统一关系。在经济生活中,各单位之间的竞争绝大多数都不是"零和对局"。在"零和对局",特别是"双方零和对局"中,胜利者所得就是失败者所失,这种竞争就缺少合作的基础;如果不是"零和对局",在竞争中就存在合作的广阔天地,竞争必然趋向于合作何联合,这是商品经济发展的一个普遍规律。协调行动的方法有以下三种:

①资源方面的协调行动。竞争企业之间可在人才、资金、原材料、技术等方面合作,使各方面都获得较好的效果。例如在技术方面的协调行动,进行技术交流,使竞争对手也吸收本企业的技术,并制成产品送到范围更广的顾客手中,被顾客所接受,成为本企业产品的潜在顾客。这种技术交流使市场膨胀,对企业来讲,是在膨胀的大市场上有20%的占有率好,还是在原有狭小的市场上有40%的占有率好呢?答案是明显的。进行技术交流允许他人利用被交流的技术,有利于提高技术水平,其结果对己对人都非常有利。

②生产调度方面进行协调行动。竞争企业在生产调度方面进行联合行动,可以对营运线路进行统一安排,有利于运输资源的合理配置;同时也可以把运输企业集中起来,以达到规模经济,从而进一步降低运营成本。

③与其他运输方式的协调行动。与铁路、公路、水运、航空企业之间协调行动,从事联运业务,既协调了与其他运输方式之间的关系,又更好地满足了顾客的运输需求,避免相互之间的直接冲突造成的后果,并通过协调来谋求企业自己的市场份额和相应的经济效益。

三、职能战略

职能战略是在企业经营战略指导下,按专业职能进行落实和具体化,将企业总体战略转化为职能部门的具体行动计划,在企业特定的职能部门制定的各项业务活动的战略。它所回答的问题是"我们应该怎么支撑总体发展战略和事业层战略"。根据这些行动计划,职能部门管理人员可以更清楚地认识到本职能部门在实施总体战略中的责任和要求,从而也更丰富和完善了企业总体战略,甚至发展了企业总体战略。

根据企业规模、经营项目、部门设置的不同,职能战略的内容有所不同,但主要的战略有市场营销战略、研究与开发战略、人力资源战略、生产运作战略、财务会计战略等,如图 4-5 所示。

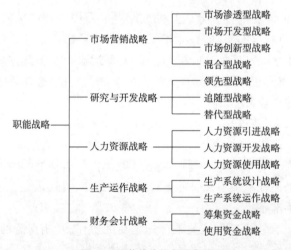

图 4-5 职能战略的主要类型

不同类型的企业所需的战略层次往往会有所不同。对于业务单一的企业,企业总体战略和业务战略是没有区别的;而在小型企业中,对业务和功能之间也不作组织上的分工,甚至没有战略决策和功能决策之间的区别。

第三节 企业战略管理

战略管理是企业的高层决策者根据企业的特点和对内外部环境的分析,确定企业的总体目标和发展方向,制定和实施企业发展总体谋划的动态过程。经营战略管理过程,主要是指战略制定、战略实施和战略控制与评价过程的过程。

一、企业战略的制定

战略制定是企业根据外部环境的变化、企业经营目标和内部条件,及时发现经营机会和威胁,分析企业的资源,识别企业的优势与劣势,从而制定企业战略方案的过程。企业战略的制定过程如图 4-6 所示。

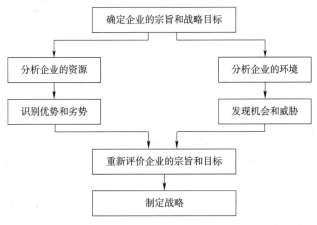

图 4-6　企业战略制定过程

1. 确定企业的宗旨和目标

(1) 确定企业的宗旨(使命)。企业的宗旨是对企业任务的阐述,它决定企业现在执行或打算执行的活动,它也是企业价值观念的体现。宗旨存在于企业之外,社会之中。确定企业的宗旨,主要回答两个问题:第一,我们应当从事什么事业?这就是为企业选择经营事业单位。它反映了决策者对未来环境变化的判断和对企业未来发展的期望。第二,我们应当成为什么样的企业?这主要是确定企业在行业中的地位和社会中的形象,它反映决策者的价值观。

(2) 确定企业战略目标。战略目标是企业为了实现其宗旨所要达到的预期结果,它是企业战略的核心。战略目标是多元化的,一般包括盈利能力目标:利润、投资收益率、销售利润例、每股平均收益等指标;市场目标:销售量或销售额、市场占有率;生产率目标:投入产出比例或单位产品成本;产品或服务目标:产品或服务设计、开发或生产的周期等;竞争能力目标:企业在行业中的地位、技术水平、质量名次、在消费者心目中的形象等;社会责任目标:保护消费者利益、保护环境、节约能源、参与社会的各项事业和活动等。

2. 分析环境

环境是企业生存与发展的空间,在很大程度上决定了企业管理者可能的战略选择。企业在制定战略之前,应对企业所处的环境进行分析、评价,并预测这些环境未来发展的趋势,以及这些趋势可能对企业造成的影响及影响方向。

3. 制定战略方案

制定战略方案是企业的决策机构组织各方面的力量,按照一定的程序和方法,为企业选择合适的经营战略的过程。这个过程主要包括三项工作。

(1) 确定企业经营范围。经营范围是指在一定时期内,企业根据自己的技术特点、人才优势和资金优势等所确定的从事生产经营产品的种类或服务领域。

企业的经营范围一般是有以下因素决定的:①企业的初始战略。当一个企业应运而生时,它的经营范围就随之确定了。由于企业经营范围是由企业当时的人才、技术和市场等特点决定的,可以使得企业在自己的经营范围内发挥自身的优势,并能保持这种优势。②产品多元化的发展方向。在同行业企业之间竞争日益激烈,市场对产品的品种、花色、款式等需求不断增加的情况下,企业不会抱残守缺,必须努力开拓市场服务领域,实行多样化经营。③产品市场的变化。产品寿命周期的原理告诉我们,一种产品随着市场的变化,从投入期、成长期、成熟期,很快进入衰退期。企业应根据这种变化,采取相应的措施,改变原有的经营范围,开辟新的经营领域。④政治、经济形势变化的影响。国家的政治、经济形势的变化是企业发展变化的晴雨表,从而也会直接或间接地影响企业的经营范围。如根据目前我国物流业的发展情况,运输企业应及时转变经营方向,实现传统运输向现代物流的转变。

确定企业经营范围的原则有三点:①集中优势原则。企业资源的有限性将迫使企业集中力量形成自己的优势产品或优势领域,并不断保持和强化这种优势,避免将企业经营范围扩展的过大。②相对稳定原则。相对稳定并不是一贯制,而是避免频繁转变,尤其是大中型企业的经营范围一经选定,在计划期内不宜变动。③合理性原则。经营范围的选定要从企业的实际出发,把客观环境要求的必要性与企业内部实力的可能性结合起来,做到科学、合理,避免盲目追求经营范围的扩大。

(2)确定企业经营重点,建立恰当的业务组合。经营重点是指在一定时期内,企业根据自身的经营范围所确定的资源重点投向。为实现企业目标,必须确定哪些是企业的优势,哪些是企业的薄弱环节,从而找出影响企业目标实现的关键因素作为企业的经营重点。

确定企业经营重点的原则有三点:①整体优势最大化。企业的经营重点和业务组合方案,应实现企业整体功能的最大化,资源得到有效利用,效益得到最佳发挥,形成最佳组合方案。②竞争优势最大化。竞争战略所要强调的不是战略功能是否可以行使的问题,而是强调自己的战略功能是否强于竞争对手,因此,必须突出企业的竞争优势,形成具有竞争力的业务组合方案。③行业优势最大化。行业优势是指企业在特定行业中的优势地位,它由产品优势、技术优势、人才优势和市场优势等组成。因此,企业为了实施一项新的经营战略,必须确定不同的经营重点和业务组合,在行业中处于优势地位。

确定企业经营重点和业务组合的方法很多,下面介绍两种常用的分析方法。

第一,波士顿矩阵(BCG矩阵)四象限分析法,如图4-7所示。四个象限分别代表不同的战略类别。"金牛"具有较低的销售增长率和较高的市场占有率。较高的市场占有率带来较高的利润和高额现金,而较低的销售增长率只需要少量的投资。因此,"金牛"可以产生大量的现金,以满足企业发展的需要,成为企业的主要基础。"瘦狗"处于市场占有率和销售增长率都低的位置。较低的市场占有率一般意味着有少量的利润,此外,由于增长率低,用追加投资来扩大市场占有率的办法是不可取的,因为维持竞争而投入的现金经常超过它的现金收入。因此,通常称为资金陷阱。一般采用的战略是

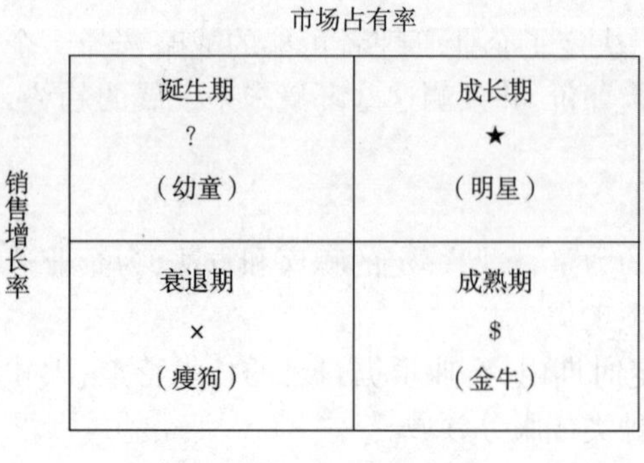

	市场占有率	
销售增长率	诞生期 ? (幼童)	成长期 ★ (明星)
	衰退期 × (瘦狗)	成熟期 $ (金牛)

图4-7 波士顿矩阵图

清算战略、抽资战略和放弃战略。"幼童"是市场占有率较低而销售增长率较高的经营单位。高速增长需要大量投资,而市场占有率低却只能产生少量的现金。因此,幼童一般采用两种战略:一是进行必要投资,以扩大市场占有率,从而使其转换为"明星",当增长率降低后,"明星"就可以转换为"金牛";二是认为无希望转化的,则应果断放弃。"明星"的销售增长率和市场增长率高,因而需要的和产生的资金都很大,应给与必要的资助,以维持其"明星"地位。

第二,行业引力-企业实力矩阵,又称 GE 矩阵,是美国通用电气公司设计的一种统筹方法。行业引力-企业实力矩阵形成九个象限(图4-8),反映了处于不同象限业务的基本战略:投资发展、择优重点发展、区别对待、利用或退出。图4-8 中,纵坐标代表市场引力,横坐标代表企业实力。市场引力是外部环境不可控制的因素,包括市场规模、市场增长率、市场竞争强度、行业利润率等;企业实力是企业内部的可控因素,包括市场占有率、企业技术能力、生产能力、营销能力、产品质量、价格竞争力等。

	企业实力		
行业引力	强	中	弱
大	Ⅰ 投资发展	Ⅱ 择优重点发展	Ⅲ 区别对待
中	Ⅱ 择优重点发展	Ⅲ 区别对待	Ⅳ 利用/退出
小	Ⅲ 区别对待	Ⅳ 利用/退出	Ⅴ 退出

图4-8 行业引力-企业实力矩阵

一般情况下,处在Ⅰ、Ⅱ象限的企业应采取扩增战略;处在Ⅲ象限的企业应采取维持战略;处在Ⅳ、Ⅴ象限的企业应采取收缩战略。但对不同象限的具体情况还要作出具体分析,提出经营单位可能的战略方向,如图4-9 所示。

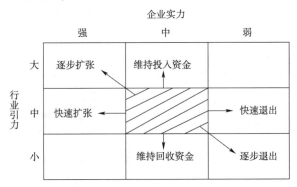

图4-9 一个经营单位几种可能的战略方向

(3)确定企业的总体战略类型。企业总体战略有四种类型,可以用 SWOT 法进行战略类型的选择,如图4-10 所示。

4. 编写战略规划

战略规划是对企业一定时期经营战略的全面描述,通常包括战略条件的分析与评估、战略指导思想、企业宗旨和战略目标、战略方针、战略重点、战略步骤、战略措施等。

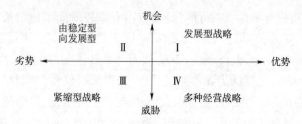

图 4-10　企业总体战略类型

二、企业战略的实施

战略实施是战略管理过程的第二阶段,是将企业战略计划方案转化成战略行动的过程。有效的战略实施不仅可以保证一个合适的战略成功,而且还可以挽救一个不合适的战略或者减少它对企业造成的损害。经营战略实施阶段主要有以下工作。

1. 统一对战略思想的认识

企业战略是对企业未来生存和发展而作出的总体的、长远的谋划。它需要依靠企业上下全体职工齐心协力,共同奋斗才能实现,单靠少数领导和管理人员是无法顺利实施的。因此,在组织战略实施之前,一定要通过各种渠道,采取各种手段和方法,大力宣传企业战略的意图、意义和具体内容,使全体职工都能深刻理解和掌握,在思想上统一认识。

2. 依据战略重新设计组织结构

组织要适应战略,战略要通过有效地组织结构去实施。企业战略随环境的变化而变化,组织也应随战略的变化而变化。随战略变化而变化的组织称为战略组织,其组织形态有三种:防御型战略组织、开拓型战略组织和反映型战略组织。伴随组织的调整,还需要进行人员配备,使管理者的素质和能力与所执行的战略相匹配。组织设计过程如图 4-11 所示。

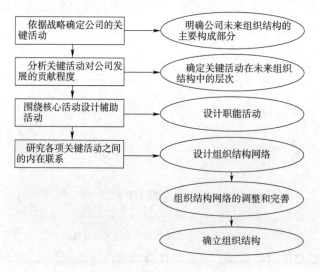

图 4-11　组织设计流程

3. 配置资源和处理冲突

(1) 资源配置。资源配置是企业战略实施的保障。应根据企业各个战略项目的轻重缓急,合理地配置企业的财力资源、人力资源、物力资源和技术资源等,充分利用企业的现有资源和挖掘一切可以利用的资源为实施企业经营战略创造条件。在资源配置上,应优先保证企业的战略重点。

(2)处理冲突。在战略实施过程中,难免会出现一些问题,发生一些冲突,应及时给予解决和处理。处理与解决冲突的方法有:正视,各抒己见、相互理解、解决分歧;缓解,强调共同点与共同利益,通过妥协使少数服从多数;回避,将相互矛盾的双方或群体分离,让冲突自行解决。

三、企业战略的控制

经营战略控制是指在战略的实施过程中,为保证企业生产经营活动按照战略计划的要求进行,达到预期的战略目标,对实施的实际效果不断进行检测评审,及时发现和纠正偏差的过程。

战略控制是确保战略方案顺利实施的必要手段。这是因为:一是由于个人的认识、能力和掌握信息的局限性以及个人目标与企业目标的不一致等原因,经营战略在实施中会出现人们的行动与战略计划不相符的现象;二是由于计划制订不当或环境的发展变化与企业预期出现差异,导致战略计划的局部或整体与企业当前的内外情况不相适应的状况。

1. 经营战略控制系统

(1)决策层控制系统,即企业战略领导班子负责企业整个战略管理过程。他们不仅要设立战略目标,而且要在一定的间隔时间内了解、预测和控制整个企业战略实施活动的总业绩。

(2)执行层控制系统,即企业中层的生产、技术、供应、销售、人事、财务等部门,按照其专业工作的性质、内容、范围、要求和现实条件,设立分目标,建立控制标准,并采用适当的方式和方法来控制各自部门的工作。

(3)监督层控制系统。企业的基层管理人员通过制定作业计划和进度计划以及收集下属人员的信息活动,确保日常活动按照事先的计划顺利地进行。

2. 经营战略控制的程序

(1)建立起控制未来的观念。这是因为战略控制与一般的业务控制有所不同。战略控制涉及的是新业务或者对现有业务的调整,战略实施控制的对象是面向未来、尚未发生过的事件。因此,必须更新传统管理控制的观念及方法,建立起控制未来的观念。

(2)监测战略实施推进进程。战略实施推进的行动分布在一系列具体的局部化的计划与活动中,每一项战略推进都应该分成几步,预先设计好执行步骤和相应的方案。在战略推进中检测进展能够达到两个目的:一是保持各种战略行动与总体战略目标的一致性;二是可以尽早发现战略是否需要进行调整与修正。

(3)监视外部环境关键战略因素的变化。一般来说,战略是根据假设、预测的环境制定的,外部环境的变化往往会影响战略实施的有效性,因此,监视外部环境特别是关键战略因素的变化就显得十分必要。监视外部环境过程,一般需要做好以下工作:①检测制定战略前提的可靠性,如一家公司的技术、价格的行业领先战略与金融市场的相关性。②识别外部环境关键战略因素的变化,如与企业直接相关的环境因素,包括企业的竞争对手、行业势力等。③及时反馈环境中关键战略因素的变化情况,形成监视报告,提交下一步评审。

(4) 全面评审。评审工作是战略实施的检查工作的延伸,当战略实施的下一步需要得到有效的保证时,就一定要采取全面评审。通常有三类情况需要全面评审:一是战略实施计划中的标志性、阶段性,需要进行全面评审;二是外部环境变化监视发出警告时,需要进行全面评审;三是战略实施期很长的战略项目,需要进行全面评审。

(5) 保持战略实施过程的完整性。既要确保战略推进中企业内部各部门在空间和时间上的平衡,还要不断地建立企业战略推进与外部环境之间的平衡。

案例分析　湖北宜昌交运集团股份有限公司的多元化战略

湖北宜昌交运集团股份有限公司(以下简称"宜昌交运")是我国道路客运一级企业、交通运输部重点联系企业和湖北省道路运输行业首家上市公司。宜昌交运始建于1998年8月,由历史悠久的宜通运输集团和恒通运输公司合并组建;2006年5月实施国有企业改制;2008年6月整体变更为股份公司;2011年11月在深圳证券交易所挂牌上市。截至2019年底,公司资产规模逾40亿元,从业人员3000余人,下设4个事业部和9个职能部室,旗下拥有60余家分子公司,受托经营宜昌港务集团。

多年来,宜昌交运传承"团结、务实、创新"的企业精神,秉承"交汇融通、运动永恒"的核心价值观,崇尚"现场管理、早来晚归、颗粒归仓、克难奋进、激情创造、干事成事"的工作作风,在实施多元化战略方面审时度势、果断出击、抓点带面,依托班线客运这个基础,从路、站、水、港、车五方面同步发展,取得很大成功。宜昌交运的旅客运输服务覆盖了道路客运、长江水上高速客运及汽车客运站、港口服务等,具备了水陆联运一体化的优势,形成了道路客运、水上客运、旅游客运、客运港站服务为一体的多元化大客运服务能力。同时,稳步进入港口物流产业和汽车后市场。目前,宜昌交运形成了集旅客运输服务、旅游综合服务、汽车销售服务、现代物流服务为一体的企业发展产业架构。

1. 道路旅客运输

道路旅客运输是宜昌交运的传统主营业务。面向新时代,为适应交通运输格局发展的新变化,满足广大群众对美好出行的新需求,宜昌交运主动推进客运服务供给侧改革,以"网络化、规模化、品牌化"夯实产业发展基础、融入移动互联技术,拓展产业发展骨架、提升客运服务品质。宜昌交运秉承"站商融合、四级网络、电商服务、创造价值"的经营理念,已逐步开通覆盖全宜昌各县市区域的城际公交,打造"高密度、大容量、低票价"的绿色民生交通,构建公铁对接、城际连接、城乡衔接的区域道路客运网络,通过资本运作开展跨区域并购实现产业规模扩张。手机购票、刷脸进站等移动互联智能化服务在各个环节广泛应用,利用站场客源聚集优势发展多业态流量经济,为公司旅游产业提供引流和配套,实现产业协同发展。截至2019年12月,道路客运产业拥有三级以上客运站11座,其中国家级枢纽客运站1座,国家一级客运站1座;客运车辆1200余台,营运线路270余条,出租汽车562台,网约车平台"峡客行"加盟车辆逾1100台。

2. 旅游综合服务

旅游综合服务是宜昌交运向现代服务业转型升级的重要方向。公司依托长江三峡得天独厚的自然地理风光和三峡大坝国之重器的顶级资源优势,布局了以三峡游轮中心为枢纽,以宜昌港、茅坪港、太平溪港和三斗坪港为支撑的"一主四辅"的公共旅游客运港站,立足"两坝一峡"区域全力打造"风光何止一轮"的宜昌旅游核心产品。通过深入的市场分析和精准的产品定位,逐步形成了以"交运*两坝一峡"为代表,满足多种层次和各种年龄喜好的长江观光产品体系,包括"交运*长江夜游""交运*三峡升船机""交运*高峡平湖"和"西陵峡全景游"。公司自行研发设计并建造的6艘"长江三峡"系列游船是目前长江流域最豪华、最先进的内河观光游船。通过资本运作,宜昌交运于2019年8月收购国家4A级旅游景区三峡九凤谷,使公司旅游产品进一步丰富多元。宜昌交运拥有宜昌本土规模最大、车型最全、车况最优的旅游运输车队,包括160台豪华旅游大巴和30多台18座以下乘用车。

3. 港口物流服务

宜昌交运积极对接国家"长江经济带""一带一路"倡议,于2012年开始进入物流产业。依托公铁联运的独有资源优势,公司投资建设的东站物流中心纳入湖北省交通"十三五"规划重点项目,主要从事钢贸物流和供应链业务。2019年,公司把握宜昌港口型国家物流枢纽承载城市的发展机遇,获得宜昌港务集团(以下简称"宜港集团")股东单位委托,受托经营管理宜港集团。宜港集团是三峡枢纽港核心企业、宜昌水运口岸唯一经营单位和4A级物流企业,拥有坝上茅坪港区、坝下滨江、云池、枝城等港区,平善坝、中心区、云池、枝城通航锚地,共有生产性码头泊位19个,港区铁路铺轨总长21km,年货运吞吐能力2300万t,年集装箱吞吐能力50万标箱,自有船舶运力1万t。宜港集团和东站物流中心将共同构建宜昌交运在物流领域水、公、铁多式联运的比较优势,构建"大物流"产业格局,助力宜昌长江港口资源整合,实现"一城一港一主体"。

4. 汽车销售服务

宜昌交运根据本地经济发展特点,瞅准突破点,抓住机遇,以服务于旅客运输的汽车维修业务为基础,通过拓展服务功能、开发服务项目、延伸业务链条、创新服务模式,广泛与国内大品牌汽车制造商联盟,采取网络化经营方式,逐步发展为集整车销售、零配件、售后服务、信息反馈"四位一体"的汽车4S店产业。经过多年的稳健发展,目前公司在宜昌和恩施地区已形成13家品牌4S店的经营规模,旗下在营品牌包括东风日产、上海大众、东风标致、东风雷诺等,在区域市场与行业内已具备一定的市场规模和品牌影响力。

第五章　汽车运输企业经营决策

决策是企业经营的核心职能,决策是否及时、科学、正确决定着企业的兴衰与成败。企业生产经营的全过程,都是不同层次的决策过程。因此,提高企业决策能力和水平,是企业经营管理的重要内容。

第一节　经营决策概述

一、经营决策及其特点

1. 决策的概念

决策是指为了达到一定的目标,采用一定的科学方法和手段,从两个以上的可行方案中选择一个合理方案的分析判断过程。

对于企业来说,企业经营管理的各个环节、各个层次,都有决策问题。决策的目的是企业如何使未来的发展更符合决策者的意愿和要求。掌握一定的决策技术是企业经营管理人员必须具备的素质,如何提高决策能力也已经成为企业经营管理人员最需要解决的课题之一。

2. 决策的特点

经营决策活动有着不同于其他活动的特点,主要表现在以下几个方面:

(1)未来性。决策总是面对未来的,已经发生的事和正在发生的事是不需要决策的,决策产生于行动之前。未来是不确定的,因此,决策具有风险性,决策的风险来自未来的不确定性。科学预测可以减少未来的不确定性。

(2)目标性。任何决策者都有必须首先有确定的活动目标。目标是组织在未来特定时间内完成任务程度的标志。没有目标,人们就难以拟定未来的活动方案,评价和比较这些方案也就没有了标准,对未来活动效果的检查也就失去了依据。决策是为了实现目标。另一方面,不同的目标使同一决策者在选择和评价活动方向与活动内容时会有不同的结果。比如,一个人要去某一个地方,他要面对运输工具的决策,必须要以费用最低同时路途时间占用最少为目标。如果没有这一目标,就谈不上决策。

(3)可行性。决策的目的是选择出未来的活动方案,但任何活动都需要利用一定的资源,缺少必要的人力物力和技术条件,理论上非常完善的方案也只能是空中楼阁。比如上例中的要出行的人,他的资源就是手中可支付的货币和时间,如果没有支付能力的限制,他完全可以选择最节约时间的运输工具而不必考虑运费的多少。因此,决策方案的拟定和选择,不仅要考察采取某种行动的必要性,而且要考虑实施条件的限制。

(4)选择性。决策的实质是选择,没有选择就没有决策。如果只有一种方案而无选择的余地,也就无所谓决策。而要能有所选择,就必须提供可以达到同一目标的可相互替代的方案。事实上,这实现了同一目标,总是可以有多种不同的方案。当然,可供选择的方案在资源要求、风险程度大小方面会不尽相同。

(5)满意性。选择活动方案的原则是满意原则,而不是最优原则。所谓的最优原则往往只是理论上的幻想,因为它要求决策者了解与组织活动有关的全部信息;同时决策者能正确地辨识全部信息的有用性,了解其价值,并能据此制定出没有疏漏的行动方案;其次决策者能准确地计算每个方案在未来的结果。然而,上述条件是难以具备的,决策理论对此已进行了说明。因此,在实施决策过程中,不可能有最优选择,只能根据已知的全部条件,加上决策者的主观判断,作出相对满意的选择。

(6)过程性。决策是一个过程,而不是一个瞬间的行动。特别是对于一项大的决策来说更是如此。从明确要决策的问题、找出可能的各种方案,再到对各种方案进行评价和抉择及如何实施等,都是一个系统的过程。比如,在实际中,一项大型投资项目决策,仅仅在投资论证上就要花很长的时间。

由于科学技术的不断进步,企业规模的不断扩大,市场竞争程度的不断加剧以及企业目标的多元化,现代企业经营决策出现了非常鲜明的时代特点:①决策的客体越来越复杂,具有广博性、多结构性、多分枝性和综合性。庞大系统必然造成组织层次多、信息链长、相互影响大、难以控制,导致了决策的复杂化。②决策环境变化越来越快。随着新技术不断被应用,旧技术不断被新技术所代替,社会环境加速变化,从而加速了决策环境的变化,给决策带来了更大的困难。③决策所包含的信息量越来越大。信息量的不断加大,不仅使处理信息的工作量加大,还使判断该信息的价值难易程度加大,从而使最后的决策复杂程度加大。④决策时间要求越来越短。决策环境的快速变化,必然对决策的时间和速度提出了新的要求,企业能尽早地先他人而动,尽快地抢占市场"制高点"。⑤决策主体由个人决策转向群体决策。现代社会决策的关联性使决策变得异常复杂,决策已不可能像过去那样仅凭个别领导者的经验和胆略就能完成,它逐步向群体决策转变;同时,由于决策的技术化和知识化不断加强,不少专家、学者,企业外部的专业人士也加入这个决策群中。

二、决策的作用

决策是企业经营管理的重要内容,对企业的生存发展发挥着至关重要的作用。

1. 决策是管理的基础

决策是从各个抉择方案中选择一个方案作为未来行为的指南。而在决策以前,只是对计划工作进行了研究和分析,没有决策就没有合乎理性的行动,因而决策是计划工作的核心。而计划工作的特点之一是计划工作的主导性,它是进行组织工作、人员配备、指导与领导、控制工作等的基础。因此,从这种意义上说,决策是管理的基础。

2. 决策是各级、各类主管人员的首要工作

决策不仅仅是"上层主管人员的事"。上至国家的高级领导者,下到基层的班组长,均要作出决策,只是决策的重要程度和影响的范围不同而已。在实际管理工作中,决策作为主管人员的首要工作已得到普遍验证。西蒙曾说过:"管理就是决策"。

3. 正确的行为来源于正确的决策

决策是行为的选择,行为是决策的执行,正确的行为来源于正确的决策。对于每个主管

人员来说,不是有无必要作出决策的问题,而是如何作出更好、更合理、更有效的决策的问题。不同管理层次上的决策,其影响不同。因而,改进管理决策、提高决策水平,应当成为各级主管人员经常注意的重要问题之一。

三、决策的类型

决策所要解决的问题是多种多样的,决策过程、思维方式、运用方法也各不相同,因此,在现实生活中,具体的决策可谓包罗万象,但大体上可以将各种决策分成相应的种类。管理者需要从不同层次把握各种决策的具体特点,以便根据决策问题的特征,按不同的决策类型,采取相应的方法,作出正确的决策。

1. 战略决策和战术决策

战略和战术是从军事学上借用来的两个术语,战略是指导战争全局的计划和策略,比喻决定全局的策略和方案;战术是进行战斗的原则和方法,比喻解决局部问题的方法或方案。

在管理学中,根据决策调整的对象和涉及的时限不同,可以把决策可分为战略决策和战术决策。二者的区别在于,战略决策是涉及组织活动方向和活动内容的决策,要解决"干什么"的问题,它面对的是组织整体在未来较长时间内的活动,如企业发展战略、收购与兼并、产品转型、技术引进、组织结构改革等;战术决策涉及在既定的方向和活动内容确定后需要采取的实现战略目标的方式和方法,要解决"如何干"的问题。

战略决策和战术决策密切相关。战略定方向,战术定行动。战略决策是战术决策的依据,战术决策是对战略决策的落实,是在战略决策所确定活动方向下制定的。因此,没有正确的战术决策,正确的战略决策目标也难以实现。

2. 程序化决策和非程序化决策

按决策问题的重复程度和有无先例可循,可以把决策分为程序化决策和非程序化决策。

(1)程序化决策也称结构化决策,是指那些在日常管理工作中能够运用例行方法解决的重复性决策。程序化决策处理的主要是常规性、复性的问题。处理这些问题的特点就是要预先建立相应的制度、规则和程序等,当问题再次发生时,只需要根据已有的规定加以处理即可。现实中有许多问题都是经常重复出现的,如职工请假、日常任务安排等。程序化决策虽然在一定程度上限制了决策者的自由,使个人对于"做什么和如何做"有较少的决策权,但却可以为决策者节约时间,使他们能把更多的精力投入到其他重要活动中去。但为了提高程序化决策的效率和效果,必须对赖以处理问题的政策、程序或规则进行详细的规定。否则,即使是面对程序化决策问题,决策者也难以快速地作出决策。

(2)非程序化决策也称非结构化决策,是指那些非例行的、很少重复出现的且不能用常规方法处理的决策。如重大的投资决策、新产品开发决策、新产品的营销战略决策等。由于这类决策无先例可循、无固定模式,常常需要决策者在专门的调查、分析的基础上进行决策。随着管理者地位的提高,所面临的非程序化决策的数量和重要性都有逐步提高,面临的不确定性增大,决策难度增大,进行非程序化决策的能力变得越来越重要。

在实际中,极少的决策完全是程序化的或完全是非程序化的决策,而绝大多数决策介于两者之间。从决策者层次与程序化决策、非程序化决策的关系看,低层管理者主要处理程序化决策,而越往上层的管理者,面对的越是非程序化决策。

同时,随着现代决策技术的发展,很多以前被认为是完全的非程序化决策问题已经有了程序化决策的因素,程序化决策的领域日益扩大。一方面,运筹学等数学工具被广泛地运用到以前被认为依靠判断力的决策中来;另一方面,计算机的广泛运用,又进一步扩展了程序化决策的范围。

另外,美国决策学家拉德福特把决策分为三类,即完全规范化决策、部分规范化决策和非规范化决策。这与程序化决策和非程序化决策的划分有些相似。

(1)完全规范化决策是指决策过程已经有了规范的程序,包括决策的模型、数学参数名称和参数数量,以及选择的明确标准等,只要外部环境基本不变,这些规范的程序就可以重复使用于解决同类问题上,完全不受决策者主观看法的影响。

(2)部分规范化决策是介于完全规范化决策和非规范化决策之间的一种决策,即决策过程涉及的问题一部分是可以规范化的,另一部分则是非规范化的。

(3)非规范决策是完全无法用常规方法来处理的一次性新的决策,这类决策完全取决于决策者,由于参与决策的个人的经验、判断或取得的信息不同,对于同样问题会有不同的观点,不同决策主体往往可能作出不同的决断。

3. 确定型决策、风险型决策和不确定型决策

根据决策问题所具备的条件及决策的可靠程度不同,决策可分为确定型决策、风险型决策和不确定型决策。

(1)确定型决策是指各种可行方案所需要的条件是已知的和肯定的,一个方案只有一种结果,因而能预先准确地了解决策的必然结果。这类决策问题一般运用数学模型求最优解。如某个企业需要购置一台设备,一种技术性能好但价格高,另一种的技术性能稍差一些,但价格低,选择哪一种就需要决策。如果各种品牌的该种设备的技术性能与价格都已确定,关键就在于如何选择,这主要取决于购买者的条件和目的。

(2)风险型决策是指决策面临的自然状态是一随机事件,各种可行方案所需要的条件存在不可控因素。一个方案可能出现几个不同的结果。各种后果的出现是随机的,但决策者可以根据相似事件的历史统计资料估计出各种自然状态的概率。决策的结果只能按客观的概率来确定,决策存着风险。

(3)不确定型决策是指这样一种决策,即客观上存在两种或两以上的自然状态,它们出现的概率是未知的,各种可行方案出现的后果是不确定的,完全凭决策者的经验、感觉和估计来作出决策。

4. 群体决策与个人决策

根据决策的主体不同,可将决策分为群体决策与个人决策。

(1)个人决策就是主体只有一个个体的决策。

(2)群体决策是指由两人或两人以上的群体制定决策的行为。

在实际中,为了发挥集体的智慧,许多重大决策的制定都有是由多人参与制定的,决策者是由相互制约、相互补充的人组成的共同体。

群体决策和个人决策各由不同的优缺点,各自在组织决策中占有的地位也不尽相同。对此,将在后面进行专门介绍。

5. 定性决策和定量决策

按照决策过程是否运用数学模型来辅助决策,可把决策分为定性决策和定量决策。定

性决策重在对决策问题质的把握。决策变量、状态变量及目标函数无法用数量描述,只能作抽象的概括和描述,如组织机构设计的优化、从事决策、选择目标市场等。

(1)定量决策重在对决策问题量的描述,这类决策问题中决策变量、状态变量、目标函数都可以用数量来描述。决策过程中运用数学模型来辅助决策者寻求满意决策方案,如企业内部的库存控制决策。

(2)定性决策和定量决策的划分是相对的,在实际决策过程中,定量分析之前,往往要进行定性分析,而对一定的定性决策问题,也尽可能使用各种方式将其转化为定量问题。两者的结合可以提高决策的科学性。

6. 单目标决策和多目标决策

根据决策的目标多少不同,可把决策分为单目标决策和多目标决策。单目标决策是指决策要达到的目标只有一个的决策,多目标决策则是指决策要达到的目标多于一个的决策。

7. 单项决策和连续段决策

根据决策过程的连续性,可把决策分为单项决策和连续决策。单项决策是指整个决策过程只作一次决策就能得到结果的决策,连续决策是指整个决策过程由一系列决策构成的决策。

四、经营决策的基本过程

决策是解决问题的过程。管理者每天要解决的问题很多,问题的难度和特点也不会相同,如果能找到解决问题的共同思路,不仅有助于问题的解决,还有助于提高管理工作的效率。一个典型的决策过程一般由图 5-1 所示的几个步骤构成。

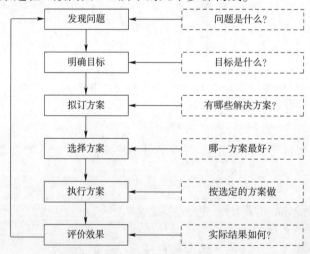

图 5-1 决策过程

1. 发现问题

决策就是为了解决现实中遇到的问题。所谓问题即现实与期望之间的差距。没有问题就不需要决策;问题清楚,难以作出正确的决策;问题判断错了,则决策不可能正确。从本质上说,不能发现真正的问题以至于没有采取正确的行动与正确地解决了错误的问题是一样的。因此,决策的第一步就是正确地发现要解决的问题。当然,属于决策中的问题并不一定都是难以识别的,比如程序化决策中的许多问题几乎不用花费时间去识别。

2. 明确目标

决策目标是决策要达到的目的,是决策的前提,是拟订、选择和评价方案的依据。目标不正确或不明确,就会使决策分析走向错误的方向。因此,在明确了要解决的问题之后,必须明确目标。从决策角度看,每一个具体的问题都有其具体的目标,因此,确定决策目标时应注意以下几个方面:

(1)目标必须具体清晰,既要有衡量的内容,又要有衡量的标准。明确、清晰的目标对其预定达到的要求,应有具体的标准,以便为拟订方案提供参考依据,同时作为检查决策执行结果的尺度。无论决策目标的内容及性质如何,其衡量标准应尽量用数量指标表示,以利于监督、控制和检查评价。对于确实难以用指标表示的标准,则应在质的分析基础上尽可能加以精确描述。

(2)要区分目标的重要程度和主次关系。管理决策常常面临多目标并存的情况,特别是战略决策,所提出的问题经常需要考虑两个或两个以上的目标,(目标束)问题的解决也有赖于同时满足这些目标的要求。因此,必须根据重要性将目标区分为必须达到的目标和希望达到的目标。对必须达到的目标应当首先满足和实现,希望达到的目标则只规定相对要求。为了对多目标进行区分,可将目标按其相关性加以取舍和适当合并,并按目标的重要程度排出等级,从而迅速抓住核心问题,确立精炼完整、主次分明的目标体系,以利于拟订备选方案和评价选择最优方案。

(3)确定决策目标应做到需要和可能的统一。确定决策目标,不仅要考虑需要,也要考虑可能性和可靠性。需要只是决策者的主观愿望,但需要必须结合客观实际条件才能实现。因此,只有将主观需要与客观条件结合起来,决策目标才有利于实现。目标必须明确具体,有时间、地点、数量;目标要从可能性、可靠性、重要性方面区分主次。

3. 拟订方案

在研究了现状、取得了相关信息资料和确定了决策目标之后,接下来的步骤就是寻求解决问题的可供选择的方案。事实上,一个目标总伴随着若干实现目标的途径,可谓"条条大路通罗马",这正是人们之所以常常要进行决策的客观基础。因此,决策者应尽可能多地找出可供选择的方案,力争做到不漏掉方案,特别是那些可能是最好的方案。在寻找方案时,应注意以下几点:

(1)拟出的各种方案必须是可行的,如果一个方案不可行,就失去了意义。方案的可行性取决于实施方案时所需的条件。决策者必须知道他的方案需要哪些条件,哪些条件已经具备,哪些条件经过努力可以达到,人、财、物、信息等资源量能否充足,未来的不确定因素包括自然条件、社会政治经济条件的变化对方案可行性的影响,有没有预防的对策措施等。

(2)各方案要相互独立,可以相互替代。如果各方案内容接近甚至相同,就失去了选择的意义。同时,各方案之间应有可比性,否则同样会给选择带来不便。

寻找解决问题的备选方案的过程是一个具有创造性的过程。在这一阶段,决策者必须开拓思维,充分发挥自由想象力。

4. 选择方案

面对各个可供选择的方案,究竟采用哪一个方案?这就需要对每一个方案进行分析、评价,再进行比较。客观上说,应选择那些能最大限度地实现所有目标且最经济的方案。即"最优"方案,当"最优"方案很难找到或根本不存在时,只好退而求其次,即寻找"满意"方案。之所以如此,根本原因就在于资源的稀缺性的存在,它决定了人们在各种经济和非经济活动中,都要遵循"最小最大"原则,尽可能地实现经济效率和技术效率的统一。对此,经济学理论进行了大量的说明。

不同的决策有不同的分析、评价方法。在评价时,要根据目标来考核各个方案的费用和功效,运用定性、定时、定时的分析方法评估各方案的近期、中期和远期的效能价值。

选择阶段的突出问题就是既定目标和众多的约束条件下,如何才能正确处理目标与可能之间的相互矛盾。决策的基本思想是从总体上寻求各矛盾的协调。选择的标准是看在同样决策条件下,哪一个方案能够以最低的代价、最短的时间、最优的效果实现决策的目标。决策者要以战略的眼光和全局的观点,从局部到整体,从现在到未来,从可能到现实,从特殊到普遍,对各种方案进行系统考虑和分析。

在分析、评价每一个方案的过程中,一个困难是实现目标属于多目标的情况下,如何评价方案的优劣。如果只存在一个使所有目标都能达到的方案,选择问题自然就简单了,但现实往往是每一个方案只能部分地实现所有目标,且每一个目标实现的程序又不一样。另外,在方案评价的过程中,对于不同方案在实现一些定性目标时应如何进行,都是需要考虑的问题。

5. 执行方案

选择出最优方案,决策过程还没有结束,决策者必须使方案付诸实施,因而必须设计所选方案的实施方法。因此,一个优秀的决策者必须具备两种能力,即既能作出决策,又能使决策变为有效的行动。

6. 评价效果

决策方案实施效果的评价既是对本决策过程的总结,又为下次决策提供经验和依据,是一个非常重要的环节,应认真做好此项工作。

五、经营决策的原则

1. 可行性原则

决策的首要原则是,提供给决策者选择的每个方案在技术上、资源条件上必须是可行的。对于企业经营管理决策来说,提供决策选择的方案都要考虑企业在主观、客观、技术经济等方面是否具备实施的条件。如果某一方面不具备,就要考虑能否创造条件使之具备。只有具备条件,或一时虽未充分具备,但通过努力确实可行的方案,提供决策选择才是有意义的。

2. 经济性原则

经济性原则是指通过多方案进行分析比较,所选定的决策方案应具有明显的经济性。实施这一方案,比采取其他方案确能获得更好的经济效益,或能避免受更大的损失。经济性原则也即最优原则。

3. 合理性原则

决策方案的确定,需要通过多方案的分析比较。定量分析有其反映事物本质的可靠性和确定性的一面,但也有其局限性和不足的一面。当决策变量较多、约束条件变化较大、问题较复杂时,要取得定量分析的最优结果往往需要消耗大量的人力、费用和时间。另一方面,有些因素(如对于社会的、政治的、心理的和行为的因素)虽然不能或较难进行定量分析,对事物的发展却具有举足轻重的影响。因此,在进行定时分析的同时,也不能忽略定性分析。

定量分析和定性分析的结合,要求人们在选择决策方案时,不一定费力去寻求经济性"最优"方案,而是兼顾定量与定性的要求,选择使人满意的方案。也就是说,在某些情况下,应以令人满意的合理的准则,代替经济上最优的准则。

4. 衔接性、配套性原则

所谓衔接性原则,就是战术目标与战略目标的具体指标要相互衔接,不能相互脱节。所谓配套性原则,是指总目标与分目标的指标要配套和平衡。注重衔接性和配套性原则,是目标定位科学性的根本保证,也是确保目标实现的重要条件。

第二节 经营决策的基本方法

在决策过程中不仅需要大量的信息、组织专业决策班子、广泛征求各方面专家的意见,还必须采取科学的决策方法,从社会、经济、技术等方面对各种备选方案进行定性和定量分析,从中选择出最优方案。

一、确定型决策方法

确定型决策是指已知未来情况条件下的决策。这类决策的每种备选方案,其结果只有一个数值,选择的任务就是从中找出结果最好的方案。构成确定性决策的条件为:①决策问题中的各种变量及相互关系均能用计量的形式表达;②决策结果的单一性,即每个备选方案只有一种确定的结果;③决策方案能推导出最优解方程。确定性决策具有重复出现的特点,处理这类问题,往往有固定的模式和标准方法,因此,确定性决策的分析方法很多,如量本利分析法、成本效益分析法等。现以量本利分析法为例加以说明。

1. 盈亏平衡法

盈亏平衡法又称量本利分析决策法,是根据对业务量(产量、销量、工作量)、成本、利润三者关系进行综合分析,用来预测利润、控制成本、进行生产规划的一种分析方法,是企业经营决策中常用的一种方法。

1)量本利之间的关系

设总产量(一定时期的产量总和)为 Q,总成本(生产一定产量时各种生产费用总和)为 C,固定成本(生产成本中不随产量变动而变动的成本部分)为 F,变动成本(随着产量的变动而变动的成本部分)为 V,单位产品的价格为 P,单位变动成本为 v 总收入为 R,利润为 π。

则有:
$$R = P \cdot Q \text{(产品价格} \times \text{总产量)}$$
$$C = F + V \text{(固定成本} + \text{变动成本)}$$
$$v = V/Q \text{(变动成本} \div \text{总产量)}$$
$$\pi = R - C = Q(p - v) - F \quad (5\text{-}1)$$

2)图示法

可以用盈亏平衡图表示式(5-1),如图 5-2 所示。

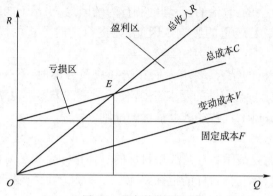

图 5-2 量本利分析图示

收入减去变动成本后的余额称作临界贡献。这时,再每增加一个单位的产量,就会增加一个边际贡献的利润。边际贡献是量本利分析的一个重要概念。

3)公式法求保本产量

在式(5-1)中,当利润 $\pi = 0$ 时,即当企业不亏不盈时,则有:

$$Q_0 = \frac{F}{p-v}$$

或

$$Q_0 \times (p-v) = F \tag{5-2}$$

$$R_0 = \frac{F}{1-\frac{v}{p}} \tag{5-3}$$

式中:Q_0——盈亏平衡点的产销量;

R_0——盈亏平衡点收入,即保本收入。

$(p-v)$ 称为边际贡献,即单位销售收入扣除变动费用后的剩余。这个余额先要抵偿固定成本,剩余部分为利润。可见,边际贡献是对固定成本和利润的贡献。当总的边际贡献与固定成本相等时,恰好盈亏平衡。

$(1-v/p)$ 称为边际贡献率,表示单位销售收入可以帮助企业吸收固定成本或实现企业利润的系数。如果边际贡献率大于零,表示企业生产这种产品除可收回变动成本外,还有一部分收入可用以补偿已经支付的固定成本。

4)公式法求保目标利润产量

企业在满足社会需要的前提下,要自负盈亏,尽可能多地获得利润(Π)。这样,为求得一定目标利润下的产销量就成为量本利分析的一个重要问题,可用式(5-4)和式(5-5)表示:

$$Q_\Pi = \frac{F+\Pi}{p-v} \tag{5-4}$$

$$R_\Pi = \frac{F+\Pi}{1-\frac{v}{p}} \tag{5-5}$$

2.盈亏平衡法的应用

(1)确定经营安全率,进行经营安全状况分析。经营安全率是衡量企业经营状况安全与否的一个综合性指标,表示企业在作经营决策时对保证不亏损的可靠程度。一般用安全余额与实际销量(额)之比表示,见式(5-6):

$$经营安全率 = \frac{安全余额}{实际产销量} \times 100\% = \frac{实际产销量 - 盈亏平衡点产销量}{实际产销量} \times 100\% \quad (5-6)$$

安全余额越大,说明企业经营状况越好;越接近于0,说明企业经营状况越差,发生亏损的可能性越大。这时,企业应及时采取措施,如调整产品结构,增加适销对路的产品,降低单位变动成本,开辟新的市场等来提高经营安全率。经营安全率的经验数据见表5-1。

经营安全率检验标准　　　　　　表5-1

经营安全率	30%以上	25%~30%	15%~25%	10%~15%	10%以下
安全等级	很安全	安全	较安全	要警惕	危险

(2)确定实现目标利润的销量、变动成本和价格。

(3)进行亏损产品的决策。一般在企业中,当某一产品或服务的销售收入低于总成本而产生亏损时,就急于停产或淘汰。其实不然,应对此作具体分析后才能决策。在生产单一产品的企业,若出现这种情况,首先应考虑该产品或服务是否有边际贡献,若有边际贡献就应继续生产,因为边际贡献可以弥补固定成本。若是停产,固定成本依然发生,企业反而会由于减少对固定成本的补偿而增加亏损。因此,即使市场价格低于平均总成本,但只要大于单位变动成本,对于已经投产的企业,一般也会选择生产该产品。若边际贡献等于零或为负数,当然应停产。

二、风险型决策方法

风险型决策是指在决策问题存在两种以上的自然状态,而各自然状态发生的概率均可预测估计时的决策。由于自然状态并非决策者所能控制,所以决策结果具有一定的风险,故称为风险决策,又称统计性决策或随机性决策。

风险决策一般要具备以下五个条件:①有一个明确的决策目标,如利润最大、成本最小、最短的投资回收期、最佳资金利润率等;②具有可供给决策者选择的两个或两个以上的可行方案;③存在两种或两种以上的自然状态;④各种自然状态发生的概率能够通过预测加以确定;⑤各种可行方案在各种自然状态下的损益值可以计算出来。

风险型决策的方法很多,主要有以期望值为标准的决策方法、以最大可能性为标准的决策方法、以优势原则为标准的决策方法、以意愿准则为标准的决策方法等。在以上方法中,期望值法应用最为普遍。

1. 以期望值为标准的决策方法(决策表法)

该方法是以决策表为基础,分别计算出各个方案在不同自然状态下的损益期望值,再从中选出收益期望值最大或损失期望值最小的方案为最优方案。其基本步骤如下:

(1)根据资料编制决策表。所谓决策表,又称决策矩阵、损益矩阵、或风险矩阵,见表5-2。它由可行方案、自然状态及其发生的概率、损益值(即决策问题三要素)所组成。其中,可行方案是由决策者根据决策目标,综合考虑资源条件及实现的可能性,分析制定出来的。自然状态又叫客观条件,指各备选方案在执行过程中可能遇到的各种状况,这些情况来自系统的外部环境,一般决策者不能控制,故称其为自然状态。各种自然状态的概率有主观概率和客观概率之分,可根据对未来事态发展的预测和历史记录资料的研究来确定。各种方案的损益值,是根据不同可行方案在不同自然状态下的资源条件、生产能力状况,应用综合分析的方法计算出来的收益值或损失值。因此,对决策问题的描述就集中表现在决策矩阵上,编制好决策表也就成了风险型决策过程中十分重要的一步。

决策表(决策矩阵)　　　　　　　　　　表 5-2

方案 S_i	自然状态 N_j	N_1	N_2	…	N_j	…	N_n	期望值 $E(S_i)$
	概率 P_j	P_1	P_2	…	P_j	…	P_n	
	S_1	Q_{11}	Q_{12}	…	Q_{1j}	…	Q_{1n}	$E(S_1)$
	S_2	Q_{21}	Q_{22}	…	Q_{2j}	…	Q_{2n}	$E(S_2)$
	…	…	…	…	…	…	…	…
	S_i	Q_{i1}	Q_{i2}	…	Q_{ij}	…	Q_{in}	$E(S_i)$
	…							
	S_m	Q_{m1}	Q_{m2}	…	Q_{mj}	…	Q_{mn}	$E(S_m)$

(2) 计算损益值。即按已知的资料分别计算不同方案的收益值或损失值。这一步相对比较简单。

(3) 计算各方案的损益期望值。所谓损益期望值,即各种可行方案在不同自然状态下的收益值或损失值与该自然状态发生的概率值的乘积之和,见式(5-7):

$$EMV_i = \sum_{j=1}^{n} O_{ij} \cdot P_j \tag{5-7}$$

式中:EMV——Expected Monetary Value 的缩写,EMV_i 即为 i 方案期望货币值;

　　　O_{ij}——i 方案在 j 自然状态下的损益值;

　　　P_j——自然状态 j 发生的概率。

(4) 选择最优方案。即根据决策目标,比较不同方案损益期望值的计算结果,再从中选择出符合决策目标的方案作为最优方案。

2. 以最大可能性为标准的决策方法

从上例中可以看出,各个方案的期望收益值,都是将该方案在各种自然状态下的收益或损失值加权平均的结果,因此,决策表法掩盖了偶然情况下的损失,所以选择哪一个方案都会有一定的风险。因此,可以采取以最大可能性为标准的方法进行决策。

以最大可能性为标准的决策方法,就是以出现可能性最大(即概率值最大)的自然状态为决策依据,然后选择一个在此种自然状态下收益值最大(或损失值最小)的方案为最优方案。这样就变为只有一种自然状态的确定性决策问题。由于该种自然状态出现的可能性大,所以该最优方案的实现机会也大。

在各种自然状态中,当某种自然状态发生的概率远较其他状态高且各自然状态下的收益值相差不太大时,应用此种方法较为合适。但在自然状态种类较多,其概率值相差较小,且各方案在不同自然状态下的收益值相差又较大时,不宜采用此种方法。

3. 决策树法

决策树法的基本原理也是以决策表为依据,通过计算作出最优决策。所不同的是,决策树法是以树状图来分析和决策,它不仅反映出整个决策步骤,而且由于其内容形象,思路清晰,便于集体讨论研究等特点,所以在决策分析中应用很广。

(1)决策树的构成。决策树的基本图形如图 5-3 所示。

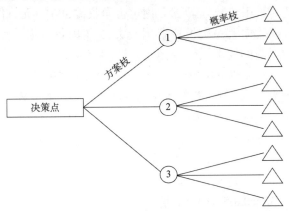

图 5-3　决策树基本图形

决策点是对几种可能方案选择的结果,即最后选择的最优方案。如果所作的决策属于多级决策,则决策树图形的中间可以有多个决策点,此时,以决策树"根"部的决策点为最终决策方案;由决策点引出的向不同方向延伸出去的直线形枝权称作方案枝,表示决策可采用的不同方案。

○表示状态结点,是各个可行方案的自然状态结点,由状态结点引出的线叫概率分枝或状态分枝,表示方案在未来可能遇到的不同自然状态。

△表示结果结点,是各方案在各种自然状态下取得的损益值(收益值或损失值)。

如果一个决策树只在树的根部有一个决策点,这种决策称为单级决策;如果一个决策树,不仅在树的根部有决策点,而且在树的中间也有决策点,这种决策称为多级决策。多级决策相对比较复杂,其中间的决策点只能接在状态点后的概率枝末端。中间决策点可引出新的方案枝、状态结点、概率枝和结果结点。

(2)决策树法的应用步骤。

第一,画决策树。决策树的画法是从左到右分阶段进行的。画图时,先分析决策点起点、备选方案、各方案面临的自然状态及其发生的概率,然后分别按决策树的绘制要求绘制决策树图形,并将有关数据填入图中。同时,要将决策点、状态结点、方案枝、概率枝加以编号。

第二,计算各方案收益值和期望收益值。先分别计算出各个方案在各自然状态下的收益值,再分别计算出各方案在各自然状态下的期望收益值,即用方案在各自然状态下的收益值乘以各自然状态出现的概率,最后将各概率分枝的期望收益值相加,并将数字记在相应的自然状态结点上。

第三,剪枝。即比较不同方案的期望收益值,剪去期望收益值较小的方案分枝,将保留下来的方案作为最优方案。

【例 5-1】　某公司为开发一种新产品,需要增加专用设备,可供选择的方案有:一是向其他企业定制;二是自行研制改装。这两种方案的效果与所用的原材料质量有很大的关系。从现实情况分析,原材料材质极不稳定,是一个不能肯定的变动因素,这一状况在短期内不会改变。为此,可把原材料质量分为两种状态:一是质量较好,二是质量差。采用"定制"方案,设备投资大,而且对材质要求高。如材质好,用定制的设备生产率高,收益大,如新产品寿命周期为 5 年,则此时采用定制方案,5 年内可得净收益 300 万元。但如果材质差,采用定制方案就会出现较多次品,加上一次投资费用较大,5 年内将亏损 100 万元。如果采用"自制"方案,投资少,对原材料的要求比较低,但生产效率不高。如果材质较好,采用自制方案,5 年内净得收益 120 万元。如果材质差,5 年内净得收益仅 30 万元。按以往材料供货资料分析,材质较好的概率为 35%,材质差的概率为 65%。那么,决策者应选择哪个方案才能有利于公司目标(实现最大利润)的实现?

解:首先,画决策树,如图 5-4 所示。

其次,由右至左计算各方案的期望收益值:

点①:300 × 0.35 + (− 100) × 0.65 = 40(万元)

点②:120 × 0.35 + 30 × 0.65 = 61.5(万元)

经比较可知,方案 2(自制设备)是合理的。

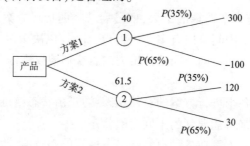

图 5-4 决策树应用

第一级决策有两个行动方案 A_1(定制)和 A_2(自制)。对决策树图计算,并比较期望损益值大小作出决策。显然,由于原材料质量提高,方案 A_1(定制)的优越性可以充分发挥,从而,将原材料作工艺处理并采用方案 A_1(定制)为最优决策。

如果该公司拟对供料进行一次厂内处理,在 5 年内需追加投资 60 万元,原材料处理后,质量好的概率可提高到 85%,质量差的概率可降到 15%。这样,就形成二级决策问题,从而可作出如图 5-5 所示的二级决策图。

在风险型决策中还应进行敏感性分析。风险型决策的一大特点是各种自然状态的概率已知而且是根据经验估计出来的。因此,根据这样的概率数值计算出来的损益期望值,不可能十分精确可靠。如果概率值有了变化,据此确定的决策方案是否仍然有效,就成为值得重视的问题。为此,在决策过程中,就需要了解"概率值变化对最优方案的选择到底存在多大影响"这一问题。概率变化到什么程度才引起方案的变化的临界点的概率称为转折概率。对决策问题所作的这种分析即为敏感性分析。经过敏感性分析后,如果决策者所选择的最优方案不因自然状态在其概率允许的误差范围内变动而变动,那么这个方案就是比较可靠的。

敏感性分析的步骤为:①求出在保持最优方案稳定的前提下,自然状态概率所变动的允许范围;②衡量用以预测和估算这些自然状态概率的方法,其精确度是否保证所得概率值在此允许的误差范围内变动;③判断所作决策的可靠性。

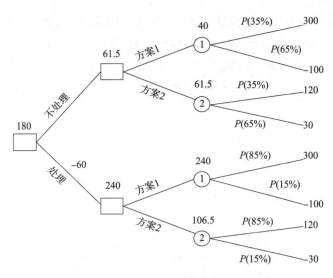

图 5-5 多级决策

三、不确定型决策

当只具备风险决策的前四个条件,而各种状态发生的概率无法预测或估计时,决策就属于不确定性决策。不确定性决策和风险决策主要区别就在于,不确定性决策不能进行期望值的计算,因此,就不能依据期望值计算的结果按照各种不同标准进行决策。其原因是解决这类问题所提出的方案中只能预测到可能出现的几种自然状态,而每种自然状态发生的概率由于缺乏资料或经验都无法估计。所以对不确定性决策只能计算出各种方案在可能出现的几种自然状态下的损益值(收益值或损失值),并根据计算结果,按照决策者的特点、经验和对未来状况的分析判断能力进行决策。

不确定性决策通常采用的方法有以下几种。

1. "最小后悔值原则"(大中取小原则)

最小后悔值原则也称为萨维奇(Savage)原则,又称最小最大后悔值法。该方法的特点在于,它不强调决策者持乐观态度还是悲观态度,因为无论决策者持何种态度,都是决策者的主观预期。当决策结果与预期相符时,决策的满意度将达到最大化,而决策结果与预期有偏差时,满意度将随偏差的大小而降低,决策者会感到后悔。这种因选择了某种方案而放弃了另一种方案所产生的后悔,就是决策者为方案选择付出的机会成本。最小后悔值原则实际上是以决策方案中的机会成本为基础,将两个相关方案的收益值进行比较,两者的差额即为后悔值。决策者根据后悔值的大小比较而进行方案选择。具体方法如下:

(1)计算出各方案在各种自然状态下的后悔值。所谓后悔值,就是在某种自然状态下,由于未采用相对的最优方案而造成的损失值。它等于每一种方案在每一种自然状态下可能获得的收益值与同一自然状态下理想方案的最大收益值之差,即:$RQ_{ij} = \max(Q_{ij}) - Q_{ij}$。

(2)从中选出各方案的最大后悔值。

(3)从这组最大后悔值中选出最小后悔值所对应的方案作为最优方案。

【例 5-2】 某公司拟进行一项投资,共有 5 种备选方案,但各方案的前景难以确定。根据初步分析可能存在 5 种自然状态,即很好、好、一般、较差、差,每种自然状态发生的概率无法确定,经预测算,这 5 种方案在不同自然状态下的收益值见表 5-3。那么,应如何进行这项投资方案的决策?

各种方案的收益值　　　　　　　　　　　　　　　　　　表 5-3

方案	自然状态				
	很好	好	一般	较差	差
A_1	1200	680	320	-200	-880
A_2	900	590	280	50	-350
A_3	1500	850	460	-400	-1210
A_4	1400	920	380	-270	-790
A_5	1850	1020	460	-660	-1600

解:先计算各方案在各种自然状态下的后悔值,即用每一种自然状态下各方案的最大收益值减去该自然状态下各方案的收益值。以"很好"这一状态为例,各方案的后悔值分别为:

$A_1 = 1850 - 1200 = 650$

$A_2 = 1850 - 900 = 950$

$A_3 = 1850 - 1500 = 350$

$A_4 = 1850 - 1400 = 450$

$A_5 = 1850 - 1850 = 0$

其他依此类推。由此可得到后悔值表(表 5-4)。再从各方案后悔值中选出最大的后悔值,最后从最大后悔值中选出最小的后悔值方案,作为最优方案。本例中,方案 4 即为最优方案,其后悔值为 450,在 5 个方案的最大后悔值中值最小。

后 悔 值 表　　　　　　　　　　　　　　　　　　表 5-4

方案	自然状态					最大后悔值
	很好	好	一般	较差	差	
A_1	(650)	340	140	250	530	650
A_2	(950)	430	180	0	0	950
A_3	350	170	0	450	(860)	860
A_4	(450)	100	80	320	440	(450)
A_5	0	0	0	710	(1250)	1250

2. "大中取大原则"(乐观原则)

"大中取大原则"即"最大的最大收益值原则"。这一决策方法是决策者设想任何一个行动方案都是在收益最大的自然状态发生,决策时总是基于最好的结果,并争取好上加好。其特点是表现了决策者的乐观态度。大中取大原则的具体方法是:首先找出各个方案在几种自然状态下的收益值;再找出各方案的最大收益值;然后选择这些最大收益值中最大者所在的方案作为最满意方案。

仍以上例为例,由于各方案在各自然状态下的收益值已给出,所以直接找出各方案的最大收益值。从表5-5中可以看出,方案5的最大收益值是其他4个方案的最大收益值中最大的,为1850万元,因此,方案5为最优方案。

乐观原则决策表　　　　　　表5-5

方案	自然状态					最大收益值
	很好	好	一般	较差	差	
A_1	1200	680	320	−200	−880	1200
A_2	900	590	280	50	−350	900
A_3	1500	850	460	−400	−1210	1500
A_4	1400	920	380	−270	−790	1400
A_5	1850	1020	460	−660	−1600	(1850)

这个原则采取乐观主义态度,把各个方案最大收益值(或最小损失值)的自然状态作为必然出现和自然状态看待,从而把非确定决策问题化为确定性决策问题来处理,选择这些收益值中最大的方案作为最满意的方案,即取"最有利中之最有利"的方案,所以称为"乐观的决策原则"。但是该方法只考虑每一种方案的一种可能性结果,而没有考虑各种可能结果的离散情况,没有充分地考虑其他状态发生的客观必然性。

3. "小中取大原则"(悲观原则)

"小中取大原则"即"最大的最小收益值原则"。这种决策原则的运用,往往是决策者认为形势比较严峻,在未来发生的各种自然状态中,最坏状态出现的可能性比较大,或决策者承受风险的能力较弱。因此,决策总是从最保守的观点出发,基于最坏的结果,即从各个行动方案的最小收益值中选择效益值最大的方案作为决策方案。

小中取大原则的具体方法是:先找出各个方案在几种自然状态下的收益值,再找出各个方案收益值中最小收益值,然后取这些最小收益值中最大的方案作为最满意的方案。

【例5-3】 有一不确定性决策问题,其决策矩阵见表5-6。

非观原则决策表　　　　　　表5-6

方案	自然状态				最小收益值
	S_1	S_2	S_3	S_4	
A_1	(4)	5	6	7	(4)
A_2	(2)	4	6	9	2
A_3	5	7	(3)	5	3

从表5-6中可以看出,A_1方案在4种自然状态下的最小收益值,是3种方案在各自然状态下的收益值中最大的,所以选为最优方案。

这种原则以最小收益值(或最大损失值)作为评价方案的标准,对某种自然状态来说,实际上是以收益值最小(或损失值最大)的自然状态作为必然出现的自然状态来看待的,这就把非确定问题简化为确定性问题,对每个方案来说是按"最不利"情况来处理的,但从整体上看它又是从最小收益值中选择最大的作为决策的行动方案,因此,这又是"最不利中的最有利",所以这实际上是一种比较保守和稳妥的决策原则,也有人称其为悲观的决策原则。这一决策方法与"最小后悔值原则"均属于保守的或悲观的决策原则,二者的区别只在于评价的标准不同而已。

这一决策方法适用于企业规模较小、资金薄弱、经不起大的风险冲击的情况,或者决策者对好状态缺乏信心等情况。

4. 折中原则

折中原则不像"小中取大"原则那样,采取保守或悲观的态度,也不像"大中取大"原则那样,完全持乐观的态度,而是采取一种中和二者的折中办法。其思想在于,决策者在实际决策过程中,并不绝对地从最有利或最不利的极端角度去进行方案选择,也不存在单纯的风险偏好者或风险厌恶者,而是介于两者之间。在面对未来事件的估计时,总是既看到希望又对不确定性因素会带来的风险心存担忧。对不同的决策者而言,区别只在于对未来前景预期所持的态度是乐观多一点还是悲观多一点。折中原则的具体方法是:

(1) 根据历史及预测资料、决策者的经验判断,确定一个乐观系数 a。a 值的大小表示决策者对决策问题的乐观态度,$a=1$,为乐观的"大中取大"原则;$a=0$,为悲观的"小中取小原则"。因此,折中原则决策方法把 a 的值确定在 0 和 1 之间 ($0 < a < 1$),如果决策者对状态估计越乐观,乐观系数就越接近于 1;反之,越悲观,乐观系数就越接近于 0。

(2) 计算各方案的折中收益值。设 COV_i 代表第 i 个方案的折中收益值,$O_{ij\max}$ 为第 i 个方案在 j 自然状态下的最大收益值,$O_{ij\min}$ 为第 i 个方案在 j 自然状态下的最小收益值,则方案 i 的折中收益值为:

$$COV_i = aO_{ij\max} + (1-a)O_{ij\min}$$

(3) 比较折中收益值,取折中收益值最大的方案为最优方案。

仍以[例 5-2]为例,并取乐观系统为 0.6,则各方案的折中收益值计算如下:

$A_1 = 0.6 \times 1200 + (1 - 0.6) \times (-800) = 368$

$A_2 = 0.6 \times 900 + (1 - 0.6) \times (-350) = 400$

$A_3 = 0.6 \times 1500 + (1 - 0.6) \times (-1210) = 416$

$A_4 = 0.6 \times 1400 + (1 - 0.6) \times (-790) = 524$

$A_5 = 0.6 \times 1850 + (1 - 0.6) \times (-1600) = 470$

可知,方案 4 的折中收益值是各方案中最大的,因此方案 4 为最优方案。

折中收益值法是一种既积极又稳妥的决策方法,但该方法的缺点在于,乐观系数不易确定,且乐观系数测定不同,其决策方案必然不同。所以,按此原则进行决策时,乐观系数的选择至关重要,不同素质和经验的决策者会作出不同的选择。

5. 等概率原则

等概率原则又称"拉普拉斯原则",其思想是,由于缺乏资料或其他原因,难以确定各自然状态发生的概率时,可采取平均主义的办法,即假设各自然状态发生的概率相等。此时如果有几种自然状态,则每种自然状态发生的概率为 $1/n$。然后,求出各方案的期望收益值,具有最大收益值的方案就是最优方案。

仍以上例作为例子,由于各方案可能面对的自然状态有 5 种,因此,5 种自然状态发生的概率均为 1/5,以此计算各方案的期望收益值分别是 $A_1:224,A_2:294,A_3:240,A_4:326.2,A_5:214$。比较各方案的期望收益值,方案 4 的期望收益值最大。因此,方案 4 为最优方案。

等概率决策法一般只适用于有限状态参数空间的情况,对无法估计的无限状态则无能为力。另外,等概率原则决策法是假设所有状态都有出现,且都以相等的机会出现,因此,这个假设很难与事实发展相符合。同时,等概率法掩盖了状态发生的主次,所以,决策者应区分情况运用此方法。

第三节 投资决策与风险分析

投资是为了取得更多的利润发生的资金支出。企业要生存和发展,就必然面临各种各样的投资决策,如:是实业投资,还是金融投资;是购买新设备,还是继续使用老设备;是购买公司股票,还是向业务伙伴控股投资等。因此,必须谨慎选择投资方式,对投资方案进行评价分析,并充分地估计投资风险,作出科学的决策。

一、企业投资的分类

根据不同的划分标准,企业投资可作如下分类。

1. 直接投资与间接投资

按投资与企业生产经营的关系,企业投资可分为直接投资和间接投资两类。直接投资是把资金直接投放于生产经营性资产,以便获得收益的投资,比如购置设备、兴建工厂等。在汽车运输企业等非金融企业中,直接投资所占比例很大。间接投资又称证券投资,是指把资金投入证券等金融资产,以取得利息、股利或资本利得收入的投资。

2. 长期投资与短期投资

按投资回收时间的长短,企业投资可分为短期投资和长期投资两类。短期投资又称流动资产投资,是指在一年内可收回的投资,具有时间短、变现能力强、流动性大等特点。短期投资是企业为保证日常生产经营活动正常进行而进行的投资,主要包括现金、应收款项、存货以及准备在短期内变现的有价证券等,长期证券如能随时变现亦可作为短期投资。长期投资是指一年以上才能收回的投资,主要是指对机器、设备、厂房等固定资产的投资,也包括对准备长期持有的有价证券和无形资产的投资。由于固定资产投资在长期投资中所占比例较大,因此,长期投资有时专指固定资产投资。企业的长期投资,尤其是固定资产投资,对企业的长期发展和长期盈利能力起着非常重要的影响。由于这类投资耗资巨大,回收期长,且难以实现,因而未来的影响因素多、风险大。一旦投资决策失误,改变决策或消除不良决策所造成的后果的成本较高。

3. 对内投资和对外投资

根据投资的方向不同,企业投资可分为对内投资和对外投资两类。对内投资又称为内部投资,是指把资金投在企业内部,购置企业生产经营所需各种资产的投资活动。对内投资又可分为维持性投资和扩张性投资两大类。前者如设备的更新和大修,这类投资一般不扩大企业现有的生产规模,也不改变企业现有的生产经营方向,对企业的前途不产生重大影响。后者是企业为了今后的生存和发展而进行的投资,如增加固定资产、新产品的研制开发等,这类投资或扩大企业的生产经营规模或改变企业的生产经营方向,对企业的前途会产生较大的影响。这类投资一般数额较大,周期较长,风险也较高,因而决策时应审慎行事。对外投资是指企业以现金、实物、无形资产等方式或者以购买股票、债券等有价证券的方式向其他单位的投资。对内投资都是直接投资,对外投资主要是间接投资,也可以是直接投资。对外直接投资即直接投资于其他企业,是指企业以现金、实物或无形资产等出资形式直接投放于其他经济实体,并参与其经营活动的投资行为。对外证券投资是指企业以购买股票、债券等有价证券方式向其他企业投资,以期获取收益或其他长远权利的投资行为,它属于间接投资。对外证券投资又可分为股票投资和债券投资两种形式。

4. 初创投资和后续投资

根据投资在生产过程中的作用,企业投资可分为初创投资和后续投资。初创投资是在建立新企业时所进行的各种投资。它的特点是投入的资金通过建设形成企业的原始资产,为企业的生产经营创造必要的条件。后续投资是指为巩固和发展企业再生产所进行的各种投资,主要包括为维持企业简单再生产所进行的更新性投资,为实现扩大再生产所进行的追加性投资,为调整生产经营方向所进行的转移性投资等。

5. 独立投资和互斥投资

根据不同投资项目之间的相互关系,可以将投资分为独立项目投资、相关项目投资和互斥项目投资。独立项目的选择既不要求也不排斥其他投资项目。若接受某一个项目就不能投资于另一个项目,并且反过来亦如此,则这些项目之间就是互斥的。若某一项目的实施依赖于其他项目,这些项目就是相关项目。

二、投资项目的决策

投资能为企业带来报酬,但投资是一项具体而复杂的系统工程,按照投资时序不同,可以分为事前、事中和事后三个阶段。事前阶段也称投资决策阶段,是整个投资过程的开始,也是最重要的阶段,此阶段决定了投资项目的性质、资金的流向和投资项目未来获得报酬的能力。

1. 投资项目的提出

产生新的有价值的创意,进而提出投资方案是非常重要的。新创意可以来自企业的各级部门。一般来说,企业的高层管理人员提出的投资多数是大规模的战略性投资,如兴建一个客运站;而中层或基层人员提出的主要是战术性投资项目,如运输车队提出更新车辆等。

2. 投资项目的评价

投资项目的评价主要包括:①将提出的投资项目进行分类,为分析评价做好准备;②估计各个项目每一期的现金流量状况;③按照某一个评价指标,对各个投资项目进行分析并根据某一标准排队;④考虑资本限额等约束因素,编写评价报告,并做出相应的投资预算,报请审批。

3. 投资项目的决策

投资项目经过评价后,要由企业的决策层作出最后决策。决策一般分为以下三种情况:①接受这个投资项目;②拒绝这个项目,不进行投资;③退还给提出项目的部门,由其重新调查和修改后再进行处理。

三、投资可行性研究

在市场经济条件下,企业的投资决策都会面临一定的风险。为了保证投资决策的正确有效,必须按科学的投资决策程序,认真进行投资项目的可行性研究。投资项目可行性研究的主要任务是对投资项目技术上的可行性和经济上的有效性进行论证,运用各种方法计算出有关指标,以合理确定不同项目的优势。

1. 投资可行性研究的内容

可行性研究是投资决策前对项目进行技术经济论证的阶段。具体说就是决策一个项目之前,进行详细、周全、全面的调查研究和综合论证,从而制定出具有最佳经济效果的项目方案的过程。它是一种包括机会研究、初步可行性研究和详细可行性研究三个阶段的系统的投资决策分析研究方法。在整个过程中要涉及经济、管理、财务、决策、市场调查等多个学科的知识,所以也可以将其称作是一门经济论证的综合性学科。可行性研究可分为三个阶段:机会研究阶段、初步可行性研究阶段、详细可行性研究阶段。

(1) 机会研究。机会研究是可行性研究的初始阶段,是项目投资方或承办方通过占有大量信息,并经过分析确定出发展机会,最终形成明确的项目意向(或项目机会)的过程。机会研究的包括地区机会研究、行业机会研究等。

(2) 初步可行性研究。初步可行性研究是介于机会研究和详细可行性研究之间的一个中间阶段,是在项目意向确定之后,对项目的初步估计和分析。研究的目的主要在于判断机会研究提出的投资方向是否正确。初步可行性研究的内容包括:机会研究得出的结论是否有发展前景;项目发展在经济上是否合理;项目发展有无必要;项目需要多少人、财、物资源;项目需要多长时间完成;项目进度与时间应该如何安排;投资成本与收益估算等。

(3) 详细可行性研究。详细可行性研究是在投资决策前对投资项目有关的工程、技术、经济、社会影响等各方面条件和情况进行全面调查和统计分析,为项目建设提供技术、生产、经济、商业等各方面的依据并进行详细的比较论证,最后对项目成功后的经济效益和社会效益进行预测和评价的过程。详细可行性研究主要解决四个问题:一是项目建设的必要性;二是项目建设的可行性;三是项目实施所需要的条件;四是进行财务和经济评价,解决项目建设的合理性。为解决上述问题,详细可行性研究主要研究的内容为:市场研究与需求分析;新产品方案与规模要求;生产条件和原料需求;工艺技术方案与安全分析;经济合理性分析;项目可操作性分析;项目实施风险分析;资源需求状况分析;经济效益和社会效益分析。

2. 可行性研究的分析方法

1) 投资回收期法

投资回收期(Payback Period,简称 PP)是指以项目的净收益来抵偿总投资所需要的时间,一般情况下越短越好。投资回收期因项目的类型、投资规模及建设周期的不同而不同。在同类项目中,投资回收期越短,该项目资金周转越快,资金利用率越高,相应的风险也就越小。投资回收期小于标准回收期,接受项目;投资回收期大于标准回收期,拒绝项目。

投资回收期法的优点是:①概念清晰,反映问题直观,计算方法简单;②这种方法不仅在一定程度上反映了项目的经济性,而且反映了项目的风险大小(投资回收期越长,投资风险越高,反之,投资风险则减少)。

投资回收期法的缺点是:①没有考虑资金的时间价值;②没有考虑回收期后的现金流,回收期的长短与项目现金流分布有直接关系,它只能反映回收期以前的现金流情况,不能反映项目整个生命周期内现金流量的大小;③标准回收期的确定具有主观性。

2) 净现值法

净现值是项目生命期内逐年净现金流量按资本成本折现的现值之和,一般用 NPV 表示。如果净现值大于零,表示该方案的收益除补偿投资费用并按规定的内部收益率取得正常报酬外,还有盈余,因而方案是可取的;如果净现值是负数,则表明不能获得正常的报酬,甚至不能补偿投资,因而是不可取的。进行投资方案比较时,净现值越大,经济效益越高。

3) 内部收益率法

内部收益率法是利用净现值理论,寻求项目在整个计算分析期内的实际收益率的一种技术经济方法。它是反映项目的获利能力的一种最常用的综合性的动态评价指标。内部收益率是指项目在计算期内各年净现值流量现值累计(净现值)等于零时的折现率。

测算内部收益率的步骤如下:①确定最小的内部收益率。根据方案的投资时间、地点、风险大小和有效期长短给予确定,作为评价经济效益的标准。②用最小收益率代入上式进行测算。如果测算结果,即各年现金净收入折算的现值总和大于投资总额 P,则说明该方案的内部收益率大于最小的内部收益率,是可取的;反之,则是不可取的。③如果计算结果公式右边大于左边,说明方案的内部收益率大于所试用的利率,则再用较高的利率试算;反之,则用较低的利率试算。如此反复进行,直到项目各年现金净收入现值之和等于或接近项目投资总额。这时,所用于试算的利率就是该方案的内部利率。④测算出的内部利率越大,经济效益越好。

内部收益率法的优点同净现值法一样,考虑了货币的时间价值,且用复利表试算也不复杂,特别是对于长期投资决策,其应用范围更广。但如果每年的现金净收放不相等,甚至有正有负,则难以求解。同时,内部收益率法是假定每年所获得的现金净收入用来再投资,且获利相等,这是不现实的。

3. 敏感性分析

1) 敏感性分析的意义

敏感性分析是指从众多不确定性因素中找出对投资项目经济效益指标有重要影响的敏感性因素,并分析、测算其对项目经济效益指标的影响程度和敏感性程度,进而判断项目承受风险能力的一种不确定性分析方法。敏感性分析的目的在于:①找出影响项目经济效益变动的敏感性因素,分析敏感性因素变动的原因,并为进一步进行不确定性分析(如概率分析)提供依据。②研究不确定性因素变动如引起项目经济效益值变动的范围或极限值,分析判断项目承担风险的能力。③比较多方案的敏感性大小,以便在经济效益值相似的情况下,从中选出不敏感的投资方案。

根据不确定性因素每次变动数目的多少,敏感性分析可以分为单因素敏感性分析和多因素敏感性分析。

2) 敏感性分析的步骤

进行敏感性分析,一般遵循以下步骤:①确定分析的经济效益指标,主要包括净现值、内部收益率、投资利润率、投资回收期等。②选定不确定性因素,设定其变化范围。③计算不确定性因素变动对项目经济效益指标的影响程度,找出敏感性因素。④绘制敏感性分析图,求出不确定性因素变化的极限值。

3) 单因素敏感性分析

每次只变动一个因素而其他因素保持不变时所作的敏感性分析,称为单因素敏感性分析。单因素敏感性分析在计算特定不确定因素对项目经济效益影响时,须假定其他因素不变,实际上这种假定很难成立。可能会有两个或两个以上的不确定因素在同时变动,此时单因素敏感性分析就很难准确反映项目承担风险的状况,因此必须进行多因素敏感性分析。

4) 多因素敏感性分析

多因素敏感性分析是指在假定其他不确定性因素不变条件下,计算分析两种或两种以上不确定性因素同时发生变动,对项目经济效益值的影响程度,确定敏感性因素及其极限值。多因素敏感性分析一般是在单因素敏感性分析基础进行,且分析的基本原理与单因素敏感性分析大体相同,但需要注意的是,多因素敏感性分析须进一步假定同时变动的几个因素都是相互独立的,且各因素发生变化的概率相同。

敏感性分析是一种动态不确定性分析,是项目评估中不可或缺的组成部分。它用以分析项目经济效益指标对各不确定性因素的敏感程度,找出敏感性因素及其最大变动幅度,据此判断项目承担风险的能力。但是,这种分析尚不能确定各种不确定性因素发生一定幅度的概率,因而其分析结论的准确性就会受到一定的影响。实际生活中,可能会出现这样的情形:敏感性分析找出的某个敏感性因素在未来发生不利变动的可能性很小,引起的项目风险不大;而另一因素在敏感性分析时表现出不太敏感,但其在未来发生不利变动的可能性却很大,进而会引起较大的项目风险。为了弥补敏感性分析的不足,在进行项目评估和决策时,尚须进一步作概率分析。

四、投资决策风险分析

1. 风险与报酬率的含义

风险是一个重要的经济概念,一般是指在一定条件下和一定时期内可能发生的各种结果的变动程度。例如,在预计一个投资项目的报酬时,不可能十分精确,也没有百分之百的把握。因为风险的产生于某一行为的不可控制,或对行为后果无法预测,或与不能准确估算直接相关。在理论上其分为风险和不确定性。

风险一般是指对未来情况不能完全确定,但对各种情况出现的可能性可以估算出来。不确定性则是对未来情况不仅不能确定,而且无法估量。但是,无论是风险还是不确定性,从财务决策角度来说,主要是无法达到预期报酬的可能性。因为在对不确定性作出决策时,也规定一个主观的概率对其进行定量分析,所以将风险和不确定性统称风险。

风险的概念一般在财务决策时使用,因此任何财务决策都应尽可能地回避风险,以减少损失,增加收益。但一些风险大的筹资或投资事项也照样会被接受,原因在于风险大的项目,可能带来很高的额外报酬,即因冒风险而得到的超过资金时间价值的报酬,这种额外的报酬通常称为风险报酬。风险报酬在一般情况下用风险报酬率(风险报酬额与投资总额的比例)表示。

企业拿投资人的钱去做生意,最终投资人要承担风险,因此他们要求期望的报酬率与风险相适应。风险和期望投资报酬率的关系为:期望投资报酬率 = 无风险报酬率 + 风险报酬率。

在财务决策时,如果风险已确定,则应尽可能选择报酬率高的方案;如果报酬率已确定,则要选择风险小的方案,使损失降到最低,收益达到最高。

2. 风险报酬率和风险报酬率的计算

在西方国家,人们通常只把国家发行的公债或国库券的利息获利率称为没有风险的货币时间价值。至于其他投资,由于或多或少都要冒一定的风险,因而它们的投资报酬率一般是货币时间价值(利率)与投资风险报酬(风险报酬率)之和。

由于投资风险具有不易计量的特征,因而投资风险报酬只有利用概率论的数学方法,按未来年度预期现金流入的平均偏高程度来进行估量。

案例分析　运输产品亏损时的决策

某汽车货运公司承运从西安到延安的百货业务,西安到延安的里程约320km,柴油价格约5.2元/L,车长6.8m,车辆百公里油耗约20L,车辆高速通行费约1.3元/车公里,每车每运次人员工资、管理费用、车辆折旧等固定费用约800元。返程时有一车货物,货主给出的运费为1500元/车,请问该公司是否应该承运该返程货物?

分析:西安到延安单车变动运输成本粗略估算为燃油费用+高速同行费,即:

变动成本 = $5.2 \times (320/100 \times 20) + 1.3 \times 320 = 332.8 + 416 = 748.8$(元)

西安到延安运输总成本 = 固定成本 + 变动成本,即:

运输总成本 = $800 + 748.8 = 1548.9$(元)

运输收入 = 1500(元)

虽然运输收入小于运输总成本,但高于运输变动成本。如果承运该返程货物,运输收入去掉变动成本还可以弥补固定成本的损失;该货运公司已经承运西安到延安的运输业务,如果不承运,车辆也要空车返回,固定成本依然发生,该货运公司反而会由于减少对固定成本的补偿而增加亏损。因此,即使货主给的运费低于运输总成本,但由于大于变动成本,该公司也应该承运该返程货物。

第六章　汽车运输企业市场营销

市场营销观念的出现，使企业经营观念发生了根本性变化。在激烈的市场竞争条件下，单纯的产品销售已不能适应市场竞争的需要，必须转变经营观念，做好市场营销。因此，提高企业市场开拓和营销能力，是企业经营管理的重要任务。

第一节　市场营销概述

一、市场营销

市场营销是指个人或集体通过交易其创造的产品或价值，以获得所需之物，实现双赢或多赢的过程。它包含两种含义，一种是动词理解，指企业的具体活动或行为，这时称之为市场营销或市场经营；另一种是名词理解，指研究企业的市场营销活动或行为的学科，称之为市场营销学、营销学或市场学等。

美国市场营销协会对市场营销下的定义为：市场营销是创造、沟通与传送价值给顾客，及经营顾客关系以便让组织与其利益关系人受益的一种组织功能与程序。

菲利普·科特勒对市场营销下的定义强调了营销的价值导向：市场营销是个人和集体通过创造并同他人交换产品和价值以满足需求和欲望的一种社会和管理过程。而格隆罗斯对市场营销下的定义强调了营销的目的：市场营销是在一种利益之上，通过相互交换和承诺，建立、维持、巩固与消费者及其他参与者的关系，实现各方的目的。

中国人民大学商学院郭国庆教授建议将市场营销的定义完整地表述为：市场营销既是一种组织职能，也是为了组织自身及利益相关者的利益而创造、传播、传递客户价值，管理客户关系的一系列过程。

二、市场营销观念

市场营销观念的演变与发展，可归纳为五种，即生产观念、产品观念、推销观念、市场营销观念和社会市场营销观念。

1. 生产观念

生产观念又称生产者导向观念，是指导销售者行为的最古老的观念之一，强调"以量取胜"。这种观念产生于20世纪20年代前。企业经营哲学不是从消费者需求出发，而是从企业生产出发，其主要表现是"我生产什么，就卖什么"。生产观念认为，消费者喜欢那些可以随处买得到而且价格低廉的产品，企业应致力于提高生产效率和分销效率，扩大生产，降低成本以扩展市场。它的存在以产品生产供不应求为条件，以大批量、少品种、低成本的生产更能适应消费者需求为前提。

2. 产品观念

产品观念是一种较早的企业经营观念。产品观念认为,消费者最喜欢质量高、性能好、功能多和具有某种特色的产品,企业应致力于生产高值产品,并不断加以改进。相比生产观念,产品观念更强调"以质取胜""以廉取胜",但本质上仍然是"我生产什么,就卖什么"。它产生于市场产品供不应求的"卖方市场"形势下。最容易滋生产品观念的场合,莫过于当企业发明一项新产品时。此时,企业最容易导致"市场营销近视",即不适当地把注意力放在产品上,而不是放在市场需要上,在市场营销管理中缺乏远见,只看到自己的产品质量好,看不到市场需求在变化,致使企业经营陷入困境。

3. 推销观念

推销观念诞生于20世纪20年代末至20世纪50年代前,是为许多企业所采用的另一种观念,表现为"我卖什么,顾客就买什么"。它认为消费者通常表现出一种购买惰性或抗衡心理,如果听其自然的话,消费者一般不会足量购买某一企业的产品,因此,企业必须积极推销和大力促销,以刺激消费者大量购买本企业产品。这种观念是在卖方市场向买方市场转化期间产生的,虽然比前两种观念前进了一步,开始重视广告术及推销术,但其实质仍然是以产定销的生产导向的营销观念。在大多数市场已变成买方市场的情况下,成功推销的前提,是在充分了解顾客、确定顾客需求的基础上设计并生产出符合顾客需求的产品。

4. 市场营销观念

市场营销观念是作为对上述诸观念的挑战而出现的一种新型的企业经营哲学,其核心原则形成于20世纪50年代。这种观念是以满足顾客需求为出发点的,即"顾客需要什么,就生产什么"。该观念注重市场需求对企业行为的影响,强调企业实现目标的关键是确定目标市场的需要和欲望,并能比竞争对手更有效地去满足。市场营销观念的出现,使企业经营观念发生了根本性变化,也使市场营销学发生了一次革命。

5. 社会市场营销观念

社会市场营销观念是对市场营销观念的修改和补充。它产生于20世纪70年代西方资本主义出现能源短缺、通货膨胀、失业增加、环境污染严重、消费者保护运动盛行的新形势下。由于市场营销观念回避了消费者需要、消费者利益和长期社会福利之间隐含着冲突的现实,因此社会市场营销观念认为,企业的任务是确定各个目标市场的需要、欲望和利益,并以保护或提高消费者和社会福利的方式,比竞争者更有效、更有利地向目标市场提供能够满足其需要、欲望和利益的物品或服务。社会市场营销观念要求市场营销者在制定市场营销政策时,要统筹兼顾三方面的利益,即企业利润、消费者需要的满足和社会利益。

三、市场营销过程

市场营销过程是指企业为实现企业任务和目标而发现、分析、选择和利用市场机会的管理过程,亦即企业与它最佳的市场机会相适应的过程。市场营销过程包括分析市场机会、选择目标市场、设计市场营销组合等步骤。

1. 分析市场机会

寻找和分析、评价市场机会,是市场营销管理人员的主要任务,也是市场营销管理过程的首要步骤。在现代市场经济条件下,由于市场需要不断变化,任何产品都有其生命周期,因此任何企业都不能永远依靠其现有市场过日子。正因为这样,每一个企业都必须经常寻找、发现新的市场机会。

在现代市场经济条件下,某种市场机会能否成为某企业的企业机会,不仅要看利用这种市场机会是否与该企业的任务和目标相一致,而且取决于该企业是否具备利用这种市场机会、经营这种业务的条件,取决于该企业是否在利用这种市场机会、经营这种业务上比其潜在的竞争者有更大的优势,因而能享有更大的"差别利益"。

2. 选择目标市场

市场营销管理人员发现和选择了有吸引力的市场机会之后,还要进一步进行市场细分和目标市场选择。这是市场营销管理过程的第二个主要步骤。市场细分、选择目标市场以及后来将要提到的市场定位,构成了目标市场营销的全过程。

3. 设计市场营销组合

市场营销组合是企业市场营销战略的一个重要组成部分。麦卡锡曾指出:企业市场营销战略包括两个不同而又互相关联的部分:①目标市场,即指一家公司拟投其所好的、颇为相似的顾客群;②市场营销组合,即公司为了满足这个目标顾客群的需要而加以组合的可控变量。所谓市场营销策略,就是企业根据可能机会,选择一个目标市场,并试图为目标市场提供一个有吸引力的市场营销组合。

市场营销组合是现代市场营销理论中的一个重要概念。市场营销组合中所包含的可控变量可概括为4个基本变量,即产品、价格、地点和促销。

市场营销组合中的产品代表企业提供给目标市场的货物和劳务的组合,其中包括产品质量、外观、买卖权(即在合同规定期间内按照规定的价格买卖某种货物等的权利)、式样、品牌名称、包装、尺码或型号、服务、保证、退货等。

市场营销组合中的价格代表顾客购买商品时的价格,其中包括价目表所列的价格、折扣、折让、支付期限、信用条件等。

市场营销组合中的地点代表企业使其产品进入和到达目标市场(或目标顾客)所进行的种种活动,其中包括渠道选择、仓储、运输等。

市场营销组合中的促销代表企业宣传介绍其产品的优点和说服目标顾客来购买其产品所进行的种种活动,其中包括广告、销售促进、宣传、人员推销等。

四、运输市场营销及其特点

运输企业市场营销,就是指在运输市场上通过运输产品的交换,满足运输需求者需求的综合性活动过程。它始于运输生产之前,贯穿运输生产活动的全过程:在提供运输产品之前,要研究旅客和货主的需要,分析运输市场机会,研究目标市场,从而决定运输产品的类型、运输生产组织形式以及运输范围和数量;在组织生产过程中,要合理选择、组合和调整运输产品策略、运价策略、客货源组织策略(促销策略)等,通过良好公共关系去实现运输生产过程;运输生产结束后,还要做好服务和信息反馈工作,不断满足社会运输需求,提高企业的经济效益。

第二节 运输企业目标市场选择

汽车运输企业为了更好地制定和实施市场营销策略,就必须根据旅客、货主需求的异质性对运输市场进行细分,并结合企业内部条件和在市场中的地位等因素选择企业的目标市场。

一、目标市场及其条件

目标市场就是企业准备以相应的产品和服务满足其需要的一个或几个子市场,是在市场细分的基础上,根据对各种因素的综合分析,在众多的细分市场上选择出的特定市场。目标市场选择,是企业将自身能力、条件与营销对象结合的过程,也是企业选择市场机会的重要内容。目标市场选择的目的是要明确企业应为哪一类用户服务,满足他们的哪一种需求。

一般来说,目标市场应该具备以下条件:①市场存在足够的潜在运输需求和相应的购买力。企业满足运输需求者的需求,不仅要有现实需求,更重要的是潜在的运输需求,因为它关系到企业的长期发展。从企业的经济效益来看,运输市场必须具有一定的购买力,即企业的运输产量能使企业达到预期的利润目标。相反,则不可能构成现实市场。②企业必须具有能力满足目标市场的需求。在整个运输市场中,有利可图的市场可能有许多,但不一定都能成为自己企业的目标市场,企业必须结合自己的资源条件和发展潜力,选择那些有能力予以保证满足的市场作为自己的目标市场。③企业必须在目标市场中有竞争优势。④该市场尚未被竞争者控制。本企业有充分把握取得竞争优势,有条件打入这一目标市场且有利可图。⑤该市场有无足够的吸引力。有一定规模和发展前景的市场,有时未必就是理想的目标市场。从经济效益角度出发,该市场应有利于企业获得较高的利润水平。

二、目标市场的选择过程

1. 运输市场细分

运输市场细分是运输企业选择目标市场的前提条件。所谓运输市场细分,就是运输企业通过辨明具有不同运输需求的旅客群或货主,将整体运输市场划分为不同类别的市场。同一细分市场中的不同旅客或不同货主之间有着某种或某些共同的特点,不同旅客(或货主)之间在运输需求方面的差别很小;而在不同细分市场之间,旅客(或货主)的运输需求则存在比较明显的区别。

(1)运输市场细分依据。对运输市场进行细分,必须有一定的依据或标准。运输市场细分依据因客、货运输市场的不同而存在一定的差异。

①客运市场细分依据。

客运市场的细分依据一般包括旅客的社会经济状况、地理环境、购买状况三方面,每一方面又包括一系列细分项目,主要有:地理细分,具体细分项目包括城市规模大小、农村、郊区、城镇、生产力布局、居住情况等。人口细分,即按照人口统计因素对客运市场进行细分,包括的具体变量有年龄、性别、职业、收入、受教育程度、家庭人口、家庭生命周期所处的阶段、国籍、宗教、民族、社会阶层等。人口统计因素是企业细分市场重要而常用的依据。行为细分,即根据旅客不同的需求行为对客运市场进行细分,其中需求行为包括的变量主要有习惯与偏好、需求动机、频率和价格等对服务要素的敏感程度等。

②货运市场细分依据。

货运市场细分标准是以用户(货主单位)为基础的。货运市场细分依据包括依据和具体项目,每一个项目又都是一个细分变数。货运市场细分的类型主要有:地理细分,即按照货主(用户)所处的地理位置、自然环境等对运输市场进行细分,具体变量包括国家、地区、城市、乡村、城市规模、不同的气候带、不同的地形地貌等。按照地理因素细分运输市场,对于了解不同地区用户的需求特点,开拓运输市场范围具有重要意义。用户细分,即按照用户单位的性质、规模等对运输市场进行细分,具体变量包括企业单位、事业单位、其他社会团体、个人等。按照用户状况细分运输市场,对于了解不同单位运输需求特点,提高运输市场占有率具有重要意义。行为细分,即根据货主不同的需求行为对运输市场进行细分。货主需求行为包括的变量很多。心理细分,即按照货主(用户)的心理特征或主观因素对运输市场进行细分。由于货主需求心理不同,即使居住在同一地区,具有相同人口特征的需求者对企业提供的运输产品的态度往往很不相同,心理因素十分复杂,主要包括生活格调、个性、需求动机、对运输服务特征的价值取向等变量。受益细分,即根据货主对运输劳务所希望获得的利益的不同或要求的不同对市场进行细分。由于不同的货主追求的具体利益和要求可能会不同,据此可以把需求者分成若干群体,并根据其需要开发出若干个具有某种特色,满足货主具体要求的运输服务方式。

(2)运输市场细分的有效性。汽车运输企业实施运输市场细分化策略,一般会涉及两个以上的变量。细分市场所采用的具体变量及其数量,实际上就是运输市场细分的有效性问题。为此,应从以下几个方面来衡量运输市场细分是否有效:

①可衡量性,是指运输市场细分的标准和细分后的运输子市场是可以衡量的。首先,用于细分运输市场的旅客和货主信息不仅能通过市场调研及时获得而且还具有可衡量性,否则这种特征资料就不能成为细分运输市场的标准;其次,细分出来的运输市场范围界定比较清晰,而且各子运输市场的规模以及购买力是可以估量的。为此,需要恰当地选择运输市场细分变量,这些变量应当是可以识别和衡量的。

②可实现性,是指细分后的运输市场需求,必须足以实现企业的目标。因此,企业在运输市场细分时必须考虑,选用某一细分变量后市场上运输需求者的数量及其运输需求能力和运输需求范围。

③可进入性,是指运输企业的资源条件和市场营销能力必须足以使企业进入所选定的运输子市场,并有所作为。可进入性主要表现在三个方面,一是企业具有进入这些细分市场的运输能力和竞争能力;二是企业能够把运输信息传递给该市场的运输需求者;三是企业的运输劳务能够通过一定的渠道抵达该市场。

④反应差异性,是指细分后的各个运输市场,对企业市场营销组合中任何要素的变动,能作出差异性反应。如果反应相同,说明细分无效。例如货物运输子市场对安全性、时效性、价格的敏感度不同,要求运输企业制定不同的市场营销组合。

⑤可盈利性,是指细分市场的运输需求者数量及需求力,足以使企业有利可图,并能够实现一定的经济效益,因此,有效的运输市场细分必须具有足够的运输需求规模和潜量、保证运输企业的盈利,否则细分对企业来说是无意义的。原则上讲,一个细分市场应该是适应企业为之设计,推出独立的市场营销组合的最小单位。

⑥可稳定性,各个细分市场的特征,在一定时期内能够保持不变,才有利于企业制定较长期的市场营销策略。变化过快的细分市场,企业难以把握其脉络,会增大企业经营风险。

2. 运输市场分析

(1)全市场分析。全市场分析一般可采用有效的运输产品-市场方格分析法。此法以

"行"代表所有可能的运输产品(或市场需求),以"列"代表细分市场(即用户或旅客群)。假如有一家运输公司,在分析其客运市场经营机会时,不论是企业现有的运输生产能力和现有的市场需求,都可得到不同程度的利益。该公司决定选择盈利性最高的目标市场,对客运市场及公司提供的运输服务类型作了详细分析,决定用旅客的收入和运输产品的类别两组因素细分市场。旅客收入分高、中、低三个层次,运输产品种类有普通客运、豪华客运两类,细分的结果,全市场会有六个细分市场。各个分市场列出了当年公司的经营实绩,以×××表示具体数字,具体分析见表6-1。

运输产品-市场方格分析表　　　　　　　　　　　　　表6-1

客运组合	旅客组合		
	高收入旅客	中等收入旅客	低收入旅客
普通客运	×××	×××	×××
豪华客运	×××	×××	×××

通过对全市场进行分析,可初步看出企业的目标市场所在。如果公司认为市场过大,无力全面顾及,可根据需要再一次细分市场。但值得说明的是,由于汽车运输生产具有点多、面广、流动、分散、随机性强等特点,因此不宜把运输市场分得过细、目标市场选得太多。

(2)分市场分析。各个分市场已经实现的营业额,不能说明分市场的相对盈利潜力。还必须进一步了解各个分市场的需求趋势、竞争状况及公司的实力,以决定取舍。

(3)市场营销组合与成本分析。目标市场确定以后,还要针对这个或这些目标市场,研究和制定一套市场营销方案。因为即使正确选择了目标市场,也不等于企业无须努力就会实现企业的预期目标。

3. 选择目标市场类型

企业在经过市场细分后,应根据本企业的运输能力、目标、资源和特长等,权衡利弊,然后决定进入哪个或哪些分市场。企业决定进入的分市场,就是该企业的目标市场。选择和确定目标市场范围,一般有五种类型可供参考,如图6-1所示。

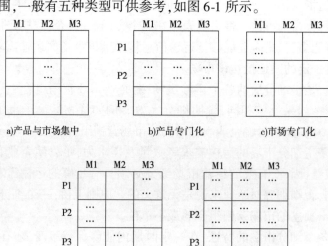

图6-1　选择目标市场的五种类型

注:P代表运输产品,M代表运输分市场。

(1) 产品与市场集中。企业的市场营销管理者决定全力只提供一种运输产品,满足某一顾客群,实行密集性市场营销。如图 6-1a) 所示,即只提供一种运输产品 P2,满足一个顾客群 M2。选择该种目标市场,是因为可能企业就具备了在该分市场获胜的必备条件;或者运输能力有限,只能在一个分市场经营;也许这个分市场没有竞争对手。这是规模较小的运输企业常用的策略。大企业采用这种策略,是因为初次进入某个市场,可以把这个分市场作为继续扩大市场的起始点。

(2) 产品专门化。企业只提供一种运输产品,向各类顾客或用户服务,如图 6-1b) 所示。企业只提供一种运输产品 P2,向各类顾客或用户(M1、M2、M3)服务,如很多运输企业就只提供一种运输产品,向各个地区、各阶层的旅客或货主提供服务,其间并不提供其他的服务。这种模式,不仅可以分散企业风险,有利于生产能力的充分利用,而且可以在某种运输服务中树立起很高的声誉。当然,如果这一领域出现很强的市场竞争,企业就会出现经营上的困难。

(3) 市场专门化。企业面对某一顾客群,提供他们所需要的各种运输服务,如图 6-1c) 所示。企业只面对(M1)这一顾客群,经营(P1、P2、P3)多种运输服务。这种模式也可以分散风险,并在这一类顾客中树立良好的声誉。例如许多大型的旅游汽车公司都是属于此模式。但是,如果旅游市场不景气或旅游人数下降,这些企业的收益就会下降。

(4) 选择性专门化。企业选择若干个分市场为目标市场,如图 6-1d) 所示。其中每个分市场都能提供有吸引力的市场机会,但彼此之间很少或根本没有任何联系,实际上就是一种多角化的经营模式,它可以较好地分散企业风险。即使企业在某个分市场失利,也能在其他分市场弥补。现实当中,很多运输企业实行了这种模式的经营战略。这种类型的目标市场往往是一种市场机会增长战略的产物。

(5) 覆盖整个运输市场。如图 6-1e) 所示,较大的企业,提供各种如图运输产品(P1、P2…),满足市场上所有的顾客群体(M1、M2…)的运输需求,以期覆盖整个运输市场。如很多大型的汽车运输公司采用的便是这种模式,这也是较典型的某些大公司为谋求领导市场而采取的策略。

第三节　运输产品策略

运输产品策略是运输企业市场营销策略的中心,是运输企业为了达到产品经营的长期目标,从发挥企业经营能力的优势出发而采取的运输产品决策。运输企业只有面向市场,按照市场的需求组织生产,生产适销对路的产品,才能经受住市场考验,才能生存和发展。

一、运输产品及其分类

1. 运输产品及其特征

运输产品,是由运输企业通过特定的运输手段、方法提供给运输市场,满足旅客和货物空间位移改变这一需求的服务。运输产品和其他物质产品相比,有其突出的特征。

(1) 非实体性。物质产品是实在的、具体的、有一定质量、外观和形体,运输产品却是无形的,即以服务的形式体现,其使用价值就是改变客货的空间位置。从数量上看,运输产品产量由复合的计量单位计量,即旅客运输产量用人·km,货物运输产量用 t·km 计量。运输产品产量的多少,不仅要看一定时间内被运送的服务对象的数量,也要看被运输的距离长短。从质量上看,运输产品的质量好坏完全体现在运输服务过程中,从托运、装卸、作业、运输、保管、交付全过程中,每一个环节,都体现着服务质量的内容。

(2)非储存性。由于运输产品不具实物形态,因而运输产品具有非储存性这一特点。运输产品不能储存,意味着它不像物质产品那样有生产、流通和消费之分,而是生产、消费在空间和时间上同时进行,即生产的时候,就是消费的时候。运输需求得不到满足时,无法通过产品流通或调剂来解决。运输产品不像物质产品那样,在预期市场供给短缺时,可以进行囤积,相反,在市场短缺时,受运输能力限制,只能失掉一部分市场,在市场供给过剩时,将面临运输能力的闲置。

(3)效用的一次性。运输产品生产和消费的同时性,使得它的效用对其消费者来说,只能满足一次性的消费。在每一次运输服务活动结束时,运输产品对消费者而言已经消失。因此,它不像大多数物质产品那样可以反复使用。从一般意义上看,一种产品的市场容量大小、市场寿命长短,在某种程度上取决于该产品耐用性的大小。越是耐用的消费品,由于其使用上的反复性,也就越容易达到市场饱和。相反,一次性产品则由于其用途上的一次性,其市场越不容易饱和。另一方面,具有较长期效用的产品,消费者在选择、购买时更谨慎、挑剔,任何选择失误,都会带来损失。一次性消费品,相对就不是那么受重视,即使一次选择失误,带来的损失也较小。

(4)同一性较强。从用途看,无论哪种运输方式、哪个运输企业或按哪一种服务形式等提供的运输产品,其基本功能都表现为旅客和货物的空间位移,这种基本功能上的同一性,必然引起运输方式之间、运输企业之间的替代性,进而形成了运输市场激烈竞争的局面。当然运输产品这种同一性只是相对而言,从运输需求的各个细小方面也可将运输产品区别开来,但是这种差异的形成,相对来说具有较大的难度。

2.运输产品的种类

1)按运输产品之间的销售关系分类

(1)独立品:是指一种运输产品的销售状况不受其他产品销售变化影响的运输产品。也就是说,一种产品能独立地满足运输消费者的某种需要。比如,旅客运输产品的消费增加和减少,不会影响货物运输产品的增加和减少,那么货运产品和客运产品属于独立产品。再如,尽管长途运输产品的消费变化会引起短途运输产品的变化,但短途运输产品的变化不会影响长途运输产品消费的变化,这种影响关系是单向的,因而短途运输产品相对于长途运输产品来说仍属于独立产品。

(2)互补产品:是指两种运输产品在用途上互为补充,只有将二者结合起来,才能满足消费者需要的运输产品。两种运输产品为互补产品时,一种运输产品的消费增加,必然会引起另一种运输产品消费的增加,反之亦然。如长途运输产品和短途运输产品,二者就属于互补产品。在长途运输产品消费增加时,由于长途运输离不开以集散客货为功能的短途运输,因而会引起短途集散运输产品的消费相应地增加。事实上,铁路、航空、水运长途运输产品和公路短途运输产品都属于互补产品。

(3)替代产品:即两种运输产品的用途相同,无明显的差别,因而二者之间在市场上存在着激烈的竞争关系,一种产品消费的增加,会引起另一种运输产品消费的减少。反之,一种运输产品消费的减少,会引起另一种运输产品消费的增加。比如,不同运输企业提供的相同运输产品都属于替代产品。

替代产品与互补产品是相互对立的概念。在市场中,替代产品之间表现出了明显的相互排斥性,而互补产品之间表现出了明显的联动性或共生性。

2) 按运输产品的特定用途分类

(1) 旅客运输产品。旅客运输产品即专门用来满足旅客空间位移改变需要的一种运输服务。根据旅客出行目的不同分为普通客运产品和旅游客运产品。前者主要用来满足旅客为了工作、生产、基本生活需要而发生的出行需求,在这种产品的消费过程中,旅客更多地关心位移改变这一基本用途。而后者则用来满足旅客因旅游而发生的出行需要,旅客不仅关心位移改变这一基本用途,而且更关心舒适程度、服务周到热情程度等精神方面的要求。

(2) 货物运输产品。货物运输产品即专门用来满足货物空间位移改变需要的一种运输服务。可按运输的货物特点分为普通货运产品和特殊货物运输产品。由于普通货物运输在装卸、运输工具的条件、运输过程以及保管、交付中,都没有特殊的要求,因而这些为普通货物运输提供的运输产品即为普通货运产品。而特殊货运产品则相反,它要借助特殊的运输工具、特殊的安全措施等进行运输,这就使其和普通货运产品相区别,如大件货物运输、危险货物运输、易腐货物产品运输等。

(3) 高时效性运输产品和低时效性运输产品。时效性是旅客和货物的时间价值所引起的,不同的旅客、不同的货物,对运输的时效性要求是不同的,因而在运输产品消费中的选择上也就不同。这就使运输产品根据时效性满足能力大小而区分为高时效性运输产品和低时效性运输产品。高时效性运输产品首先必须满足运输消费者对时间的要求,在此基础上也要满足其他方面的要求。要做到这一点,这种运输产品的提供者必须从技术手段、生产组织方式等方面采取特殊措施,否则难以更好地满足消费者的需求。而低时效性运输产品则对时间不作特殊要求,这种运输产品的提供者只要按正常的生产条件、组织方式进行运输劳务提供即可。当然,时效性大小不仅是相对的,也是不断变化的。

(4) 零担货运产品和集装箱货运产品。零担货运是相对于整车货运而言的,其一般具有一车多主、集零为整、分线运送、直达方便的特点,因此零担货运产品在满足一部分零担货主的运输需求方面有着独特的作用,这就使零担货运产品和其他运输产品相区别。集装箱货运是指利用集装箱作为集装单元,借助于现代化运输工具进行的一种货运组织形式。其突出的用途在于,货物的装卸时间短、效率高、货损货差少、节约包装材料、长途联运方便等,这些独立的优点是其他运输形式无法取代的。当然,特定的运输工具、装卸条件等也构成了集装箱运得以开展的基本要求。这些正是集装箱货运产品和其他货运产品相区别的关键所在。

对运输产品还可按其他方法进行分类,如按运输产品的需求弹性大小分为高需求弹性产品和低需求弹性产品。高需求弹性的运输产品,由于其对运价等因素的反应比较灵敏,所以当一些因素发生变动时,运输产品的需求量会发生较大幅度的变动。而对低需求弹性的运输产品来说,影响运输需求的有关因素发生变动时,运输产品的需求量不会发生大的变动。因此,这种区分,有助于运输企业根据不同运输产品需求弹性大小或稳定程度制定相应的市场营销策略。比如,对于高需求弹性的运输产品,可实行"薄利多销"策略,通过占有更多的运输市场来获得较高的运输总收益。对需求弹性较低的运输产品,可采用"厚利少销"的策略,即在这种运输产品需求量正常的情况下通过高价获得较多的收益。

3. 运输产品的生命周期

1）运输产品生命周期的概念

运输产品生命周期就是指某种特定的运输产品从提供给运输市场到被市场淘汰所经历的全部时间。理解运输产品生命周期或市场寿命这一概念时,只能从相对意义上来理解,即它始终与特定产品的定义相联系。比如,在满足人们生活需要的各种大类产品中,运输产品在满足人们生活需要上的必需程度是很高的,因此运输产品和粮食这类产品一样,其寿命是持久的,而不像其他工业产品,市场生命周期十分明显。但是,如果结合对运输产品所作的划分,不同种类的运输产品却有一定意义上的市场寿命问题。比如,不同运输方式的地位变化这一现象,其实是不同运输方式提供的特定的运输产品生命周期所引起的。又比如,新的运输产品的不断出现,也是运输产品市场寿命存在的体现,所不同的是只是运输产品的市场寿命长短、经历的阶段、表现的变化规律。

2）运输产品寿命周期的阶段

根据运输产品市场寿命周期的发展规律,运输产品也要经历从无到有,从小规模发展到大量普及,再到饱和,以至走向衰落的变化过程。一般情况下,产品的寿命周期分为四个阶段,即投入阶段、成长阶段、成熟阶段和衰退阶段,如图 6-2 所示。

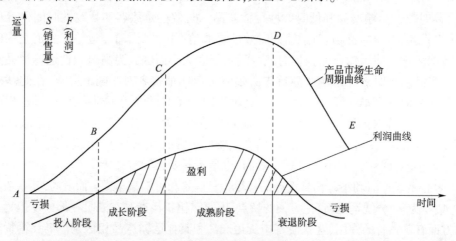

图 6-2 运输产品生命周期

当然,运输产品种类繁多,不同的产品种类,寿命周期经历的阶段、每一时期经历的时间长短也不同。但与其他工业产品相比,所有运输产品的周期阶段都较长。比如,铁路运输在整个运输体系中地位的下降(以其在运输市场中的占有率衡量),公路运输地位的上升,在发达国家经历了二、三十年之后,才显示出来。

3）运输产品寿命周期各阶段的特点

在投入阶段,产品处于初期发展阶段,消费者对运输产品在用途上的优势、价格、服务质量、服务方式等还缺乏足够的了解,原有的消费习惯、思维定式还未一下子改变过来,因此产品还不能被消费者所普遍接受和使用,销售量水平比较低。在成长阶段,产品的优势通过消费的体验和传播而得以充分发挥,销售渠道已经疏通,销售量提高,其他企业加入,市场竞争开始激烈。在成熟阶段,运输产量大,延续期长,成本水平得到了充分降低,市场趋于饱和,有部分企业开始寻求新的发展方向。在衰退阶段,生产能力与需求矛盾突出,新运输产品出现,有代替原有运输产品的趋势。

二、运输产品组合策略

1. 运输产品组合策略的概念

运输产品组合策略是指运输企业生产经营的全部运输产品的结构组成策略。运输企业根据运输市场、资源、技术等条件确定的经营范围,决定生产什么运输产品去占领运输市场。

运输产品组合包括运输产品的广度、深度和关联性。运输产品的广度是指一个运输企业有多少运输产品大类。运输产品的深度是指每个大类运输产品中有多少较细的运输产品品种。运输产品的长度是指一个运输企业的产品组合中包括的产品品种总数。运输产品的关联性是指一个运输企业所提供的各大类运输产品在最终用途、生产条件、销售渠道等方面的相互关联程度。运输产品组合广度与深度的关系如图6-3所示。

```
           ←———————— 运输产品组合广度 ————————→
    ↑    1. 货运产品        2. 客运产品        3. 相关服务
         1.1 普通货运       2.1 普通客运       3.1 住宿服务
   运     1.2 特殊货运       2.2 旅游客运       3.2 旅游服务
   输     1.3 长途货运       2.3 通勤客运       3.3 娱乐服务
   产     1.4 短途货运       2.4 驻厂客运       3.4 购物服务
   品     1.5 零担货运       2.5 快速客运       3.5 修理服务
   组     1.6 集装箱货运     2.6 包车客运       3.6 加工产品
   合     1.7 快件货运       2.7 长途客运        ……
   深     1.8 联运产品       2.8 短途客运
   度     1.9 搬家运输        ……
    ↓     ……
```

图6-3 运输产品组合图

产品组合的深度、广度、长度和相关性大小在市场营销中有着十分重要的意义。运输企业增加产品组合的广度,可以充分发挥运输企业在技术、人力设备等资源方面的潜力,有利于提高经济效益。同时,可以降低运输企业经营中的市场风险,有利于企业的稳定发展。因为增加运输企业产品的广度,意味着增加产品种类,扩大经营范围,甚至跨行业进行多元化经营,而这种经营方法正好利用了资源可以共享这一特点,特别是技术、设备方面的可共享性,使资源利用率大大提高。产品广度增大,还可以使市场景气程度不同的产品相互弥补,分散市场风险,达到"狡兔三窟"之效果。我国运输企业近年来通过多元化经营取得了良好的效果,也说明了合理增加企业产品广度的好处所在。增加企业产品的深度和广度,意味着运输企业产品的种类增多,服务齐全,因而不仅可以更好地满足市场不同消费者的不同需要,同时还能开拓更广阔的市场,提高企业在市场上的总体占有率;科学地安排产品组合的关联性,则有利于增强企业的实力,提高企业在地区、行业内的声誉。

2. 产品组合策略的种类

产品组合策略是企业根据各方面的因素对产品组合方式所作的决策。运输企业在产品广度、深度、关联性上的区别,使运输企业产品有不同的组合方式,因而也就有多种不同的产品组合策略。

（1）扩张型产品组合。即以运输企业现有的产品或市场为基础,利用技术、设备、人力、市场渠道、外部关系等方面的潜力,适当增加投入,扩大产品的广度,增加一个或几个产品大类。如客运企业可增加货运、运输工具修理及服务等。

（2）有限型产品组合。即根据企业在某些产品方面的突出地位和优势,集中生产经营有限的几类或一类产品,并依靠这类产品市场上的突出优势来确保市场占有率的不断提高。

（3）加深型产品组合。即在同一类产品内,增加产品的品种,加深大类产品的深度,通过产品的细化,满足各种需求者的各种需求以占有市场。

（4）多元化产品组合。这种组合实际上也是一种扩张型产品组合,所不同的是,构成这种组合的产品之间的关联性降低。如运输企业除生产经营运输产品大类外,还可生产工业品,以及开展吃、住、购物、娱乐服务等。

（5）差异性产品组合。即在运输市场细分的基础上,开发新的能满足不同需要的运输产品,形成具有各自特定用途的产品组合形式。

（6）特殊型产品组合。即根据生产要求、需求特点等,寻求用途特殊、市场需要的产品,利用企业的专长生产并提供给运输市场。

不同的运输企业在具体进行产品组合决策时,要根据消费者对本企业所提供的产品的认可和重视程度,确定一定的市场地位,即产品定位,从而培养产品特色,树立产品的市场形象。企业对产品定位的选择要通过评估及与同类企业产品的比较决定。

三、运输产品差别化策略

1. 运输产品差别化的概念

运输产品差别化就是指运输企业通过各种方法提供有差别的运输产品,以便使消费者将它和别的运输企业的同类产品相区别。产品差别化是在西方经济学中最先提出的,许多研究市场结构的经济学家,将市场按竞争充分程度分为完全竞争市场、完全垄断市场、垄断竞争市场和寡头垄断市场几种,其中认为在完全竞争市场这种理想型市场结构中,市场竞争程度最充分,当然也最激烈,但必须具备的必要条件之一是所有生产者提供的产品无任何差别。寡头垄断市场由于产品单一,也无所谓竞争。而这两种情况都是模型化的情况,在实际中,极普遍存在的则是垄断竞争市场,也就是产品之间的差异是普遍存在的。这方面的研究说明,一个企业控制某个产品市场的程度取决于他们使自己的产品差别化的成功程度。因此,产品差别化的实质在于制造市场壁垒,形成对产品在一定程度上的垄断,使企业在市场竞争中处于有利地位。

由于产品差别大小,有时是客观的、易于观察的,有时是主观的,更多地则取决于消费者的判断及消费偏好,甚至有时仅仅因提供同类产品的企业不同使消费者在消费时作出不同的选择。但是,不管差别有多大或有多小,要想做出一定程度的计量是十分困难的。现在人们通常用两类或两种产品之间的替代程度大小来测量。

2. 运输产品差别化策略

产品差别化对企业产品销路和提高市场占有率有着很大的影响。对运输产品来说,由于作为人们生产和生活消费中的一大类产品,其用途在总体上比较单一,不同企业之间竞争相对激烈,因此提供有差别的运输产品,更具重要的意义。由于运输产品之间的差别可以由种种因素所形成,因而也就可以通过各种方法来制造差别。不同的方法便构成了不同产品的差别化策略。

(1)通过运输服务质量的提高形成差别。这是运输产品差别化策略中最重要的一种。运输服务质量的好坏,能够通过许多方面来反映,如安全性、及时性、经济性、方便性、舒适性等。任何一个方面、一个环节的改变,都有可能形成自己产品的差别。如安全性,消费者固然不能详细了解运输安全的保障程度,但至少可以通过外在的条件很快作出判断,这个企业车辆的新旧、必要的技术措施、驾驶人员的形象等和别的企业相比如何,马上在脑子里形成不同的印象,从而选择自认为安全性高的企业为其服务。每一个消费者都这样做,必然使一些企业不被认可,这就是产品差别化的表现。再如及时性,即使所有运输企业在其他方面的条件都相同,但哪一个企业若能符合消费者的时间需要,哪一个企业就可以将它提供的运输产品和别的企业的产品相区别。方便性也是如此,假如在其他所有运输企业还没有开展上门服务、电话预约等方便运输消费者的措施时,其中一个运输企业最早做到了这些,它就形成了自己产品的特色。

(2)通过树立良好的企业形象形成产品差别。企业形象是企业在消费者心目中的总体印象,反映了消费者对不同企业的认可态度。消费者通过亲身体验、他人言传,或其他途径会对不同的运输企业在企业实力、服务质量、各种重大事件的记录,甚至对企业的某一个有影响的人物等,都会形成一个总体的认识。如果某个运输企业形象良好,比如讲信誉、服务周到、人员素质高等,消费者在这种印象之下,一旦需要得到运输服务时,会首先选择该企业。日常中的例子可以很好地说明这点。比如,由于一些从事旅客运输的个体和私营运输户乱要价、行车事故多等,消费者心目中一度形成个体不如国营运输企业的印象,因而,即使只是一部分个体和私营运输户造成的,但作为消费者不会一一去区别,这就使得许多国营运输企业在车辆上贴上醒目的"国营"字样,从而吸引很多旅客。

(3)通过宣传、公关形成产品差别。消费者的不同偏好以及对企业的不同认识,在很大程度上是由于接收的信息不完整、不充分或接受了错误的信息所引起的。因此,可以通过开展宣传公关活动,在更大的范围内宣传本企业产品的优点,以及本企业的服务内容、先进事迹、模范人物、技术水平、设施、设备质量、员工风采等,使广大消费者充分了解企业、了解企业产品的信息,提高企业在消费者心目中的地位,影响消费者对本企业产品认可态度的转变,这些都构成了形成产品差别的具体内容。从这一意义上说,企业所进行的种种宣传公关活动,从本质上仍未脱离产品差别化这一策略的范畴。

四、运输新产品开发策略

运输新产品是指比过去的或现有的运输产品在特定用途、服务形式、服务手段等方面较新的运输产品。为了避免新产品开发过程中的盲目性,合理地运用运输资源,保证新产品开发的成功,企业必须严格遵循新产品开发的程序。

1. 新产品构思

新产品构思就是对开发什么新产品的初步想法。在进行新产品构思时,应考虑企业内外部的条件。在生产技术条件方面,可以从新产品的用途、服务功能、技术要求、生产手段、服务方式、生产能力等方面考虑。在市场方面,可从服务对象、市场可能的需求量、需求特点、产品的功能与价格的关系、服务的途径、地区需求可能出现的变化等方面考虑。从新产品构思的主要来源看,包括消费者、科技人员、竞争对手、营销人员、代理商、企业管理人员等。消费者的需求是新产品构思的基础和出发点,他们在获得运输产品服务的过程中或之后,都会形成对现有运输产品的正、反两方面的看法,也会对未来应开发的产品形成他们的某些构思。如果企业通过访问、发调查问卷等方法,从消费者那里获取各种各样的看法、想法,哪怕是批评的意见,都有集思广益的效果。科技人员比其他人员更了解新技术发展的现状和前景,了解不同技术手段的具体用途和条件,具有较强的创新意识和思维能力,是企业进行新产品开发时可依靠的对象和合作者。竞争对手的成败是企业进行产品构思时的重要参考和例证,可以企业从中受到启发,从而形成新的构思。企业营销人员及代理商都处于市场竞争第一线,既了解企业自身的情况,又了解消费者的情况,特别是对消费者的意见、建议,甚至消费过程中的种种不满情绪和反映等,都能及时获得。因此,他们的构思往往最符合市场需要。企业管理人员能从长期的生产实践中了解产品的优势,以及从全面观察、阅读有关资料、思考中注意新产品的构思问题。除上述来源外,还可从大专院校、咨询公司、有关专业团体等处搜集有关的构思。

2. 构思选择

在获得了足够的新产品构思之后,要按一定的标准对其进行评价,研究其可行性,然后挑选出可行性高的构思,同时淘汰不可行或可行性低的构思。构思挑选的标准主要包括该产品是否有发展前途以及企业是否有这方面的实力和优势,具体涉及以下方面的分析:①市场需求量、价格、预期市场占有率、可能面临的竞争情况、预期收益率大小等;②企业的技术状况、生产能力状况、资金能力、营销能力、成本水平等;③产品与众不同的独立用途、质量效果、法律保障等。

企业在挑选产品构思的过程中,要避免"误舍"和"误选"。"误舍"是指由于不充分认识某种新产品的潜力和作用,而错误地决定将其舍弃,失去开发的良机;"误选"则是指将一种不良的构思付诸开发并投入市场,给企业带来损失。一般而言,根据损失程度大小不同,可分为三种情况:其一是彻底亏损,由于不被市场认可,需求量低,价格上不去,连可变成本也不能收回;其二是部分亏损,即只能收回成本;其三是相对亏损,即尽管能获取利润,但利润水平低,甚至不如老产品的利润率水平。因此,对整个构思挑选过程都应高度重视。

为了提高构思挑选的准确程度,通常采用许多评价方法帮助挑选,其中最常用的方法就是评分法。评分法的具体做法是:根据评估对象列项目,然后根据有关资料进行估计,最后计算加权后的总分,并按企业经营目标要求决定取舍。在采取这一方法时,必须注意的是,首先从评价人员上,应尽可能吸收各方面有经验的人员,使评分能反映更多的倾向;其次,评价项目的列举,要有代表性、全面性,防止对一些应评估方面的忽视;第三,按照各评分项目重要程度所规定的权数,应尽量建立在更为可靠的根据之上。

3. 形成产品概念

产品概念是指企业从消费者角度对这种构思所作的详细描述。企业内部形成的产品构思不一定都能为消费者所接受,同时,一种构思也会在消费者中形成不同的产品概念,企业要对发展出来的产品概念加以评价、分析,从中选出一种最好产品概念作为开发目标。选择的标准应考虑该产品概念的营销量、收益率、延伸产品、竞争中的特色和地位等。然后企业完整地将这一产品概念描述出来,说明该产品的特定用途、使用方法、价格、服务质量水平等,并请消费者评价,收集他们的意见,了解他们对该产品的认识、接受程度等,在此基础上,企业可作进一步的汇总分析,并加以改进。运输新产品的概念形成相对来说比较简单,特别是在产品概念的描述上,只要阐明基本的情况,消费者就可以清楚地对其产生认识。

4. 市场分析

市场分析是指财务盈亏方面的分析,其目的在于估计新产品销售、利润和收益率,并衡量该产品是否符合企业的经营目标。市场分析实际上是用来确定该产品有无发展前途的可行性分析,其具体内容包括:①销售额估计,即通过对目标市场情况做深入考察,结合类似产品方面的经验,对该产品的最低、最高总销售额作出估计,据此分析新产品的销售额能否达到企业的盈利目标。运输产品的销售额就是运输产品的产量,它最终由市场需求量决定,而不是由企业的实际生产能力大小决定。因此,所谓运输产品的销售额,实际上就是企业赢得的现实的市场运输需求量。②分析产品的市场寿命。由于每一种运输产品需求量都有由小到大,然后达到饱和,再到不足,直到淘汰的过程,所以市场寿命期限对产品的效益有着重要的影响,必须做全面估计。由于影响运输产品寿命的因素十分复杂,在估计运输产品寿命期限时,应注意的是,它更多地体现在市场对本企业产品的实际需求量上。③估计该产品未来成本、利润、收益率等。以上几个方面的分析存在密切的联系,必须结合起来进行。

5. 开发、试销

在这一阶段,主要是按开发要求和设想,准备有关运输设施、运输工具,培训相应的人员,初步形成可付诸实施的运输服务条件。试销,即先向市场提供小规模的运输服务,以接受市场的检验,其作用在于:①增进企业对产品销售之前的了解,分析试销产品的销售状况、市场形势,并与原定目标进行比较,以便确定目标市场。②在试销阶段能发现新产品的缺陷,寻求进一步改进的方面。③为制定营销手段提供依据。如果消费者对产品的用途、质量、价格、服务等比较满意,消费热情很高,说明该产品是成功的,应扩大供给能力,正式面向市场提供;反之,说明是失败的,应放弃这一产品。如果消费者对该产品的需求开始很大,继而减小,说明该产品还须做进一步改进或放弃。如果消费者初次需求量较小,但有逐渐增加的趋势,说明该产品本身开发前景良好,但须通过向消费者提供更多的信息,让其广泛了解并接受这一产品。

6. 重点发展

重点发展是指要增加投入,形成与开发要求相符合的生产能力,确保预期产量的实现;对前期试验阶段中出现的不足方面及时改进;进行适当的公关宣传,训练营销人员,寻求营销渠道,占领该产品市场。同时,确定该产品在企业产品组合中的地位,使其在发展中能得到应有的重视。

第四节 运输市场定价策略

企业产品的价格是影响市场需求和购买行为的主要因素之一,直接关系企业的收益。企业的产品价格策略运用得当,会促进产品的销售,提高市场占有率,增加企业的竞争力。

反之,则会制约企业的生存和发展。

一、运输产品价格原理

运输产品价格又称运输价格,简称运价。它是指旅客运输劳务和货物运输劳务的销售价格,是运输劳务价值的货币表现。

1. 汽车运输企业定价目标

由于受到资源等条件的约束,以及企业规模和企业管理方法的差异,企业可能从不同角度选择自己的定价目标。企业不同,即使是同一企业在不同时期和不同的市场条件下的定价目标也都存在差异。企业应根据自身的性质和特点,权衡各种定价目标和利弊而加以取舍。

(1)以利润为定价目标。利润是企业从事经营活动的主要目标,也是企业生存和发展的源泉。在市场营销中大多数企业就直接以获取利润作为制定价格的目标。

(2)以组客(货)数量为定价目标,是指企业以维持和提高市场占有率,巩固或扩大市场销售量为制定价格目标。该种定价目标使企业在定价时,把销售数量与价格通过分析需求价格弹性联系起来,从而可以保证价格制定的合理性。

(3)以对付竞争为定价目标。市场经济条件下,大多数企业对于竞争者价格十分敏感,常常以跟随市场价格为定价目标。该种定价目标下,有三种情形:

①当企业具有较强的实力,在该行业中居于价格领袖地位时,其定价目标主要是对付竞争者或阻止竞争对手,首先变动价格。

②当企业具有一定竞争力量,在该行业中居于市场竞争的挑战者位置时,定价目标是攻击竞争对手,削弱竞争者的市场占有率,价格定得相对低一些。

③市场竞争力较轻的中小企业,主观上都希望避免与同行企业间的价格竞争,因而一般不首先改变价格,以避免竞争。在无法避免的竞争中,则紧随市价作相应变动,以免处于不利地位和遭竞争对手的报复。

(4)以维护垄断利润,稳定价格为定价目标。垄断企业为保护市场垄断利润,维持市场垄断地位,极力保持由他们所控制的价格水平,不愿意随成本和市场需求的变动而变动。此外,西方经济理论认为,市场价格的变化会使消费者产生市场趋势难以捉摸的心理阴影,从而造成需求萎缩,影响企业的利益,因而这些垄断企业也尽力避免价格的频繁变动。

2. 汽车运输企业定价方法

(1)运输成本导向定价法,是指以产品(劳务)的总成本为中心,分别从不同角度制定对企业最有利的价格。由于该方法较为简便,故是企业最常用的定价方法。它可分为以下几种:

①成本加成定价法。它以运输总成本为基础,加上预期的利润来确定运价,运价和成本之间的差额,即为加成。常用成本利润率来确定预期利润,计算公式如下:

$$运价 = \frac{运输成本 \times (1+成本利润率)}{运输周转量} = 单位运输成本 \times (1+成本利润率) \quad (6-1)$$

采用加成定价法,优点是能确保企业达到目标利润,计算方便;其缺点是不能确切测定市场需求量;在许多情况下难以将总成本精确地分摊到各种运输劳务上去,因而真实性有限。

②单位成本加成定价法。它是指以单位成本为基础,加上预期利润,作为商品的销售价格。加成的量可以由企业根据市场环境及企业营销实力共同决定。

③变动成本加成定价法。它是以变动成本为基础,加上预期利润来制定运价,其计算公式如下:

$$运价 = \frac{变动成本总额 + 预期利润总额}{运输周转量} \tag{6-2}$$

使用这种方法的条件是企业固定成本不大,商品的市场生命周期较长而且又能占领市场,产品销售量较大。因为企业长期占有市场,且销售量较大,使得不大的固定成本分摊后数值偏小,所以这种定价方法是避免市场竞争、减小风险的一种方法。

④边际贡献定价法。边际贡献定价法亦称变动成本定价法,即价格超过变动成本的部分,这部分余额可首先用来弥补固定成本,完全弥补后有剩余,就是企业利润;如不能完全弥补,其未能弥补的部分就是企业亏损。这种方法适用于运输生产能力有余和回程利载货运等情况。

采用边际贡献定价,必然低于用全部成本定价的价格,但在市场供过于求的情况下,若用成本加成法,产品会推销不出去会使企业被迫停产,蒙受更大损失。用此方法定价,可以避免运输能力的闲置或浪费,为企业创造边际贡献,以减小企业对固定成本的负担。

⑤收支平衡定价法。它是运用盈亏平衡分析原理来确定价格水平的方法。该定价方法是指在已知固定成本、变动成本以及预测销售数量的前提下,通过求解盈亏平衡点来制定价格的方法。此方法应用简便,求出企业可接受的最低价格,即高于盈亏平衡点的价格,但采用时也存在测定销售量的准确性问题。

(2)需求导向定价法。需求导向定价首先考虑的不是成本,而是消费者对价格的接受程度。根据消费者的接受程度,选择一个最佳的价格水准,以便企业获得最多的利润。

①需求差异定价法。需求差异定价法是指企业根据市场需求的时间差、数量差、地区差、消费水平及心理差异等来制定价格的方法。如在市场需求大、需求旺季定高价,反之定低价;对需求数量大的消费者定低价,反之则定高价;对经济水平高的地区定高价,反之则定低价。

②权衡比较定价法。权衡比较定价法也称需求弹性定价法。一般说来,价格与利润成正比,但是如果考虑价格与销量的动态关系,在某些情况下,对于某些产品或劳务就并非如此。权衡比较定价法就是从这种动态平衡中,决定价格水平,使企业获取最大利润。如运输劳务这种产品,企业在定价时,就要考虑运价与客货运输量的关系。一般地讲,运价高则运输量减少,反之则运输量增加。而运输收入取决于价和量两个因素,运输产品的即时性要求定价时,注意运价与运输量的动态变化关系,制定出一个价格合适、运输工作量较大的运价,使企业取得最大的经济效益。

③逆向倒推定价法。逆向倒推定价法是先根据市场可接受的价格,计算本企业从事生产经营的成本和利润后,逆向倒推该产品或劳务价格的方法。这种方法不是以实际成本为主要依据,而是以市场需求为定价出发点,力求价格为消费者所接受。企业采用这种方法定价时,实质上的定价权是市场需求,价格变化的区间较小,在这种情况下,企业要想获取目标利润,必须大幅降低本企业的生产经营成本,只有这样,企业才会从中受益,否则,企业的成本过高,当市场价格确定后,就必须割舍目标利润,以维持市场需求价格水平。

(3)竞争导向定价法:是指以竞争产品的价格为基础,制定本企业产品价格的方法。如果竞争者的价格发生变化,虽然成本与需求量没有发生变化,也要改变产品的价格;反之,虽然需求与成本发生了变化,但由于竞争者的价格未变,企业也要维持原价。竞争导向定价并不一定要把价格定得同竞争者价格一样,而是要以对企业增加盈利提高市场占有率等有利为标准,制定高于或低于竞争者的价格。

如果企业产品在质量等方面不占优势,则竞争者的价格就是本企业产品价格的上限;如果企业产品在质量等方面占有一定的优势,则一定要实行优质优价,把价格定得略高于竞争者的产品价格。

①流行水准定价法。这种定价法以本行业的主要竞争者的价格为企业定价的基础。由于商品的行业平均成本不易测算和该商品的需求价格弹性及供给弹性很难预测,同时也为了避免在同行业内挑起价格战争,适合采用此法。这种方法既充分利用了行业的集体智慧反映市场供求状况,又能保证适当的收益,还有助于协调同行企业之间的关系。

②优质优价定价法。随着人民生活水平的改善,优质优价不仅是必要的,也是可行的,甚至是非常有利的。越来越多的事实表明,无论是耐用消费品还是非耐用消费品,不管人的吃穿还是住行,消费者大都愿意以高价购买和消费优质产品。除了收入较高的消费者愿意拥有高质量的产品或享受高质量的服务外,一般消费者由于缺乏选择商品的能力,也往往会得出"价高者必质优"的结论。但是必须注意,优质优价并不意味着可以漫天要价。一般地,优质产品的价格比同类竞争者产品价格高出为宜。

③渗透定价法。渗透定价法是为了打进新市场,提高市场占有率,或者排挤竞争者进入市场,提高市场占有率的定价法,它以能进入市场、打开销路为标准。初期价格可能低于成本,随着销路的增加,成本降低,价格逐步接近成本,占领市场以后再把价格定得高于成本,取得盈利。实行这种渗透价格,需要大量投资予以支持,迫使许多潜在的竞争对手不得不退避三舍。以低价格达到最高的市场占有率,并长期保持领先优势,是大企业常用的定价方法。

二、汽车运输企业定价策略

定价策略主要是研究价格在不同的约束条件下为达到定价目标应采取何种对策,也即要寻求实现目标的最佳途径。企业在一定内部条件的制约和市场竞争激烈情况下,为实现预期定价目标,必须讲求价格策略的应用。企业市场营销过程中的运价策略主要有以下几个方面。

1.运输新产品定价策略

运输新产品意味着企业开辟新的运输服务项目或采用新的运输组织服务方式。新的运输服务项目能否给企业带来预期收益,定价策略起着很重要的作用。常用的定价策略有高价策略、低价策略和满意定价策略。

(1)高价策略。高价策略就是在新的运输服务方式或项目开拓初期,把运价定得很高,以便在短时间内就获得最大利润,尽快收回投资。企业采用这种定价方法,主要是基于以下考虑:由于创造了一种对社会与用户非常适用的一种运输服务,开发投资应该在新产品进入市场的早期收回。当别的企业效仿时,企业已经获得纯利润了;如果运价定得太低,旅客或货主可能以其身价不高不愿如愿以偿;运价高一些,会给使用者以质量优、服务好的印象;如果发现定价高了,消费者不愿接受,改变策略,而实行低价比较容易。反之,如果开始定价过低,发现运输需求量大时再提价,就会影响营销。该策略的缺点是:投放市场初期定价过高,可能由于声誉尚未建立而阻滞销路;高价高利会引起激烈的市场竞争,使价格猛跌而丧失获利机会。国外把这种方法称"取脂"定价法或"撇油"定价法。

(2)低价策略。低价策略就是在新的运输服务项目投入市场时,把价格定得较低,使旅客或货主很容易接受,利用"价廉物美"迅速占领市场,取得较高的市场占有率,薄利多销,既能获得较大利润,又可防止潜在竞争者入市。这种策略适用于市场潜力较大,企业生产能力、规模较大的情况。企业采用这种定价策略的理由是:低价可以迅速地开辟运输市场,扩大市场份额增加利润;可以阻止竞争对手加入,有利于控制市场,使部分竞争对手望而却步,企业可以长期占据领先地位;着眼于长期获利,因为生产越多成本越低,近期看似乎无利可图,长期看利润可以稳定增长。这种定价策略的主要缺点是:低价策略如果发现价定得低,提价较难;企业在市场竞争中价格回旋余地不大;低价可能会产生身价不高的感觉而影响市场的开拓;投资回收期长。

(3)满意定价策略。满意定价策略是介于高价策略与低价策略之间的一种定价策略。这种策略容易使运输企业与旅客或货主双方面都满意,有利于运输市场份额的扩大。用户称之为"君子价格"或"温和价格"。由于高价策略对旅客和货主不利,容易引起旅客或货主的不满和抵制,从而引起激烈的市场竞争,因此具有一定的风险。低价策略定价过低,虽然对运输需求者有利,但企业在新的运输服务项目进入市场之初收入甚微,投资回收期较长。满意定价策略介于两者之间,既可以避免高价策略因价高而具有的市场风险,又可以避免低价策略因价低带来的困难。

2. 运输市场折扣与让价策略

折扣价格是一种让价策略。这种策略是通过价格折扣、让价等优惠手段,以吸引旅客或货主接受服务,加快资金周转,增加企业利润的策略。折扣价格主要有以下几种:

(1)现金折扣。企业为了加快资金周转,促使旅客或货主提前付款,对现付或提前付费的用户给予一定的价格折扣。在市场经济条件下,运输企业为了推销自己的运输劳务,在激烈竞争的环境中利用商业信用手段进行营销的活动屡见不鲜,在这种情况下,现金折扣策略对加快收款、防止坏账有很重要的意义。

(2)数量折扣。这是因用户托运货物批量大而给予的价格优待。数量折扣又分为累计数量折扣和一次数量折扣。前者规定在一定时期内,托运货物达到一定数量时会给予价格折扣;后者是规定每次托运达到一定数量时会给予价格折扣。

(3)季节折扣。企业为均衡组织运输作业,对淡季需求量较小时,给予一定的价格折扣。这种折扣类似于价格的季节波动。

(4)代理折扣。代理折扣是运输企业给运输中间商(如货运代理商)的价格折扣,以便发挥中间商的组货、揽货功能,提高企业的市场占有率。

(5)回程和方向折扣。运输企业为了提高运输工具的使用效率,减少运能浪费,对回程或运力供应丰富的运输线路与方向给予一定的价格折扣。

(6)复合折扣。在竞争加剧的情况下,同时采用多种折扣组合,构成复合折扣。

3. 运输市场心理定价策略

心理定价策略是指企业在定价时,利用用户心理因素或心理障碍,有意识地将运价定得高些或低些,以扩大市场占有率。主要的心理定价策略有如下两种:

(1) 分层定价策略。即在定价时,把同种运输分为几个等级,不同等级的运价有所不同。如在旅客运输中,可划分不同等级客位的票价;在货物运输中,针对不同车辆的技术状况等收取不同运价。这种运价策略能使用户产生货真价实、按质论价的心里感觉,因而比较容易被用户接受。

(2) 声誉定价策略。这是根据旅客或货主对企业的信任心理而使用的价格策略。在一段较长时期的经营中,有些运输企业在用户心中产生了威望,客观上使用户产生了"同质的运输劳务产生不同质的印象",对有威望和声誉的企业付出较高的运价,也是可以接受的。

4. 运输市场比较定价策略

运输企业在制定运价时,营销者都认识到高价未必能获得高利润,低价未必就一定少获利,低运价、薄利多运,营销者主动以低运价刺激运输需求,扩大营运工作量,增加总利润;高运价、厚利少运,高运价限制了部分运输需求,但单位周转量盈利率高,也能实现最大化利润。两种定价策略各有利弊,究竟采用何者,一般应考虑运输市场、运输需求价格弹性、运输产品质量、运输企业市场竞争强度、占有率,以及企业营销手段等因素。

5. 运输市场价格变动策略

运价制定以后,由于宏观环境变化和市场供求发生波动,运输企业应主动地调整价格,以适应激烈的市场竞争。调整运价策略主要有两种形式,即主动调整和被动调整。

(1) 主动调整。调整无非一是调低价格,二是调高价格。企业对运价进行主动调整,调低价格适用于市场供大于求、车辆闲置、企业市场占有率不断下降情况;调高价格则适用于市场供不应求、企业因非经营因素所导致的成本上涨等情况。

(2) 被动调整。被动调整是指在市场竞争对手率先调价后,本企业据此所作出的反应。一般来说,企业对调高价格的反应较容易接受,因为竞争对手在提价前已做过周密考虑,不到万不得已,任何企业面临众多的竞争对手都不愿意提价。因此,对于提价,本企业只要跟随提价即可。对竞争对手率先降价,企业反应一般较慎重,在通常情况企业有三种反应:①在竞争对手降价幅度较小时置之不理;②价格不变,但增加服务项目或加大折扣率;③跟随降价,这适应于竞争对手降价幅度较大的情况。

当然,提高价格和降低价格对企业都是有风险的,实际操作中较妥当的方法则是企业稳定价格策略。

第五节 运输产品分销渠道策略

运输产品分销渠道是运输企业市场营销组合的又一重要因素,它与工业产品分销渠道既有相同点,又有相当大的差别。了解汽车运输企业分销渠道的概念、功能和类型,选择正确、有效的分销渠道是做好运输市场营销的重要保证。

一、运输产品分销渠道

分销渠道是指产品或服务从生产者向消费者或用户转移所经过的路线。"渠道"很形象地表达了商品流通过程中的各个环节。运输产品是运输企业为用户(旅客和货主)提供的"位移"服务,是一种特殊商品,具有无形性、异质性、同一性、随机性等特点,其分销渠道与有形产品相比具有较大的差别,即运输服务的组织系统,是由向旅客或货主提供运输服务、具有共同目标、相关联的部分组成的系统,包括旅客和货主、运输服务提供者、运输中间商以及客货场站组织等,他们在运输产品分销渠道中各自发挥着自己的作用。

二、运输产品分销渠道的类型

1. 直接渠道与间接渠道

(1)直接渠道是指运输企业直接为运输需求者销售运输服务,从运输产品的卖方直接到运输产品的买方。大部分专业运输企业常采用此类分销渠道,其基本方式是双方按运输合同条款和条件,实现运输产品的销售过程。这种分销渠道的优点是:可以充分发挥企业组货人员的主动性和积极性;运输企业在同等条件下可以直接让利于货主单位,以保持与货主单位的密切联系;运输企业可以及时了解货主需求状态,掌握市场发展动态,及时反馈信息,有利于企业组货服务、市场调查、市场预测、经营决策等工作的顺利开展。直接组货也有一些缺点,主要有:企业相对组货工作量较大,且组货效率较低;组货人员多,相关设施设备亦占有一定资金等,所以组货费用相对较高。

(2)间接渠道是指运输企业通过中间商为运输需求者提供运输服务的销售方式。运输市场营销中的中间商,往往起着代理人或经纪人的作用,通过他们的作用,实现运输产品的销售过程。这种分销渠道的主要优点是:减少企业组货人员,提高组货效率,有利于扩大运输规模;货运代理商可以代运输企业结算运费、宣传和介绍运输企业的服务项目、服务方式等;货源组织相对稳定,并有利于企业组织均衡运输生产。但是,由于存在货运代理商,运输企业一般对其采用运价折扣,从而减小了企业的部分利益;另外,容易割裂运输企业与运输市场信息的直接联系,从而带来较大的市场风险。因此,利用间接组货渠道应注意与直接组货之间的配合,并注意寻求其他的组货渠道方式,以便收到最有效、合理、经济的组货效果。

2. 固定渠道与流动渠道

(1)固定渠道是指运输企业通过某种固定的服务场所实现运输产品的销售过程。这种渠道有两种形式:一是让旅客或货主到服务场所提供服务,如汽车客运站和汽车货运站,旅客必须前往上述场所接受需要的运输服务,实现其旅行目的;货主必须前往办理委托运输服务的各种手续和货物的托运手续。这种分销渠道适用于旅客运输、货物零担运输、集装箱运输等运输需求。二是把运输服务送到旅客或货主身边,如根据运输需求者的信息,上门取货(接客)和送货(客)到家,实现全程服务。汽车运输机动灵活、深入性好,适用此种分销渠道。

(2)流动渠道是指没有固定的服务场所,根据旅客或货主的需要随时随地提供运输服务,实现运输产品的销售过程。如城市出租汽车服务、应招客运服务、长距离客运中途服务、货运包车、租车服务、货运即时服务等都适用于此类分销渠道。

3. 长渠道与短渠道

市场营销中分销渠道的长短通常是指商品销售所经过的流通环节或层次的多少,层次多、环节多为长渠道,反之则是短渠道。运输产品的销售也存在着中间环节或层次,如货主将货物托运于甲货代,甲货代又托运于乙货代,乙货代将货物交于运输企业承运,中间经过两个环节,这种环节因企业从事运输业务、经营领域大小等不同而有所不同。一般而言,货物由货主手中到运输企业过程中的中间环节或中间层次的多少,称之为组货渠道的长度。在各种运输方式的联合运输中需要长渠道销售方式,而在某一运输方式的运输中尽可能采用短渠道方式,减少不必要的中间环节,提高销售效果。

三、汽车运输企业分销渠道选择影响因素

汽车运输企业分销渠道的形成是渠道中各成员相互选择的结果。每一渠道成员面临选择时,都会受到一系列客观因素的制约。

1. 运输产品因素

运输产品的性质、特点以及旅客或货主对运输的要求是影响组货渠道选择的主要因素。

(1)对时效性要求很高的运输服务一般采用直接分销渠道。如鲜活易腐、危险品货物的运输多采用直接组货方式,以减少因货代公司等中间商而造成的时间损失。

(2)新开辟的运输服务项目,不宜采用长渠道销售。因为货主对这类运输业务的服务质量、运输的时效性、运输价格等方面不甚了解,需要运输企业派出业务人员当面作出更进一步的介绍,同时,运输企业又需要直接、及时了解该运输服务在货主中的反应。若经由货代公司销售,一方面会因代理组织中的人员对新服务不甚了解而影响销售,另一方面会割裂企业与市场的直接联系,使得企业不能够及时、全面地掌握所需的信息,影响新服务的调整与改进。

(3)普通运输业务,由于经营时间长,运输规模大,货主较为了解,一般可采用多网点、长渠道组货方式。但如果批量大,或者某一货主对运输服务有着长期稳定的需求,可采用直接组货,以获得最佳组货效益,降低货运代理商的运价折扣。

(4)长大、笨重等特种货物运输由于需要专门技术、运输工具等,运输企业应该尽量采用直接组货,便于运输企业和货主在运输技术、装卸、包装要求等方面的及时沟通,保证运输生产的顺利进行。

(5)旅客运输业务、零担货物运输业务,由于流向分散、流量不集中,一般适用固定渠道。对零担快速运输业务、货物配送业务可采用流动渠道和固定渠道相结合的办法,更好地满足社会需求。

2. 运输市场因素

运输市场状况直接影响企业组货渠道的选择。

(1)市场范围的大小。一般市场范围越大,组货渠道就长;市场范围越小,组货渠道就短。

(2)货主集中程度。如果货主集中在某一地区,甚至某一地点(如工业区、港站等),应由运输企业直接组货;如果货主均匀分散在广大地区,则需要更多发挥中间商作用,采用长而宽的销售渠道。

(3)一次组货批量的多少。一次组货批量少,且重复进行组货的,宜采用间接组货;对货物批量大,组货次数少,组货工作量小的,可采用直接组货。

(4)运输需求的季节性。对一些季节性较强的运输需求,如农产品运输、时装运输等,一

般应充分发挥中间商的作用,以便均衡运输,不失销售时机,可以采用较长的销售渠道。

(5)市场竞争状况。通常,同类运输劳务与竞争者采取相同或相似的销售渠道;在市场竞争特别激烈时,选择多样化的组货渠道就成为企业获得市场竞争优势的策略之一。

3. 企业内部条件

企业内部条件会影响企业组货渠道的具体选择。

(1)企业的财力、信誉。财力雄厚、信誉良好的企业,有能力选择较固定的货运代理商组货。当企业运输组织专业化水平很高(如网络化经营、规模经营等)时,可以建立自己的组货网络,采取较易控制的短渠道;反之,就要更多地依赖货运代理商。

(2)企业的营销能力。有很强营销能力的运输企业,可以自行组货,采用短渠道或直接渠道;反之,就往往采用较长的渠道,以充分利用代理商的优势。

(3)企业控制渠道的愿望。有些企业为了形成自己的网络优势,有效控制分销渠道,宁愿花费较高的直接组货费用,建立较短而固定的渠道;也有些企业可能并不希望控制渠道,则可根据组货成本等因素采取较长而流动的分销渠道。

4. 经济形势及政策法规

这是企业选择组货渠道应考虑的一个重要因素。

(1)社会经济形势好,发展快,运输量增长高,组货渠道的选择余地大;出现经济萧条、衰退时,市场运输需求下降,企业就必须尽量减少不必要的中间环节,使用较短的渠道。

(2)国家政策、法律也会影响对组货渠道的选择。如专卖制度、反垄断法规、综合运输体系的建立等都对企业分销渠道的选择产生一定的影响。企业应根据一定时期的政策要求,调整分销渠道,适应社会经济发展的需要。

四、分销渠道决策过程

运输企业在设计组货渠道时,必须在理想的渠道和实际可能得到的渠道之间作出选择。这一决策过程一般要经过分析消费者需要、建立渠道目标、确定可供选择的主要渠道以及对其进行评估等几个阶段。

1. 分析消费者对渠道服务提出的要求

运输企业要了解在其选择的目标市场上旅客和货主需要什么样的运输服务,发生运输需求的地点、原因、时间和方式等问题;分析旅客和货主的这些需求特点对渠道成员提出的服务要求。这些要求通常表现在以下几个方面:

(1)运输需求的数量大小。要根据不同的运输量提供不同的服务。

(2)运输的时间性要求。旅客和货主对运输服务的时效性要求越迫切,销售渠道需要提供的服务水平越高。

(3)购买运输劳务的方便条件。客货场站及其代理商的数目及其分散程度,决定了消费者购买运输劳务的方便程度。为方便旅客和货物集散,要合理布局场站及选择代理商。

(4)运输劳务种类的多少。运输劳务种类越多,要求提供的渠道服务水平越高。

实际上,运输企业在设计销售渠道时,不仅要考虑旅客和货主希望的服务水平和内容,而且还必须考虑渠道提供服务的能力和费用。因为渠道服务水平的提高意味着渠道费用的增加和消费者承受更高的价格,如果消费者宁愿接受较少的服务而得到价格实惠,则选择服务水平低的渠道往往更容易获得成功。

2. 建立分销渠道目标

分销渠道目标也就是在企业营销目标的总体要求下,选择分销渠道时应该达到的组客(货)目标。该目标一般要求建立的组客、组货渠道至少应达到企业总体营销规定的组客(货)数量,同时使全部渠道费用降至最低。企业可以根据旅客和货主对运输服务的不同需求量和服务水平,划分出若干分市场,然后决定服务于哪些市场,并选择和使用最佳渠道。

3. 设计可供选择的分销渠道方案

假定运输企业已经有了明确的目标市场和理想的市场定位,下一步就是确认几个主要的可供选择的渠道方案。渠道选择方案由三个因素构成,即渠道的模式、中间商的选择以及渠道间的相互竞争与合作。

(1) 确定渠道模式。企业在设计销售渠道时,首先应确定渠道的各项特征。

① 要决定是直接组货还是间接组货。运输企业直接组货和间接组货各有长短,也各有其适用范围和条件,因此企业要从自身实力、经营方式、货物类型和市场状况,权衡各方面的利弊作出正确的选择。

② 要决定是采用长渠道还是短渠道。一般而言,组货渠道越短,运输企业保留的运输责任越大;反之,组货渠道越长,运输企业责任越小。但组货渠道越短,企业越能够控制运输价格和更多地了解货主各方面的要求,有利于企业更好地介绍和宣传企业运输服务项目,以便提高企业声誉和市场形象;组货渠道长,中间环节多,必然使货流速度减慢,运价层层加码,从而影响企业形象和企业经济效益。因此,企业采取长渠道还是短渠道,要视具体情况来决定,有时也可以采用长短结合的方式。

③ 要决定是采用固定渠道还是流动渠道。运输企业在决定组货网点及其功能时,根据其经营的运输项目、发展方向、经营实力选择不同的渠道。一般来讲,铁路、航空、水运企业适合选择固定渠道,汽车运输企业适合流动渠道,大型运输企业可采用固定渠道与流动渠道相结合的方式。

(2) 中间商选择策略。当企业的销售渠道模式确定以后,就要具体决定渠道对象,即要决定到底由什么样的中间商来代理本公司的运输劳务。这首先取决于运输企业需要中间商提供哪些服务,起什么作用;同时也取决于中间商是否同意经营、代理该项劳务。根据运输企业和中间商双方力量强弱的程度,强的一方选择权要大些。通常,运输企业选择决定具体中间商时,必须做好以下工作:

第一,选择中间商类型。企业首先要确定它可以利用的中间商类型。根据目标市场及现有中间商情况,可以参考同类劳务经营者的现有经验设计自己的销售渠道方案。如果没有合适的中间商可以利用或企业直接组货能带来更大的经济效益,企业可以设计直接渠道,即派出公司组货人员或设置自己的经营机构,直接组货。但在更多场合,尤其对公路运输企业而言,仍要采用有中间商参与的间接渠道,以克服现代社会大生产条件下供需之间的空间、时间、价格、信息以及供求数量、劳务种类等方面存在的矛盾。因此,辨明适合经销业务的中间商类型,显得十分重要。不同的劳务需要不同类型的代理商。企业制定间接渠道的备选方案时,通常首先考虑短渠道方案,即能否由一级代理组货,然后再考虑长渠道方案,即利用代理商逐级代理。此外,企业还应设法寻求更多创新的销售渠道方案,以扩大组货范围和数量,并可以减少竞争。

第二,确定中间商数目。运输公司必须决定在每一渠道层次利用中间商的数目。由此形成三种可供选择的销售渠道策略,即密集型组货渠道策略、选择型组货渠道策略和独家组货渠道策略。

①密集型组货渠道策略。即大量使用货运代理把企业的组货网点广泛分布在企业经营领地的各个角落,使货主可以随时随地及时办理货物托运手续,以方便货主来吸引货源。企业可以采用此种"地毯式"组货策略向其他地域范围延伸,扩大自己经营领地,占领很多的市场空间。

②选择型组货渠道策略。这是指运输企业在组货中,有选择地确定一些具有一定规模、信誉好的货运代理商为本企业组货。该策略通常为信誉良好的企业和希望以某些承诺来吸引代理商的新企业所采用。由于经销商数目较少,企业容易与他们形成良好的工作关系,得到适当的市场覆盖范围,提高控制力,成本也较低。

③独家组货渠道策略。它是指运输企业在特定的运输市场内仅仅选择一家货运代理商为本企业组货。通过授权独家代理,企业希望组货活动更加积极并能有的放矢,而且能在价格、促销、信用和各种服务方面对中间商的政策加强控制。对运输企业而言,这种策略仅仅适用于特种运输服务。

第三,渠道成员的权力与义务。运输企业与代理商结成一定关系,共同完成运输劳务的营销,必须确定渠道成员的参与条件和应负责任。

①运价政策。企业通过制定运价表,对于不同类型的中间商,给予不同折扣;或者对于不同的组货数量给予不同折扣。在制定折扣办法时,企业必须十分慎重,因为中间商对于他们自己和其他顾客应得的折扣十分敏感。运输企业必须确信其折扣可使中间商感到是公平合理和充分的。

②销售条件。销售条件包括付款条件和企业保证。在付款条件上,企业应有一定的折扣,对运输质量也应有保证,以保证代理商的利益和信誉。

③汽车站或代理商的地区权利。代理商关心企业打算在哪些区域给其他客户以特权,他们总喜欢把自己销售地区的所有交易都归功于自己,还希望在本领域的全部业绩得到运输者的承认,运输企业应予以明确。

④双方的权利和义务。通常通过制定相互服务与合作条款明确双方的权利和义务。对此应谨慎从事,特别是在选择特许代理和独家代理渠道时尤应如此,其相互提供的服务项目和各自应承担的责任规定应尽量明确、具体。

4. 评估分销渠道方案

在这一阶段,需要对几种初拟方案进行评估并选出能满足企业长期目标的最佳方案。评估方案可以从经济性、可控性和适应性三方面进行。

(1)经济性标准评估。主要是比较每一方案可能达到的组货水平及其费用水平。运输企业在评估采用本公司组货人员或通过代理商组货两种方案时,首先要考虑哪一种做法产生较高的组货量,其次要考虑每一渠道的组货费用。一般情况下,利用代理商的固定费用低于本企业设立销售机构,但随着组货额的增加,其费用上升速度也较快。

(2)可控性标准评估。利用代理商,可控程度较低。因为代理商本身是一个独立的组织,关心的是争取自身最大利润,而往往不太了解运输企业经营状况,也不会利用各种机会宣传运输企业,提高企业声誉。因此,渠道越长,控制问题越突出。对此需要进行多方面的利弊比较和综合分析。

(3)适应性标准评估。选择任何一种渠道,企业都会因承担一定的义务而丧失一部分经营灵活性,包括承担义务的程度和期限。

所以,在选定需承担长期义务的渠道时,应在经营或控制方面有非常优越的条件下方可予以考虑,以避免由此而丧失其他更好的渠道机会。

第六节 运输产品促销策略

运输产品的促销是企业市场营销组合的第四个重要因素。现代市场营销认为企业的营销活动只靠适当的产品、适当的销售渠道及适当的价格,还不足以系统地、有机地发挥作用。因为许多潜在的用户可能还不知道有这类运输企业存在,或者对运输产品的某些方面(诸如价格、结算方式、服务范围、运输安全、运输速度等)缺乏了解,所以很少选用此类运输产品。为了卓有成效地进行市场营销活动,运输企业还必须制定行之有效的促销策略。

一、运输产品的促销

产品促销对运输企业来讲就是组织客源、货源,是指运用各种促销手段和方法,向用户提供有关运输劳务的价格、质量、运送速度等信息,帮助用户认识运输劳务所能带给他的利益,从而引起用户对运输劳务的注意和兴趣,激发用户购买欲望,促进用户购买。

促销的实质是传递信息,目的在于扩大销售,手段是帮助或说服顾客,方式有人员推销和非人员推销。其中,非人员推销具体又包括公共关系、营业推广和广告三方面。

二、运输产品促销的特点

与工业企业产品促销相比,运输产品的促销活动在运输生产活动之前,是企业组织客源、货源的过程,其特点表现在以下几个方面。

1. 促销对象的非实物性

运输生产是以运输工具为载体,实现旅客与货物的空间位移,即运输对象是与运输工具一起运动的。制造业力求创名牌、保名牌,就是为了在创造和保持产品声誉的同时,创造和保持企业的声誉。交通运输由于其产品是无形的,在产品上是没法贴上商标的,而且消费过程随运输生产过程的结束而结束,产品无法保存,因此交通运输企业保持自己的声誉显得尤为重要,企业促销的一个主要内容就是要提高企业声誉这笔无形财富。声誉高的企业能更多地取得旅客与货主的依赖,也就可以吸引更多的顾客。声誉可以在旅客及货主心中产生心理价值,所以它是企业竞争的有效手段。

2. 促销活动与运输生产活动的不可分隔性

运输产品的生产和消费属同一过程的特点,决定了其生产过程也是产品的促销过程,而运输生产过程的安全性,决定着促销的成败。在运输过程中,若发生交通事故,车毁人亡,不仅带来经济上损失,而且也会影响企业的声誉。旅客和货主总希望自己的货物与性命得到绝对的保障,而不安全的因素将会在很长的时间里对旅客与货主造成心理的影响,使企业失去市场。因此,确保运输安全性是企业促销活动的重要任务。

3. 促销时的承诺需要在生产过程实现

运输产品的质量在促销时往往表现为一种承诺,需要在运输生产过程中实现。因此,旅客和货主对运输质量的预期要求若无法被满足,将使旅客和货主蒙受极大的损失,同时也会丧失运输企业在消费者心目中的声誉。由于运输过程中外部不可控因素很多,确保运输准时、快速和及时交货是企业促销对运输生产过程的要求。

4. 促销活动应注意潜在的运输需求

运输企业在创造和保持现有市场地位和信誉的同时,还必须努力做好宣传工作,让未来的、潜在的需求者了解企业的规模、技术、产品、经营范围、发展状况,为企业争夺未来市场打下基础。

5. 促销活动的服务性

一般产品研究内容主要有产品的生命周期、包装、售前售后服务、库存等,在很大程度上受产品实体限制。而运输企业的产品是旅客和货物的位移,品种比较单一,不存在产品更新换代,也没有库存与售后服务等工作,其不同时期的产品策略主要是确保企业信誉和提高运输服务质量。运输企业所谓老产品改进,主要是提高原有业务的服务质量;所谓新产品开发,则是运输企业根据市场需求而开展的新的运输项目。因此,企业对既有业务的宣传应放在安全、质量、服务等方面,借以提高企业声誉,吸引消费者。对新业务的宣传重点则应放在线路、运输工具和新的服务内容等方面,以刺激需求的增长,并从其他运输方式中吸引更多的运输需求。

三、运输产品促销的作用

1. 传递信息

企业进入市场或即将提供一种新的劳务时,就应及时将其运输服务的信息传递给市场,以便让代理商和消费者能了解该劳务的性能、特性及其与它相关的事项,引起市场注意。通过传递信息,把分散、众多的消费者与企业联系起来,便利消费者选择,使其成为现实的买主。

2. 刺激需求

通过运用促销的各种手段,不仅可以诱导需求,有时还能够创造需求。新的劳务进入市场时,促销活动的作用更为明显。当某种运输需求下降时,适当的推销活动,可以使需求量有所提高。例如,当铁路客运量下降时,通过宣传铁路服务质量的改善等促销活动,可吸引部分客源回拢。

3. 突出特点

与工业产品比较,运输劳务差别很小,消费者往往不易察觉。企业可以通过促销活动,重点宣传企业运输产品区别于竞争企业的特点,加深消费者和公众对本企业运输产品的了解,从而增加购买。例如,铁路运输公司应突出本公司运输劳务的安全经济;航空公司突出运输项目的快速、舒适;汽车运输企业应突出运输的便利、直达、"门到门"等。

4. 稳定销售

由于运输市场激烈竞争,企业本身组客、组货量可能起伏不定,企业的市场份额呈现不稳定状态,有时甚至可能出现较大幅度的下滑。通过实施有效的促销活动,企业可以及时得到反馈的市场信息,布局相应对策,加强促销的目的性,使更多消费者对企业运输劳务由熟悉到偏爱,形成对本企业运输劳务的选择动机,从而稳定组客、组货量,巩固企业的市场地位。

5. 开拓市场

不断提高运输质量和开发新的运输产品是企业得以壮大发展的重要基础。通过促销活动,企业能够不断地发现和开拓新的市场,培育新的产品,保证企业的发展。

四、运输产品的促销策略

1. 基本策略

按促销活动的运作方向来区分,所有的促销策略都可以归结为两种基本类型:推动策略和拉引策略。

(1)推动策略,是指以人员推销方式为主的促销组合,把商品推向市场的促销策略。推动策略的目的,在于说服代理商和消费者,使他们接受本企业的劳务,从而可以将它一层一层地渗透到销售渠道中去,最终抵达消费者。当运输企业急于进入目标市场或某种新运输项目即将进入市场时,可以采用此种策略。

(2)拉引策略,是通过以广告方式为主的促销组合,把消费者吸引到企业特定的劳务上来的促销策略。拉引策略的目的在于引起消费者的欲望,激发购买动机,从而增加销售渠道的压力,进而使消费者需求和购买趋向一层一层地传递到企业。如公路客运企业可以通过广告的方式吸引旅客专门挑选本公司的客运服务。

两种策略各适用于不同的情况。企业在经营过程中应根据客观实际的需要,综合运用两种基本的促销策略。

2. 具体策略

运输产品的促销活动无论是采用推动策略还是拉引策略,其实质都是客、货源的组织。

客源组织主要是通过客运站网络系统完成,在具体方法上采用多形式的售票策略,方便旅客,吸引客流,满足社会需求。具体的售票方式有以下几种:

(1)车站售票。车站发售车票,应分片、分段多设窗口,并实现昼夜售票。还应设特约售票窗口,增加客票预售业务。退票的规定应适当放宽,除开车前可以退票外,还可考虑允许在对应班次发车前改签以后班次或在发车后折扣改签或折扣退票。

(2)增设停车站点和售票亭、点。还可以增加早、晚客车班次,开辟新线,方便边远乡镇的通勤职工、居民和农民。

(3)网络、电话预约订票、售票。旅客可事先通过网络、电话等形式预订客票,并按时凭证件付款、取票。

(4)流动售票。这种方法一可解决旅客排队购票拥挤现象,二可以在参加乡镇集市、城市节假日、接运火车、班船旅客等运输时,为旅客解除后顾之忧。

(5)上门送票。即客运站、场在节假日组织人员直接深入厂矿、机关、部队、学校办理售票业务。也可以每天派专人赴宾馆、招待所、医院等有关单位定时售票。在客流量较大的客运旺季,该方法极能奏效。

货源组织相对比较复杂,归纳起来,主要是"摸""核""订""排""验""组"。"摸",即随时摸清本地区的货源变化情况和运输市场动态;"核",即核实调查资料、货源计划、市场信息,做到准确及时;"订",即签订运输合同,巩固货源基础;"排",即运用 ABC 分类管理法,合理安排运量,提出发运量计划;"验",即在受理货物托运前后,与发货单位一道临仓验货,落实货源,同时做好装卸安排与现场通道的落实工作;"组",即组织均衡交运,进行车货平衡、货流平衡,并及时组织装运,满足货主要求,树立企业信誉。具体组货策略有如下几种:

(1)"联运"统一组货策略。它是指由联运的组织机构直接提供货源。理想的"联运"可以统一组货、理货,统一分配货源、调派车辆,统一联系火车车皮或水运船只和泊位,统一核算收费。该方法从运输全过程考虑,可减少中间环节,简化运输手续,节省人力、物力及运输费用;方便货主及运输部门,是巩固和扩大货源、加强横向联合的好形式。

(2)组货会议策略。参加组货会议是运输企业获得充足货源的好机会。但是,组货会议往往对运输量、时间、质量提出较高的要求。为此,能否在这种会议上获得满意的货源,还主要取决于企业的运输生产能力、企业的声誉和信誉等。

(3)"插入法"组货策略。它是指运输企业派人参加(插入)与自身不直接相关的物资订货会或交易会,与购、销双方共同研究制定物资运输方案,并"插入"签署产、购、运"三角合同",当好产、购、销的运输参谋。"插入法"组货对组货人员的业务水平及能力要求较高,故应考虑选派经验丰富的组货人员。

(4)派员组货策略。它是指运输企业委派专职组货人员寻找客户的主动上门组货形式。这种方法起源于西方一些国家,一般称"派员销售",他们对一些生活消费品经常是走街串巷、挨门推销,效果一般比较显著。派员组货可以直接寻找并发现用户,并打开用户大门,扩大运输范围;具有很强的适应性和灵活性,针对用户需要,提供方便;能够及时收集运输市场信息并及时反馈;完成后征求用户的意见,以求及时改进。派员组货的主要特点是效率高、适应性强,但不易对组货人员进行管理和控制,组货费用较高。

(5)委托组货策略。所谓委托组货,就是通过签订合同,有偿委托其他单位(或个人)代替运输企业组货。委托的对象可以是宾馆、饭店、物资企业、仓库等部门,也可以是零担班车途经的小厂、小店。委托组货是弥补运输企业货源不足的辅助手段,必要时可以作为组货能力不足的补充。

(6)"运购结合"与"运销结合"组货策略。所谓"运购结合""运销结合",是指运输企业代替用户购、销产品而实现运输的间接组货形式,亦称"以运代购""以运代销"。运输企业以代购、代销为途径,以实现运输为目的,实行多种经营,是摆脱目前货源严重不足之困境的策略之一。

(7)优惠折扣组货策略。优惠折扣是运输企业为达到组货目的,在收费数额、时间和方式上采取的让步行为。优惠折扣有四种形式:数量折扣、熟客折扣、现金折扣、推广折扣。

案例分析　　京东物流春运公益营销

2019 年,京东物流华南分公司、腾讯大粤网联合众多政府部门、协会、学校和企业单位共同开展了一系列主题为"京心为你,送爱回家"的公益关怀行动(以下简称"项目"),将公益的目光聚焦到春运这项民生话题当中,唤醒年轻用户对于家的眷恋,对团聚的期待。

从 2019 年 1 月初的春运公益联盟启动仪式,到送票征集预热传播,高铁大巴春运直通车、爱心驿站、来穗团圆、致敬春运守护者等系列落地活动,再到后期收官传播,项目通过广东电视台、广州电视台、羊城晚报、南方日报、南方都市报、新快报等华南主流媒体和京东物流、腾讯新闻及所有合作方自有媒体构成的线上宣发矩阵进行广泛传播,历经 2 个多月,累计触达人次超过 3000 万,再一次让京东物流"有速度,更有温度"的品牌理念深入人心。

1. 唤醒用户乡愁,京东物流用"家"牵引用户情绪

京东物流以春节"回家"为切入点,面向大中院校的学生及社会人士等不同群体,分别以不同话题和调性拆除内心戒备的围墙,引发共鸣。

对于学生群体而言,"考试"和"回家"是每个寒假前最为棘手的问题。在活动的预热阶段,京东物流的一篇以"抢票比期末考还难?回家的票京东送你!"为题的短文,获得了广大羊城学子的转发。这篇文章仅仅数百字,却引用了微博上几位学子表达"对回家的期待,甚于考试的紧张"的心里话,一下子便抓住几乎所有学子们期末最焦虑的这两大关键点。紧接着,京东物流以"免费提供回家车票"的角色出现,雪中送炭,解决其中一个棘手问题,让学子们感受到京东物流的"温度"。

相较于学生,那些已经走上社会,远离家乡的人们对家有着更深的感情。针对这一部分群体,京东物流则是在腾讯新闻客户端、广东最生活微信公众号等线上发起了"说出你对家的心里话"的话题征集,泛起大众内心深处对于"家"的念想。话题征集上线当日,后台便收到超过 200 条留言,哪怕是寥寥数语,都能勾勒出那些在外打拼人们的辛酸与回家的温情。京东物流鼓励社会大众写出心里话,比起官方自己写更有温度,也极大地引起共鸣,消费者与品牌的距离也因此被拉近。

2. 春运场景全覆盖,温暖关怀 360°环绕

2019 年,京东物流华南分公司联手共青团广州市委员会、中国铁路广州局集团有限公司等多家单位和企业,通过开设 2 列"冬日暖阳"爱心高铁专列、6 列春运直通车爱心大巴,为 6 省 8 市的返乡人员提供 2000 多个座位。此外,还在十多条主要国道省道设置了 56 个爱心驿站,为自驾的返乡大军提供沿途补给关怀,让企业的温暖关怀 360°环绕在各个春运返乡场景,做到不留公益死角。

3. 打破"团聚"传统,搭载逆春运潮玩出新意义

最近几年,在浩浩汤汤的春运返乡潮中,出现了不少"逆流":长辈们离开家乡,来到孩子们工作的地方一起欢度春节,这种现象被称为"逆春运"。随着高速铁路网络不断完善,民众出行越来越便捷,逆春运的现象更加普遍。对此,在今年的项目中,京东物流华南分公司与广州团市委、广州青年报社打出了"来穗团圆——有你的地方就是家"的概念,针对逆春运现象专门定制一个"相聚广州过大年"的环节。

在这个板块,主办方在全国邀请 30 户来穗建设青年家庭来穗与家人团圆,让他们与家人广州"一日游";登广州塔,参观花城广场、广州图书馆,游珠江、逛花市,与志愿者共同书写新春楹联,在广州塔小蛮腰拍摄新春全家福,享用丰盛的团年饭,并收到主办方赠送的新春福利。这种别出心裁的方式,源于对春节期间那些因坚守岗位无法返乡的群体真正需求的深刻洞察,活动规模虽然不是很大,但体现出来的用心却向社会彰显出柔风细雨般的温暖,

正如大众心目中京东物流给人的配送体验一般。

4. 致敬每一位春运守护者,社会因公益更有温度

在公益营销大行其道的今天,品牌践行公益不再是利用弱势群体一味地"卖惨",如何打好"公益"这张牌,更好地提升品牌认知,发挥企业的社会价值,"人"才是真正的关键所在。

作为人类最大规模的迁徙活动,春运能够平稳进行,得益于乘务员、志愿者、快递员、驾驶员、售票员、环卫工人等群体的默默付出。京东物流走进这些幕后守护者,记录他们质朴的话语,定格他们勤劳的身影,制作出6张走心海报,让护航者们朴实而真切的情感通过社交媒体进行分发,勾起广大用户内心的钦佩与敬畏之情,促使越来越多的用户加入自行转发的队伍中,形成几何传播的态势。因而,京东物流的春节公益营销来得更加丰满充实。

京东物流华南分公司的"京心为你,送爱回家"爱心项目,聚焦"春运"这个兼具社会性与热点性的话题,深度洞察不同群体的需求及习惯,紧贴600万来穗建设者们对于回家的复杂情绪,联合腾讯大粤网、腾讯新闻、新快报、羊城晚报等各大华南主流媒体,搭建线上传播矩阵,以海报、新闻、视频等形式,多层面报道本项目,铺陈"回家"的情感基调,不断强化"温度"品牌理念。这次公益活动,不仅让京东物流在春节营销过程中脱颖而出,更为品牌的公益营销提供了很好的范本。

第七章　汽车运输企业人力资源管理

人是运输生产活动中最活跃的因素,人力资源是一种特殊而又重要的资源,是各项资源中最为关键的资源,也是会对企业产生重大影响的资源。企业为了实现其经营目标,必须通过一整套行之有效的科学方法,择优聘用企业职工,合理组织劳动生产,严格考核程序和标准,努力创造良好的工作条件与生活环境,充分发挥职工的工作积极性、主动性与创造性。

第一节　人力资源管理概述

企业人力资源管理是对企业人力资源规划、招聘、培养、使用等各项工作的组织管理。掌握现代人力资源管理的基本概念、基本职能和主要内容,是指导企业人力资源管理实践、有效开展企业人力资源管理的基础。

一、人力资源管理的含义及特征

1. 人力资源的含义和特征

"人力资源"一词从 20 世纪 70 年代开始作为一个管理词语出现,随着人们对其认识的不断深化,人力资源有了非常丰富的内涵。从社会学的角度来看,人力资源指的是一定时空范围内的人口总体所具有的劳动力的总和。它偏重的是数量概念和"劳动力""劳动资源"等以人的体能为主的含义。从企业管理的角度来看,人力资源是指企业可以利用且能够推动企业发展的具有智力劳动和体力劳动能力的劳动者数量的总和。

人力资源与其他资源一样也具有物质性、可用性、有限性。人力资源的物质性是指有一定的人口,才有一定的人力,一定的人力资源必然表现为一定的人口数量;可用性是指通过对体能、知识、技能、能力、个性行为特性与倾向(如人格、价值观)的使用可以创造更大的价值;有限性是指人力资源有质和量的限制,只能在一定的条件下形成,只能以一定的规模加以利用。此外,人力资源作为一种特殊的经济资源,有着不同于其他经济资源的特征,表现在以下几个方面:

(1)能动性。能动性指人在生产过程中居于主导地位,在生产关系中人是最活跃的因素,具有主观能动性。在社会化生产中,其他资源只是被动参与其中,只有人力资源可以充分发挥自己的主观能动性,积极地调整其他资源的配置使其满足既定目标。人对自身和外部世界有着清晰的看法,能对自身行动作出选择,具有调节自身与外部关系的社会意识。这种意识使人在社会生产中居于主导地位,能够让社会经济活动在一定程度上按照人类自己的意愿发展。

(2)时效性。人力资源的形成、开发、使用都具有时间方面的限制。从个体的角度看,作为生物有机体的人,有其生命的周期;而作为人力资源的人,能从事劳动的自然时间又被限定在生命周期的中间一段;能够从事劳动的不同时期(青年、壮年、老年),其劳动能力也有所不同。人力资源所表现出的知识、技能等要素相对于环境和时间来讲是有时效性的,不及时更新就难以满足外部条件变化的要求,长期不用就会荒废和退化,人的知识和技能得不到使用和发挥就可能过时。

(3)再生性。人力资源是一种可再生资源,其再生性是指人口的再生产和劳动力的再生产,通过人口总体内个体的不断替换更新和劳动力得到补偿后的再生产的过程得以实现。此外,人的创造力可以通过教育培训以及实践经验的积累不断成长。

(4)社会性。人力资源不同于其他经济资源的一个显著特征就是社会性,具体表现在未来收益目标的多样性和外部效应的社会性。人力资源处于特定的社会和时代中,不同的社会形态,不同的文化背景,都会反映和影响人的价值观念、行为方式、思维方法。人力资源效能的发挥受其载体的个人偏好影响,除追求经济利益外,还追求社会地位、声誉、精神享受以及自我价值实现等多重目标,在追求过程中,其效能的发挥不仅会带来生产力的提高和社会经济的发展,还会产生很多社会性的外部效应,如人的素质的提高会增加社会文明程度、保护并改善自然环境等。

(5)自控性。人力资源的利用程度由人自身控制,积极性的高低调节着人的作用和发挥程度。事实证明,带着恐惧和不满心理工作,人的潜力是不可能得到充分发挥的。

2. 人力资源管理的含义和特征

人力资源管理是指为实现企业的经营目标,利用现代科学技术和管理理论,不断地获得人力资源,并对所获得的人力资源进行整合、激励和开发,充分发挥人的积极性、能动性,使人尽其才、事得其人、人事相宜的一系列工作。此含义可以从以下两个方面理解,即:

(1)对人力资源外在要素进行量的管理。对人力资源进行量的管理,就是根据企业人力和物力及其变化情况,对人力进行招聘、培训、组织和协调,使企业人力、物力保持最佳比例和有机的结合,充分发挥最佳效应。

(2)对人力资源内在要素进行质的管理。对人力资源进行质的管理,主要是指采用现代化的管理方法,对人的思想、心理和行为进行有效的管理(包括对个体和群体的思想、心理和行为的协调、控制和管理),充分发挥人的主观能动性,以达到企业的目标。

人力资源管理的特征可以归纳总结为以下几方面:

(1)人本特征。人力资源管理采取人本取向,始终贯彻员工是组织的宝贵财富的主题,强调对人的关心、爱护,把人真正作为资源加以保护、利用和开发。

(2)专业性和实践性。人力资源管理是组织最重要的管理职能之一,具有较高的专业性,有着很细的专业分工和深入的专业知识。人力资源管理是组织管理的基本实践活动,是旨在实现组织目标的主要活动,具有高度的应用性。

(3)双赢性和互惠性。人力资源管理采取互惠取向,强调管理应该是获取组织的绩效和员工的满意感与成长的双重结果;强调组织和员工之间的"共同利益",并重视发掘员工更大的主动性和责任感。

(4)战略性和全面性。人力资源管理聚焦于组织管理中为组织创造财富、竞争优势的人员的管理上,是在组织最高层进行的一种决策性、战略性管理,是对于全部人员的全面活动和招聘等全过程的管理。

(5)理论基础的学科交叉性。采取科学取向,重视跨学科的理论基础和指导,对其专业人员的专业素质提出了更高的要求。

(6) 系统性和整体性。采取系统取向，强调整体的对待人和组织，兼顾组织的技术系统和社会心理系统，强调运作的整体性。

3. 人力资源管理的基本职能

人力资源管理是对企业人力资源的规划、招聘、培养、使用等各项工作组织管理，其基本职能是：①获取，通过制定人力资源规划，招聘与录用企业需要的各种人力资源。②整合，合理组织企业人力资源，设计员工的职业生涯确保其职业发展，实现人与企业的协同。③激励，是人力资源管理的核心，包括绩效考评、薪酬设计等工作。④调整，对企业人力资源的晋升、调动、奖惩、离退、解雇等工作。⑤开发，是指企业员工的培训与继续教育、员工的有效使用，以使他们的潜能得以充分发挥，最大地实现其个人价值。人力资源管理主要职能之间的关系，如图7-1所示。

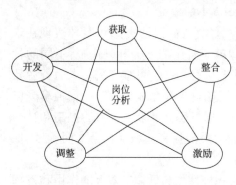

图7-1 人力资源主要管理职能的关系

二、人力资源管理的意义和目标

在科学技术迅速发展及市场竞争的强大压力下，越来越多的企业认识到，竞争将日益表现为人才的竞争，企业的成功将越来越依靠更好地吸引、留住和激励有用的人才，因而企业的人力资源管理对企业越来越具有战略性的意义。有效的人力资源管理能够吸引人才，充分发挥人的潜能，提高劳动力素质，促进生产力发展，提高企业经济效益。

关于人力资源管理要达到的目标，不同学者有不同论述。总的来说，人力资源要达到的目标是：帮助企业向社会提供所需的产品与服务，使企业在市场竞争中生存和发展，把企业所需的人力资源吸引到企业来，并将他们保留在企业内，调动他们的积极性，开发他们的潜能，来为本企业服务，实现企业既定的目标。具体包括以下几个目标：①保证人力资源的数量和质量得到满足。企业发展的基础是"人"，因此"人"的数量和质量都很重要。同时，要能最大限度提高员工的工作积极性，激励其努力工作。②营造良好的人力资源环境。帮助员工梳理职业生涯规划，通过教育、培训营造员工能充分提升自己并发挥潜能的环境，是确保企业人才能够人尽其才的关键。③实现价值评价和分配的公平合理。根据公平理论研究，员工会关注自己的付出与得到是否成正比。因此，价值评价的公开透明，分配过程的清晰合理至关重要。④维持企业的持续发展。人力资源是企业获得竞争优势的关键，不仅要保证内部人力资源的有效配置，创造人才发挥作用的环境，还要注意内部人才的持续培养和外部人才的利用。

三、人力资源管理的原则

1. 系统组合原则

人力资源管理必须把企业内部与人力资源管理有关的工作有机地组合在一起，建立起相互支持和相互制约的工作机制，并正确处理好与企业内部其他系统的协调关系，以实现人力资源系统效能的发挥。

第七章 汽车运输企业人力资源管理

2. 整体效能原则

企业是由众多的目标、任务和工作构成的,不同的目标、任务和工作,对人员素质的要求不同。管理者应清楚这些工作的性质和要求,并知人善任,充分了解员工素质的差异性,做到避其所短,用其所长,尽可能将每个人安排在最适合的岗位上,使人员之间达到知识、能力、性格、年龄和关系等方面的优势互补,以利于企业人力资源整体效能的发挥。

3. 公平竞争原则

公平竞争能产生激励作用,激励员工提高自身素质,提高劳动积极性。在人力资源管理中,公平竞争反映在很多方面,如人员的录用,要在严格考核的基础上择优录用;人事任用上要做到选贤任能,德才兼备,避免任人唯亲;用人要做到用人不疑,在合理任用的基础上,要信任下级,放心大胆地使用;各类人员的晋升与奖惩,要以客观工作实绩为主要依据等。

4. 培养和使用相结合原则

企业在用人过程中要处理好培养与使用的关系,这实质是当前利益与长远利益的关系问题。培养人才,才可能做到选拔优秀人才和合理使用人才。没有系统的学习和丰富的实践,人员素质得不到提高,选拔和使用人才也就失去了基础。在用人问题上既要考虑当前利益,又要兼顾长远利益,对培养、选拔和使用都要予以足够重视,使三者成为合理用人的完整过程。

5. 激励强化原则

人的行为产生于一定的动机和需要的基础之上,管理者要充分发掘人的潜力,调动人的积极性就必须采取有效的激励措施。通过外在激励,引导人们从事各种工作。通过内在激励,使工作本身具有吸引力,使员工努力谋求上进,并充分发挥自己的才能。

6. 动态管理原则

现代企业面对的外部环境以及内在条件都是动态变化的,要求人力资源管理适应这种动态变化。要善于根据企业生产经营的实际需要,对岗位和人员进行动态调整,灵活调节人力资源;要做到合理用才,促进人员的合理流动;对人力资源的使用要留有余地,管理要有弹性,使人力资源能够得到合理的使用和保护等。

四、人力资源管理的内容

企业人力资源管理是一个动态性、连续性很强的行为,但又是具有阶段性的活动,由若干个环节所组成,其基本内容包括盘点人力资源、制定人力资源规划、人员招聘与甄选、人力资源培训与开发、人力资源的激励以及绩效评估等,如图7-2所示。

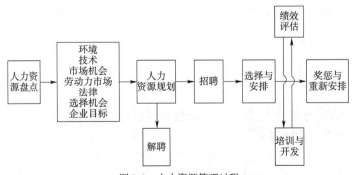

图7-2 人力资源管理过程

第二节 人力资源规划与招聘

一、岗位分析

岗位分析又称为工作分析,就是企业在确定组织机构设置之后及实施人事安排之前,对企业各项工作岗位或职务的性质、任务、责任、权利以及担任各项工作的人员应具备的基本条件所进行的系统分析和研究。

1. 岗位分析的基本术语

岗位分析的基本术语有:工作要素、任务、职责、职位、职务、职务分析(岗位分析)、职务描述(岗位描述)、职务规范等。

(1)工作要素:工作中不能再分解的最小动作单位。

(2)任务:为了达到某种目的所从事的一系列活动,可以是一个或多个工作要素。

(3)职责:任职者为实现一定的组织职能或完成工作使命而进行的一个或一系列的工作,是指由一个个体操作的包括一定数量的任务的工作,或者说是一个人担负的由一项或多项任务组成的活动。

(4)职位:根据组织目标为个人规定的一组任务及相应的责任,即担负一项或多项责任的一个任职者所对应的位置就是一个职位。职位与个体是一一匹配的,有多少职位就有多少人员。

(5)职务:指具有明显相似职责的一组职位的集合,这些职位的性质、类别、任务、完全相同,完成工作所需要的条件也一样。

2. 岗位分析的内容

岗位分析包括两个方面的内容:一是确定岗位的具体特征,即岗位描述;二是找出岗位对任职人员的各种要求,即任职说明。

(1)岗位描述,主要内容包括工作名称;工作关系,直接上级、直接下级;工作主要责任,一句话概括该岗位的工作职责;工作内容,详细说明该岗位的工作内容;工作条件与环境;聘用条件与晋升机会。

(2)任职说明,主要内容包括一般要求,包括年龄、性别、学历、工作经验;生理要求,包括健康状况、力量与体力、运动的灵活性、感觉器官的灵敏度;心理要求,包括观察力、集中能力、学习能力、分析与解决问题的能力、交际能力、性格与气质、事业心、合作能力、领导能力等。

二、人力资源盘点

1. 人力资源盘点的含义

人力资源管理把人真正作为资源加以保护、利用和开发。人力资源盘点是指用清点、衡量、对账等方法检查现有各类人员的数量、结构和质量的一系列工作。

2. 人力资源盘点考虑的因素

(1)外界的挑战。结合本行业本企业的实际发展状况,对当前及今后一个时期国内外政治经济社会环境的发展趋势、科技进步的程度、同业竞争的状况,作出科学的分析和判断。

（2）公司经营决策。根据经营目标及策略订立人力需求表。按公司运行需求的急迫性、优先级，制定有效的人力规划政策，既能提供足够的、有效的、低成本的人力资源，又照顾现有员工的权益及发展。

（3）人力变动因素。年度员工流动率、缺勤率、退休、开除、辞职、死亡，每位员工每月平均加班小时数等因素，都要列入考虑范围。

（4）人力来源及人力成本。掌握最便捷、最适合及成本最低的人力资源，评估各项招聘渠道的可行性及成本分析。

（5）技术/技能需求。技术/技能需求包括工作分析、技能类别性质、技能等级标准、技能训练、技能评鉴考核、技能证照等。

（6）工作量分析。从企业预定的年产量或营业额或销售量，去推算需要的直接人力，再以竞争者的模范标杆作为计算间接人力的参考，加上人力变动的因素，求出企业实际运作需要的人力。

（7）工作重新设计或安排，包括升迁、调动、改组、训练等。

3. 人力资源盘点的内容

依据盘点工作侧重点的不同，可以将人力资源盘点内容分为以下几个方面：

（1）人事信息盘点。人事信息盘点是人力资源盘点的基础工作，主要是对员工年龄、学历、职称、专业等人事信息的统计分析，有助于直观认识企业人力资源的结构。要按照部门和职位分别对任职者的年龄、性别、教育程度、工作年限等因素进行统计，制作"职位结构分析表""年龄结构分析表"（部门-年龄维度、职位-年龄维度）、"人力资源数量分析表"（部门-数量维度、职位-数量维度）、"教育程度与人力资源成本分析工具"等，并以图表的形式表示出来。

（2）人力资源能力盘点。能力是衡量企业人力资源实力的一个具有说服力的指标。因此，业务能力分析、人际关系能力分析、成就能力分析等反映人力资源现实性和发展性的能力盘点比单纯学历、职称盘点更重要。要找出企业目前拥有以及未来需要的关键技术与关键能力，并建立追踪员工能力现状及其发展性的管理系统，制作"人力资源能力分析表"（部门-专业维度、职位-专业维度），并将技术与能力盘点与招募、培训、晋升等人力资源系统结合。需要注意的是，技术与能力盘点不是一次即可的解决方案，而是持续的过程，能力盘点要及时更新，才能符合企业发展的需求。

（3）人力资源政策盘点。只有解决了政策和机制问题，人力资源盘点才会为人力资源管理奠定坚实的基础。对企业现有人力资源管理政策进行梳理，判断人力资源管理政策的系统性和有效性，分析相关政策是否有助于现有人力资源的保留和开发，是否能够支持企业战略目标的实现。依据企业发展战略，对现有人力资源政策进行梳理和修正。

（4）人力资源心理状态盘点。个性测试、心理测验是人力资源盘点的一项重要内容。对员工的行为进行预测，不仅有利于做好人力资源规划工作，也可为企业制定有针对性的政策、采取相应的管理措施提供参考。企业应逐步建立员工心理档案系统，用科学的手段了解企业员工的个性特征、行为偏好等情况（例如对员工进行职业人格类型测验、职业能力倾向测验等），通过观察和研究员工个性与离职率以及其他管理因素之间的相关关系，制定合理的人力资源规划，有的放矢地制定各项管理制度，引导员工行为导向符合企业期望的行为方向。

4. 人力资源盘点的方法

根据人力资源盘点内容的需要，可以采用文献查阅法、问卷调查法、潜能测评法、业绩调查法等不同的方法。

(1) 文献查阅法。查阅企业整体战略规划数据、企业组织结构数据、财务预算数据、各部门年度规划数据等相关资料。整理企业人力资源政策、薪酬福利、培训开发、绩效考核、人力资源变动等方面的数据资料，并提炼编报。

(2) 问卷调查法。人力资源部门根据企业经营战略计划和目标要求以及人力资源盘点工作进度计划，下发相关调查表，在限定工作日内由各部门填写后收回。在人力资源盘点工作进行期间，各部门应该根据业务需要和实际情况，及时、全面地向人力资源部门提供有关的信息数据。人力资源管理部门工作人员应该认真吸收接纳各部门传递的信息。

(3) 潜能测评法。潜能测评关注的是员工比较稳定的个性和能力特征，而个性和能力是影响个人业绩的重要因素，也是影响企业核心能力是否持久并不断创新的基础因素。潜能测评的主要方法有面谈、心理测验和情景测验等。

(4) 业绩调查法。通过业绩调查，除了分析关键人才的综合能力与表现外，还能够发现业绩不佳背后的根源，为改进人力资源政策提供一手的资料。进行业绩调查，不仅要查阅员工的业绩档案，还可以对其上级主管进行深度访谈。此外，为了更准确地把握员工能力，还可以运用360°反馈技术，征询同事或客户的反馈，获得大量有价值的信息。

5. 人力资源盘点的步骤

(1) 成立人力资源盘点工作小组。人力资源盘点工作小组由总经理和各部门主管、人力资源规划专职人员组成，总经理担任组长，人力资源部经理任执行副组长。在进行人力资源盘点工作之前，通过对全体员工作充分的动员，说明人力资源盘点工作的意义和重要性，要求各部门员工积极配合，客观、详实地提供相关资料数据。

(2) 制定人力资源盘点计划。人力资源盘点是对企业人力资源现状的认识与分析，是其他人力资源管理工作的基础，也是一项比较耗时的工作，所以必须做好进度计划，保证人力资源盘点工作及时、顺利地进行。

(3) 收集、整理资料信息。在进行正式的人力资源盘点前，必须全面收集、整理相关的资料信息，力求全面认识企业人力资源现状。资料信息可以通过查阅现有的档案资料、发放调查问卷、访谈等途径获得。

(4) 统计分析相关资料。人力资源部门负责对资料进行分析整理，以数据、图表等形式，直观、清晰地描述组织人力资源状况。

(5) 撰写分析报告。在收集、整理完毕所有资料之后，人力资源部门安排专职人员进行统计分析，制作《××年度企业人力资源环境描述统计分析报告》，由企业人力资源审核小组完成报告的审核工作，并报请企业经理审核批准。

三、人力资源规划

1. 人力资源规划的含义

人力资源规划是指根据企业的发展目标，科学地预测企业在未来环境变化中人力资源的供给和需求状况，制定必要的人力资源获取、利用、保持和开发策略，确保企业对人力资源在数量上和质量上的需求,使企业和个人获得长远利益。

2.人力资源规划的作用

(1)有利于企业制定战略目标和发展规划。人力资源规划是企业发展战略的重要组成部分,同时也是实现企业战略目标的重要保证。

(2)确保企业生存发展过程中对人力资源的需求。人力资源部门必须分析企业人力资源的需求和供给之间的差距,制定各种规划来满足对人力资源的需求。

(3)有利于人力资源管理活动的有序化。人力资源规划是企业人力资源管理的基础,它由总体规划和各种业务计划构成,为管理活动(如确定人员的需求量、供给量、调整职务和任务、培训等)提供可靠的信息和依据,进而保证管理活动的有序化。

(4)有利于调动员工的积极性和创造性。人力资源管理要求在实现企业目标的同时,也要满足员工的个人需要(包括物质需要和精神需要),这样才能激发员工持久的积极性,只有在人力资源规划的条件下,员工对自己可满足的东西和满足的水平才是可知的。

(5)有利于控制人力资源成本。人力资源规划有助于检查和测算出人力资源规划方案的实施成本及其带来的效益。要通过人力资源规划预测企业人员的变化,调整企业的人员结构,把人工成本控制在合理的水平上,这是企业持续发展不可缺少的环节。

3.人力资源规划的内容

人力资源规划包括两个层次,即总体规划和各项业务计划,具体内容见表7-1。

人力资源规划的内容 表7-1

规划类型	目 标	政 策	步 骤	预 算
总体规划	总目标:绩效、人力资源总量、素质、员工满意度	基本政策:如扩大、收缩、稳定等	总体步骤:(按年安排)如完善人力资源信息系统	总预算:××万元
人员补充计划	类型、数量对人力资源结构及绩效的改善等	人员标准、人员来源、起点待遇等	拟订标准、广告宣传、考试、录用	招聘、选拔费用:××万元
人员使用计划	部门编制、人力资源结构优化、绩效改善、职务轮换	任职条件、职务轮换、范围及时间	—	按使用规模、类型及人员状况决定工资、福利
人员接替与提升计划	后备人员数量保持、改善人员结构、提高绩效目标	选拔标准、资格、试用期、提升比例、未提升人员安置	—	职务变化引起的工资变动
教育培训计划	素质与绩效改善、培训类型与数量、提供新人员、转变员工劳动态度	培训时间的保证、培训效果的保证	—	教育培训总投入、脱产损失
评估与激励计划	离职率降低、士气提高、绩效改善	激励重点:工资政策、奖励政策、反馈	—	增加工资、奖励金额

续上表

规划类型	目标	政策	步骤	预算
劳动关系计划	减少非期望离职率、雇佣关系改善、减少员工不满	参与管理、加强沟通	—	法律诉讼费
退休解聘计划	编制、劳务成本降低、生产率提高	退休政策、解聘程序等	—	安置费、人员重置费

4. 人力资源规划的程序

人力资源规划编制的基本程序如图 7-3 所示。

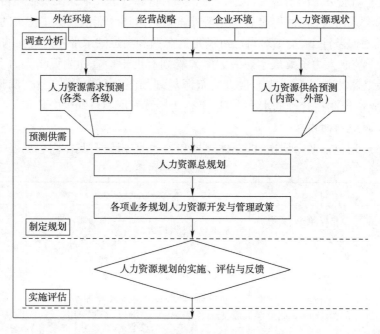

图 7-3 人力资源规划编制流程

（1）调查分析准备阶段。这一阶段主要是调查研究以取得人力资源规划所需的信息资料，为后续阶段做准备。需要调查的内容包括：

①外部人力资源的供需调查，如劳动力市场结构、市场供给与需要的现状、教育培训政策与教育工作、劳动力择业心理、劳动力市场的影响因素等。

②内部人力资源供需与利用情况的调查分析，包括现有员工的一般情况（如年龄、性别、知识与经验、能力与潜力、兴趣与爱好等）、人力资源的流动情况、人力资源的结构与现行人力资源政策等。

（2）供需预测阶段。本阶段是人力资源规划中较具技术性的关键阶段，主要根据企业战略规划和企业的内外条件选择预测技术，对人力供求的结构和数量进行预测，包括以下两方面的内容：

①人力资源的需求预测，即根据企业发展的需要，运用定性和定量的方法，来测算企业未来所需要的人力资源总数和各类职员的数量。预测的依据是：组织机构设置和职位设置，

现有员工的工作情况、定额及劳动负荷,未来的生产任务及生产因素的可能变动情况。

②人力资源的供给预测,包括内部预测与外部预测两个方面。a. 内部人力资源:不仅要研究现有人员的情况,更要预测在将来某一时刻,经过升迁、内部流动、离职后,企业内还存在多少人力资源可供利用;b. 外部人力资源:应该充分了解本地区的人口总量与人力资源率,人力资源的总体构成、人力资源的教育水平、劳动力的相对与平均价格、人力资源流动等情况。一般来说,首先要进行内部人力资源供给的预测,以确定对外部人力资源的要求。

(3)制定规划阶段。本阶段制定人力资源开发与管理的总规划,并根据总规划制定各项具体的业务计划以及相应的人事政策,以便各部门贯彻执行。

(4)规划的实施、评估与反馈阶段。本阶段是人力资源规划的最后一个阶段,将人力资源的总规划与各项业务计划付诸实施,并根据实施的结果进行人力资源规划的评估,及时将评估的结果反馈,修正人力资源规划。人力资源规划是一个长久持续的动态工作过程,具有滚动性的特点。

四、人力资源招聘

人力资源招聘是根据企业的总体发展战略规划,制定相应的岗位空缺计划,并决定如何寻找与获取合适的人员来填补这些岗位空缺的过程。招聘活动一般包括招聘、选拔、录用和评估四个阶段。

1. 人力资源招聘的作用

人力资源招聘的作用包括:①有助于改善企业的劳动力结构与质量;②有助于员工充分发挥自身能力;③有助于提高企业的管理效率;④有助于企业知名度的提高。

2. 人力资源招聘的程序

(1)制定招聘计划。招聘计划主要包括:招聘的岗位、要求及其所需人员数量;招聘信息的发布;招聘对象;招聘方法;招聘预算;招聘时间安排。

(2)发布招聘信息。发布招聘信息时应注意的问题:①信息发布的范围;②信息发布的时间;③招聘对象的层次性。

(3)接待和甄别应聘人员(选拔)。人员选拔,是指综合利用心理学、管理学等学科的理论、方法和技术,对候选人的任职资格和对工作的胜任程度,进行系统的、客观的测量和评价,从而作出录用决策。人员选拔流程一般包括申请表或履历表的审查、人员素质测评(心理测试、知识测试、面试)等。

(4)发出录用通知书(录用)。在作出录用决策前,要选择适当的测验分数合成方法,即如何处理通过各种测评方法和渠道所收集的有关申请者的定性和定量信息,其次要确定录用标准,最后要留有备选人名单。

人员录用过程一般可分为试用合同的签订、新员工的安置、岗前培训、试用、正式录用等几个阶段。试用是企业对新上岗员工的尝试性使用,这是对员工的能力与潜力、个人品质与心理素质的进一步考核。员工的正式录用是指试用期满后,对表现良好、符合企业要求的新员工,使其成为企业正式成员的过程。一般由用人单位根据新员工在使用期间的具体表现对其进行考核,作出鉴定,并提交人力资源管理部门。人力资源管理部门正式录用考核合格的员工,并代表企业与员工签订正式录用合同,正式明确双方的责任、义务与权利。正式录用合同一般应包括以下内容:当事人的姓名、性别、住址和法定社会身份;签订劳动合同的法律依据;劳动合同期限;工作内容,劳动保护和劳动条件;劳动报酬,劳动纪律,变更和解除劳动合同的条件与程序;违反劳动合同的责任与处置等。

(5)对招聘活动的评估。招聘评估主要指对招聘的结果、招聘的成本和招聘的方法等方面进行评估。一般在一次招聘工作结束之后,要对整个评估工作作出总结和评价,目的是进一步提高下次招聘工作的效率和效果。

3. 招聘方式

1)内部招聘

(1)内部招聘的方式。内部招聘的方式主要有内部提拔、工作调换、工作轮换、重新聘用、公开招募等。内部提拔,要求提拔的员工在原来的职位上表现优异,对业务十分精通。工作调换,也称"平调",是指职务的级别不发生变化,只是工作岗位变动而已。工作调换可为员工提供从事多种相关工作的机会,积累经验,为将来的晋升做准备,员工通过工作调换能够扩展兴趣范围,掌握多种技能,对企业来说是不断增强竞争力的一个方面。工作轮换,也称岗位轮换,和工作调换的主要区别是动机不同、时间长短不同、应用对象不同。工作轮换的主要目的是消除员工因为做同一种工作而产生的枯燥和无聊情绪,往往是定期执行的,多用于一般员工的培养和发展。重新聘用,即返聘,是指组织将解聘、提前退休或下岗失业的员工再召回组织来工作,通常这是一种经济有效的方式。因为返聘员工一般会更加珍惜自己的第二次工作机会,而且对工作和组织很熟悉,有一定技能,不需要过多培训,能够节省大量费用。

(2)内部招聘的利弊。内部招聘具有准确性高、适应较快、激励性强、费用较低的优点。同时,也存在可能因操作不公或员工心理原因造成内部矛盾及容易造成"近亲繁殖"等缺点。

2)外部招聘

外部招聘渠道主要有学校招聘、人员推荐、公开招聘、招聘会、劳动中介机构、网上招聘和传统媒体广告等。

(1)学校招聘。学校是人才高度集中的地方,是组织获取人力资源的重要源泉。对于大专院校应届毕业生招聘,可以选择在校园直接进行,包括在学校举办的毕业生招聘会、招聘张贴、招聘讲座和毕业生分配办公室推荐等。学校招聘的优势及劣势见表7-2。

学校招聘的优势及劣势   表7-2

优　势	劣　势
可以在校园中招聘到大量的高素质人才; 大学毕业生虽然经验较为欠缺,但是具备巨大的发展潜力; 由于大学生思想较为活跃,可以给企业带来一些新的管理理念和新的技术,有利于企业的长远发展	学校毕业生普遍缺少实际经验,企业需要用较长的时间对其进行培训; 新招聘的大学毕业生无法满足企业即时的用人需要,要经过一段较长的相互适应期; 招聘所费时间较多,成本也相对较高; 在大学中招聘的员工到岗率较低,而且经过一段时间后,离职率较高

(2)人员推荐。通过企业员工推荐人选,是招聘的重要形式。

(3)公开招聘。

(4)招聘会。招聘会的最大特点是应聘者集中,用人单位的选择余地较大,费用也比较合理,而且还可以起到很好的企业宣传作用。

(5)通过劳动中介机构招聘。我国很多城市都设有专门的人才交流服务机构,这些机构常年为企事业用人单位提供服务。他们一般建有人才资料库,用人单位可以很方便地在资料库中查询条件基本相符的人才资料。通过人才交流中心选择人员,有针对性强、费用低廉等优点。

(6)网上招聘。网上招聘是一种新兴的一种招聘方式,它具有费用低、覆盖面广、时间周期长、联系快捷方便等优点。用人单位可以将招聘广告张贴在自己的网站上,或者张贴在某些网站上,也可以在一些专门的招聘网站上发布信息。网络招聘由于信息传播范围广、速度快、成本低、供需双方选择余地大,且不受时间、空间的限制,因而被广泛采用。当然其也存在一定的缺点,比如容易鱼龙混杂、筛选手续繁杂,以及对高级人才的招聘较为困难等。

(7)传统媒体广告。通过报纸杂志、广播电视等媒体进行广告宣传,向公众传达招聘信息,覆盖面广、速度快。相比而言,在报纸、电视中刊登招聘广告费用较大,但容易醒目地体现企业形象;很多广播电台都辟有人才交流节目,播出招聘广告的费用较少,但效果比报纸、电视广告差一些。招聘广告应该包含企业的基本情况;招聘的职位、数量和基本条件;招聘的范围;薪资与待遇;报名的时间、地点、方式以及所需的材料等内容。媒体广告招聘具有信息传播范围广、速度快、应聘人员数量大、层次丰富,企业的选择余地大,企业可以招聘到素质较高的员工等方面的优点,但也具有招聘时间较长、广告费用较高、要花费较多的时间进行筛选等缺点。

(8)人才猎取。对于一些企业来说,比较难以招到高级人才和尖端人才,时可以通过专业"猎头"公司这一职业中介机构来专门"猎取"。

外部招聘能给企业带来新观念、思想、技术、方法;外来人员与企业成员间没有裙带关系,能较客观地评价企业的工作,洞察企业的问题;能很经济地聘用到已受过训练的急需员工;企业可以更灵活地与外部人员签订合同,提供短期或临时工作。与此同时,外部招聘也具有较为明显的弊端:筛选难度大,时间长;人员进入角色慢;招募成本高;决策风险大;影响内部员工的积极性。

第三节 人力资源培训与组织

一、人力资源培训与开发

人力资源培训与开发是实现人力资源增值的一条重要途径。随着人力资源对价值创造贡献的逐渐增加,人力资源的增值对企业的意义日益重要,越来越多的企业开始重视培训与开发工作。

1. 培训与开发的含义

培训与开发是企业通过各种方式使员工具备完成现在或将来工作所需要的知识、技能,并改变他们的态度,以改善员工在现有或将来岗位上的工作业绩,并最终实现企业整体绩效提升的一种计划性和连续性活动。

培训与开发是两个既有重叠又有区别的概念,重叠在于两者的出发点是一样的,都是要通过提高员工的能力来提升员工的工作业绩,进而提高企业的整体绩效;实施的主体都是企业,接受者都是企业内部的员工;两者使用的方法也是相同的。但是,两者之间也存在一定的区别。第一,关注点不同,培训关注现在,而开发关注未来。在实践中,培训更多是一种滞后的弥补行为,而开发更多地与员工职业发展联系在一起。第二,培训的内容多与现在的工作内容相关,开发则可能与现在的工作内容联系并不紧密。第三,培训对于工作经验要求更多,而开发主要针对新的工作,对经验要求较少。第四,有些培训活动是员工必须参加的,带有一定的强制性,开发活动则更多与员工的发展意愿相关。虽然培训与开发存在一定的区别,但是从实施过程来看并没有明显的差异。

2. 培训与开发的原则

(1) 服务企业战略和规划原则。培训与开发工作的实施,应当从企业战略的高度来进行,决不能将两者割裂开来。单就培训与开发谈培训与开发,是很多企业在进行培训与开发时普遍存在的问题。

(2) 目标原则。在培训之前为受训人员设置明确的目标,不仅有助于培训效果的衡量,而且有助于提高培训的效果,使受训人员可以在接受培训的过程中具有明确的方向,有一定的学习压力。

(3) 差异化原则。培训与开发在普遍性的基础上要强调差异化。一是培训的内容差异化。应该根据员工的实际水平和所处职位确定不同的培训内容,进行个性化培训。二是人员上的差异化。在培训中一般应向关键职位倾斜,特别是对中高层管理和技术人员。

(4) 激励原则。激励的内容既包括正向的激励,也包括反向的激励。激励还应该贯穿整个培训过程,在培训前对员工进行宣传教育,鼓舞员工学习的信心;在培训过程中及时进行反馈,增强员工学习的热情;在培训结束后进行考核,增加员工学习的压力;对培训考核成绩好的予以奖励,对考核成绩差的予以惩罚等。

(5) 讲究实效原则。培训活动要从实际工作需要出发,结合员工的年龄、知识、能力、思想等实际情况进行具有明确目的的培训,确保培训收到实效。

(6) 效益原则。在费用一定的情况下,使培训效果最大化;或在培训效果一定的情况下,使培训的费用最小化。

3. 培训与开发的程序

实践中,企业的培训工作是按照一定的程序和步骤进行的,主要有:

(1) 确定培训需求。在决定是否需要进行员工培训时,企业要先分析所处的外部环境和内部条件,分析企业的发展战略以及它要求具备的各类人才,然后对现有人员进行评估,找出差距,确定培训需求。

(2) 制订培训计划。当培训需求确定后,企业人力资源部门必须针对具体情况,制订企业人力资源的培训计划。培训计划包括设置培训目标、确定培训课程、选择培训方法、选择被培训人员和培训教师以及有关培训的活动安排等。

①设置培训目标。设置培训目标必须注意与企业的宗旨相容,培训结果可以测评。培训目标主要可分为三类:a. 技能培养。高层领导主要是思维能力的提高,如分析与决策能力;低层则主要是与其工作相对应的操作技能的训练。b. 知识传授。即结合企业实际进行的,相关概念与理论的理解与纠正、知识的灌输与接受、认识的建立与改变等。c. 态度改变。

涉及认识的改变,但态度的确立与改变与感情因素更为相关,不同于单纯的知识传授。

②设计培训课程。培训课程的设计要依据培训目标,对不同的培训对象设计不同的课程,要注意课程内容的系统性与针对性。

③选择培训方法。通常有在职培训与脱产学习两种方式,一是在职培训,一般包括学徒培训、工作轮换、项目指导等具体方法;二是脱产学习,一般包括课堂培训、游戏训练、案例研究、小组讨论等方法。

(3)培训活动的实施。大型企业一般由专门的培训中心或者教育与培训职能机构组织培训计划的具体落实;中小企业一般是由人力资源管理部门组织具体的培训实施。

(4)培训效果的评估。在企业培训的某一项或某门课程结束后,对培训的效果进行评估,分析培训的投入与效果,从而找出培训的不足与经验,发现新的培训需要。具体来说,要统计计算各项培训的直接效果与间接效果,并结合各项培训的直接与间接费用,考察不同培训的投入产出效果。

二、劳动组织

劳动组织是指以劳动力为中心、以劳动的分工与协作为基础,对劳动过程进行的组织工作。合理的劳动组织,是保证运输生产过程正常进行以及节约劳动力的重要条件,对提高车辆生产率和劳动生产率具有重要意义。汽车运输企业的劳动组织形式,一般包括作业班组组织、工作地组织、工作轮班组织三种形式。

1. 作业班组组织

作业班组是企业进行生产活动的基层组织,它是在劳动分工和协作的基础上,把完成某项工作任务有关人员组织在一起的一种劳动单位。同时,作业班组也是企业的一级行政组织,是企业管理的基层单位。

根据技术工人的工种组成情况,作业班组可分为专业作业班级和综合作业班组两种。专业班组由同一工种的工人组成,综合作业班组由不同工种的工人组成。

(1)车辆运行班组。车辆运行班组是按营运车辆数和驾驶人员保持一定比例而组建的基层生产单位。在大中型汽车运输企业中,一般采用6车8人制或10车13人制编制形式。这一组织形式适用于每个工作日只开一个车班(单班制)的情况。它适用于执行一般运输任务,也便于安排驾驶员轮休。若运输任务繁忙,发货单位与收货单位均昼夜工作时,则可采用双班制或三班制。

对于固定线路、固定起讫点的长途客、货运输,可以采用接力运输的形式。当营运车辆到达中途交接站时,驾驶员下车休息,由另一名驾驶员驾驶继续运行至到达站,下车驾驶员休息后再接车返回始发站。这种劳动组织形式,可做到"人停车不停",有利于提高运营速度。

对于短途客运,旅客上下频繁,需派随车售票员。随车售票员应与驾驶员固定编组。

(2)装卸作业班组。按装卸条件不同可分为机械装卸作业班组和人力装卸作业班组两种形式;按装卸对象不同又可分为普通货物装卸班组、危险品货物装卸班组、起重装卸班组等形式。

机械装卸班组一般按装卸机械种类分组、班组人数视机械需要而定。人力装卸班组可按作业区域组建,4~5人为一个班组,货运量较大的,可适当增加班组人员数量。

特种货物(危险品、长大笨重货物)装卸班组的人员,必须通过一定的专业岗位培训,经考核合格者(持有从业资格证)方可参加装卸生产。没有参加过专门培训或者考核不合格者,一律不准参加危险品的装卸,不准进行起重、吊车等项目的操作。

(3)车辆维修班组。这里主要是指从事营运车辆维护和小修的作业班组。维修作业班组,有对象封闭和工艺封闭两种形式。对象封闭作业班组是指全部作业都由一个作业班组完成,劳动对象被封闭在一个班组内。例如一级维护作业班组、二级维护作业班组、小修作业班组等。工艺封闭班组,主要是各种辅助作业工程(配合工种)组建的车工组、钳工组、焊工组、木工组、锻工组、胎工组、修旧组等,这些作业班组内同一工种的工人组成。

为了加强责任制、保证维修质量,有的汽车运输公司采取承修负责制形式组建车辆维修作业班组,即一个维修作业班组对某个或某几个车辆运行班组的车辆,实行对口包修。

2. 工作地组织

工作地组织就是作业现场组织,就是要在每个工作地上把劳动者、劳动工具、劳动对象这三者科学地有机地组织起来,处理好三者之间的关系,使人(人员)、车(车辆)、物(物具)之间有合理的布局和安排,做到生产现场井然有序,以促进劳动生产率的提高。

汽车运输工作地由装货地(客运始发站)、运行路线、卸货地(客运中间站、终点站)三部分组织。汽车运输工作地的特点是流动性大、分散性强,即点多、面广、线长、环节多。工作地组织要求各岗位、各环节紧密衔接,同时还要求取得外部环境的支持与协作配合。

汽车维修工作地是维修工人从事车辆维护修理劳动的活动场所。

3. 劳动生产率

劳动生产率是指企业员工从事运输生产活动的劳动效率,可通过单位时间劳动生产率、直接生产工人劳动生产率、全员劳动生产率等指标进行考核。单位时间劳动生产率是指在企业员工人数一定的前提下,企业完成运输生产量与所耗用的时间之比。直接生产工人劳动生产率和全员劳动生产率分别是指在一定时间内,企业完成的运输工作量与驾乘人员及助手人数、企业全体员工的总数之比。

汽车运输企业劳动生产率,通常用全员劳动生产率和生产工人劳动生产率来表示。

(1)全员劳动生产率计算公式如下:

$$全员劳动生产率[人 \cdot 年/(t \cdot km)] = \frac{年换算周转量或运量}{职工年平均人数} \tag{7-1}$$

(2)生产工人劳动生产率。汽车运输企业生产工人劳动生产率分为驾驶员和助手劳动生产率、装卸工人劳动生产率、汽车维修厂生产工人劳动生产率,计算公式分别如式(7-2)~式(7-4):

$$驾驶员、助手劳动生产率[人 \cdot 年/(t \cdot km)] = \frac{年换算周转量或运量}{驾驶员、助手年平均人数} \tag{7-2}$$

$$装卸工人劳动生产率[t/(人 \cdot 年)] = \frac{年装卸操作量}{装卸工人平均人数} \tag{7-3}$$

$$汽车维修生产工人劳动生产率[元/(人 \cdot 年)] = \frac{年总产值(净产值)}{生产工人年平均人数} \tag{7-4}$$

提高劳动生产率的途径主要有:加强劳动定额管理,合理进行人事定员;科学安排劳动组织,避免不必要的人力资源浪费;不断引进并应用新的科学技术成果,积极开展员工培训,提高劳动者的技术水平和劳动技能；根据建立现代企业制度的要求，理顺企业法人与员工个人之间的关系，建立与社会主义市场经济体制相适应的劳动员工制度；健全劳动纪律，贯彻按劳分配，责权利相结合，劳动成果与企业效益挂钩；加强企业文化建设，提高员工思想政治觉悟，合理导向员工的劳动价值取向；加强劳动保护，为全体员工努力营造良好的工作环境与优越的生活条件，充分调动员工的工作积极性。

三、劳动定额

1. 劳动定额的概念

劳动定额是指在正常的生产技术和生产组织条件下，为完成一定量的运输生产任务所规定的劳动消耗量标准。劳动定额有两种表示方式：一是用时间表示的定额，如装卸工时定额、修理工时定额、车辆维护工时定额等；二是用工作量表示的生产定额，即在一定的生产技术组织条件下，在单位时间内应完成的运输量或工作量的数量标准，如运输定额、装卸定额等。这两种表现形式互成比例关系。在实际工作中，应根据不同工作内容和要求，采用相应的表现形式。

劳动定额是企业管理的一项重要基础工作。先进合理的劳动定额，有利于合理组织生产，提高生产率，促进生产发展。

2. 劳动定额的制定

汽车运输企业的劳动包括运输劳动、维修劳动、配件生产以及其他辅助性劳动等。制定劳动定额时，必须根据不同的劳动特点，采用不同的具体方法。

在汽车运输企业中，营运车辆驾驶员是最主要的劳动工种。驾驶员从事运输生产劳动，受到客源、货源是否充沛、均衡，天气和道路条件，车辆的技术性能、技术状况，以及运输生产组织和车辆运行调度工作水平等多种因素的综合影响。因此制定营运车辆驾驶员劳动定额时，应以单车月度运输生产计划规定的月产量计划指标为依据。

当营运车辆在一定时期内相对稳定地执行固定线路、往返运行的运输任务时，可以制定和执行日班次定额(营运客车)或日运次定额(营运货车)。

营运客车的日班次定额，适用于短途客运线路。这种运输类型的特点是：发车频率高、间隔时间短，运行距离短，运行时间短，每天可以往返多次，沿途停靠站点固定，技术速度相对稳定，可以根据有关因素计算每一班次的运行时间。因此，可以据此制定日班次定额，计算公式如下：

$$Q_k(班次/日) = \frac{T_g}{T_s + T_z + T_k + T_f} \quad (7\text{-}5)$$

式中：T_g——每个工作日纯工作时间；

T_s——往返班(运)次运行时间，T_s = 运距 × 2 ÷ 平均技术速度；

T_z——始发终到站上下客时间；

T_k——沿途停靠时间；

T_f——往返班次商务手续时间。

始发终到站旅客上下午时间、沿途停靠站时间、商务手续时间以及平均技术速度等，由运营调度部门根据以往运行资料，结合当前具体情况修正后确定。每个工作日纯工作时间，是根据企业制度规定的驾驶员每日纯运输工作时间,不包括车辆出车前和收车后的准备时间和结束时间。

从事大宗定点货物运输(如火车站、港口、矿山、大型工厂、施工工地等地的大宗物资运输)的汽车,由于其运输任务单一,运行线路在一段时间内比较固定,辅助性时间也相对稳定,每天往返运输,故也可以根据有关资料,制定和执行日运次定额,其计算公式如下:

$$Q_x(运费/日) = \frac{T_g}{T_s + T_e} \tag{7-6}$$

式中:T_g——装卸、停歇时间。

客货营运车辆的日班次和运输定额,是根据具体运行条件制定的。当运行条件改善(如道路条件改善、交通秩序良好等)、车辆性能改善、平均技术速度提高等具体条件发生较大变化时,应及时修正调整。

车辆维护与修理工作,配件生产加工以及其他辅助性劳动,基本是在固定的工作地点进行,有比较成熟和定型的工艺程序和操作规程。因此,有条件按技术相同的工作内容、劳动强度、作业精度要求以及劳动工具和劳动环境等具体情况,选择不同的方法,制定产量定额或时间定额。

制定劳动定额的一般方法有:经验估计法、统计分析法、类推比较法和技术测定法。

(1)经验估计法。它是由企业的管理员、技术人员和有经验的工人,参照有关技术文件,结合生产条件和生产组织形式等,根据实践经验对劳动消耗量进行估计的一种方法。这种方法简便易行,工作量小,便于制定和修改,但容易受定额制定人员经验条件的限制而出现偏差,因而定额的准确性较低。

(2)统计分析法。它是根据过去生产过程中类似工作或类似产品的实耗工时或作业的原始记录和统计资料,通过整理和分析,并考虑当前和今后的生产组织技术条件的变化因素来制定劳动定额。它以大量统计资料为依据,有一定的说服力,比经验估计法更能反映实际情况。但因为统计资料反映的只是过去平均所达到的水平,而且如果数据中包含有一些不合理或虚假的因素,就会影响定额制定的准确性。因此,这种方法一般适合于生产条件比较正常、原始记录和统计工作较健全的运输企业。

(3)类推比较法。它是根据具有可比性的产品或工作、以现有的劳动定额为依据,经过分析比较而推算出另一种产品或工作的定额,或利用其他企业生产类似产品或完成相同工作的定额,结合本企业的生产技术条件和具体情况修改制定定额,这种方法简便易行、工作量小,便于保持定额水平的平衡。

(4)技术测定法。它是根据生产技术资料和生产组织条件的分析研究,再挖掘生产潜力定额。这种方法重视对生产技术组织条件和操作方法的分析,有科学技术依据,制定的定额准确性高,但工作量大,要求定额人员既有丰富的实际经验,又有一定的技术水平。

四、劳动定员

1. 劳动定员的概念

劳动定员,是指根据企业既定的生产规模,在一定时期内和一定的技术组织条件下,应配备的各类人员的数量标准。定员是科学用人的标准,是企业配备人员的依据,是编制企业计划、合理组织生产、实行经济核算不可缺少的条件。

企业定员的基本原则是:标准先进合理、机构高效精干、人员结构合理、用工制度适宜。

2.劳动定员的方法

定员因各类人员工作性质不同而采取多种方法,如效率定员法、设备定员法、岗位定员法、比例定员法等。

(1)按设备定员。这是根据设备(车辆、装卸搬运机械等)的数量、类型或工作班次数等确定所需要的人员,计算公式如下:

$$定员人数 = \frac{设备台数 \times 每台每班人数 \times 每天工作班次}{计划出勤率} \quad (7-7)$$

对营运车辆的驾驶员、装卸机械的操作人员等,适合采用设备定员方法。

(2)按劳动效率(劳动定额)定员。这是根据生产任务量和工人的劳动生产率或定额来计算定员人数的方法,计算公式如下:

$$定员人数 = \frac{应完成的工作量}{劳动定额 \times 出勤率} \quad (7-8)$$

这种方法适用于有劳动定额的人员,如营运车辆的维护、修理工人的定员等。

(3)按岗位定员。这是根据工作岗位来计算定员人数,即根据岗位数量、各岗位的性质及工作量、劳动效率、工作班次以及出勤率因素确定所需人数,例如管理人员,技术人员,警卫、消防人员,燃料仓库的值班人员等。

(4)按比例定员。这是按照职工总数或者某类人员数的一定比例来计算另一类人员的定人数的方法。这种方法主要用于服务人员(如食堂炊事员、保台员、其他勤杂人员等)的定员。

第四节 人力资源绩效考核与薪酬管理

一、员工关系管理

1.员工关系概述

1)员工关系的概念

员工关系是指企业中各主体,包括企业所有者、企业管理者、员工和员工代言人等之间围绕雇佣和利益关系而形成的权利和义务关系。

2)员工关系的特点

员工关系具有如下特点:员工关系是在雇佣过程中产生,是劳动力买卖关系衍生出来的关系;员工关系的主体有两个:企业管理方与员工或员工代言人;员工关系的本质是利益体之间的利益和力量的博弈;员工关系的表现形式多种多样,可以是合作、协调,也可以是对抗与冲突,是各种形式的总和;员工关系不仅受到双方利益关系的影响,还受到社会中经济、技术、政策、法律制度和社会文化等因素的影响。

3)员工关系的内容

员工关系的内容是指员工关系的双方依法享受的权利和应承担的义务,一般包括劳动者与用人单位之间在劳动合同、劳动纪律与奖惩、工作时间、信息时间、劳动安全卫生、劳动环境等方面形成的关系。这些方面与企业及劳动者密切相关,直接关系企业的投入与收益,也直接影响劳动者的工作质量与身心健康等。建立与维持和谐的劳动关系,是人力资源管理必不可少的内容之一。

2. 员工关系管理概述

1) 员工关系管理的定义

员工关系管理是指企业采用各种管理手段和管理行为,来调节企业与员工、员工与员工之间的相互联系,使之良性循环和发展,以实现组织目标的过程。

2) 员工关系管理的内容

员工关系贯穿人力资源管理的方方面面,从企业进行员工招聘时起,员工关系管理工作就开始了。按照程延园的看法,员工关系管理工作的重点是人际关系管理、劳动关系管理、沟通与交流管理、民主参与、企业文化和企业精神管理等几个方面。从人力资源管理角度看,员工关系管理主要包括两方面的内容,一是劳动关系管理,包括劳动合同管理、劳动争议处理、离职管理、劳动纪律及奖惩等几个方面的内容;二是劳动保护,主要涉及工作时间、压力管理、员工援助计划、职业安全与健康等方面内容。

3. 劳动关系管理

劳动关系是指国家机关、企事业单位、社会团体、个人经济组织和民办非企业单位(可统称为用人单位)与劳动者之间依照法律签订劳动合同,劳动者接受用人单位的管理,可从事用人单位合理安排的工作,成为用人单位的一名成员,从用人单位领取劳动报酬和受劳动保护所产生的一种法律关系。

1) 劳动合同管理

劳动合同是劳动者与用人单位确立劳动关系、明确双方权利和义务的协议。对劳动合同的管理,可按照劳动合同的签订、履行、变更、终止、解除和续订等流程进行管理。劳动合同作为国家法律规定的内容,其每一步都必须符合国家法律的要求。

2) 劳动争议及其处理

我国法律规定,劳动争议的具体范围一般包括:因确认劳动关系发生的争议;因订立、履行、变更、解除和终止劳动合同发生的争议;因除名、辞退和辞职、离职发生的争议;因工作时间、休息休假、社会保险、福利、培训以及劳动保护发生的争议;因劳动报酬、工伤医疗费、经济补偿或赔偿金等发生的争议;法律法规规定的其他劳动争议。

劳动争议一般按照协商、调解、仲裁、诉讼的程序处理。协商是指双方当事人在发生劳动纠纷后,自行协商解决,澄清误解,分清责任,相互取得谅解,最终达成和解协议。《中华人民共和国劳动法》提倡协商解决,但应以自愿为前提。调解是指企业内部调解,是借由企业内部第三方的帮助来达成一致协议的争议处理办法。仲裁是指由企业外的第三方居中调解,并作出裁断的行为。仲裁由固定的第三分担任仲裁委员会,作出的裁决具有法律约束力。劳动仲裁采取一次裁决终局制度,当事人对裁决不服的,自收到裁决书之日起15日内,向人民法院起诉;逾期不诉,裁决书发生法律效力。诉讼是当事人不满意仲裁结果,依法向法院起诉,由法院依法审理并裁决的手段,是劳动争议处理的最后一道程序。

3）离职管理

员工离职管理包括自愿离职的管理和裁员管理。员工离职包括自愿离职、非自愿离职与自然离职等三种情况。自愿离职是由于员工个人意愿而离开企业的人员流出。造成自愿离职的因素有个人因素、组织因素、报酬因素。个人因素离职是指由于员工个人工作以外的原因而离职。组织因素离职是指由于员工认为组织给其带来的心理满足低于其心理期望而导致的离职。报酬因素离职是指由于员工认为企业所提供的物质回报低于其心理期望所导致的离职。非自愿离职是指由于企业的原因或其他客观原因而非出于员工意愿所产生的企业人员流出，典型形态是裁员。自然离职是指由于一些不可避免的人力资源损耗而导致的企业雇员的流出，如退休、工伤、死亡等。

4. 劳动保护

劳动保护是指企业针对员工在劳动过程中存在的不安全、不卫生的因素采取的各种技术措施和组织措施的总称。劳动保护所要解决的问题是针对生产活动中一切有可能危害劳动者的因素，采取有效措施加以消除或控制，创造合乎安全生产要求的劳动条件，防止伤亡事故、职业病的发生。劳动保护的基本任务是保证安全生产、实现劳逸结合、对特殊劳动群体的保护、规定工作时间和休假制度、组织工伤救护以及做好职业病的防治等。劳动保护的内容包括劳动时间规定、安全生产技术、职业卫生和对特殊劳动群体的保护四部分。

5. 用工制度

用工制度是指国家在对社会劳动力进行招收、使用方面所实行的规章制度，包括固定工合同工制度、劳务派遣制度等。

（1）合同工制度，是指企业与员工通过签订有固定期限劳动合同、无固定期限劳动合同或以完成一项工作为期限的劳动合同而使用员工的用工制度。

（2）劳务派遣制度。由劳务派遣单位（人力资源公司）与被派遣员工签订劳动合同，企业与劳务派遣单位签订劳务派遣合作协议，企业与派遣员工之间不存在契约劳动关系。根据合作协议约定的内容，企业以书面形式告知乙方所需派遣员工数量、录用条件、派遣期限、需要岗位和工作地点、用工时间和作息安排、劳动报酬和福利待遇以及社会保险数额等，并按月向劳务派遣单位支付派遣员工当月结算期间的工资报酬、管理服务费，劳务派遣单位则根据企业的要求和条件提供派遣服务，如为派遣员工办理和缴纳社会保险、雇主责任险和其他保险事宜、代扣缴社会保险和个人所得税及其他扣款、为派遣员工办理薪资银行卡，并按月发放薪资、处理派遣员工在甲方工作期间发生的事件等。

（3）服务外包制度。服务外包是指企业将价值链中原本由自身提供的具有基础性的、共性的、非核心的业务剥离出来后，外包给企业外部专业服务提供商来完成的经济活动。承包方为员工其办理合法的劳动用工手续，与其建立劳动关系并签订劳动合同，企业与承包方签订服务外包协议，企业与服务外包人员之间不存在任何形式的劳动关系。

二、绩效评估

绩效是指企业内员工个体或群体能力在一定环境中表现出来的程度和效果，以及个体或群体在实现预定的目标过程中所采取的行为及其作出的成就和贡献。

绩效评估又称绩效考评、绩效考核、绩效评价，是通过系统的方法、原理对员工在工作岗位上的行为表现和绩效进行测量、分析和评估的过程。

1. 绩效评估的重要性

在大多数企业中,绩效评估都是重要的人力资源管理工具。涉及员工的调任、升迁、加薪等重大决定,都必须依据精确的考核结果。大体而言,绩效评估的重要性主要体现在三个方面:①影响企业的生产率和竞争力;②作为人事决策的指标;③有助于更好地进行员工管理。

2. 绩效评估的标准

绩效评估的标准包括绝对标准、相对标准和客观标准三种。

(1)绝对标准,就是建立员工工作的行为特质标准,然后将达到该项标准列入评估范围内,重点在以固定标准衡量员工,而不是与其他员工的表现作比较。

(2)相对标准,是将员工间的绩效表现相互比较,即以相互比较来评定个人工作的好坏,将被评估者按某种向度作顺序排名,或将被评估者归入先前决定的等级内,再加以排名。

(3)客观标准,就是评估者在判断员工所具有的特质,以及其执行工作的绩效时,对每项特质或绩效表现,在评定量表上每一点的相对基准上予以定位,以帮助评估者作评价。

3. 绩效评估的内容与方式

1)绩效评估的内容

绩效评估的内容主要包括工作绩效和行为表现两部分。工作绩效,就是员工在各自岗位上对企业的实际贡献,即完成工作的数量和质量。行为表现,即员工在执行岗位责任和任务所表现出来的行为,包括职业道德、积极性、责任心、事业心、协作性和出勤率等诸多方面。

2)绩效评估的方式

绩效评估的方式包括评估的方法和评估的形式。绩效评估的方法有:关键事件法、分类评估法、排队法和目标管理。绩效评估的形式有:书面报告、主管考评、自我考评、同事考评、下属考评、日常考评、定期考评、定性考评和定量考评。

4. 绩效评估的要求

绩效评估有以下几个方面的要求:①每个单位的评估标准都应体现本单位的特性;②准确地测评出每个员工的工作业绩和行为特征;③准确识别每一个员工的缺点和不足;④能有效地激励员工去发扬好的、纠正错的、改进差的;⑤及时给予员工评价结果的反馈,加强透明度,归还知情权;⑥有一个连续性、跟踪性的记录,以便于员工的发展、晋升和调动等。

5. 绩效评估的步骤

(1)收集情报。收集情报指在一次评估至另一次评估间隔期内观察员工的行为表现或听取企业内其他人观察到的该员工的行为表现。这是绩效评估的基础工作。

(2)设定评估的间隔时间。设定的间隔时间因工作性质而异,应充分讲求科学性,即不同的工作应设定不同的评估间隔期。这是绩效评估必不可少的工作。

(3)360°绩效评估。它又称作全方位绩效评估,即评估人选择上司、同事、下属、自己和顾客,每个评估者站在自己的角度对被评估者进行评估。多方位评估可以避免一方评估的主观武断,可增强绩效评估的信度和效度。

(4)公布绩效评估结果。直接主管将考核结果告知员工。如员工本人不同意主管考核意见,可向上一级主管提出申诉并由上一级主管作出最终考核。

(5)制定绩效改进计划。评估之后,对被评估人进行评估意见的反馈是很重要的,因为进行绩效评估的一个主要目的就是改进绩效。所以,主管和员工应合力安排绩效改进计划。

6. 绩效评估效果的评估

(1)短期效果的评估。短期效果的评估主要指评估体系实行一年左右之后的效果,主要内容有:评估完成率;评估方案;考核结果的书面报告的质量;上级和员工对评估的态度以及对所起作用的认识;公平性。

(2)长期效果的评估。虽然考核体系会不断地调整,但是大部分的调整主要是考核方法的变化而不是整个考核体系的改变,所以对考核效果可以进行长期的评估。考核主要的指标有:企业的绩效、员工的素质、员工的离职率、员工对企业认同度的增加。

三、人力资源激励

人力资源激励是指为员工提供适当的诱因或刺激,激发他们的行为动机。激励最根本的目的,就是要正确引导员工的工作动机,调动他们工作的主动性和创造性,使他们在实现自身需要的同时,实现企业的目标。

1. 人力资源激励的原则

(1)目标结合原则。在激励机制中,设置目标是一个关键环节,必须同时体现企业目标和员工需要的要求。

(2)物质激励和精神激励相结合的原则。物质激励是基础,精神激励是根本,在两者结合的基础上,逐步过渡到以精神激励为主。

(3)引导性原则。激励措施只有转化为被激励者的自觉意愿,才能取得激励效果。因此,引导性原则是激励过程的内在要求。

(4)合理性原则。激励的合理性原则包括两层含义:①激励的措施要适度,要根据所实现目标本身的价值大小确定适当的激励量;②奖惩要公平。

(5)明确性原则。激励的明确性原则包括三层含义:①明确,激励的目的是需要做什么和怎么做;②公开,特别是分配奖金等大量员工关注的问题,公开更为重要;③直观,实施物质奖励和精神奖励时都需要直观地表达它们的指标,明确授予奖励和惩罚的方式。

(6)时效性原则。要把握激励的时机,"雪中送炭"和"雨后送伞"的效果是不一样的。激励越及时,越有利于将人们的激情推向高潮,使其创造力连续有效地发挥出来。

(7)正激励与负激励相结合的原则。正激励就是对员工的符合组织目标的期望行为进行奖励。负激励就是对员工违背组织目的的非期望行为进行惩罚。正负激励都是必要而有效的,不仅作用于当事人,而且会间接地影响周围其他人。

(8)按需激励原则。激励的起点是满足员工的需要,但员工的需要因人而异、因时而异,并且只有满足最迫切需要(主导需要)的措施,其效价才高,其激励强度才大。因此,领导者必须深入地进行调查研究,不断了解员工需要层次和需要结构的变化趋势,有针对性地采取激励措施,才能收到实效。

2. 人力资源激励的形式

人力资源激励的形式主要有外在和内在两种形式。外在激励形式包括福利、晋升、授衔、表扬、嘉奖和认可等;内在激励形式包括学习新知识和新技能、责任感、胜任感和成就感等,工作和培训教育是两种常见的内在激励形式。

3. 人力资源激励的方法

人力资源激励的方法主要有三种,一是与情感有关的激励,如尊重激励、关怀激励、表扬激励、荣誉激励等;二是与制度相关的激励,包括目标激励、考核激励、危机激励等;三是与物质相关的激励,包括晋升工资、颁发奖金、产权激励等。

四、薪酬管理

薪酬管理是指企业在经营战略和发展规划的指导下,综合考虑内外部各种因素的影响,确定薪酬体系、薪酬水平、薪酬结构、薪酬构成,明确员工所应得的薪酬,并进行薪酬调整和薪酬控制的过程。薪酬调整是指企业根据内外部各种因素变化,对薪酬水平、薪酬结构和薪酬形式进行相应的变动。薪酬控制指企业对支付的薪酬总额进行测算和监控,以维持正常的薪酬成本开支,避免给企业带来过重的财务负担。

1. 薪酬的构成

企业的薪酬一般包括基本工资、奖金、津贴、补贴和福利等。

基本工资通常根据工作的技术水平、需要付出的努力程度、所承担的责任以及工作环境等因素来确定,它是计算其他奖酬收入的基础。

奖金是对企业成员实现优秀业绩和贡献而给予的效率报酬,是为了奖励和刺激企业成员提高努力程度和提升绩效水平的动力。

津贴是对企业成员在特殊劳动环境下工作所给予的附加报酬,是为了补偿其健康和精神损失,也是为了吸引和稳定这部分成员安心工作。补贴一般是为了保证企业成员实际收入和生活水平不下降或鼓励其长期在本企业内工作而设置的,如物价补贴、工龄补贴等。

福利是社会和企业保障的一部分,主要包括国家法定的福利和企业自主的福利。前者如政府规定的退休金或养老保险、医疗保险、失业保险、工伤保险、住房公积金、法定节假日、带薪休假等;后者如团体人寿保险计划、健康医疗保险计划、儿童看护、老年人护理、子女教育费和良好的劳动工作条件等。

2. 薪酬的类型

企业采取何种薪酬制度存在许多差异,但基本可以分为两大类,即固定部分和动态部分,两者共同构成了影响和激励员工的因素。在人力资源管理实践中,薪酬设计的具体方式多种多样,下面举例几种类型加以说明。

(1) 业绩薪酬制。这种制度下,薪酬的考核和分配不只考虑工作结果或产出,而且关注实际工作效果。企业成员个人的业绩是依照预先设定的目标,或是对比岗位描述和工作描述中所列的各项任务,利用一定的绩效评价手段进行测量的。经过评估后,根据结果分配报酬。与业绩挂钩的薪酬可包括一次性支付数量,还有可能按照基本工资若干比例计算的奖金,该比例由业绩质量的高低决定,或者是加快工资基本档次的上调。

(2) 激励薪酬制。激励薪酬又称可变薪酬,是因企业员工部分或完全达到某一事先指定的工作目标而给予的奖励,即根据员工是否达到某种事先建立的标准、个人或团队目标或企业收入标准而浮动的报酬。

激励薪酬和业绩薪酬相类似的一点是它们都是增加企业员工的基本薪酬,区别在于激励薪酬是一次性的。企业通常用激励薪酬来控制薪酬成本或提高员工生产效率。为了控制成本,企业可以用激励薪酬来代替每年增加的业绩薪酬、资历薪酬或固定薪酬,这样企业只需要在生产效率、利润或其他考核企业是否成功的指标上升到可以抵消成本时,才增加薪酬。激励奖酬主要分为三类:①个人薪酬计划。这类计划奖励独立工作的员工。有些企业采用计件制度,计件制通常是针对生产人员。根据计件制,员工的奖酬取决于他或她在一段给定的时间内生产的产品数量。②团队薪酬计划。这类计划鼓励员工之间的相互支持和协作。团队奖励适用于制造业和提供服务的环境中互相依靠的工作班组。在收益分享计划中,团队成员分享团队提高生产效率、生产质量或节约成本的成果。③全公司奖酬计划。这类计划把员工的薪酬和企业短期内(通常是3个月)的业绩联系在一起。

(3)能力薪酬制。这种制度是奖励员工获得与工作相关的能力、知识或技术,而不是奖励他们成功的工作绩效。这种薪酬制度通常有两种最基本的薪酬方案:知识奖酬和技能奖酬。有时能力奖酬方案同时包括了这两种分别奖励员工成功获得的知识和技术的奖酬制度。知识奖酬用于奖励成功学习了某些课程的管理、服务或专业人员。技能奖酬大多用于从事体力劳动的员工,在他们掌握了新技术以后,增加他们的奖酬。技能和知识奖酬方案都是用来奖励员工可以应用到工作中提高生产力的技术或知识的范围、深度和种类。这一特征体现了知识奖酬和业绩奖酬的差别,业绩奖酬是奖励员工的工作绩效。换句话说,知识奖酬是奖励员工作出贡献的潜能。

(4)股权激励。股权(或其他相关方式)作为一种薪酬设计方案,主要用于对高层管理者、经理人或组织中的关键人进行的长期激励。按照基本权利义务关系的不同,股权激励方式可分为现股激励、期股激励和股票期权激励三种类型。

案例分析　员工持股计划——苏汽集团有限公司职工持股会

内部员工持股制度是指企业内部职工通过一定的法定程度,有条件地拥有企业股份的企业制度。欧美一些企业实施职工持股制度的主要目的在于稳定稳定职工队伍及留住人才、为企业发展筹集资本、防止公司被恶意购并等。我国的员工持股制度与企业产权制度改革相联系,是公有制企业改革的重要形式,是指按照一定的法定程序,通过员工有偿认购和产权主体无偿配送等方式,使他们在符合一定条件约束下拥有本企业股份,成为本企业股东的企业制度。

苏汽集团有限公司(以下简称"苏汽集团")创立于1949年8月1日,2001年3月26日整体改制,2004年4月18日组建集团。2001年苏汽集团整体改制时,注册资本为6000万元人民币,其中国家资本占注册资本的21.11%;苏州汽车客运有限公司职工持股出资占注册资本的78.89%。2001年,苏汽集团根据《江苏省国有企业职工持股暂行办法》《苏州市公司制企业职工持股试行办法》等文件规定,结合企业实际制定了《设立职工持股会实施方案》,对持股会的组织、性质、领导制度、股份构成及股份管理等13个方面内容作出规定。实施方案由职代会审议通过,又经苏州市经济体制改革委员会办公室、苏州市总工会批准,召开了持股职工代表大会,审议了章程,选举产生了持股会理事会。会议共选举持股职工代表130

名,占持股职工人数的4.3%;理事会由12名理事组成,代表持股职工2996人,占职工总数的92.33%。职工个人股为4231.08万元,职工集体股502.32万元,合计4733.4万元。

苏汽集团职工持股会作为出资者,代表持股职工行使股东权利,以其全部出资额为限对公司承担责任,持股职工以其出资额为限对职工持股会承担责任。苏汽集团改制以来,由于职工持股会和董事会成员基本一致,企业的决策进行得顺利而有效,职工持股会对股份的管理效率很高,充分发挥了作用。

在我国经济转型的特定历史条件下推行职工持股制度,主要目的在于落实劳动力产权,使企业职工真正成为企业的主人并行使股东的权利。职工既是企业的劳动者,又是企业的所有者,不仅可以取得工资报酬,同时作为企业股东可以取得资本报酬,获得股息,以产权纽带为基础,使职工与企业结成利益共同体。职工持股制度有利于调动职工的积极性,提高职工对企业资产的关切程度,增强企业凝聚力,是企业人力资源激励的重要方法。

第八章 汽车运输企业物力资源管理

物力资源管理在企业生产管理中占据着非常重要的地位。经济、合理的物力资源是运输生产活动持续、正常进行的基础。汽车运输企业物力资源管理的主要内容包括运输场站设施管理、车辆技术管理、物资采购管理。

第一节 物力资源管理概述

汽车运输企业物力资源与其他工业企业相比有其特殊性,物力资源管理的内容也有所不同。因此,准确把握物力资源的概念、物力资源管理的内容和任务,是做好企业物力资源管理、提高物力资源利用率的必然要求。

一、物力资源管理的概念

1. 物力资源的含义

物力资源是指企业生产经营过程中所需使用的物质资料的总和,一般概括为劳动对象和劳动资料两大部分。汽车运输企业生产经营活动的特点决定了劳动对象为企业的服务对象(旅客和货物),并非消耗或加工的物质材料。因此,汽车运输企业的物力资源主要是指劳动资料,包括运输生产经营活动所需要的站场设施,如客运站、货运站、加油站、停车场、维修基地等;运输生产所需要的劳动工具,如各种运输工具、搬运装卸工具、车辆维修设备、其他辅助设备等;运输生产所消耗的各种物资,包括运输过程、站场作业过程、车辆维修过程中消耗的各种材料、辅助材料,如燃料、润滑油、轮胎、车辆运行附件、车辆维修配件和消耗材料等。

2. 物力资源管理的含义

从一般意义上讲,物力资源管理是指根据企业生产经营活动的需要,对物力资源实施计划、组织、协调、控制等职能,使其达到合理配置、有效利用的活动过程。物力资源管理的内容包括企业设备管理和企业物资管理的全部内容。

由于汽车运输企业物力资源的构成与其他工业企业物力资源的构成有所不同,其管理的内容也有所区别。汽车运输企业物力资源管理是指根据运输生产经营活动的需要,对运输场站设施、运输工具、维修设备、消耗材料等资源实施计划、组织、协调、控制等职能,使其达到合理配置、有效利用的活动过程。汽车运输企业物力资源管理内容包括运输场站设施管理、车辆设备管理、物资(消耗材料)管理。

场站设施管理是为了有效发挥场站设施的作用,满足运输生产经营活动的需要,对场站设施进行规划、修建、培植、使用、维护、更新改造等一系列管理工作的总称。

车辆设备管理是指对企业运输车辆进行择优选配、正确使用、定期检测、强制维护、视情修理、合理改造、适时更新和报废的全过程综合性管理工作的总称。

物资管理是指对企业运输生产所需消耗的各类物资进行计划、采购、保管、供应与使用等一系列管理工作的总称。

物力资源是汽车运输企业科学合理地组织客货运输生产经营活动的物质基础,是汽车运输企业正常运行的物质保障。加强物力资源管理,是保证运输生产活动正常进行、提高运输生产效率、降低运输生产成本、提高运输经济效益和社会效益的重要手段。

二、物力资源管理的任务

汽车运输企业物力资源管理的任务是根据运输生产经营活动的需要,合理配置和有效利用各种物力资源,做到资源利用率高、资源消耗低、资源使用合理、资源供应及时、经济效益好。汽车运输企业物力资源管理的具体内容如下。

1. 建立物力资源管理组织机构

做好物力资源管理,首先要有组织保障。物力资源管理部门负责对全企业各单位的物资采购、供应、验收、储存、使用等物资管理的指导、协调和检查工作,监督各单位合理使用物资;加强定额管理,严格验收、发放、回收和核销制度;开展节能节约、代用和综合利用措施,节能降耗,降低企业资源消耗。

2. 编制科学合理的物力资源计划

汽车运输企业的生产活动是伴随着物资的消耗进行的。物力资源管理首要任务是编制计划,解决企业需要何种物资、何时需要、需要的数量等问题。汽车运输企业的物资消耗不像一般工业企业的产品消耗那样可以按照产品设计与工艺流程进行计算,而是存在较大的随机性,只能依靠深入的调查与广泛的统计数据的分析与归纳,才能逐步掌握物资的消耗规律。除了要掌握需求方面的信息,供应方面的信息也必不可少。企业应掌握供应物资的产地与渠道情况,选择质量好、价格合理、运输经济的产地与渠道进行采购。

3. 合理配置和使用物力资源,节约物资,降低消耗

物力资源管理工作要根据运输生产的需要合理配置和使用物力资源,做到管供应、管使用、管节约,要制定合理的物资消耗定额,严格物资的发放和使用制度,并做好物资的修旧翻新以及节约物资的宣传活动。

4. 保证运输生产过程的正常进行

运输生产过程中所使用站场设施、运输车辆及设备的品种、类型、性能、结构等都十分复杂,为其配套使用的有关设施装置种类也较多。物力资源管理应做好物资采购计划与供应计划,保证成百上千的规格品种将按质、按量、按时间供应、发放或直接送到现场,满足生产经营的需要,保证生产经营活动不间断地进行,保证经营决策目标的实现。

5. 做好物力资源信息管理工作

企业物力资源管理部门必须建立、健全原始记录台账,定期统计物资消耗情况,并按时上报各类报表,要求规范化、准确化、严肃化;及时了解物资消耗情况,合理安排及调整物资采购和运输生产活动。物资信息的统计工作对以后的物力资源管理工作也起到一个指导的作用。

总之,企业面对市场现状及变化趋势所制定的经营决策方案,必须具有可靠的、经济的、

合理的后勤物资供应保障体系作为支持。否则,就会影响到企业经营决策方案及目标任务完成的质量,甚至根本无法进行。做好物力资源管理是完善生产经营活动后勤保障体系的基础工作,也是确保经营决策方案制定和实现的前提条件。

三、物力资源管理的意义

汽车运输企业的物力资源管理,不仅是运输生产前的一项准备工作,还是汽车运输企业开源节流的一项重要工作。因此,做好物力资源管理,对于有效利用企业物力资源,保证和促进运输生产的正常进行,加速资金周转,节约物资消耗,降低成本,提高经济效益等都有着重要意义。汽车运输企业物力资源管理的意义具体如下。

1. 提高企业物力资源的使用效率

汽车运输企业的物资,有材料、燃料、轮胎、汽车零配件等,其物资总量大约要占用企业80%的流动资金。而物力资源管理又是一项极其复杂的系统工程,其主要工作环节有采购、运输、检验入库、仓储保管、按需领发、回收旧料、修旧利废等。每个工作环节都必须建立一套严密的工作制度。如物资的仓储保管既要求汽车运输企业提供相当面积的房屋设施来存放,并且根据安全存放的规定,应独立设置材料、油料和轮胎库房。可见,物力资源管理的工作量是很大的。规范的物力资源管理,必然能促进物力资源使用效率的提高。

2. 确保运输生产正常进行

物资供应是汽车运输企业物力资源管理工作中一项最重要的功能。由于运输生产耗用的物资品种繁多,消耗量又很大,如果这些物资在供应上脱节或在质量、规格上不符合运输生产的需要,将直接导致汽车不能按时维修,不能提供完好车日,并有可能使运输生产中断,或因材料配件供应质量问题,酿成机件行车事故。因此,做好物资供应工作,对于确保运输生产正常进行有着重要的作用。

3. 促使汽车运输企业技术经济指标更趋完善

考核汽车运输企业的技术经济指标,有总产量、燃料消耗水平、安全间隔里程、流动资金效率水平、完好车率、车吨日产水平和利润额等,绝大部分技术经济指标都与物资供应管理的好坏有关。提供一个良好的物力资源管理工作状况,既保证了运输生产的正常进行,也降低了一些非正常消耗,从而节约资金,减少资金占用额,并能使汽车运输企业的技术经济指标更加趋于完善。

第二节 运输场站设施管理

运输场站是汽车运输企业物力资源的重要组成部分,包括汽车客运场站、汽车货运场站,是企业办理道路客货运输相关业务,进行客货运输组织和作业,并提供相应服务的场所。做好场站设施管理是保证运输生产活动顺利进行的基础,具有非常重要的意义。

一、汽车客运站及其主要功能

汽车客运站是道路旅客运输网络的节点,具有集散换乘、运输组织、信息服务、辅助服务等功能,主要任务是安全、迅速、有序地组织旅客运输,为旅客和车辆提供设施及服务。

1. 汽车客运站的分类

汽车客运站按规模分为等级车站、便捷车站和招呼站三类。招呼站是在公路与城市道路沿线，为客运车辆设立的旅客上落点。便捷车站是以停车场为依托，具有集散旅客、停发客运车辆功能的车站。等级车站是指具有一定规模，可按规定分级的车站。根据《汽车客运站级别划分和建设要求》（JT/T 200—2020），以设施和设备配置、日发量为依据，等级车站从高到低依次分为一级车站、二级车站、三级车站。不同级别的车站应具备的条件及设施与设备配置要求不同。

2. 汽车客运站设施设备的配置

汽车客运站的主要设施由以下三大部分组成：生产设施，包括换乘设施、站前广场、站房、发车位和停车场（库）等；生产辅助设施，包括车辆维修车间、车辆安全例检台、车辆清洁清洗处等；生活服务设施，包括驾乘公寓、商业服务设施等。汽车客运站的主要设备包括服务设备（如售检票设备、车辆清洗设备、广播通信设备等）、安全设备（安全检查设备、安全监控设备、安全应急设备等）和信息网络设备（网络售取票设备、验票检票设备、车辆调度与管理设备等）。

3. 汽车客运站主要生产设施配置的要求

汽车客运站生产设施应根据级别和车站所在地点实际情况进行配置。

（1）站前广场。站前广场是客运站房与城市联系的纽带，是旅客、行包和站外各种车辆的集散场所。它主要由停车场、旅客集散区、行包集散区、绿化美化区等部分组成。配置时应遵循如下原则：

①站前广场应与城市规划相协调，要结合所在地交通条件与特点，因地制宜，灵活布置。

②站前广场的面积应满足旅客集散、设置绿化景观的需要。同时，站前广场的平面布置要紧凑合理，尽量节约用地，节省投资，各组成部分应有机联系在一起，利于旅客、行包集散与车辆进出，便于管理。

③合理组织广场内交通流，使进站与出站客流、车流、行包流分开，避免相互交叉干扰。

④要有一定的纵深，以提高疏散能力，避免城市干道交通对广场交通的干扰。

⑤站场广场作为紧急避难场所、固定避难场所时，其面积应满足《防灾避难场所设计规范》（GB 51143—2015）的有关规定。

（2）停车场（库）。停车场（库）的容量按同期发车位数的 5 倍取值，单车占用面积按客车投影面积的 3.5 倍取值，即：停车场（库）面积的最小值 = 5 × 3.5 × 发车位数 × 客车投影面积，车站可根据实际需要增加停车场面积。

（3）发车位。发车位面积根据发车位数确定，每个发车位占用面积按客车投影面积的 4 倍计算。即：发车位面积 = 4.0 × 发车位数 × 客车投影面积。

（4）站房。站房是客运场站最主要的生产设施，旅客进站、购票、行包托运、候车，直至进站上车都在这里完成。它主要由候车厅（室）、售票处（厅）、母婴候车室（区）、综合服务处、行包托运厅、行包提取处、小件（行包）服务处、治安室、饮水处、旅游服务处、调度室、值班站长室、站务员室、驾乘休息室、进出站检查室、盥洗室与旅客厕所、无障碍设施、智能化系统用房、医疗救护室等组成。配置时应遵循如下原则：

①站房各部分面积既要满足设计年度旅客日发送量和旅客最高聚集人数流动的需要，

又要满足各功能厅、处、室和设备合理布置的要求。

②站房的平面形状与尺寸,应满足旅客活动的特点和室内通风、采光和音响的要求。平面布置力求紧凑合理、流线短捷、明快活泼、分区明确、节约用地。

③门窗尺寸与位置,应满足旅客出入方便及采光、通风要求,必要时设置天井、花圃、内庭园等,以改善通风采光条件。

④站房应具有良好的朝向与风向。

⑤服务处所设置齐全,位置适宜。

4. 汽车客运站的主要功能

经营旅客运输业务的汽车运输企业大都在其营运路线的沿途设置汽车客运场站。这类客运场站是汽车运输企业生产管理的基层组织,应具备的主要功能如下:

(1)组织客源。汽车客运站是汽车运输企业的旅客吸引点,它应把大量旅客吸引到车站来,为他们办理乘车旅行事项,使旅客能够方便、舒适、安全、顺利地踏上旅途。各地的客运站应经常调查、了解当地(营运区内)的客流动态,根据当地人口分布及流动习惯等因素,分析研究客流形成的规律性,以优质的运输服务,不断开拓客源,做好企业宣传,提高本企业在当地运输市场的占有率。

(2)办理客运商务作业。客运商务作业包括:发售客票,接收和交付旅客托运的行李包裹及计收运杂费,安排旅客顺序上车和下车出站及相应的验票、检票工作,提供旅客候车服务,办理旅客小件物品寄存,为旅客提供咨询服务等。

(3)客车运行管理。车站是车辆运行过程中的重要管理环节,一般车站在客车运行管理方面的主要职责是:办理客车的发、到作业,签发、填写行车路单,指挥发车;组织客运班车按班次时刻表运行,保证班车准班、正点运行,检查客车运行作业计划执行情况;了解营运路线通阻情况,及时向有关方面通报,联系运输管理部门处理站辖路段的路阻事宜;会同有关单位处理行车事故,组织救援善后工作;组织供油、供水及客车临时故障的修理工作;组织过站、宿站车辆的驾驶员、乘务员的食宿工作。

(4)信息工作。车站所处地位使它在企业管理信息系统中起着重要作用,它具有收集和传输各类运输信息的功能。信息工作主要包括为企业编制旅客运输量计划提供资料;及时收集、反映社会上对企业的要求、建议、批评意见;向上级有关部门报告客车运行中发生的问题,车辆驾乘人员方面的问题,道路工程与路政管理方面的问题等;及时、准确、全面地报送各种业务统计报表。

二、货运站场及其主要功能

汽车货运站场是货物的集散基地,是运输网络上的节点,是专门为货物的到、发和中转提供作业以及相关服务的场所。

1. 汽车货运站场设施的配置

汽车货运站场的设施包括建筑设施和场地设施。其中,建筑设施包括站房、中转大厅、仓库、拆装箱库、维修车间、油库、地磅、配电站、供水站、污水处理站、洗车台、职工生活用房等;场地设施包括停车场、集装箱堆场、装卸作业场及站内道路等。

2. 各主要设施的功能要求

(1)站房。站房是货运场站办理货运业务和行政业务的场所,包括货运业务用房、联运代理业务用房、通信信息中心、行政办公用房和其他用房等。站房主要部分的功能要求如下：

①托运厅。托运厅是货主办理托运、货物临时堆放及站务人办理验货、司磅的场所,它包括零担货物托运处、集装箱货物托运处和货运代理处。由于办理托运的高峰时间集中,货流、人流容易发生交叉干扰,因此,必须组织好托运作业流程,货物受理作业间应按托运作业流程合理设置,利于货主办理托运手续；托运处与仓库间的距离应短捷,便于受理托运后的货物入库保管存放。对于货流量较大的场站,可采用货物传送装置。

②提取厅。提取厅是货主办理提货手续的场所。一般情况下,货运站场应为货主提供送货上门服务,因此,提取厅面积不宜过大,但应靠近货物库房。

③联运代理业务用房。联运代理业务用房指货运站场代货主办理商务、海关、理货、商检等货运业务的场所,各部分业务办公室应集中布置,便于货主办理货运业务。

(2) 仓库。仓库是保管存放受理货物、到站货物、中转货物的场所。它包括零担货物发送仓库、零担货物中转仓库、零担货物到达仓库、集零为整的集装箱货物仓库、拆整为零的集装箱到达货物仓库和仓储仓库。仓库是货运场站主要生产设施之一,也是站务作业的关键环节。仓库的设置应满足以下功能要求：

①仓库位置应便于货物的入库、装卸和提取,库内区域划分明确,布局合理。
②有利于货运生产的正常进行,并适应货运站场的生产工艺要求。
③有利于提高运输车辆的装卸效率,满足先进的装卸工艺和设备的作业要求。
④仓库内应配置必要的安全、消防设施,以保证安全生产。
⑤仓库货门的设置,既要考虑货车集中到达时的同时装卸作业要求,又要考虑由于增设货门而造成堆存面积的损失。

(3) 中转大厅。中转大厅是中转货物的集、拼、分、拣、换装、发货的场所,一般设有自动化传送、分拣设备。有条件的中转大厅其一侧为铁路货物装卸场,与铁路专用线相连接；另一侧为汽车装卸场。

(4) 拆装箱库。拆装箱库是把适箱货物拼装入集装箱或从到达箱中取出进行分类、保管、发送到货物集散处的场所,包括货物仓库、拆装箱作业区、装卸高站台和一些辅助生产用房,设置时应满足下列功能要求：

①满足货运场站生产工艺要求。
②库内留有足够的叉车行驶通道,满足装卸机械工作面的要求。
③留有足够的拼装箱场地,便于进行拆装箱和拼装箱作业。

(5) 维修车间。货运站场的维修车间包括运输车辆、装卸机械和集装箱的维护修理工间及其辅助工间和必要的牵引车、挂车及辅助车辆的停车库等。

①汽车维修工间是运输车辆、牵引车、挂车维护、修理的场所,应配备必要的维修设施与设备。
②装卸机械维修工间是装卸机械(包括叉车、跨运车、龙门起重机等)维护与修理的场所,应配备相应的维修设施与设备。
③集装箱维修工间是集装箱清洗、熏蒸、消毒、维修的场所。它包括集装箱维修间、洗箱间、消毒间等工房。对规模较小的货运站场,洗箱作业可以采取简易清洗法,一般与洗车台

合并在一起。

(6)集装箱堆场。集装箱堆场简称"堆场",是堆存和保管集装箱的场所。根据集装箱堆存量的大小不同,堆场可分为混合型和专用型两种形式。后者是根据货运场站的生产工艺分别设置重箱堆场、空箱堆场、待修与待竣箱堆场和汽车通道、叉车、起重运输机械作业通道等。设置堆场时应满足发送箱、到达箱、中转箱、周转箱和维修箱等生产工艺和不同的功能要求,并尽可能缩短运送距离,避免交叉作业,便于准确、便捷地取放所需集装箱,利于管理。

(7)装卸作业场。装卸作业场是用于装卸零担货物和集装箱的场地,包括汽车停靠区、调车场地和装卸机械作业区等。配置时要充分考虑场地的适应性,既可适应侧面装卸又能适应后面装卸;要满足货运场站生产工艺的要求。

(8)停车场。停车场是车辆停放、保管的场所。一般可分为集装箱运输车停放区、零担货车停放区、一般货车停放区和装卸机械停放区等。

3.汽车货运站场的主要功能

(1)运输组织功能。汽车货运站场应该对货物运输生产、货流和货运车辆的运行进行合理组织,实现道路货物的合理运输。汽车货运站场运输组织主要包括货运生产组织、货源组织、运输能力组织以及运行的组织。

货运生产组织主要包括承办货物的发送、中转、到达等作业;货源组织及时掌握货源的分布、流向、流量、流时等特点,为货运业务的有序运作提供可靠的保证;运输能力组织运用市场机制协调货源与动力之间的匹配关系,使运输能力与运输量始终相对平衡;运行的组织根据货流的特点,确定货运车辆行驶的最佳路线和运行方式,制订运行作业计划,保证货运车辆有序运行。

(2)中转和装卸储运功能。货运站场的货物运输主要以集装箱运输或零担运输为主。货运站场应该利用站内的装卸设备、仓库、堆场、货运受理点以及相应的配套设施,为货物中转和因储运需要而进行的换装提供方便,保证中转货物(含集装箱)安全、快捷、经济、可靠地完成换装作业,及时地运送到目的地。同时,为货主提供进货、仓储、保管、分拣、配货、分放、包装、搬运等服务,以利于货物的集、疏、运。

(3)联运和中介代理功能。货运站场除从事道路货物运输外,还应与其他运输方式联合,开展联合运输服务。同时,还可承担运输代理业务,为货主或车主提供双向服务,合理组织联运,实行"一次承运,全程服务",代货主办理货物的销售、运输、结算等服务。

(4)综合物流服务。作为物流服务据点的货运站场,除应具备储存保管等传统功能外,还应具备包括拣选、配货、检验、分类等作业,并具有多品种、小批量、多批次等收货配送以及附加标签、重新包装等综合物流服务功能。

(5)通信信息功能。建立通信信息中心,使得各种运输方式之间的运输信息互通、资源共享,从而快捷、准确地获得与营业有关的信息,进行货物跟踪、仓库管理、运输付款通知、运费结算、托运事务处理、发货事务处理和运输信息交换等;面向社会提供货源、运力、货流信息和车、货配载信息以及通信服务等。

(6)辅助服务功能。货运站场除开展正常的货运生产外,还应提供与运输生产有关的服务。例如,为货主或驾乘人员提供食宿、娱乐、购物等服务;代货主办理报关、报检、保险等服务;开展商品包装、分拣、配货、分放及加工等工作;提供商情信息等服务;为营运车辆提供停放、清洗、加油、检测和维修等服务。

三、场站设施管理

1. 场站设施管理的任务

汽车运输企业的场站设施管理是为了发挥场站设施的最大作用,满足运输生产的需要,对场站设施进行修建、使用、维护、更新改造等一系列管理工作的总称。场站设施管理的目的是使运输活动过程中的场站设施经常处于最佳状态,使其作业效率最高,支付的费用最低,把汽车运输企业的运输作业活动建立在最佳的物质基础之上。场站设施管理的主要任务是:①根据技术先进、经济合理的原则,正确合理地修建场站设施,为企业运输活动提供最优的场站设施,为旅客和货主提供舒适、方便的交易环境,但同时应考虑投资成本,切忌铺张浪费。应该根据当地客流、货流的需要,决定场站设施的修建规模。②要针对各种设施的特点,合理使用、精心维护,并建立健全有关正确使用和维护场站设施的规章制度和管理制度。③在节省设施管理费用和维修费用的条件下,保证汽车运输企业的场站设施始终处于良好的技术状态。④做好场站设施的日常管理和维护工作。

2. 场站设施管理的内容

汽车运输企业进行场站设施管理,需要做一些具体的工作来保证场站设施状态良好。场站设施管理的具体内容如下:

(1)根据场站设施的生产效率、投资效果及配套性和可靠性,选择技术上先进、经济上合理、生产上适用的修建方案。

(2)根据场站设施的性能、使用要求,并结合企业运输生产作业计划,合理使用设施,提高设施的利用率。

(3)及时、经常地做好场站设施的维护工作,提高设施完好率,延长设施寿命。

(4)制定并认真贯彻执行合理的场站设施维护制度。

(5)有计划、有步骤、有重点地进行场站设施的改造和更新工作。

3. 场站设施的维护管理

场站设施的管理包括对其修建、使用、维护、更新改造等一系列活动的管理。这里,我们重点介绍一下场站设施的维护管理。提高场站设施的维护管理质量,可以从以下几个方面来入手:

(1)转变观念,建养(管)并重。要发挥场站设施在运输场站中的整体功能,必须一手抓建设,一手抓管理,两者不可偏废。在指导思想上由重建轻养(管)转变为建养(管)并重。

(2)加快技术先进、经济合理的新设施的建设步伐,完善场站设施系统。目前,我国的汽车运输场站的设施配套还不是很完善,且大部分技术陈旧。为了满足经济发展的要求,可以建设一批技术先进、经济合理的新设施。

(3)加强技术管理,增加科技含量。在场站设施维护过程中,把坚持"四养护"方针(即养早、养小、养全、养好)落到实处,充分发挥科技人才的作用,在开发引进技术的同时,要引进科学的管理方法,变传统的粗放型管理为严密的科学管理。

(4)加强质量管理,严格验收制度。技术、质检、安全人员要深入施工第一线,监督施工质量和安全,对场站设施维护工作进行监督检查,保证场站设施的维护质量。

汽车客运站和货运站场对于汽车运输企业客货运输的组织、协调、运行起着非常重要的作用。场站设施管理的目的是保证场站设施处于一个良好的状态，充分发挥各种设施的作用，实现场站的功能，保证企业运输生产的顺利、有序进行。

四、道路客运"三优"与"三化"服务规范

1. 道路客运"三优"

道路客运"三优"是指通过精神文明、基础设施建设、经营管理等工作，实现道路客运的优质服务、优美环境和优良秩序。这三者相互联系、相互影响，并以优质服务为核心，以优美环境为条件，以优良秩序为保证，共同构成道路客运服务质量体系的总体框架，是道路客运企业、汽车客运站始终努力的方向和所要达到的目的。

(1) 优质服务。优质服务是指道路客运各项服务工作主动热情、和蔼周到、安全快捷、经济便利，使旅客感到温暖、愉快、称心、满意。优质服务是道路客运"三优"的核心，是客运服务的根本要求，一切服务工作都应围绕此核心而展开。

(2) 优美环境。优美环境是指汽车客运站设施布局合理、整洁卫生、气氛和谐。创造优美的服务环境，既是提高客运站服务质量的重要影响因素和条件，同时也是客运站服务质量的重要内容。它要求通过客运站服务设施布局合理、服务设备完好配套、服务标志齐全醒目、服务场所明快整洁、车站场地绿化美化、车站治安状况良好等方面，为旅客创造一个安全、舒适、明快、祥和的旅行环境。

(3) 优良秩序。优良秩序是指汽车客运站的客流、行包流、车流、信息流通畅合理、井然有序、准确高效，保证旅客旅行的畅通、快速、准时、方便。汽车客运站服务工作是一个动态的、相互联系而又相互影响的整体。这不仅意味着各项服务工作必须按照规定的程序运作，服从统一指挥与管理，实现规定的服务质量标准，而且意味着必须通过相应的站务工作和服务设施的合理布局等，分别使旅客、运输车辆、行李包裹、站务信息按照合理的顺序流动，并要求做到准确高效、通畅合理、井然有序，避免客流、车流、行包流间的交叉，保证旅客旅行的畅通、快速、准时、方便。

2. 道路客运"三化"

道路客运"三化"是指为达到"三优"的基本要求，通过制定公路客运各项服务工作质量标准，实现服务过程程序化、服务管理规范化和服务质量标准化。它是对服务过程、服务管理、服务质量的具体内容所作的统一规定，是客运企业、汽车客运站提高客运服务质量的重要手段和实行科学管理的重要内容。

(1) 服务过程程序化。服务过程程序化是指根据公路客运各项作业之间的内在联系和工艺流程，把整个服务过程分为若干个环节，并明确其服务内容、标准要求、工作程序，保证车站各项服务工作环环相扣、节节相连、顺利而有序地进行。

(2) 服务管理规范化。服务管理规范化是指通过贯彻执行国家有关政策法规，制定并实施车站各项管理规章制度和工作标准，切实做到有规可依、有章可循，保证车站各项服务工作的质量。

(3) 服务质量标准化。服务质量标准化是指根据道路客运服务安全、及时、方便、经济、舒适的质量要求，结合车站各项服务工作的具体内容，制定各岗位、各环节的服务质量标准、

业务质量标准,确保客运服务质量不断提高。

第三节 车辆设备管理

车辆是汽车运输企业从事运输生产经营活动的物质基础,是汽车运输企业的主要生产设备。加强车辆设备管理,对保证运输生产的正常秩序,提高车辆运行的安全性,促进企业技术进步都具有十分重要的意义。

一、车辆设备管理概述

车辆是运输生产的工具,是汽车运输企业的主要生产设备。车辆管理属于企业设备管理的范畴。设备管理是随着工业生产的发展、设备现代化水平的提高以及技术和管理科学的发展而逐步发展起来的管理科学。

1. 现代设备管理的发展及内容

设备管理的发展过程大致可以划分为三个阶段。

(1) 事后维修阶段。事后维修是指当机器设备发生了损坏和故障以后才进行修理。在20世纪50年代以前,企业设备管理基本属于这一阶段。在这个阶段,如何预防设备的故障和事故是设备管理中急需解决的重要问题。随着现代化工业生产的发展,设备结构趋向于复杂,设备的修理难度增加,逐渐出现了专业的设备维修人员,并在企业逐步建立起设备维修与管理机构,制定了必要的设备维修制度。

(2) 预防维修阶段。预防维修就是在机器设备发现故障以前,对容易磨损的零件和容易发生故障的部位,事先定有计划地安排维修或更换作业,以预防故障与事故的发生。我国在20世纪50年代从苏联引进了计划预防维修制并得到了广泛推广和应用,逐步建立了预防性的定期维修和定期修理制度。在预防维修阶段,企业设备完全处于后天使用过程中,但是,如何解决设备先天不足、降低由于过度修理的设备利用率低和维修费用很高等问题,成为这一阶段设备管理中的主要问题。

(3) 综合管理阶段。综合管理阶段可以划分为两个小阶段。自20世纪60年代起,许多企业引进可靠性技术、维修性技术,强调了设备设计中的可靠性、维修性等方面的要求。日本首先在汽车工业和家用电器工业提出了可靠性、维修性以及无维修、无故障的设计要求,使其产品具有很强的竞争实力;美国和西欧一些国家的许多企业,也纷纷提出"无维护修理设计"的理想目标,使设备管理进入了一新的阶段。20世纪70年代,英国创立和发展了设备综合过程学,这是一个以设备一生为研究对象,以提高设备效率、追求设备寿命周期费用最经济为目的的,在广泛吸收和应用了经济学、生理学、心理学、数学和电子计算机技术等多学科成就的基础上,建立起来的一门综合性学科。现在,又以综合现代设备管理理论、现在科技成就发展为基础,形成了一种新型的设备管理体系。

2. 设备综合管理的内容

传统设备管理存在的局限性,已经不能适应和满足现代高科技以及市场经济迅速发展的需要,在现代管理理论的启示和推动下,设备综合管理日趋成熟,其内容主要包括以下几点:

(1) 实行设备全过程管理。设备全过程管理就是把设备一生,也就是整个生命周期作为一个整体进行综合管理,以求得设备一生的最佳效益。对设备实行综合管理的目的是要解决传统设备管理中存在着的两个脱节的问题:一是设备前半生管理与后半生管理的脱节;二是设备后半生在企业管理内部环节之间管理工作的脱节。前者是要解决设备制造者,包括设备研究开发部门与设备使用者之间的联系与信息沟通问题,在市场经济条件下,市场需求与供给、价格机制等能够很好地解决此类问题。而后者需要加强设备使用单位内部各部门之间的协调、联系、专业分工,共同把设备经营管理工作做好。

(2)追求设备寿命周期费用最经济,综合效率最高。设备寿命周期费用是指与设备一生全过程相对应的设备投资与耗用的总费用;综合效率是指设备管理所要实现的综合目标,主要包括产量、质量、成本、交货期、安全环保和人机匹配等内容,而不是单纯地考虑制造、购置、维修及处置的经济性。

(3)从工程技术、财务经济与组织措施等多方面对设备进行综合管理和研究。这就要求技术、财务、管理人员在专业分工的基础上加强协作,对设备管理人员、组织机构、运行机制等方面都提出了较高要求。

(4)开展设备经营工作。设备是企业重要的生产要素资源,资源通过市场机制进行有效配置,是市场经济的客观要求,也是实现企业经营目标的要求。因此,企业要按其经营目标的需要,开展经营工作,对不需要的设备要及时处理。

(5)全员参加设备管理工作。汽车运输企业各类设备众多、型号复杂,且分散在企业生产、科研、管理等各个领域,只有将有关部门、有关人员有效地组织起来,才能管好设备。

综上所述,设备综合管理与维修型设备管理在内容上的区别见表8-1。

维修型设备管理与设备综合管理的区别　　　　　　表8-1

项 目	维修型设备管理	设备综合管理
任务	保证设备的技术完好	贯彻并实现企业经营方针
目标	关注个别环节、个别方面局部功能效果的恢复	追求寿命周期费用最经济、综合效果最好
内容	关注维修及相关的管理工作	实现设备一生的全过程管理
手段	主要运用技术手段	综合运用技术、经济、组织措施
状态	恢复既定出厂标准的静态管理	服务于企业经营方针与技术进步的动态管理
参加人员	主要依靠设备专业管理人员	与设备有关的各类机构、专业操作、维护和管理人员

3.车辆管理及其原则

车辆管理是指对企业运输车辆实行择优选配、正确使用、定期检测、强制维护、视情修理、合理改造、适时更新和报废的全过程综合性管理。车辆管理的基本要求是:为运输生产活动提供性能优越、使用可靠、高效低耗的运输能力,不断保持与提高运输生产技术装备水平的先进性和适用性。车辆管理的基本原则如下:

(1)安全性原则。加强车辆技术管理,保持车辆技术状况良好,保证运输生产安全,充分发挥车辆的运输效能,降低运行消耗。

(2)先进性原则。车辆技术管理应依靠科技进步,采取现代化管理方法,建立车辆质量监控体系,推广检测诊断和计算机应用等先进技术,开展多种形式的职工教育和专业培训,提高车辆管理水平和技术水平。

(3)经济性原则。在车辆技术管理中,既要考虑车辆的购置费用,又要考虑使用过程中维持运转的费用,以最经济的车辆和最低的运行消耗完成运输生产任务,提高生产效益。

(4)适用性原则。车辆技术管理应坚持符合企业运输生产的需要的原则,根据企业营运区域范围内的道路、桥梁、渡口、地理环境、气候以及燃料润料配件供应等条件,对运输车辆实行择优选配、正确使用,提高车辆使用效率。

4. 车辆管理的组织体系

车辆技术管理的内容需要通过管理组织体系贯彻落实。车辆技术管理的组织体系应做到上下统一,彼此协调,组织健全,人员精干、配套、技术素质较高。同时,要建立健全车辆技术管理的各级岗位责任制,明确技术管理人员的职责和权限,充分发挥他们的作用,保持队伍的相对稳定。

大、中型汽车运输企业,应建立由总工程师负责的车辆技术管理体系;小型汽车运输企业要由一名副经理负责车辆技术管理工作,所属车间和车队应配备足够数量的专职技术管理人员,分别负责车辆各项技术管理工作。车辆技术管理的组织机构体系如图8-1所示。

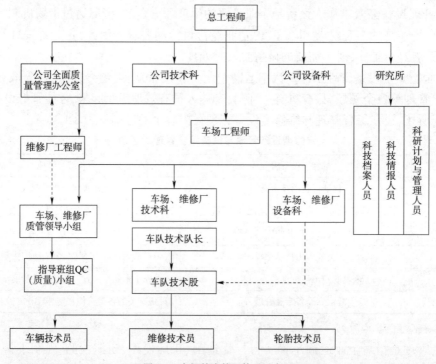

图 8-1 车辆技术管理体系示意图

二、车辆选配与使用前的管理

1. 车辆选配的考虑因素

进行车辆选择的目的是使新购置的车辆达到技术上先进、经济上合理、生产上可行的要求,以保证企业运输生产的发展,实现技术进步。所以,进行车辆选择时,应考虑以下因素:

(1)生产性。生产性主要指满足生产需要的功能,包括车辆的类型、用途、主要技术性能等,如选择通用性车辆还是专用性车辆,选择大型车辆还是小型车辆。

(2)可靠性。可靠性主要指在规定的时间内和规定的使用条件下,无故障地发挥车辆性能的概率。它包括零件的耐用性、安全性、可靠性等。

(3)安全性。安全性是指车辆在生产使用过程中对生产者、旅客货物及环境安全的保障程度。

(4)维修性。维修性是指车辆要便于检查、维修和修理,使用先进的维修技术和方法。

(5)配套性。配套性是指车辆要有较好的配套水平,如运输经营网络中的装卸设备、搬运设备、装载器具、托盘系列等配套,能更好地发挥其网络作用。

(6)适用性。适用性主要指车辆在不同工作环境下,有较好的适应能力。

(7)经济性。经济性主要是指车辆运行成本低,如车辆的节能性好、车公里运行成本低、综合经济效益较好。车辆的配套性、适应性往往与经济性有密切的关系。

(8)节能环保性。节能环保性是指车辆营运时能否达到节能环保的要求,或在其他有关方面的满足程度。

2. 车辆选配的经济评价

判断车辆的选择在经济上是否合理,需要对车辆进行经济评价。经济评价常用的方法有以下几种。

(1)投资回收期法。企业投资购置营运车辆,除了要研究分析车辆在生产中的适用性、技术上的先进性,以及维修的方便性等因素,还要考虑车辆投资能否在短期内收回的问题。在其他方面相同的情况下,应当选择投资回收期最短的方案。投资回收期的计算公式如下:

$$投资回收期(年) = \frac{车辆投资额 - 残值}{年净收益 + 年折旧费} \tag{8-1}$$

"车辆投资额"包括车辆价格(购置费)、车辆购置附加费、(需要运输时)运输费用等全部投资额。"年净收益"是指车辆投入营运后,预计每年可以获得的净收益额。"残值"是指车辆报废后的残余价值净额。"年折旧费"是指按平均年限法计算的年折旧额。

(2)费用效率分析法。费用效率分析法也称寿命周期费用分析法或成本效益分析法。费用效率的计算公式如下:

$$费用效率 = \frac{系统效率}{寿命周期费用} \tag{8-2}$$

系统效率是指车辆在寿命周期内平均实现的综合效率或效益,如完成的运量或周转量,实现的收入或利润;寿命周期费用是指车辆从投入使用至报废的全部费用,包括车辆购置费用、车辆使用费用、车辆维修费用等。

(3)费用换算法。用这种方法进行车辆经济评价时,若涉及的投资额和使用费用额很大,还应考虑所支付资金的时间价值。费用换算法是在其他条件相同的条件下,结合考虑资金的时间价值,计算车辆的投资费用和使用后的维持费用,选择总费用最小的车辆为最好的备选车辆设备。费用换算的具体方法有年费用法和现值法两种。

①年费用法,是在考虑资金时间价值的前提下,将车辆购置费换算成相当于投产后每年的支出,然后加上每年的维持费,计算出车辆的每年总费用的换算方法。其每年总费用 C_{yt} 计算公式如下:

$$C_{yt} = K \frac{i \cdot (1+i)^n}{(1+i)^n - 1} + C_a \tag{8-3}$$

式中：K——车辆一次投资费用；
C_a——车辆每年维持费；
i——年利率；
n——车辆寿命周期，年。

其中，$\dfrac{i \cdot (1+i)^n}{(1+i)^n - 1}$ 一般称为投资回收系数，可按车辆寿命周期 n 和年利率 i，通过直接查系数表求得。

②现值法，也是在考虑资金的时间价值的前提下，将车辆使用过程中每年支出的使用费用换算成现值，再加上车辆的购置费，求得车辆寿命周期总费用的现值的换算方法。现值法的计算公式如下：

$$C_T = K + C_a \dfrac{(1+i)^n - 1}{i \cdot (1+i)^n} \tag{8-4}$$

式中：K——车辆一次投资费用；
C_a——车辆每年维持费；
i——年利率；
n——车辆寿命周期，年。

其中，$\dfrac{(1+i)^n - 1}{i \cdot (1+i)^n}$ 一般称为现值系数，可按车辆寿命周期 n 和年利率 i，通过直接查现值系数表求得。

3. 车辆使用前的管理

车辆使用前的管理包括新车的接收、车辆投入使用前的检查维护、技术培训、建立档案、认真走合、及时索赔等方面的内容，其具体内容如下：①接收新车时应按合同和说明书的规定，对照车辆清单或装箱单进行验收，清点随车工具及附件等；②新车在投入使用前，应进行一次全面检查，并根据制造厂的规定进行清洁、润滑、紧固以及必要的调整；③新车在投入使用前，汽车运输企业应组织驾驶员和维修工进行培训，在掌握车辆性能、使用和维修方法后方可使用；④新车投入使用前，应建立车辆技术档案，配备必要的附加装备和安全防护装置；⑤新车应严格执行走合期的各项规定，做好走合维护工作；⑥在索赔期内，应严格按制造厂的技术要求使用。若车辆发生损坏，应及时作出技术鉴定，属于制造厂责任的，按规定程序向制造厂索赔。

三、车辆技术档案管理

车辆技术档案是指车辆从新车购置到报废整个运用过程中记载车辆基本情况、主要性能、运行使用、检测维修和机件事故等方面资料的历史档案。它是了解车辆性能和技术状况，全面分析与掌握车辆性能变化规律，指导车辆的使用、维修、技术鉴定、改造、报废以及新增车辆的科学依据。车辆技术档案的主要内容包括以下五个方面：

(1) 车辆基本情况和技术性能记录，主要记载车辆名称、厂牌、型号、出厂日期、接收日期等基本情况，车辆技术性能参数，车辆装备，总成改装和变动情况等。

(2) 车辆运行记录，主要记载车辆运行过程中燃料消耗、轮胎使用、技术故障、行驶里程、完成的运输周转量等。

(3)车辆检测维修记录,主要记载历次车辆检测的内容、结果、原因及解决对策,车辆每次维修的间隔里程、维修级别、占用车日数以及维修竣工后的技术状况。

(4)车辆的寿命周期记录,主要记录车辆的实际寿命期限、寿命期内的磨损情况评估等方面的资料。

(5)车辆肇事记录,主要记录每次车辆肇事的经过、原因、损坏情况、损失情况及处理结果,以便指导企业安全管理工作。

汽车运输企业必须逐车建立车辆技术档案。车辆技术档案应认真填写,妥善保管,记载及时、完整和准确,不得任意更改。车辆办理过户手续时,车辆技术档案应完整移交。车辆技术档案的格式由各省(自治区、直辖市)交通厅(局)统一制定。车辆技术档案应作为发放、审核营运证的依据之一。在具体的车辆技术档案管理过程中,应采取"立足车队,分级管理"的办法。车队应遵照及时、完整、准确、统一的要求,对其使用的车辆进行档案记录和管理,保持车辆技术档案的可靠性、连续性、完整性和统一性,以发挥车辆技术档案应有的作用。

四、车辆技术等级评定管理

1. 车辆技术等级评定

车辆经过长期运行,其技术状况必然发生变化。为了及时掌握车辆的技术状况,有计划地安排维修工作,汽车运输企业应定期综合评定车辆的技术状况。车辆技术等级评定如下:

(1)一级车辆(完好车)。新车行驶到第一次定额大修间隔里程的2/3和第二次定额大修间隔里程的2/3以前,汽车各主要总成的基础件和主要零部件坚固可靠,技术性能良好;发动机运转稳定,无异响,动力性能良好,燃润料消耗不超过定额指标,废气排放、噪声符合国家标准;各项装备齐全、完好,在运行中无任何保留条件。

(2)二级车辆(基本完好车)。车辆主要技术性能和状况或行驶里程低于完好车的要求,但能随时参加运输。

(3)三级车辆(需修车)。送大修前最后一次二级维护后的车辆和正在大修或待更新尚在行驶的车辆。

(4)四级车辆(停驶车)。车辆严重损坏或缺件已不能行驶,预计在短期内不能修复或无修复价值的车辆。

为了掌握汽车运输企业所有车辆的技术状况,可以采用车辆平均技术等级来进行考核和衡量。车辆平均技术等级的计算公式如下:

$$车辆平均技术等级 = \frac{1 \times 一级车数 + 2 \times 二级车数 + 3 \times 三级车数 + 4 \times 四级车数}{各级车数总和} \quad (8-5)$$

2. 车辆技术经济定额指标

车辆技术经济定额指标是企业进行经济核算、分析经济效益和考核经营管理水平的重要依据。

(1)行车燃料消耗定额:是指汽车每行驶百车公里或完成百吨公里所消耗燃料的限额。根据《载客汽车运行燃料消耗量》(GB/T 4353—2007)和《载货汽车运行燃料消耗量》

(GB/T 4352—2007)的规定,按运行条件如道路类别、气温区间、海拔区间,运行模式如市区道路、城间公路、高速公路,载客(货)量和燃料种类等分别制定。

(2)轮胎行驶里程定额:是指新胎从开始装用,经翻新到报废总行驶里程的限额。根据车型、使用条件和轮胎性能分别制定。

(3)车辆维护与小修费用定额:是指车辆每行驶一定里程,维护与小修耗用的工时和物料费用的限额。按车型和使用条件等分别制定。

(4)车辆大修间隔里程定额:是指新车到大修,或大修到大修之间所行驶的里程限额。按车型和使用条件等分别制定。

(5)发动机大修间隔里程定额:是指新发动机到大修,或大修到大修之间所使用的里程限额。按发动机型号和使用燃料类别等分别制定。

(6)车辆大修费用定额:是指车辆大修所耗工时和物料总费用的限额。按车辆类别和型号等分别制定。

(7)完好率:是指完好车日在总车日中所占的百分比。

(8)车辆平均技术等级:是指所有运输车辆技术状况的平均等级。

(9)车辆新度系数:是综合评价汽车运输企业车辆新旧程度的指标,计算公式如下:

$$车辆新度系数 = \frac{年末企业全部运输车辆固定资产净值}{年末企业全部运输车辆固定资产原值} \qquad (8\text{-}6)$$

(10)小修频率:是指每千车公里发生小修的次数(不包括各级维护作业中的小修)。

(11)轮胎翻新率:是指在统计期内经过翻新的报废轮胎数占全部报废轮胎数的百分比。

3. 车辆技术经济定额的制定

营运车辆技术经济定额是指在一定的生产条件下,进行运输生产和经济活动应遵守或达到的限额,是实行经济核算、分析经济效益、考核经营管理水平的依据。必须切实加强车辆技术、经济定额制定、执行与修订的管理工作。

(1)制定的原则。①合理性原则:应考虑车辆的使用环境及条件、有关人员的技术素质等因素,按照平均先进水平制定。②执行性原则:定额制定后,要全面贯彻、严格执行,执行过程中,要定期检查、认真考核、及时总结分析定额的执行情况。③稳定性原则:在技术经济定额的执行过程中,既要保持技术经济定额的稳定性,又要随着车辆使用条件的改善和技术的进步,做必要的修订。

(2)制定的基本方法。一般有经验估计法、统计分析法、实际测定法、技术计算法四种。通过经验估计法制定的定额,准确程度较差。应在试行一段时间后,根据实际执行情况,适当进行修订。统计分析法就是根据以往积累的统计资料,进行分析和计算,然后根据分析和计算的结果来确定定额。通过这种方法制定的定额有一定的实践依据,其准确性与经验估计法比较,相对较高。但是,这种定额的准确程度,仍受以往统计资料的可靠性、准确性的影响,还可能受历史资料可比性(如以往车辆的使用条件、以往采用的生产方法,以及操作水平、管理水平等)的限制。采用实际测定法制定的定额,其准确程度也会受到被测人员当时的技术(或操作)水平是否正常发挥、测定人员的工作熟练程度、测定计量工具是否准确等多种因素的限制和影响。但是,这种方法是根据实践测定定额,只要组织周密、科学,在一定程度上,可靠性较高。技术计算法是依据技术文件中的产品设计标准,并根据实际情况进行计算制定定额。例如汽车运行燃料的消耗定额,可以依据车辆制造厂产品出厂说明书中规定的额定消耗量,并按照本地区的道路情况、气候、地理(如高原缺氧)等具体情况,计算调整确定。通过这种方法制定的定额,准确性相对较高。

五、车辆使用管理

车辆行驶的环境复杂多变。为了提高车辆的运行效率,减少车辆维修支出,延长车辆寿命,应根据不同的运行条件,采用不同的使用管理办法。

1. 车辆在一般条件下使用

一般条件是指车辆技术状况正常、装备齐全、道路与气候环境良好等情况。在这种条件下,企业应按照监理部门核定的装载能力载重,按"技术上合理、经济上合算、安全可靠"的原则拖带挂车,遵守各项交通运输法规,组织车辆运行。经过改装、改造的车辆,或因其他原因需要重新标定载质量时,应经车辆所在地主管部门核定。车辆换装与制造厂规定最大负荷不相同的轮胎,其最大负荷大于原轮胎的,应保持原车额定载质量;最大负荷小于原轮胎的,必须相应地降低载质量。

2. 车辆在走合期的使用

新车或经大修出厂的汽车,在投产初 1000～1500km 行程的运行时期称为车辆走合期。车辆走合期运行可使零件表面不平的部分逐渐磨去,形成光滑、耐用、可靠的工作表面,以承受正常的工作负荷。走合期里程不得少于 1000km。在走合期内,应选择较好的道路并减载限速运行。一般汽车按载质量标准减载 20%～25%,并禁止拖带挂车,限速在 40～50km/h。在走合期内,驾驶员必须严格执行驾驶操作规程,保持发动机正常工作温度,认真做好车辆日常维护工作,经常检查、紧固各部外露螺栓、螺母,注意各总成在运行中的声响和温度变化,及时进行调整。走合期内严禁拆除发动机限速装置。走合期满后,应进行一次走合维护,其作业项目和深度参照制造厂的要求进行。进口汽车按制造厂的走合规定进行。

3. 车辆在特殊条件下的使用

车辆在特殊条件下的使用可以分为车辆在低温条件下使用、在高温条件下使用以及在山区或高原等地区使用三种情况。车辆在低温条件下使用时,应采取防冻、保温措施,使用前应预热,在冰雪路面行驶时,应采取有效的防滑措施。车辆在高温条件下使用时,应对汽油发动机供油系采取隔热、降温等有效措施,防止气阻。加强对冷却系的维护,清除水垢,保持良好的冷却效果。行车中注意勿使发动机过热,经常检查轮胎温度和气压,不得采取放气或冷水浇泼的方法降低轮胎的气压和温度。车辆在山区或高原等地区使用时,应采取以下措施:加强制动系和操纵系的检查和维护工作,确保制动和操纵装置可靠,工作正常;爬长坡、陡坡时,注意提前换挡;下坡前,注意制动系压力及制动机构工作状况。在风沙严重地区要注意对车辆的密封。汽车运输企业还可根据具体情况,选购高原型汽车,采取积极的防护措施,正确使用。

车辆使用技术管理的任务包括:促进驾驶员操作技术水平不断提高,驾驶员不仅要掌握基本驾驶技术,还要掌握合理使用车辆的技术;管好车辆的合理装载;分析车辆运行的环境,根据不同的环境,采用不同的运行办法,这样才能最大限度发挥车辆效用。

六、车辆维修管理

1. 车辆维护管理

车辆经过一定时间、较长里程的运行后,要特别注意对车辆的安全部件进行检查和维护,以消除不正常状况和故障隐患,确保行车安全。

(1) 车辆维护的原则。车辆维护应贯彻预防为主,强制维护的原则。经常保持车容整洁,及时发现和消除故障、隐患,防止车辆早期损坏。减少机件磨损,延长车辆使用寿命。保持车辆良好的技术状况,以满足运输生产需要,增加产量,提高效益。

(2) 车辆维护的内容。按照车辆维护作业范围和作业深度不同,车辆的维护可分为日常维护、一级维护、二级维护。

日常维护是日常性作业。日常维护作业的中心内容是清洁、补给和安全检视。日常维护由驾驶员负责进行,驾驶员必须做到:坚持"三检",即出车前、行车中、收车后,检视车辆的安全机构以及各部机件连续和紧固情况。发现问题时,应及时处理;保持"四清",即保持机油、空气和燃油滤清器以及蓄电池的清洁;防止"四漏",即防止漏水、漏油、漏气、漏电;保持车容整齐清洁。

一级维护是由维修企业负责执行的车辆维护作业,其作业中心内容是除日常维护作业外,以清洁、润滑、紧固为主,并检查有关制动、操纵等安全部件。也就是说,要求对制动系统、操纵机构,以及供油系与点火系的零部件,进行检视、清洁、润滑和紧固,并根据磨损变化情况,进行必要的调整,保证车辆的正常使用和良好的技术状况。

二级维护是由维修企业负责执行的车辆维护作业,其作业中心内容是除一级维护作业外,以检查、调整转向节、转向摇臂、制动蹄片、悬架等经过一定时间的使用容易磨损或变形的安全部件为主,并拆检轮胎,进行轮胎换位。

车辆维护作业项目应当按照国家关于汽车维护的技术规范要求确定。《道路运输车辆技术管理规定》(交通运输部令2019年第19号)规定,道路运输经营者可以对自有车辆进行二级维护作业,保证投入运营的车辆符合技术管理要求,无须进行二级维护竣工质量检验。道路运输经营者不具备二级维护作业能力的,可以委托二类以上机动车维修经营者进行二级维护作业。机动车维修经营者完成二级维护作业后,应当向委托方出具二级维护出厂合格证。

除了上述日常维护、一级维护、二级维护外,还规定要对营运车辆进行季节性维护、走合期维护、封存期维护等。季节性维护通称换季维护,可在冬季或夏季之前结合定期(一级或二级)维护进行。冬季应采取防冻、保温措施。车辆封存时间较长时,要定期进行维护。封存时间超过两个月的,启封恢复行驶前,应进行一次维护作业,检验合格后方可参加营运。新车投产后,或大修车辆出厂后,要做好走合期维护工作。走合期满,应进行一次走合维护,其作业项目和深度,可参照制造厂的要求进行。挂车维护作业同主车一起进行。

2. 车辆修理管理

车辆在使用过程中,技术状况会逐渐变差,当其变化到一定程度时,车辆的各项技术性能将达不到正常使用的要求,这时候便要进行车辆修理。车辆修理可以帮助恢复车辆降低了的技术性能和丧失了的工作能力,使其能重新安全、可靠、经济地投入运输生产。

(1) 车辆修理的原则。车辆修理应贯彻视情修理的原则,即根据间隔里程定额和车辆检测诊断和技术鉴定的结果,视情按不同作业范围和深度进行。既要防止拖延修理,造成车况急剧恶化,又要防止提前修理,造成不应有的浪费。

(2) 车辆修理的内容。车辆修理按作业范围可分汽车大修、总成大修、汽车小修和零件修理。汽车大修,是新车或经过大修后的车辆,在行驶一定里程(或时间)后,经过检测诊断和技术鉴定,用修理或更换车辆任何零部件的方法,恢复车辆原有的动力性、经济性、可靠性、环保性等完好技术状况,完全或接近完全恢复车辆寿命的恢复性修理。汽车大修的送修标志为:客车以车厢和发动机接近或达到使用极限为标志;货车以发动机和车架接近或达到使用极限为标志。总成大修,是车辆的总成经过一定使用里程(或时间)后,用修理或更换总成任何零部件(包括基础件)的方法,恢复其完好技术状况和寿命的恢复性修理。总成指发动机、变速器、分动器、车桥(前桥、后桥)、车身(客车、货车)等较大的总成或组合件。车辆小修,是用修理或更换个别零件的方法,保证或恢复车辆工作能力的运行性修理,主要是消除车辆在运行过程或维护作业过程中发生或发现的故障或隐患。零件修理,是对因磨损、变形、损伤等而不能继续使用的零件进行修理。

(3) 车辆修理管理。车辆修理管理包括以下三个方面的工作内容:①制定车辆修理技术指标定额,主要有车辆大修间隔里程定额、总成大修间隔里程定额、小修定额及材料消耗定额等。②选择科学先进的修理技术。车辆修理技术管理要不断分析和研究更多的修理技术方法,充分发挥各种方法的特长,以最低的成本达到最好的修理效果。③检测、选择修理材料。不同的材料因制造厂家、适应范围不同等,在使用上会存在较大的差别。在实际选用时,应认真做好材料的技术检测,选择最合适的修理材料。

七、车辆技术改造与更新

车辆的改造与更新,既是科学技术迅速发展的客观要求,又是设备磨损规律所决定的必然工作。从企业生产经营活动的要求也可以看到,车辆改造与更新是企业生产要素资源重组、企业技术创新的主要途径。

1. 车辆技术改造

通常将企业为适应运输生产经营活动的需要,经过设计、试验,将原车型改制成其他用途的车辆,称为车辆技术改装;将企业为改善车辆技术经济性能或延长其使用寿命,经过设计、计算、试验,改变原车辆的零部件或总成,称为车辆技术改造。车辆技术改造在运输生产中发挥着重要作用,主要表现在以下两个方面:①车辆技术改造是汽车运输企业扩大运输生产能力的重要途径。②车辆技术改造有利于促进汽车运输企业的技术进步。因为车辆技术改造通常是车辆质的改造,是用新技术去改造旧技术。汽车技术水平先进,可以提高劳动生产率,节约油料消耗,增强汽车运输的适应性,提高企业经济效益。

尽管车辆技术改造在运输生产中发挥着重要作用,但也不能随意对车辆进行改装或改造,车辆技术改造应遵循以下原则:

(1) 车辆技术改造要重视经济效益。在改造过程中,要进行技术经济分析,用定量计算和定性分析的方法,评估技术改造项目在技术上的可行性和经济上的合理性。进行经济分析时,主要应考虑汽车载质量的升值数,汽车单位耗油量的降低值,汽车轮胎的节约情况,汽车适应性和适用范围的改善情况,企业竞争能力的提高程度等,并对经济效果进行预测。

(2)车辆技术改造尽可能与技术革新及车辆改装相结合进行。企业资金、技术力量、设备材料等总是有限的。把车辆改装、技术革新和车辆技术改造结合起来,统筹规划、合理安排,就有可能取得更好的效果。

(3)技术改造应有长期的规划。要有计划、有步骤地进行,逐步积累,经过若干年努力,企业的技术水平才会有显著的进步。

(4)车辆技术改造应具有超前性。随着科学技术的发展,原来比较先进的技术,也会逐渐变成落后。特别是近代,车辆设备的更新换代周期越来越短。因此,企业应不失时机地进行车辆技术改造,并使车辆技术改造具有一定的超前性。

车辆技术改造应按照运输生产的需要,结合现代科学技术的新成果进行,其发展的方向有以下几个方面:

(1)提高汽车的载质量。许多企业为提高运输效率,降低运输成本费用,增加经济效益,都在研究发展大吨位客货车。大吨位车可以明显地提高劳动生产率,其轮胎、油料等单位消耗量,以及维修费管理费用等,均可以相对减少。在道路桥梁允许的情况下,可将部分汽车改造为大吨位车,以保证生产发展的需要。

(2)提高车辆的安全可靠性,提高车辆的技术速度,降低车辆油耗。降低油耗以及提高安全性可靠性,无论是现在还是将来,都应是车辆改造的重点方向。我国正在大力建设高等级的现代化公路,这为发展高速汽车、拖挂运输和大吨位汽车提供了物质基础条件。

(3)重视发展拖挂运输。在轴负荷受到轮胎与道路承载能力限制的条件下,发展拖挂运输是增加汽车载质量的合理途径。与大吨位车比,拖挂车具有结构简单、造价低、装货面积大等优点。

(4)重视发展专用车辆运输,包括集装箱汽车运输。专用车可以提高运输装卸效率和运输质量,节约包装材料和费用,增强企业竞争能力。例如散装水泥车、双层客车,以及最近发展的卧铺客车等。

(5)发展汽车装卸作业机械化。装卸作业直接影响运输效率。实现装卸机械化,可加快车辆周转。若发展部分随车装卸设备,如加装卷扬机、罐车上加装吸力泵或将汽车后栏板改为液压升降平台等,汽车运输灵活机动的优势就能更充分地发挥出来。

2. 车辆更新

车辆更新是指以新车辆或高效率、低消耗、性能先进的车辆更换在用车辆的工作。车辆的更新不仅与汽车运输企业经营活动有密切的关系,而且涉及汽车制造业的发展以及环境保护、能源政策等问题。车辆的更新应以提高运输经济效益和社会效益为基本指导原则。

车辆更新最主要的工作是确定车辆最佳更新期。确定车辆最佳更新期的方法很多,常用的有低劣化数值法、面值法等。面值法是以设备的有型磨损理论为基础的确定设备最佳更新期的方法,它以车辆的账面数据作为分析依据,以同类车辆的统计资料进行分析计算来确定车辆经济寿命。从理论上讲,车辆年总费用最低的使用年限,就是经济寿命周期。

在确定车辆最佳更新期时,还需要考虑设备的精神磨损因素,以及国家和有关部门对车辆更新的有关规定。

第四节　物资采购管理

物资采购管理就是以采购经济效益的最大化为目标,对物资采购过程进行计划、组织、指挥、协调和控制等一系列活动。汽车运输企业的物资采购活动应该根据物资采购计划来进行,而物资采购计划是根据物资消耗定额与储备定额来制定的。

一、物资消耗定额

1. 物资消耗定额的概念

物资消耗定额是指在一定生产技术组织条件下,制造单位产品或完成单位劳务所必须消耗的物资数量标准。

汽车运输企业物资消耗定额主要包括行车燃料消耗定额、轮胎行驶里程定额、车辆维护与小修费用定额、车辆大修间隔里程定额、发动机大修间隔里程定额以及车辆大修费用定额。

2. 物资消耗定额的作用

物资消耗定额是一种技术经济指标,它是促进企业提高运输生产组织技术水平,改善经营管理的重要手段,它在汽车运输企业生产经营活动中的具体作用如下:

(1)物资消耗定额是编制物资供应计划的主要依据。企业编制物资供应计划,要根据物资消耗定额来计算物资需求量,并根据物资需求量来计算物资储备量和申请量。

(2)物资消耗定额是科学储备、发放物资的重要依据。按照物资消耗定额发放物资,可以保证企业生产正常、均衡地进行。科学合理的物资消耗定额也是判断物资使用节约或浪费的重要尺度。

(3)物资消耗定额是控制企业合理使用物资的有力工具。运用先进合理的定额,结合其他奖惩方式,可以有效地动员全体职工,千方百计地节约和合理使用各类物资。

(4)物资消耗定额是经济核算的依据。根据物资消耗定额可以核算出生产经营活动的支出情况。

(5)物资消耗定额是促进企业提高技术水平、管理水平的经济参数。随着物资消耗定额的贯彻执行和不断完善,企业不断改进设计和生产工艺,改善生产组织和劳动组织,从而提高驾驶员和各种工人的操作水平。可见,物资消耗定额是企业整体素质的标志。

3. 物资消耗定额的制定方法

(1)技术分析法。这是一种按产品结构设计、技术特点、加工设备和工艺流程来制定物资消耗定额的方法。这种方法根据产品设计和生产工艺等技术资料,考虑原材料在产品(零部件)净重消耗、工艺性消耗、非工艺性消耗中的构成,在工艺计算、技术分析、技术测定的基础上确定物资消耗的定额指标。这种方法比较科学、准确,但需要精确计算,工作量较大。这个方法适用于生产企业制定产品的物资消耗定额,在汽车运输企业零配件生产活动中可以采用。对于汽车所运输的物资,则需要根据汽车出厂说明书的定额和本地区的道路、气候、交通环境等情况进行分析计算,确定其消耗标准。

(2)统计分析法。统计分析法是一种根据以往生产中物资消耗的统计资料,经过分析研究并考虑到计划期内生产技术组织条件的变化等因素而制定定额的方法。这种方法是在历史数据的基础上进行的,因而能用数据说话,客观可行,但必须要求历史资料完整可靠,并考虑技术进步、工人技术熟悉程度提高及生产技术组织条件变化等因素,对定额进行适当的修正。例如,要制定某种产品的物资消耗定额,可以根据过去一段时间内仓库的领料记录和同期内产品的产出记录进行统计评价,就可以求出每个产品的平均物资消耗量。这个平均消耗量就可以看成是该产品的物资消耗定额。

(3)经验估计法。企业在从事某项生产活动时,没有以往的物资消耗的基本数据并且无以参考时,可由实践经验丰富的技术人员与操作人员根据自己的工作经验,参考相关的技术文件以及企业计划期内生产技术条件的变化等因素,制定相应的定额指标,待试行一段时间后用统计分析法加以修改调整。经验估计法是根据产品实物与技术文件,凭技术人员、管理人员和工人的经验判断来确定物资消耗定额的方法。这种方法简单易行,但缺乏准确性,可与其他方法结合起来运用。

(4)实际测定法。实际测定法是在大规模生产之前,利用有限的生产活动对各类物资的消耗进行实地测试、计量,从而确定各种定额指标。受试生产操作人员、计量人员等的工作熟练程度以及工作的环境将影响到定额的准确程度。这种方法在实施时,需要有严密的组织作为保证,并需要模拟各种可能的生产环境,同时,在以后的生产活动中还应不断进行实测分析,以便调整修正。

二、物资储备定额

1. 物资储备定额的概念

物资储备定额通常是指在一定物资供应、使用等条件下,为保证生产顺利进行所必须储备物资的储备量标准。物资储备是保障汽车运输企业生产运输活动正常进行所不可缺少的重要条件,但同时也占用了大量的流动资金。储备多了,占用的资金就大,造成浪费;储备少了,又不能满足生产需要。

物资储备定额的主要类型分为经常储备定额和保险储备定额。经常储备定额是指前后两批同种类进库的供应间隔期内,确保生产(或销售)正常进行所必需的经济合理储备数量。经常储备的数量是流动、变化的数值,它周期性地从最高值降到最低值,这个最低值就是保险储备定额数值。

保险储备定额是指由于物资供应方面的原因,在发生异常情况时,为保证一定时期内生产经营活动正常进行所需要的物资储备量。这一备用储备在正常情况下是不动用的,故称为物资储备中数量的不变部分,也称保险储备定额,它也是库存量中的最低储备数额。一般情况下,库存中的经常储备定额与保险储备定额之和称为最高储备定额。储备量图如图8-2所示。

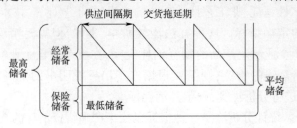

图8-2 储备量图

2.物资储备定额的作用

物资储备定额是企业物资管理工作的重要基础资料,合理确定物资储备定额,对保证运输生产活动的顺利进行、降低成本、节约资金等具有重要意义。物资储备定额的作用主要有以下四点:①它是企业编制物资采购计划,确定采购量、订购批量和进货时间的重要依据;②它是企业掌握和调节库存量变化,使储备经常保持在合理水平的重要工具;③它是确定物资仓储条件,进行仓库规划的主要依据;④它是财务部门核定流动资金的重要依据。

3.物资储备定额的分类

(1)根据储备定额计算单位不同,分为按实物单位、时间单位和货币单位计算的物资储备定额。

以实物表示的物资储备称为储备量定额,它是仓储管理工作中纳入物资计划的物资储备数量,一般作为物资采购、分配、检查仓库结存、组织清仓等各项仓储作业的依据。以货币表示的物资储备定额一般称为资金储备定额,它通常纳入企业的财务计划,是取得物资采购资金,考核物资资金占用的依据。以时间(如天数)表示的物资储备定额,通常称为储备期定额或周转天数定额,它包括供应天数、仓储天数、物资整理或准备天数等,是计算物资储备量和核定物资储备资金的基础。以实物、货币和时间为单位计算的物资储备定额是相互联系的。物资储备期越短,物资周转得越快,物资储备数量和所占用的资金越少。

(2)根据物资储备定额的综合度不同,分为个别储备定额和类别储备定额。

个别储备定额是针对同一种物资制定的储备定额,这种物资一般数量大,占用资金多,对仓储工作的影响较大。个别储备定额是按物资的具体规格型号制定的,用以编制明细规格的物资计划,进行具体物资的库存量管理。类别储备定额是按物资大类品种制定的,由于物资类别的划分是相对的,因而类别储备定额也有综合程度大小的区别。

类别储备定额用以编制类别物资计划,确定仓库保管面积和仓库设施,以及类别物资的库存量控制。主要材料、主要商品或占用资金大的物资项目,其储备定额一般可以制定得细一些;次要材料和物品或占用资金数少的物资项目,其储备定额可以制定得粗略一些。

(3)按物资储备定额使用的期限分为季度、年度或长期物资储备定额。对于生产或销售带有明显季节或时间特点的材料或物品,可分别采用不同期限的物资储备定额。

4.物资储备定额的确定

物资储备定额的表现形式很多,但主要取决于两个基本要素,即该物资单位时间需要量和该物资的合理储备天数。

(1)经常储备定额的确定。某种物资经常储备定额主要由进库间隔期、物资使用前准备天数和平均每日需要量决定。经常储备定额 R_{jq} 的计算公式如下:

$$R_{jq} = (T_r + T_w) \times D_t \tag{8-7}$$

式中: T_r ——入库间隔期;

T_w ——物资准备天数;

D_t ——平均每日需要量。

入库间隔期涉及的因素主要有:物资供应条件、供应时间、距离、运输方式、定购批量以及有关的采购费用、仓储费用等。有些物资在使用前需要有准备天数,如整理、分类、晾晒等所占的天数。而大多数物资则不需要,可以随时取用。

(2)保险储备定额的确定。某种物资的保险储备定额主要由保险储备天数和平均每日需要量决定。计算保险储备定额的关键是确定该物资保险储备天数。确定保险储备天数，一般可按上一年度统计资料核算的实际到货平均的误期天数来确定，当保险储备天数确定后，保险储备定额 R_b 可由下式计算得出：

$$R_b = T_b \times D_t \tag{8-8}$$

式中：T_b——保险储备天数；

D_t——平均每日需要量。

计算保险储备定额，还可采用标准差的方法，计算公式如下：

$$\sigma = \sqrt{\frac{\sum(\hat{X}_i - X_i)^2}{N}} \tag{8-9}$$

式中：$\hat{X}_i$——预测物资用量；

X_i——实际物资用量；

N——统计资料期数。

若取 2 倍标准差（$R_b = 2\sigma$）作为保险储备量，从统计角度分析，该种物资不发生缺货的概率约为 95.5%；若取 3 倍标准差（$R_b = 3\sigma$）作为保险储备量，那么发生缺货的可能性则仅有 0.3%。

三、定期订购和定量订购

企业的采购模式随着科学技术的进步呈现出多样化。这里只介绍订货点采购模式。订货点采购，是由采购人员根据各个物资品种需求量和订货提前期的大小，确定每个品种的订货点、订货批量或订货周期、最高库存水准等。订货点采购模式包括两类采购方法，分别是定期订购和定量订购。

1. 定期订购

定期订购就是物资订购的时间预先固定，而每次订购的数量不固定，依据库存及生产需要（或销售量）的情况来确定。某种物资订购量 q_d 的计算公式如下：

$$q_d = D_t \times (T_d + T_j) + R_b - I_s - q_y \tag{8-10}$$

式中：D_t——平均每日需求量；

T_d——订购时间；

T_j——订购间隔期；

R_b——保险储备；

I_s——实际库存量；

q_y——订购余额。

上式中的订购余额是指过去已经订购、但尚未到货的物资数量。采用这种方式订购时，一般针对某种物资生产具有季节性，或每年只生产一次，如果错过订货时机，在相当时期内不会再有供应来源的物资，因此订货批量就要按照生产的时间间隔来确定。

2. 定量订购

定量订购是指订购物资的时间不固定，而每次订购的数量固定不变。常见的方法是预先规定一个订货点数量,当实际库存量降到订货点量时,就按固定的订购数量,如预先确定的经济订购批量,提出物资订购(采购)计划。订货点数量 I_d 的计算公式如下:

$$I_d = D_t \cdot T_d + R_b \tag{8-11}$$

式中:D_t——平均每日需要量;

T_d——订购时间;

R_b——保险储备量。

四、经济订购批量

1. 经济订购批量的含义

订购批量的确定要考虑两项费用:一是物资订购费用,即订货全过程中为订购所发生的全部费用,包括差旅费、通信费、手续费、招待费以及订货人员的费用等;二是物资储存费用,即保管过程中所发生的全部费用,包括入库或出库的装卸、搬运、验收等费用,保管用品费用,仓库租金、水电费,以及被保管物资所占用流动资金的银行利息等。

物资订购费用与其购置的次数成正比,而与每次购置物资量的大小关系不大;储存费用则与每次购置物资的数量成正比。在总需用量一定的条件下,订购批量大,订购次数少,物资订购费用就低,物资储存费用则增加;反之,在总需用量一定的条件下,订购批量少,订购次数多,物资订购费用就高,物资储存费用则减小。只有在两项费用之和最小时,订购批量才是经济合理的。图 8-3 中的 Q 点即为经济订购批量。其中,曲线 a 为订购费用曲线,曲线 b 为储存费用曲线,曲线 c 为两者之和。

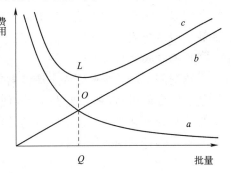

图 8-3 经济订购批量模型

2. 经济订购批量的计算

物资订购费用为订购批(次)数与每次订购费用之积,用 C_p 表示,计算公式如下:

$$C_p = \frac{D}{q} \cdot K \tag{8-12}$$

式中:D——该物资在 T 时间内的总需求量,t、件等;

q——每次订购批量,t、件等;

K——每批(次)物资订购费用,元/次。

物资储存费用为平均库存量与储存时间、单位库存量储存费用之积。物资储存费用 C_r 可由下式计算:

$$C_r = \frac{1}{2} qRT \tag{8-13}$$

式中:R——单位物资储存费用,元;

T——特定的储存时间,年、季、月等。

故物资购储费用 C_t 为订购费用与储存费用之和:

$$C_t = C_p + C_r = \frac{D}{q} \cdot K + \frac{1}{2} qRT \tag{8-14}$$

对上式作微分处理,可求出其最小值 Q:

$$\frac{dC_t}{dq} = -\frac{D}{q^2} \cdot k + \frac{1}{2}RT$$

$$Q = \sqrt{\frac{2DK}{RT}} \tag{8-15}$$

当 T 取 1 年时,其最小值 Q 为经济订购批量。即:

$$Q = \sqrt{\frac{2DK}{R}}$$

五、物资采购管理工作的内容

汽车运输企业物资采购管理的职能是:及时供应运输生产所需物资,保证企业正常生产,降低缺货风险;确定需要购买的物资的规格,选择最合适的供应商;为签订协议做准备,与供应商谈判;对订单的实施进行监督、控制支出、评估等;保证采购物资的质量,并降低采购的成本。物资采购管理工作的内容包括确定物资需要量、计划期初和期末物资库存量、编制物资申请采购计划等。

1. 确定物资需要量

物资需要量是企业完成生产经营任务所需要的物资数量。对于非一次性消耗的物资,即能够多次使用的物资,则是指投入使用的物资数量。物资的储备量、订购量都是以物资需要量为基础来确定的。正确核定物资需要量是编制物资采购计划的一个重要环节,它决定着物资采购计划的质量水平。

确定物资需要量的方法可分为直接计算法和间接计算法。

(1) 直接计算法。直接计算法又称定额计算法,就是用计划生产任务量和单位产量物资消耗定额两者的乘积来确定物资需要量。某种物资需要量 D_x 的计算公式如下:

$$D_x = P \times W_q \tag{8-16}$$

式中:P——计划生产任务量;

W_q——单位产量物资消耗定额。

(2) 间接计算法。间接计算法又称为比例计算法,是按一定比例(系数)来估计物资需用量的计算方法,又可具体分为动态分析法和类比计算法。

动态分析法是用某项任务的历史统计资料进行分析,得出任务量与物资消耗量的变动规律,以此规律为基础来确定物资需要量 D_x 的方法,计算公式如下:

$$D_x = \frac{P}{P_0} \times W_0 \times K_1 \tag{8-17}$$

式中:P——本期任务量;

P_0——上期完成任务量;

W_0——上期物资消耗量;

K_1——调整系数,一般小于 1,取决于企业技术水平、管理水平、职工素质以及企业目标等因素。

动态分析法主要是以上期实际的物资消耗水平为依据,并考虑计划期内影响物资消耗的各种因素,参考物资计划变化与使用的发展趋势,乘以调整系数进行计算。

在某项物资没有物资消耗定额,也没有历史资料可查的情况下,则要使用类比计算法来确定物资需要量。类比计算法是参照同类产品的物资消耗定额来确定物资需要量,主要适用于确定定额产品生产的物资消耗量。某项物资消耗定额 W_{xq} 的计算公式如下:

$$W_{xq} = P \times W_{tq} \times K_1 \quad (8-18)$$

式中:P——本期任务量;

W_{tq}——同类产品的物资消耗定额;

K_1——比例系数,当该类物资消耗量增加时,取 $K_1 > 1$;减少时,取 $K_1 < 1$。

2. 计划期期初库存量和期末储备量的确定

计划期是指下一个计划时间段(一般为一年),计划期期初和期末储备量是指计划期开始和结束时的储备量。由于生产任务、供应条件及市场变化等多种外界环境因素的变化,计算的计划期初库存量大于计划期末储备量时,申请采购的物资量就要减少;当计划期初库存量小于计划期末储备量时,申请采购的物资量就要增加。

计划期期初库存量可根据编制计划的需要进库盘点库存数,预计计划期期初的到货量和耗用量则可计算出来。计划期期初库存量 I_0 的计算公式如下:

$$I_0 = I_j + I_d - I_h \quad (8-19)$$

式中:I_j——编制计划的实际库存量;

I_d——从编制计划时到年末(计划期期初)到货量;

I_h——从编制计划时到年末(计划期期初)耗用量。

对于计划期期末储备量,可根据物资品种规格多少选择确定的方法。当物资品种很少时,通常用经常储备定额加保险储备定额来计算;当物资品种、规格较多时,则可分类计算计划期期末储备量,通常是采用 50%～70% 的经常储备加保险储备作为期末储备量。计划期期末储备量 R_m 的计算公式如下:

$$R_m = (50\% \sim 70\%) \times R_{jq} + R_{bq} \quad (8-20)$$

式中:R_{jq}——经常储备定额;

R_{bq}——保险储备定额。

3. 编制物资申请采购计划

企业在确定各种物资需要量后,就可以在计划期期初、期末储备量的基础上,编制物资申请采购计划。企业年度某种物资的申请采购量 D_c 的计算公式如下:

$$D_c = D_x + R_m - I_0 - R_k \quad (8-21)$$

式中:D_x——某种物资需要量;

R_m——期末储备量;

I_0——期初库存量;

R_k——企业内部可利用资源。

物资申请采购计划编制完成,经主管机构或负责人审批后,就可作为物资采购的依据。

案例分析 安阳客运"以商养站"应对乘客流失

2016年春节期间,安阳汽车中心站针对"客运情况一年不如一年,今年春运期间发车量没有往年高,预计能基本持平""安阳客运站受高速铁路开通、私家车数量暴增等因素的影响,客运量每况愈下,今年尤甚。如今安阳汽车站单靠客运量实现营收越来越困难"等实际情况,利用汽车场站内空间大、地处闹市区等有利条件,以租赁场地补充营收,实施"以商养站"的措施。

1. 私家车对长途客运、城乡公交的影响

城乡、城际公交的开通,曾一度活跃了地处河南、河北、山西三省交界的豫北小城安阳的客运流量。但是,随着私家车保有量的不断增长,长途客运、城乡公交的吸引力大不如前。2016年春运期间,安阳汽车中心站显得异常冷清。"往年大年初二回娘家串亲戚的人很多,到安阳下属的道口镇、林县,以及毗邻安阳的河北邯郸的客流很大,但是与前几年相比,今年很反常,可以说基本上没有人。"安阳汽车中心站主任牛义波表示。据悉,城乡公交在2015年春运期间曾担当安阳中短途客运重任。然而到了2016年大年初二,安阳汽车中心站窗口买票的乘客寥寥无几。"今年春节期间天气好,油价也低,高速公路也免费,无论是回家还是走亲戚,基本上都自己开车。"很多人以开车走亲戚的方式取代了以往乘坐城乡公交的出行方式。

2. 卧铺客车退出长途客运市场,汽车客运优势减半

从安阳汽车中心站发出的长途车中,距离最长的接近2000km。面对这样的超长途线路,随着卧铺客车逐渐退出市场,选择汽车出行的乘客越来越少。"现在站里的车基本上都是座位车,一些乘客一听说要坐十几、二十几个小时的客车,感觉太累,第一选择还是火车。"一位长途汽车车主表示。

3. "以商养站",弥补客源流失

面对高速铁路、私家车竞争的压力,安阳汽车中心站在过去曾作出多种努力,也寻求过多种办法,比如在高校、工地、乡村设售票点,招揽农民工包车等,但是效果不如预期。2015年春节期间在学校卖了16万元的车票,2016年则只卖了7万元。为了"生存",2016年安阳汽车中心站推出"以商养站"的方案,以此来弥补由客运量减少而导致的营收下降。"候车大厅闲置空间大,而且地处闹市区,可以租给银行、健身机构,这样每年会有一定收入。光靠客运量已不能维持汽车站的生计了。"牛义波说。2016年春节前夕,某品牌电视商家就通过租赁场地的方式,在汽车站内进行宣传、促销。

面对客运量逐年下滑,很多地区的客运站与安阳汽车中心站一样,提出了"以商养站"的方案。例如2019年湖北省道路运输管理局出台通知,积极推动客运站场充分发挥区位、功能等优势,提升增值服务能力,推进客运站场"以商养站"。在保障汽车客运站用途和服务功能的前提下,鼓励拓展商业、物业、产业等服务功能,开展寄递物流、邮政、快递、住宿、旅游、商超等配套服务,实行站商融合、"以商养站"。但此举能否持续奏效尚未可知。

第九章 汽车运输企业生产管理

生产管理是汽车运输企业管理的重要内容,其目的是合理组织运输生产要素,保证运输生产任务顺利完成。生产管理的主要内容包括车辆运行组织、旅客运输组织和货物运输组织。

第一节 运输生产管理概述

运输生产与其他物质生产相比较,有其自己的特点。研究运输生产及其要素、运输生产过程、运输组织生产的原则、任务、运输生产计划的安排,对合理组织运输生产力,有效满足社会运输需求具有重要意义。

一、运输生产及其要素

1. 运输生产的含义

生产或称社会生产,是指人们在一定的生产关系中,利用生产工具改变劳动对象,创造出新的物质财富的过程。它包括生产力和生产关系两个方面,是人类社会生存和发展的基础。

运输生产是社会生产的一种特殊形式,是指运输劳动者利用运输工具,改变运输对象的地理位置,实现运输需求者对其位置和时间要求的全过程。运输生产是社会生产在流通领域内的继续,贯穿社会再生产活动的各个领域,如生产领域、流通领域、消费领域等。运输生产是社会生产的重要组成部分,在社会进步、经济发展中发挥着保障、促进和先行作用。

2. 运输生产要素

企业要进行运输生产活动,必须具备各种条件和要素。运输生产的基本要素是运输劳动者、运输工具、运输线路、运输场站和运输对象。

运输劳动者是运输生产的主体,在运输生产活动中发挥着决定性作用。它由运输工人、技术人员和管理人员组成。在企业管理中,通过录用、培训、教育、考核、激励和开发等管理工作,不断提高劳动者的素质和劳动积极性、创造性。

运输工具是运输生产的手段,是由各种类型的汽车、挂车、半挂车和装卸设备、机具组成,如客车、载货汽车、牵引车、挂车、特种车等。在企业管理中,通过对车辆设备在选择、使用、维修、改造、更新等方面的管理工作,不断提高其使用效率。

运输线路是指由各种道路、各级公路组成的运输线路网。我国的道路运输网是由国道、省道、县道、乡道以及专用公路组成,是国家基础设施的重要组成部分,具有社会公益性的特性。因此,道路基础设施建设的规模、质量、结构以及管理水平直接影响着运输生产效率和运输服务水平。

运输场站主要是指汽车客运站和汽车货运站系统，它具有客货集散、中转换乘、车辆运行组织、后勤保障和综合服务等功能，在汽车运输生产中发挥着基地、桥梁和枢纽作用。

运输对象是指各种不同类型的旅客和货物，由于它们对运输距离、时间、质量的要求不同，形成了各种类型的运输生产，如普通货物运输、零担货物运输、快件运输、大件运输等。根据运输对象的要求组织生产，满足社会各种运输需求是企业管理的首要任务。

3. 运输生产过程

根据汽车运输生产的内容和特点，可将运输生产全过程分为运输准备过程、基本运输过程、运输结束过程和辅助运输过程。

（1）运输准备过程，是指旅客上车、货物装车前，与运输生产过程直接有关的各项准备工作。运输准备过程的主要环节有车辆准备（如运力配置、班次安排、车辆调度等）、客货源组织（如签订运输合同、落实货源和客源、运输市场调查等）、业务准备（如办理托运和承运手续、货物包装、临时保管）等工作。

（2）基本运输过程，是指车辆到达装货（上车）地点至到达目的地卸货（下车）的全过程。基本运输过程的主要环节有旅客上车（货物装车）、车辆运行、旅客下车（货物卸车）等。

（3）运输结束过程，是指旅客下车、货物卸车后，与运输生产过程直接有关的各项结束工作。运输结束过程的主要环节有货物的保管交付、车辆工作、其他商务作业等。

（4）辅助运输过程，是指为保证运输过程正常进行所必需的各项辅助生产活动，其主要工作有车辆维护与修理，燃料、材料、工具的供应、保管，客（货）运站的站务工作等。它贯穿运输准备过程、基本运输过程和运输结束过程的全过程。

二、运输生产管理的原则

合理组织运输生产，即对各个阶段和各个环节的工作进行合理安排，使各项工作能安全、有效、协调地进行，保证人力、物力、时间、空间都能得到充分、合理的利用，达到提高运输生产效率、确保运输质量、降低运输成本、获得良好经济效益的目的。根据运输生产点多、面广、流动、分散以及社会效益大于企业效益的特点，运输生产管理应遵循以下原则：

（1）政策性原则。运输生产具有社会性的特点，决定了完成运输生产任务绝非简单的企业行为，应以国民经济的宏观要求和社会秩序的稳定为首要任务。在国家重点物资、抢险救灾物资的运输和紧急情况下的运输生产组织工作中，应体现政策性原则，以社会利益、宏观效益为主，首先合理安排完成政策性任务，确保国民经济和社会生产发展的需要。

（2）安全性原则。安全性是运输生产的第一要求。安全运输不仅要保障运输工人劳动的安全，防止发生人身事故和车辆事故，而且要保障旅客和货物的安全，保护国家和企业财产免受损失，达到运输生产预期的效用。

（3）经济性原则。就是在制订运输生产计划和组织实施运输生产计划时，都要努力降低消耗（人力、物力消耗，资金占用等），提高运输经济效益，以最低的运输成本，满足社会运输需求，从而达到降低社会产品成本的目的。

（4）适应性原则。适应性原则也称弹性原则，是指企业的运输生产组织应适应运输市场多变的特点,具有灵活进行多种货物、各种要求运输生产的适应能力。随着市场经济的发展,运输市场需求发生了较大的变化,旅客和货主对运输提出了快速、直达、便利等要求,运输企业应根据变化和要求,及时调整经营方向和经营项目,朝着能够灵活转向、应急应变的方向发展。

(5)文明性原则。文明性原则是指以优质的服务、优良的秩序、优美的环境服务于社会,满足社会物质和精神方面的需求。运输企业是服务性行业,为全社会服务,其生产经营活动不仅影响着企业的形象,而且直接影响着地区或国家的形象,是社会精神文明建设的内容之一。

三、运输生产管理的任务

从企业系统的角度分析,企业的生产组织管理是一个子系统,有它本身的运动规律。运输生产运动规律如图9-1所示。

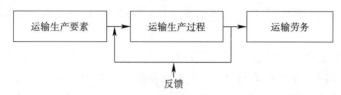

图9-1 运输生产运动规律

从图9-1中可以看出,生产组织管理系统的运动规律就是输入运输生产要素,经过运输生产过程,输出运输劳务,并在运输生产过程中不停地进行信息反馈。其中,运输生产过程就是形成运输产品的过程,而构成运输产品的基本要素是产量、质量和成本。所以,企业运输生产的目标概括为产量目标、质量目标和成本目标,如图9-2所示。

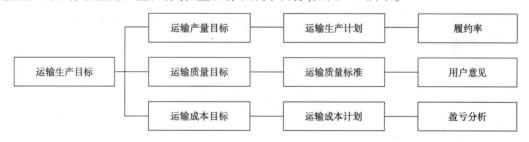

图9-2 运输生产目标

运输生产管理的任务就是合理组织运输生产要素,实现运输生产目标,即不断提高运输生产效率、确保运输服务质量和降低运输成本。

运输生产效率是通过单车期产量和车吨期产量两个综合指标反映的,提高运输生产效率就是要提高车辆在时间、速度、行程、载重和拖挂方面的利用率,按照运输生产计划的要求,完成运输生产任务。

运输质量即运输产品的质量,是指能满足旅客和货主对运输一定需求的特性,由运输过程质量和运输服务工作质量两个方面构成。前者是指运输过程的安全可靠、快速准时、便利经济;后者是指主动热情、文明礼貌、服务周到。

运输成本是指在运输生产过程中各种物化劳动消耗和活劳动消耗。完成运输生产的过程也是运输成本的形成过程,所以在组织完成运输生产任务的同时,要注意降低运输费用。在企业运输生产组织车辆管理、物资管理和劳动组织等管理工作中,要按照运输成本计划,严格控制,保证以最低的运输消耗,完成运输生产任务。

四、运输生产计划

运输生产计划是汽车运输企业经营计划的重要组成部分,是企业生产管理部门组织运输生产的依据和基础。运输生产计划主要包括运输量计划、车辆计划、车辆运用计划和车辆运行作业计划。

1. 运输量计划

运输量计划是反映汽车运输企业计划期内预计完成的客、货运量和旅客、货物周转量。运输量计划编制的主要依据有:①国家关于经济发展和经济调整的方针政策;②运输市场调查与预测资料;③已经签订的运输合同、协议和经过商谈取得的运输劳务交易的意向书;④本企业长期计划中有关指标的要求;⑤政府下达的指令性运输任务;⑥企业的运输生产能力。

2. 车辆计划

车辆计划反映了汽车运输企业计划期内应配置车辆的类型、数量,是衡量企业运输生产能力大小的重要内容。编制车辆计划时,首先对企业原有车辆的技术状况进行鉴定,确定报废的数量;然后再根据预测的运输需求资料,研究分析原有车辆在结构上的适用程度,确定车辆增加的数量和类型;最后计算企业的计划运输生产能力。

(1)计划期平均营运车数。根据期初车辆数和增减车辆数的营运车日计算,计算公式如下:

$$平均营运车数 = \frac{\sum 计划期营运车日数}{计划期日历日数} \tag{9-1}$$

为了简化计算,计划增减车辆的时间一般均按"季中"计算,并采用表9-1所列时间计算各季度车辆增后或减前在企业的日数。

车辆增后或减前日数　　　　　表9-1

车 日 数	季　度			
	第一季度	第二季度	第三季度	第四季度
增加后计算车日数	320	230	140	45
减少前计算车日数	45	140	230	320

(2)计划期营运车平均总吨(座)位数,其计算公式如下:

$$平均总吨(座)位数 = \frac{计划期营运车吨(座)日数}{计划期日历日数} \tag{9-2}$$

(3)计划期营运车平均吨(座)位,其计算公式如下:

$$平均吨(座)位 = \frac{\sum 车吨(座)日数}{\sum 总车日数} \tag{9-3}$$

3. 车辆运用计划

车辆运用计划是汽车运输企业营运计划期内车辆运用效率指标的计划值,内容见表9-2。

车辆运用计划　　　　　　　　　　　　　　　　表 9-2

指标		上年度预计完成	本年度计划					本年度计划与上年度预计比例(%)
			全年	第一季度	第二季度	第三季度	第四季度	
汽车	平均营运车数							
	平均总吨数							
	平均吨数							
	车辆完好率							
	车辆工作率							
	工作车日数							
	营运速度							
	平均每日出车时间							
	平均车日行程							
	总行程							
	行程利用率							
	载重行程							
	载重行程吨位公里							
	吨位利用率							
	货物周转量							
挂车	拖运率							
	货物周转量							
汽挂车综合	货物周转量							
	平均运距							
	货运量							
	单车期产量							
	车吨期产量							

车辆运用计划编制的依据有：①客源、货源组织及分布情况。例如，客源货源的充沛程度及客流量、货流量在时间上和空间上的分布情况等；②企业运输组织管理水平和手段，包括车辆运用效率指标的历史水平、劳动组织方式、管理手段及调度技术等；③车辆完好率水平。车辆完好率与车辆工作率之间，存在着一定的制约关系，即：车辆完好率≥车辆工作率，在编制车辆运用计划时，必须首先确定车辆完好率的计划值。

4. 车辆运行作业计划

车辆运行作业计划是运输生产计划的具体化，是有计划地、均衡地组织企业日常运输生产活动，建立正常运输生产秩序的组织措施。车辆运行作业计划按计划时间或运行周期可分为以下三种：

（1）长期运行作业计划，是适用于运输路线、起讫和停靠地点、运量等都比较稳定的运输业务的车辆运行作业计划，其计划期按月、旬、周确定。客运班车和零担货运班车的运行计划就属此类。

(2) 短期运行作业计划,是周期为 2~5 日的车辆运行作业计划,它根据客、货流的特点编制,在当天不能折返的运输任务和在几天内完成一个循环运行路线的多点运输任务的情况下适用。

(3) 日和运次的作业计划,一般适用于当天能折返的车辆和临时托运的小批量货物或当天的客运包车运输。客车和货车的运行作业计划内容有所不同。客车运行作业计划是以客运班车的班次时刻表为基础,并按各营运线路来具体安排。货车运行作业计划除了零担货物运输有班车安排外,一般整车货物运输没有班车,通常根据托运货物种类、运输路线、托运人的要求,安排适当的车辆完成。

车辆运行作业计划编制的依据有:①已经受理的托运货物(包括运输合同确定的货物)和客运班次时刻表;②运输市场调查资料和客货流量、流向、流时的预测资料,以及长期托运计划和运输合同;③车辆运行动态和技术状况以及维修作业计划;④有关站、点的现场作业环境与能力(主要指装卸货物作业的环境与能力);⑤车辆运行作业计划的各项技术参数,包括站距、车辆平均行驶速度、技术作业时间、商务作业时间等;⑥作业计划期间天气、道路通阻等客观条件变化情况的预测资料。

第二节　车辆运行组织

车辆是运输生产的基本工具,提高车辆运用效率是运输生产组织的主要任务。车辆组织工作主要是通过提高车辆运用效率,合理组织车辆运行,达到提高车辆运输生产率的目的。

一、车辆运用效率及指标

1. 车辆时间利用指标

(1) 车辆工作率。车辆工作率是指一定时期内,营运车辆总车日中,工作车日所占的比例。在其他条件不变的情况下,车辆工作率越高,车辆的时间利用程度越高。车辆工作率的计算公式如下:

$$车辆工作率 = \frac{工作车日}{总车日} \times 100\% \quad (9\text{-}4)$$

总车日(营运车日)是一定时期内营运车辆的累计数。一辆营运车,不管技术状况如何,不管是工作还是停驶,只要在企业保存一天,即计为一个总车日。

工作车日是每天参加营运工作的车辆累计数。一辆营运车一天(24h)内只要出车工作,不管其出车时间长短、完成任务多少、是否发生过维护修理、停歇或中途机械故障,均计为一个工作车日。

总车日的构成如图 9-3 所示。

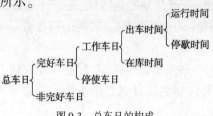

图 9-3　总车日的构成

完好车日是车辆处于技术完好状况的车辆累计数。全部营运车辆的技术状况,可用车辆完好率指标来衡量。车辆完好率是完好车日在总车日中所占的比例,其计算公式如下:

$$车辆完好率 = \frac{完好车日}{总车日} \times 100\% \qquad (9-5)$$

或

$$车辆完好率 = \frac{总车日 - 非完好车日}{总车日} \times 100\% \qquad (9-6)$$

车辆技术状况良好时,也可能会由于货源不足,轮胎、燃料等供应不及时以及其他一些原因(非车辆技术状况不良的原因),造成完好车辆停驶。停驶车日在总车日中占的比例称为车辆停驶率。车辆完好率与车辆停驶率的差值即为车辆工作率:

$$车辆工作率 = 车辆完好率 - 车辆停驶率$$

由此可见,要提高车辆工作率,除积极组织货源外,还必须提高车辆完好率,同时降低车辆的停驶率。

(2)平均每日出车时间(小时)。在车辆工作率一定的情况下,平均每日出车时间(小时)越多,表示车辆的时间利用程度越高。平均每日出车时间可按下式计算:

$$平均每日出车时间 = \frac{计算期每日出车时间累计数}{同期工作车日总数} \qquad (9-7)$$

平均每日出车时间长短,既与企业规定的工作制度(单班制、双班制等)有关,又在很大程度上取决于运行组织工作水平,并且还受到运输距离和道路通阻及天气情况等的影响。

(3)昼夜时间利用系数,计算公式如下:

$$昼夜时间利用系数 = \frac{平均每日出车时间(小时)}{24} \qquad (9-8)$$

显然,昼夜时间利用系数越高,表示车辆的时间利用越充分。实行多班制或双班制工作制度,是提高昼夜时间利用系数,即提高车辆运用效率的有效措施。

(4)出车时间利用系数,是指运行时间在出车时间中所占的比例,其计算公式如下:

$$出车时间利用系数 = \frac{运行时间}{出车时间} \qquad (9-9)$$

显然,出车时间利用系数越大,说明车辆时间利用程度越高。提高出车时间利用系数的有效途径(也是唯一的途径)就是压缩出车时间中的停歇时间。

2. 车辆的速度利用指标

(1)技术速度,是直接反映汽车设计速度利用程度的指标,是指营运车辆在运行时间内实际达到的平均行驶速度,即在运行时间内平均每小时运行的公里数。技术速度的单位是km/h,计算公式如下:

$$技术速度 = \frac{计算期总行程(公里数)}{同期运行时间(小时数)} \qquad (9-10)$$

车辆技术速度受多种因素的限制,如汽车的速度性能、技术状况、新旧程度、道路条件、车流密度、天气情况、装载情况、拖挂情况、驾驶员操作技术水平等。技术速度总会低于设计速度,它们之间的差距,或者技术速度的高低,表示了车辆速度利用的程度。

显然,技术速度越高,车辆的速度利用就越充分。在保证行车安全的前提下,尽量提高技术速度,意味着在相同的运行时间内,可以行驶更多的里程,完成更多的运输任务。

(2)营运速度,是按出车时间计算的车辆平均时速,即指营运车辆在出车时间内,实际达到的平均行驶速度。营运速度的计算公式如下:

$$营运速度 = \frac{计算期总行程(公里数)}{同期出车时间(小时数)} \tag{9-11}$$

可以说,营运速度是反映技术速度利用程度的指标。营运速度既受技术速度的限制,又受出车时间利用系数的影响。三者之间的关系如下:

$$营运速度 = 技术速度 \times 出车时间利用系数 \tag{9-12}$$

营运速度高,意味着在相同的出车时间内,可以行驶更多的里程,完成更多的运输工作量。对于用户来说,可提高运送速度。运送速度是一个重要的质量指标,是指运输企业从接受旅客或货物起,至运送旅客或货物到达目的地,并将货物交付给收货人止的速度。运送速度快,可节约旅客的旅行时间,减少旅客的旅途疲劳,可减少货物在途资金占用,加快货物及资金的周转速度和商品流通的速度,具有良好的社会效益和经济效益。

(3)平均车日行程,是以"车日"作为时间单位计算的综合性速度指标,是指一定时期内,全部营运车辆平均每个工作车日内行驶的公里数。平均车日行程的计量单位为 km/车日。平均车日行程可按以下三个公式计算:

$$平均车日行程 = \frac{计算期总行程}{同期工作车日} \tag{9-13}$$

$$平均车日行程 = 平均每日出车时间 \times 营运速度 \tag{9-14}$$

$$平均车日行程 = 平均每日出车时间 \times 出车时间利用系数 \times 技术速度 \tag{9-15}$$

在编制车辆运用计划、确定平均车日行程的计划值时,应分析计划期内平均每日出车时间、出车时间利用系数、营运速度以及技术速度可能达到的水平,并按上述公式进行测算。

3. 车辆行程利用指标

营运车辆在一定时期内出车行驶的公里数,称为总行程,又称总车公里,计量单位为车·km。总行程由载重行程和空驶行程构成。车辆载有旅客或货物行驶的公里数,称为载重行程(亦称重车公里)。载重行程是实现运输生产的有效行程,是对总行程的有效利用。车辆无载行驶的公里数,称为空驶行程。空驶行程是无效行程,是对总行程的浪费和损失。

总行程可按每辆车每日行程数累计,也可按以下公式计算:

$$总行程 = 平均车日行程 \times 工作车日数 \tag{9-16}$$

或

$$总行程 = 平均营运车数 \times 日历天数 \times 车辆工作率 \times 平均车日行程 \tag{9-17}$$

车辆的行程利用率是指总行程的利用率。反映总行程利用率的指标是行程利用率,它是指总行程中,载重行程所占的比例。车辆行程利用率的计算公式如下:

$$行程利用率 = \frac{载重行程(重车公里)}{总行程(总车公里)} \times 100\% \tag{9-18}$$

或

$$行程利用率 = \frac{总行程 - 空驶行程}{总行程} \times 100\% \tag{9-19}$$

行程利用率受客流量、货流量在时间上和空间上分布不均衡,以及车辆运行调度等多种主客观因素的影响。编制运输生产计划时，通常要先确定行程利用率，再计算载重行程。载重行程的计算公式如下：

$$载重行程 = 总行程 \times 行程利用率 \tag{9-20}$$

4. 车辆载重能力利用指标

营运车辆的载重能力就是指车辆的额定载客量（旅客人数）或额定载货质量（吨数）。反映车辆载重能力的指标是车辆额定座位数或额定吨位，反映车辆载重能力利用程度的指标是吨（座）位利用率。

（1）吨（座）位利用率。吨（座）位利用率的计算方法有以下两种：

按一辆营运车一个运次（班次）来考察其载质能力的利用程度，即"静态"的吨（座）位利用率，其计算公式如下：

$$吨（座）位利用率 = \frac{实际载客（质）量}{额定载客（质）量} \times 100\% \tag{9-21}$$

按全部营运车辆一定时期内的全部运次，综合考察其载质能力利用程度，即"动态"的（平均的）吨（座）位利用率，按下式计算：

$$吨（座）位利用率 = \frac{计算期换算周转量}{同期载质行程载质量} \times 100\% \tag{9-22}$$

式中，换算周转量是将载客或载货周转量，按"10 人·km = 1t·km"的比例，换算成同一的计量单位。载质行程载质量，亦称"重车吨位公里"和"重车座位公里"，计量单位是：客车为"座位公里"，货车为"吨位公里"。载重行程载质量[重车吨（座）位公里]，是指一定时期内全部营运车辆的载质行程载质量"总数"，是按每一辆营运车的"载重行程"（重车公里）与其"额定吨（座）位"的乘积累计的"合计数"。载重行程载质量的计算公式如下：

$$载重行程载质量 = \sum[载重行程 \times 额定吨（座）位] \tag{9-23}$$

（2）实载率。实载率是按全部营运车辆一定时期内的"总行程"计算的载质能力利用程度指标，其计算公式如下：

$$实载率 = \frac{计算期换算周转量}{同期总行程载质量} \times 100\% \tag{9-24}$$

式中的总行程载质量，亦称"总车吨位公里"和"总车座位公里"，其计量单位是：客车为"座位公里"，货车为"吨位公里"。总行程载质量[总车吨（座）位公里]，是指一定时期内全部营运车的总行程载质量"总数"，按各辆营运车的"总行程"与其"额定吨（座）位"乘积累计计算。总行程载质量的计算公式如下：

$$总行程载质量 = \sum[总行程 \times 额定吨（座）位] \tag{9-25}$$

实载率也称"总行程载质量利用率"。因为总行程载质量的含义是总行程最大可能完成的周转量，所以，实载率就是总行程实际完成的周转量与总行程最大可能完成的周转量之比。实载率可以综合反映车辆的行程利用程度和载重能力的利用程度。在汽车运输企业全部营运车辆额定吨位（或座位）都相同的条件下，实载率可按下式计算：

$$实载率 = 行程利用率 \times 吨（座）位利用率 \tag{9-26}$$

5. 车辆拖挂能力的利用指标

载货汽车具有一定的拖挂能力，即汽车除自身可以装货运行外，还能够拖带挂车装载货运行。汽车拖带挂车，可以有效地提高车辆生产率，降低运输成本，提高经济效益。

拖运率是指汽车和拖带的挂车合计完成的货物周转量中,挂车完成的周转量所占的比例,其计算公式如下:

$$拖运率 = \frac{挂车周转量}{汽车周转量 + 挂车周转量} 100\% \tag{9-27}$$

为了保证营运车辆的运行安全,挂车载货量不得超过拖带它的汽车的载货量。因此,拖运率的最高值不可能超过50%。

由于挂车本身无动力,不能独立运行,其运行依附于汽车。因此编制运输生产计划时,可按下式计算挂车的周转量计划值:

$$挂车周转量 = \frac{汽车周转量 \times 拖运率}{1 - 拖运率} \tag{9-28}$$

汽车拖带挂车,可以有效地提高车辆生产率,降低运输成本,增加经济效益。在汽车运输中,考虑到旅客乘车安全性和乘坐舒适性,营运客车一般不拖带挂车;营运货车以一车一挂为宜。

二、车辆运输生产率及指标

车辆生产率是指单位时间内,单位车辆所完成的运输工作量。车辆生产率一般按周转量(t·km 或人·km 或换算 t·km)计算。需要时也可以按运量(t、人数)计算。表示车辆生产率的主要指标有单车期产量、车吨(座)期产量、车公里产量等。

1. 单车期产量指标

单车期产量是指一辆营运车在一定时期内所完成的换算周转量。按照计算的时间单位不同,单车期产量指标实际包括单车年产量、单车季产量、单车月产量和单车日产量等多个指标。其中,用单车日产量指标来比较不同时期的车辆生产率时,可以排除计算期日历天数不同的影响。

(1) 按周转量和平均车数计算的单车期产量,计算公式如下:

$$单车期产量 = \frac{计算期换算周转量}{同期平均营运车数} \tag{9-29}$$

式中,"换算周转量"按"10 人·km = 1t·km"进行换算。单独计算营运客车的生产率时,需将客车附载货物完成的货物周转量 t·km 换算成人·km,计算营运货车的生产率时,需将货车附载旅客完成的旅客周转量人·km 换算成 t·km。

式(9-29)中,平均营运车数是指计算期平均每天拥有的营运性车辆数,按"计算期总车日数÷计算期日历天数"计算。

(2) 按车辆运用效率指标计算的单车期产量,计算公式如下:

$$单车期产量 = \frac{日历天数 \times 平均车日行程 \times 行程利用率 \times 座(吨)位利用率 \times 平均座(吨)位}{1 - 拖运率}$$

$$\tag{9-30}$$

(3) 单车日产量。用单车日产量指标可排除日历天数不一致的影响,同时,在编制运输生产计划时,需用到单车日产量指标。单车日产量是指平均每辆营运车在一个营运车日内所完成的运输工作量,可按如下公式计算:

$$单车日产量 = \frac{计算期周转量}{同期总车日数} \quad (9\text{-}31)$$

$$单车日产量 = \frac{车辆工作率 \times 平均车日行程 \times 行程利用率 \times 平均吨(座)位 \times 吨(座)位利用率}{1 - 拖运率} \quad (9\text{-}32)$$

2. 车座(吨)期产量指标

车座(吨)期产量是指一辆营运客车或营运货车的一个额定座位(吨位)在一定时期内所完成的换算周转量(t·km)。车座(吨)期产量分车座(吨)年产量、车座(吨)月产量、车座(吨)季产量,及车座(吨)日产量等指标。

用车座期产量或车吨期产量指标反映和比较车辆生产率时,可以消除不同车辆额定座位(或吨位)不同的影响,它是反映车辆生产率最理想的指标。

(1)按周转量与平均总座(吨)位计算的车座(吨)期产量,计算公式如下:

$$车座(吨)期产量 = \frac{计算期完成换算周转量}{同期平均总座(吨)位数} \quad (9\text{-}33)$$

式中,"平均总座(吨)位数"是指计算期平均每天用在营运车的总座(吨)位数。以营运货车为例,根据已知条件的情况,平均总吨位可按式(9-34)~式(9-38)的几种方法求得:

$$平均总车吨位 = 平均车数 \times 平均吨位 \quad (9\text{-}34)$$

$$平均总吨位 = \frac{总车吨日数}{日历天数} \quad (9\text{-}35)$$

$$平均总吨位 = \frac{\sum(营运车日 \times 额定吨位)}{日历天数} \quad (用于车辆吨位不完全相同时) \quad (9\text{-}36)$$

$$平均总吨位 = \frac{总车日数 \times 额定吨位}{日历天数} \quad (用于全部车辆额定吨位都相同时) \quad (9\text{-}37)$$

$$平均总吨位 = 平均车数 \times 额定吨位 \quad (用于全部车辆额定吨位都相同时) \quad (9\text{-}38)$$

(2)按车辆各项运用效率指标计算的车座(吨)期产量,计算公式如下:

$$车座(吨)期产量 = \frac{日历天数 \times 车辆工作率 \times 平均车日行程 \times 行程利用率 \times 座(吨)位利用率}{1 - 拖运率} \quad (9\text{-}39)$$

综合以上公式,即可得出:

$$单车期产量 = 车吨(座)期产量 \times 平均吨(座)位 \quad (9\text{-}40)$$

(3)车座(吨)日产量,是指营运车辆的一个吨位(座位),平均每个营运车日所完成的运输周转量(人·km 或 t·km),可按以下公式计算:

$$车座(吨)日产量 = \frac{计算期周转量}{同期总车座(吨)日数} \quad (9\text{-}41)$$

$$车座(吨)日产量 = \frac{车辆工作率 \times 平均车日行程 \times 行程利用率 \times 座(吨)位利用率}{1 - 拖运率} \quad (9\text{-}42)$$

3. 车公里产量指标

车公里产量是指车辆平均每行驶 1km 所完成的周转量。

(1)按周转量和总行程计算,计算公式如下:

$$车公里产量 = \frac{计算期完成周转量}{同期总行程} \tag{9-43}$$

式中,计算期总行程可以根据每辆营运车累计,也可以按下式进行计算:

$$总行程 = 总车日 \times 车辆工作率 \times 平均车日行程 \tag{9-44}$$

(2)按有关车辆运用效率指标计算,计算公式如下:

$$车公里产量 = \frac{行程利用率 \times 平均座(吨)位 \times 座(吨)位利用率}{1 - 拖车率} \tag{9-45}$$

4. 车辆生产率与车辆效率指标之间的关系

车辆的时间利用、速度利用、行程利用、载重能力利用,以及拖挂能力利用与车辆生产率之间的关系,如图9-4所示。

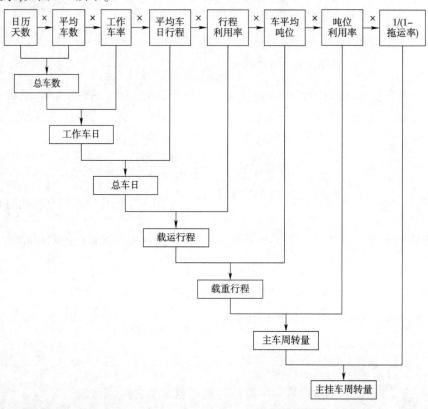

图9-4 车辆效率指标关系图

三、车辆运行组织方式

车辆运行组织方式应根据不同货物或旅客的需求确定。常用的客车运行组织方式有定线运行方式、大循环运行方式、小循环运行方式等;货车运行组织方式有双班运输、拖挂运输、甩挂运输、直达行驶法和分段行驶法、定时运输与定点运输等。

1. 定线运行方式

定线运行是指将客车相对稳定地安排在一条营运路线上运行的方式。采取长途、短途套班办法时,客车可以相对固定地在两条营运路线上运行。

通常车辆定线实际上就是驾乘人员定线。这种运行方式的优点是有利于驾乘人员了解、熟悉道路状况及行车环境。路况熟，环境熟，对行车安全有利，也便于合理掌握行车速度。这种运行方式的缺点是由于各条营运路线不可能都是同样长度，因而车与车之间的工作时间不易平衡，完成的运输工作量也会有多有少，进而导致驾乘人员劳动强度高低不同。

采取长途、短途套班运行的办法，会受到车型不同的限制。例如直达班车多使用高、中级大型客车，营运路线是长距离的；而营运里程较短的路线则多使用普通客车；高、中级大型客车不宜使用在短途班车路线上，更不宜用于城乡公共汽车路线上。大多数情况下，长途直达班车、城乡公共汽车都采用定线运行方式。

2. 大循环运行方式

大循环运行方式是将客车安排在企业营运区域内多条路线上顺序轮流运行的一种方式。例如企业营运区域内的甲、乙、丙、丁、戊、己、庚、辛八条营运路线上，每辆客车都顺序逐日承担一条路线上的班次，八条路线都运行过后，即为一个循环，再开始下一个循环，在八条路线上顺次运行。这种运行方式的优点是在一个循环内每辆客车行驶的里程是相同的，驾乘人员的工作强度也是相同的，不存在驾乘人员之间劳逸不均的问题。大循环运行方式的缺点是由于经常更换路线，驾乘人员不易熟悉路况和环境。同时，这种运行方式要受到使用车型的限制，只能适用于各条路线所开班车都是同级客车的条件下。

3. 小循环运行方式

小循环运行方式与大循环运行方式在做法上大致是相同的，只是循环运行区内的路线较少，循环期较短。其优点是可以选择几条开行同类班车的营运路线组成一个循环，从而简化车型安排和车辆运行调度工作。

4. 双班运输

组织双班运输的基本方法是根据所拟双班运输的不同形式，每辆汽车配备两名左右的驾驶员，分日夜两班轮流行驶。双班运输组织方法简便易行，在货源、维修、驾驶员等条件满足的情况下，不再需要增添车辆就可获得较佳的效果，易于推广。特殊情况下，也可组织三班运输（亦称多班运输），即以每日累计 8h 为一班。

双班运输应根据运输距离、货源数量、运输条件、道路状况、驾驶员配备、维修和装卸能力等具体情况，选择不同的组织形式。

5. 拖挂运输

汽车运输所用车辆，通常可分为汽车、牵引车和挂车三大类。由载货汽车和全挂车两部分组成或由牵引车和半挂车组成的汽车列车，从事货物运输就称为拖挂运输。拖挂运输一般可以分为定挂运输和甩挂运输。定挂运输是指汽车列车在完成运行和装卸作业时，汽车（或牵引车）与全挂车（或半挂车）一般不分离。这种定车定挂的组织形式，在运行组织和管理工作方面基本上与单车运行相仿，易于推广，它是拖挂运输开展之初常采用的一种主要形式。

汽车增加了拖挂的挂车，在增加了货物的装载量的同时，也增加了货物装卸作业量，拖挂全挂车的汽车列车长度比单车显著增加。因此，应注意以下几方面：①改善装卸条件，提高装卸效率，压缩汽车列车停歇时间；②装卸现场应具备平坦而宽阔的调车场和畅通的出入口；③加强现场调度指挥，实现装卸作业合理化；④尤其要注意汽车列车行驶的安全性。

6. 甩挂运输

甩挂运输是指汽车列车按预定的计划,在各装卸作业点甩下并挂上指定的挂车后,继续运行的一种组织方式。甩挂运输也称甩挂装卸。甩挂运输的运行组织方式,可以使载货汽车(或牵引车)的停歇时间缩短到最低限度,从而可以最大限度地利用牵引能力,提高运输效能。在同样的条件下,甩挂运输比定挂运输有更高的运输效率。

甩挂运输的基本原理体现为并行作业原则,它是利用汽车列车的返回行驶时间来完成甩下挂车的装卸作业,从而可使原来整个汽车列车的装卸作业时间,缩短为汽车装卸作业时间和甩挂作业时间,加速了车辆周转,提高了运输效率。一般只有当主车的装卸作业时间加甩挂作业时间小于整个汽车列车停歇时间时,采用甩挂运输才是合理的。同时,为了发挥挂车的效率,挂车在完成装(卸)作业后的等待时间也不宜过长。

根据汽挂配备数量、线路网的特点、装卸点的装卸能力等不同,甩挂运输也有不同的形式。随着运输组织工作的手段不断完善,甩挂运输的概念和技术也在不断发展。一般情况下,甩挂运输(或作业)主要有以下几种形式:

(1)一线两点甩挂运输。这是在短途往复式运输线路上通常采用的形式。汽车列车往复于两装卸作业点之间,在整个系统中配备一定数量的挂车,汽车列车在线路两端根据具体条件做甩挂作业,根据货流情况或装卸能力,可采用"一线两点,一端甩挂"(即装甩卸不甩或卸甩装不甩)和"一线两点,两端甩挂"。一线两点甩挂运输适用于装卸点固定,运量较大的地区,只要组织得当,其效果比较显著。

(2)循环甩挂运输。这是在循环行驶线路上进行甩挂作业的一种形式。在闭合循环回路的各装卸点上,配备一定数量的周转集装箱或挂车,汽车列车每到达一个装卸点后,甩下所带的集装箱或挂车,装卸工人集中力量完成主车的装(或卸)作业,然后装(挂)上预先准备好的集装箱(挂车)继续行驶。采用这种形式需要有以下条件:①满足循环调度的基本要求;②运量大且稳定,有适宜组织甩挂运输的货物条件。

循环甩挂运输提高了载运能力、行程利用率,压缩了装卸作业时间,是甩挂运输中较为经济、运输效率较高的组织形式。但其组织工作较为复杂,对作业条件要求较高。

(3)驮背运输(载驳运输)。这是将甩挂运输的基本原理应用于集装箱或挂车的换载作业形式。其基本方法是,在多式联运各运输工具的连接点,由牵引车将载有集装箱的底盘车或挂车直接开上铁路平板车或船舶上,停妥摘挂后离去,集装箱底盘车或挂车由铁路车辆或船舶载运至前方换装点,再由到达地点的牵引车开上车船挂上集装箱底盘车或挂车,直接运往目的地。驮背运输组织方式加速了车辆周转,扩大了货物单元,节约了装卸和换载作业时间,提高了作业效率。

7. 直达行驶法与分段行驶法

(1)直达行驶法。车辆装载货物后从起运点出发,经过全程连续运行后直抵终点;卸载后重新装载货物或放空返回起点。直达行驶法每次运输任务由同一辆车承担,途中不发生换载作业。直达行驶法的驾驶员劳动组织可采用单人驾驶制、双人驾驶制、换班驾驶制等。

(2)分段行驶法。分段行驶法将整条线路分成若干区段,每一路段上分别固定配备相应的汽车运行,车辆装载货物后从起运地点出发,由各区段的驾驶员相继驾驶抵达终点;卸载后车辆重新装载货物或放空,按同样方法返回起点。采用分段行驶法,被运货物在相邻区段的衔接地点发生交接,其形式一般有三种:将装载于车辆上的货物连同集装箱或挂车等一起转交;将装载于车辆上的货物直接换载于另一辆车上;将装载于车辆上的货物卸地入库,再装载于另一辆车上起运。分段行驶法组织工作较直接行驶法复杂,但易于进行车辆维修,驾驶员工作、休息和生活比较安定。采用分段行驶法时,区段长度的确定应当合理。

8. 定时运输与定点运输

(1)定时运输。定时运输是指车辆按运行计划中所拟定的行车时刻表进行运输。采用定时运输组织形式,一般要规定货车运行时刻。如货车行车时刻表中规定的车辆从车场开出的时间、每个车次到达和开出装卸点(站)的时间及装卸工作时间等。

由于车辆按预先拟定的行车时刻表进行工作,也就加强了各方面工作的计划性,提高了工作效率。公路运输企业依据用户需要,组织好定时运输,必须做好各项定额的查定工作,包括:车辆出车前的准备工作时间定额,车辆在不同路线上重、空载行驶时间定额,以及装卸车工作时间定额等。同时,还应合理确定驾驶员的休息和用餐等生活时间,加强货源调查和组织工作,加强车辆调度和日常工作管理以及装卸工作组织等。

(2)定点运输。定点运输指按发货点固定车队,专门完成固定货运任务的运输组织形式。在组织定点运输时,除了根据任务固定车队外,还实行装卸工人和设备固定与调度员固定在该点工作。实行定点运输,可以加速车辆周转,提高运输效率,提高装卸工作效率,提高服务质量,并有利于行车安全和节油。

定点运输组织形式,既适用于装卸地点比较固定集中的货运任务,也适用于装货地点集中而卸货地点分散的固定性货运任务。

第三节 旅客运输组织

一、道路旅客运输生产组织管理的基本要求

道路旅客运输是指汽车运输企业利用汽车以及其他陆路运输工具,通过道路、场站实现旅客空间位移的运输业务。旅客运输生产的服务对象是人,而人的出行需求是复杂的、多样的,人的主观能动性决定了对运输生产过程的特殊要求。因此,应根据旅客的需求和对客运工作的要求,千方百计地组织好客运工作,满足旅客需求。

(1)旅客至上、安全第一的原则。保证旅客安全是旅客运输工作的基本要求。在旅客运输生产活动中,必须把安全摆在第一位,通过加强车辆技术管理,确保车辆技术完好,做到车辆运行安全;通过严密科学地客运组织管理工作,保持良好的运输秩序,确保运输过程的安全;通过加强客运站站务管理工作,提高旅客旅行的环境质量和业务工作质量,确保客运站各项作业的安全。

(2)协调配合、方便旅客的原则。汽车旅客运输过程涉及场站、车队、环境等各方面的工作,要求各工种、各环节紧密配合,有效协作。一是企业内部各项工作的配合协作;二是不同企业、不同场站之间的沟通与合作;三是与其他运输方式之间的衔接配合。因此,要加强客运工作的计划性,齐心协力,共同搞好客运工作,保证旅客运输生产过程的顺利进行。

(3)质量优先、优质服务原则。旅客运输工作是一个城市或企业的精神文明窗口,客运

服务人员的服务态度、工作质量和精神面貌直接影响着城市或企业的形象。因此,在运输组织过程中,必须树立全心全意为人明服务的思想,不断改善客运工作方法,建立客运服务质量标准,做到文明经营、礼貌待客、方便周到、优质服务。

二、汽车旅客运输业务

汽车旅客运输过程是运输劳动者利用运输工具实现旅客"位移"的过程,客运业务及服务工作贯穿旅客运输的全过程。因此,汽车客运业务及服务工作可概括为汽车客运站服务工作和旅客运输途中服务工作。

1. 汽车客运站业务

汽车客运站是旅客集散、中转、车辆运行组织的基地。车站的业务和服务工作集中体现在如何使旅客"走得了",具体工作有以下三项:

(1) 旅客服务。旅客是客运站服务的主要对象,站务工作通过为旅客提供各种便利、舒适的条件和周到热情的服务,使旅客进站时感到"宾至如归",离站时"满意惜别"。旅客服务的具体工作有:迎门服务、问事服务、广播服务、始发售票、中转签证、小件寄存、行包的托取中转、候车服务、检票验票、组织上车和其他服务(如商业、饮食、订票、医疗、通信等)。

(2) 参营者服务。参营者是指进站参加营运的车主。它既是客运站服务的对象,又是客运站的联营者,共同为旅客提供运输服务。车站工作主要为参营者的车辆和驾乘人员提供便利条件和必要的服务。参营者服务的具体工作主要有:驾乘人员服务工作;车辆停放、维护工作;参营合同的签订、执行、终止等管理工作;其他服务工作。

(3) 站内业务。汽车客运站站务工作除了直接为旅客和参营者服务外,还包括与旅客、参营者有关系的和保证车站工作顺利进行的其他业务管理工作,具体内容包括:票据单证管理、营收报解、客运统计、"三品"查处、车辆运行调度、广告信息、其他业务管理工作等。

2. 旅客运输途中的服务

车辆运行是道路客运的基本生产过程,其服务工作集中体现在如何使旅客"走得好"。它不仅要求驾驶员谨慎驾驶、安全运行,而且要求做好途中的各项服务工作。途中服务的具体工作有:途中指南、上下车验票售票、行包装卸交付、生活服务、其他服务(如医疗等应急服务)等。

3. 汽车客运作业基本程序

客运站站务工作包括发售客票、行包受理、候车服务、客车准备、组织乘车与发车、客车运送、客车到达、交付行包及其他服务作业等内容。一般客运作业程序如图9-5所示。

(1) 售票业务。购票是旅客获得出行权利的必要手续,是旅客运输经营者收入的来源。车站要根据客流量的大小、车站购票人数的集中程度以及经营线路、班次的多少、发车的多少、发车时间、售票的正常效率等,确定售票的形式、售票窗口的数目、售票窗口的组合,方便旅客,减少旅客排队等候时间。客票发售方式通常可有固定窗口售票、车上售票、电话或信函订票、网络售票及候车室内流动售票等。

(2) 行包受理托运。旅客在运行过程中为了生活和工作上的需要,常需携带一些生活或生产用品,这些物品能否安全、及时运送,直接关系旅客的切身利益。因此,确保行包的安全无损和准确及时地运送目的地,是行包运送工作组织的基本要求。

（3）候车服务。候车室是旅客候车的场所，也是车站组织旅客进站、检票乘车的场所。候车室要按规定，依级别设置一定的服务设施，如客车班次时刻表、问讯设施、广播系统、小件寄存设施、禁止标志、精确的计时装置、留言牌、饮水处、保健台等。要根据服务工作量、配备足够的服务人员，分设各个岗位，并严格按照各项作业的职责范围和操作规程作业，以保证客运站整体工作顺利进行。候车室的主要服务内容有：根据车站的实际情况组织旅客候车；宣传、和检查安全工作；热情提供候车服务；问讯处服务工作；寄存处服务工作等。

（4）组织乘车与发车。首先由站务人员和行车人员对进站待运客车进行车厢清理，防止无票人员或携带违禁品人员上车；再由站务人员按售出车票的座位号，组织旅客排队、检票、上车、对号入座；旅客上车入座后，由站务人员或乘务人员报清本次班车的终点站、中途停靠站、途中用餐与住宿站点以及预计到达时间等，检查是否有误乘旅客并及时予以纠正；然后正确填写行车路单中的有关事项，交客车驾驶员。

（5）客车到达。班车到站后，站务人员与行车人员要及时办理接车手续，指引车辆停放、检验车票、交付行包，处理其他临时遇到的问题。如果是中途站，还需组织本站旅客上车后继续运行；若是终到站，则将客运车辆清扫或检查后入库停放或继续执行下一车次的客运任务。

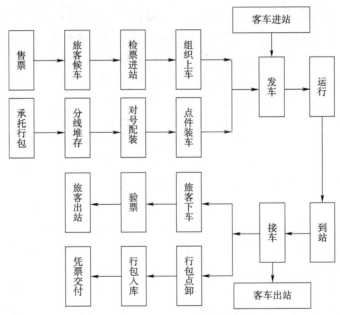

图 9-5　汽车客运作业基本程序示意图

三、汽车客运站站务管理

1. 客源组织管理

客运站是公路旅客的集散点，直接为旅客乘车提供服务，使旅客能方便、舒适、安全、顺利地踏上旅途，也为车站的创收提供客源基础。为此，客运站应经常调查研究当地（营运区内）的客流动态，根据当地的人口分布及流动规律，分析研究客流情况，以优质的服务质量，不断扩大客源，特别是应充分发挥企业车站的优势，组织好大宗、团体、春运、节假日客源，如新兵入伍、老兵退役、旅游团体和假期离、返校的学生接送等。

2. 客车运行组织管理

客运站客车运行管理的工作，主要有以下内容：①办理客车的发、到作业，签发、填写行车路单，指挥发车；②了解营运线路阻情况，及时向有关方面通报联系，处理站辖路段的阻滞事宜；③会同有关方面处理行车事故，组织救援善后工作；④组织供油、供水及客车临时故障的修理；⑤组织过站、宿站车辆驾乘人员的食宿和职业道德教育工作。

3. 乘务工作管理

客运乘务工作，是指客运班车运行过程中乘务人员进行的全部服务活动，它是车站服务活动的继续。乘务工作的质量，关系旅客旅行的方便、周到、舒适、安全，加强乘务工作的管理，是提高班车客运质量的关键之一。乘务工作的组织形式主要有以下三种：

（1）定线包乘制。定线包乘制是指乘务员以"四定"方式，即定人、定车、定线、定班，在营运区域内相对固定的线路上往返工作。这种组织形式便于乘务员和驾驶员掌握车况、路况、客流情况及其变化规律，有针对性地改进乘务工作。

（2）循环包乘制。循环包乘制是指乘务员定车，与驾驶员组成包乘小组，按照确定的客车运行周期表（运行作业计划）的安排，在营运区域内各条线路上循环工作，其中又可分大循环（即依次跑完所有应配备乘务员的线路）、小循环（即在部分线路组成的小运行周期内各条线路上循环工作）两种形式。其优点是各包乘组工作两大体平衡，乘务员和驾驶员能较好地了解不同线路上的营运情况，适应较大范围内的乘务工作；缺点是由于包乘的线路经常变化，不易掌握线路客流变化规律，对提高服务质量有一定的不利之处。

（3）循环轮乘制。循环轮乘制是指乘务员不固定客车及线路，按车站排定的次序，在车站配属的客车上轮流工作，并根据客车运行作业计划的安排，在营运区域内各条线路上循环进行乘务作业。其优点是使乘务员了解不同客车的性能、不同驾驶员的情况、不同营运线路的情况，有助于提高业务技能、培养较强的适应能力；缺点是由于所随乘的客车及线路经常变动，而且循环周期长，不利于深入了解掌握客流、车况、路况等情况。同时，由于经常变换作业车辆，对协调驾驶员与乘务员之间的关系，密切配合工作也有一定的影响。

乘务管理工作的基本要求是：①乘务人员应做好发车前的准备工作，包括备齐车票、零钞、急用药品和必要的饮用水，检查班次线路牌，检查车辆卫生等；②组织旅客乘车，使旅客上车有序，对号入座，妥善处理好旅客随身行李，防止漏、错乘，做好行包交接手续，宣传乘车注意事项和安全要求；③加强途中服务，重点照顾好老、弱、病、残、孕、幼旅客，提前及时报站，协助旅客上下车并提取行包，做好中途下车验票、上车售票工作；④做好乘务安全工作，行车途中注意旅客安全，危险路段、渡口、险桥、车加油，应协助驾驶员做好旅客下车工作，劝阻和制止车上吸烟，严禁危险品上车等；⑤到站服务，包括引导旅客下车，向车站交付行包手续，送交行车路单，结算票据，做好车辆清洁卫生等。

4. 车站信息管理

车站是收集客运信息最方便、最真实、最完整的部门，它在信息管理系统中起着重要的作用，无论是外源信息和内源信息，车站都具有收集和传送功能。

（1）整理、汇总各种原始资料，并及时向有关部门传递资料信息。原始资料包括客运量、旅客运距、旅客周转量等基本资料和其他辅助性资料。它是企业管理部门和运输主管部门计划决策的重要依据。

（2）及时收集、反映社会需求对企业的要求、建议、批评及其他情况。车站可通过各种方式，如民意调查问卷、旅客意见簿、举报电话等，广泛收集旅客的建议和意见，并定期归类分析，寻找对策，确保客运服务质量不断提高。

（3）及时报告客车运行中发生的问题，如车辆驾乘人方面的问题，道路工程方面的问题及路政、运政管理方面的问题等，以便及时与管理部门沟通，尽早找到解决问题的办法。

5. 车站规章制度

为确保车站工作效率和服务质量的提高，车站应建立健全各项规章制度。车站最基本的规章制度有以下几项：

（1）目标管理制度。即车站将其不同时期的工作总目标进行分解，并落实到不同的工作岗位，对不同工作岗位应达到的工作要求，包括数量和质量，作出明确规定。不同岗位再将本岗位的工作目标落实到在岗工作人员，定期对目标落实情况加以考核和评估。目标管理制度的实施，可使管理工作有目的地进行，确保管理工作一步一个台阶，逐步走上新的高度。

（2）工作程序制度。站务工作是由各个岗位和环节分工协作共同完成的，因此，只有按照一定的程序和要求实施，才能保证站务工作整体上的正常运转。对此，通过工作程序制度，对站务工作的操作程序、要求加以规范，使每一个工作岗位的工作人员在操作业务的过程中都能按标准要求进行作业，如语言、技术、工作流程、单据填发等。

（3）奖罚制度。奖罚制度是实现责权利统一，落实所有规章制度的一项制度，是贯彻按劳分配，调动所有站务工作人员积极性、创造性、激励上进的重要手段。通过明确规定奖励和惩罚的内容及办法，对在德、勤、智、能等成绩方面突出的人员予以奖励，以起到示范和激励作用；对工作中出现失误、违规的人员，按制度规定予以惩罚，以起到鞭策作用。

四、汽车旅客运输生产组织

汽车客运组织的重点是班车客运组织，它包括确定班次时刻表，客车运行组织、行包运输组织等工作。

1. 客运班次时刻表

客运班次时刻表的制定，是客运运行组织的基础性工作。它是公路运输企业用以向社会公告客车的运行线路区段、运行的客车数（每开出一辆客车即为一个班次）、发车时间及到达终点站的信息表。客运班次时刻表编制的具体工作内容有如下四点：

（1）确定营运线路和区段。在确定线路及区段时，要充分调查、收集并掌握拟开设的线路的客流信息资料，通过对调查资料的分析研究，掌握线路的旅客流量、流向及其变化规律，确定班次的起讫点和中途停靠点。营运线路的确定，还需按规定报主管部门审批。县内班车客运线路，由县运管部门审定后报地（市）运管部门审批，跨区班车客运线路，由相关地（市）运管部门协商后，报省运管部门审批，跨区班车客运线路，由相关省运管部门协商审批。营运线路审批通过后，可按计划编入班次时刻表。

（2）确定各条营运线路的班次数和班次号。班次数的确定，取决于线路客流量的大小，如遇节假日、重大会议等，客流量进入高峰期且正常的客运班次不能满足旅客乘车需要时，要及时增加班次。客运班次要经过主管部门批准后，才能列入班次时刻表，形成班次号，使其和确定的线路、发车时间对应,便于旅客辨认和企业组织车辆运行。

(3)确定各班次的发车时间。发车时间安排,要满足旅客对旅行的各种需求,班车途经大站的时间,要与需要中途换乘、中转的旅客要求一致;同一线路上同方向上的班车在到达中途车站的时间要前后错开;夜行长途班次要尽可能在始发、到达时间上为旅客提供便利;对通勤出行的客流,要集中在上班前发车和下班后发车,对农民早进城、晚归乡的客流适当安排夜宿农村班车;班车时刻表也要适应季节和气候的变化,采用夏季和冬季班次时刻表。

(4)广而告之。在班次时刻表编制好之后,必须予以公布。采用站点挂牌公告、印制宣传材料和其他广告媒体进行公告。客运班次时刻表公布后,应保持相对稳定,不宜频繁改动,但也应根据社会经济、政策、文化等情况的变化,适时地作出调整。在遇到特殊情况,如道路中断等时,应立即向公众公告。

2. 行车路单

行车路单是由车辆运行调度机构根据车辆运行作业计划和班次时刻表签发给驾乘人员的行车命令,是车辆运行过程发生各种作业的原始记录,是检查车辆运行作业计划执行情况的资料依据。未能取得行车路单的车辆,不得出车参加运营。驾驶员在完成路单指定的任务后,必须将行车路单交回值班调度员核实,并转交车队统计员核算登记统计台账。

3. 客运组织方式

随着经济和社会的发展以及人民生活水平的不断提高,旅客对客运数量和质量的需求层次也不断地扩大和提高,使汽车客运的分工越来越细,服务方式越来越多样化,从而形成了各具特色的客运运营组织方式,主要有班车客运、包车客运、旅游客运、定制客运、高速公路客运等。

(1)班车客运。班车客运是指营运客车在城乡道路上按照固定的线路、时间、站点、班次运行的一种客运方式。加班车客运是班车客运的一种补充形式,在客运班车不能满足需要或者无法正常运营时,临时增加或者调配客车按客运班车的线路、站点运行的方式。

班车客运的线路根据经营区域分为以下四种类型:一类客运班线[跨省级行政区域之间(毗邻县之间除外)的客运班线]、二类客运班线[在省级行政区域内,跨设区的市级行政区域之间(毗邻县之间除外)的客运班线]、三类客运班线[在设区的市级行政区域内,跨县级行政区域(毗邻县之间除外)的客运班线]、四类客运班线(县级行政区域内的客运班线或者毗邻县之间的客运班线)。毗邻县之间的客运班线是指线路全程均在毗邻县行政区域内的客运班线,其中毗邻县不适用于设区的市、州、盟人民政府所在城市市区。

(2)包车客运。包车客运是指以运送团体旅客为目的,将客车包租给用户安排使用,提供驾驶劳务,按照约定的起始地、目的地和路线行驶,由包车用户统一支付费用的一种客运方式。包车客运按照其经营区域分为省际包车客运和省内包车客运。

(3)旅游客运。旅游客运是指以运送旅游观光的旅客为目的,在旅游景区内运营或者其线路至少有一端在旅游景区(点)的一种客运方式。与其他几种客运方式相比,旅游客运的特殊之处在于乘客旅行目的和车辆运行的要求。旅游客运按照营运方式分为定线旅游客运和非定线旅游客运。定线旅游客运按照班车客运管理,非定线旅游客运按照包车客运管理。

(4)定制客运。定制客运是依托互联网技术,通过网站、手机 App、微信等在线服务方式,将道路客运中具备有一定资质的企业、车辆、驾驶员等信息进行整合,依托"灵活、快速、小批量"的优势,为乘客提供个性化、集约化出行要求的定制客运服务。定制客运业态可以分为两类:第一类是"专车",主要解决传统客运不便利、不高效、服务质量不高的问题,其主要特点是:车主要用乘用车,定点变成"点到点、门到门",定线变成"随客而行",定时变成"随客时间"或者多个时间供乘客选择。目前市场上的城际用车、城际约租、定制包车、城际约车等基本都属于这种形态。第二类是"专线",主要解决综合运输体系中联程运输不便利、在某些人群密集点无法提供客运服务的问题,其主要特点是:车主要用客车、也有乘用车;定点但一般一端为校园、景区、火车站、机场等人流密集点;定线、定时。目前市场上的机场巴士、校园巴士、景区巴士等基本属于这种形态。

(5)高速公路客运。高速公路客运是指营运线路中高速公路里程在 200km 以上或者高速公路里程占总里程 70% 以上的道路客运。

4.班车行包运输组织

行包运输是伴随旅客出行需要而产生的,是附属于旅客运输的货物运输,由于行包运输关系旅客的切身利益,因此它是客运工作中不可缺少的组成部分。努力提高行包运输作业效率和质量,保证行包完整无损和及时准确地送达目的地,是行包运输组织工作的基本要求。行包运输作业过程包括承运、保管、装车、卸车、保管、交付几个环节。

第四节 货物运输组织

一、道路货物运输生产组织管理的基本要求

道路货物运输是指汽车运输企业利用汽车以及其他陆路运输工具,通过道路、场站有目的地使货物产生空间位移的运输业务。货物运输生产的开放性、生产过程与消费过程同一性、产品的无形性等特点,决定了货物运输生产组织管理的特殊要求,其基本要求表现为以下几个方面:

(1)货物运输生产过程的合理性。运输生产过程形成的货物流向能够在满足总费用最低的前期下充分满足货主对货物位移的要求。因此,企业应对大宗的、主要的货物的流向合理性进行规划,避免产生对流运输、过远运输、迂回运输等不合理的运输现象。

(2)货物运输生产过程的连续性。连续性是指运输生产过程的各阶段、各个组织环节,在时间上紧密衔接而连续不断或很少间断。连续性的实现,可缩短运输生产周期、减少货物在途时间,提高运送速度和运输效率。

(3)货物运输生产过程的协调性。货流分布在时间的特点,决定了货物运输的波动性,它对运力的数量、结构上的需求往往是变化的。因此,汽车运输企业应重视市场调查和市场预测工作,根据货物运输需求的变化,在运输生产能力的配备和运输需求量上保持合理的比例关系,保证运力和运量的协调,在满足不同时期、不同时间货物运输需求的前提下,提高劳动生产率和车辆利用率。

(4)货物运输生产过程的平行性。平行性是指运输生产过程的各阶段、各个组织环节实行平行作业,即在空间布局上尽量保证运输生产的各个环节能在各自的空间内同时平行进

行。如组织甩挂运输、双班运输等,缩短运输生产周期。

(5)货物运输生产过程的经济性。在以高质量、高效率、优质的运输服务为完成运输生产过程的同时,减少商务事故和行车事故,不断降低运输成本,实现较好的社会效益和企业经济效益。

二、汽车货物运输作业

货物运输生产过程包括托运受理、理货、安排装运时间、派车装货起运、到达卸交货物五个环节。所以,货物运输过程是货物从受理托运开始到交付为止的生产活动。按货物运输过程的不同阶段,可将货运作业划分为发送作业、途中作业和到达作业。

1. 货物发送作业

货物在始发站的各项货运作业统称为发送作业,发送作业主要由受理托运、组织装车和核算制票三部分组成。认真做好货物托运与承运作业,对顺利组织货物运输过程,提高车辆运用效率、运输劳务质量,提高经济效益具有重要意义。

(1)货物托运。无论是货物交给运输企业运输,还是运输企业主动承揽货物,都必须由货主办理托运手续。托运手续是从托运人填写"运单"开始。

(2)货物承运。承运,表明运输单位接受了托运人的委托,开始承担了运输责任,承运以签章返还托运人提交运单的"托运回执"联为凭。货物承运并已装车完毕,承运人应填制汽车运输货票。运输货票是向托运人核收运费的收据凭证,也是托运人收到货物的证明。

(3)运输变更。货物托运人向运输企业托运货物并已经承运后,由于各种事前未能预料的原因,需要改变拟运货物的名称、数量、起运地点和运达地点、运输时间、发货人和收货人等,可以向承运方提出运输变更。承运方应尽量满足托运人的要求,给予变更。

(4)货物装卸。货物装车卸车是货物始发或到达所不可缺少的作业。货物装卸,不论是由托运人自理,或者由承运人承办,都应强化质量意识,杜绝或减少货损货差事故的发生。

2. 运输途中作业

货物在运送途中发生的各项货运作业统称为途中作业。途中作业主要包括途中货物交接、货物整理或换装等作业内容。为了方便货主,整车货物还允许途中拼装或分卸作业,考虑到车辆周转的及时性,对整车拼装或分卸应加以严密组织。

为了保证货物运输的安全与完好,便于划清企业内部的运输责任,货物在运输途中如发生装卸、换装、保管等作业,驾驶员之间、驾驶员与站务人员之间,应认真办理交接检查手续。一般情况下交接双方可按货物装载状态进行,必要时可按货物件数和质量交接。如接收方发现有异常情况,由交出方编制记录备案。

3. 货物到达作业

货物在到达站发生的各项货运作业统称为到达作业。到达作业主要包括货运票据的交接、货物卸车、保管和交付等内容。货物交接是到达作业最重要的内容,对包装货物要"件交件收"、点件清楚;散装货物尽可能做到"磅交磅收"、计重准确;施封货物如集装箱凭铅封点交。货物运到交货地点,承运人应请收货人查验签收,如发现有货损、货差情况,双方交接人员应做出详情记录,并签章确认、交货。货物交接时,承、托(或收货人)双方中的任何一方,如对货物质量或内容有异议,均可提出查验与复磅要求。如有不符,应确定责任方,按有关规定处理。

三、汽车货物运输组织

1. 整车货物运输组织

整车货物运输是指托运人一次托运的货物质量在3t(含3t)以上或不足3t,但其性质、体积、形状需要一辆3t及以上汽车运输的货物运输方式。整车货物运输的组织工作,主要有货源组织与计划、车型选择、装货、开单、运输、目的地卸货、交接等过程。整车货物运输是汽车运输企业组织货物运输的一种主要形式,相对于零担运输有以下几个特点:

(1)货源相对单一。一般情况下,如果一个托运人运往同一个收货点的货物在3t以上或体积在15m³以上,都可以采用一个整车进行运输。

(2)运输过程中出现差错的可能性小。由于是整车运输,途中不进行装卸搬运,货物损坏、丢失的概率大为降低。

(3)运输组织工作较简单。在组织过程中,只要在装货点和卸货点交接清楚即可,有时候甚至由驾驶员一个人就可完成全过程。因此,运输公司比较喜欢整车运输业务。

(4)运费相对零担运输来说较低。整车运输中,单位货物的运输成本要比零担运输低。

整车货物运输的形式主要取决于车辆的大小,也就是车辆的装载能力。目前,运输市场上主要有3t车、5t车、8t车、10t车、10t以上车这几种,货主可以根据自己货物的多少来选择合适的车辆。但这几种吨位的车辆都是相对的,并没有非常严格的界限。

2. 零担货物运输组织

零担货物运输是指托运人一次托运的货物不足3t,采用一车多主,集零为整,使用零担专用车的货物运输组织方式。零担货物运输的主要特点是一票托运量小,托运批次多,托运时间和到站分散,一辆货车所装货物往往由多个托运人的货物汇集而成并由几个收货人接收。零担货物运输要求实行规模经营,营运区域要达到一定范围,需要较多的站点,较大的运输网络和完善的服务体系,能在体系中完满实现货运服务的全过程。随着我国社会主义市场经济的建立与完善,商品流通量与流通范围扩大,小批量货物托运不断增多,零担货物运输逐渐成为汽车运输企业经营的重要业务。

(1)汽车零担货物运输作业程序。零担运输的作业程序如图9-6所示。

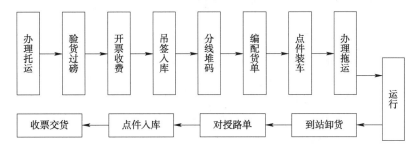

图9-6 零担运输作业程序

(2)汽车零担货物运输的组织形式。

①零担货运班车。这是类似客运班车的一种运输组织形式。它的特征是定期开行于既定的路线上,有固定的停靠站、点可以装卸货物。零担货运班车有普通零担货运班车和快件

零担货运班车。

普通零担货运班车:是在起点站和沿途经过的停靠站、点都装运货物的定期、定时零担货运班车。由于停靠站、点多,运行时间较长,车辆出车时间利用系数较低,但为沿线的货物托运人提供了方便的运输条件。

快件零担货运班车:亦称直达零担货运班车。一般是一车装运一个到站的货物,沿途站点不办理货物托运与装卸,因而出车时间利用系数高,运送速度快。

②不定期零担货运车。根据货流量的需要,随时组织车辆运行的一种组织形式。通常作为零担货运班车的补充,有时亦称加班车。在尚未开行零担货运班车的运输线路上,当受理托运的零担货物达到一定数量时,可组织不定期的一次性零担货物运输。

(3)零担货物运输中转业务。有些零担货物托运后,要经过两条或两条以上的营运路线才能运达目的地交付收货人。这就有可能使货物在运输过程中分别由两个或几个运输工具以接力方式完成,即需要"中转"。零担货物的中转作业有三种方式。

全部落地中转(落地法):将整车零担货物全部卸下交中转站入库,由中转站按货物的不同到站重新集结,另行安排零担货车分别装运,继续运到目的地。如:由甲地开往乙地的零担货车驶到乙地后,将所装运货物全部卸下,由乙地再分别装车运到A、B、C三地。当然,由乙地开往A、B、C三地的零担货车所装运的货物,不仅是甲地开来零担货车所卸下的货物,而是与乙地已有的需运往A、B、C三地的货物共同配载后开行。这种方法简便易行,但作业速度慢、占用面积多。

部分落地中转(坐车法):由始发站开出的零担货车,装运有部分要在途中某地卸下,转至另一路线的货物,其余货物则由原车继续运送到目的地。例如由甲地开出的零担货车,在丙地卸下部分货物中转至D地,其余货物由原车运送乙地。这种方法减少了装卸作业量,加快了中转作业速度,节约了装卸劳动力和货位,但不易核对车上所留货物,在初始装卸考虑不周的情况下,也可能发生倒装等附加作业。

直接换装中转(过车法):当几辆零担车同时到站进行中转作业时,将车内部分中转零担货物由一辆车向另一辆车上直接换装,而不到仓库货位上卸货。组织过车时,可以向空车上过,也可以向留有核心货物的重车上过。这种方法在完成卸车作业时即完成了装车作业,减少了零担货物装卸作业量,提高了作业效率,加快了中转速度,但对发车时间等条件要求较高,易受意外因素干扰。

零担货物中转还涉及中转环节的理货、堆码、保管等作业,零担货物中转站必须具备相应的仓库等作业条件,确保货物安全及准时、准确到达目的地。为了便于管理,应根据运量大小、设备性能及作业条件等情况,确定零担中转仓库可划分为发送区,中转区和到达区。

零担货物中转业务一般是由初始承运人按"全程负责、一票到底"的办法负责办理,托运人不需要亲临中转站办理二次托运,减少了托运人的麻烦。但是零担货物中转,一是增加了货物装卸次数和装卸作业时间,二是增加了托运人中转费用开支,三是增加了发生货损货差的可能性。因此,一次托运的零担货物应尽可能减少中转次数,最好是组织直达运输。

3. 集装箱货物运输组织

集装箱运输是指用集装箱这种运输设备装载货物,在整个运输过程中以集装箱为运载单元所形成的一种运输组织方式。这种运输方式以集装箱为中心,规模不断扩大。从系统的角度来看,它已经超出了单纯运输组织方式的范畴,成为从货主门口(仓库)到收货人门口(仓库),由各种运输方式、各个参与主体相互衔接,多个要素共同构成的完整货物运输系统。

集装箱运输是一种现代化的先进运输方式。由于集装箱运输使货物流通过程中各个环节发生重大改变,故被称为20世纪的"运输革命"。集装箱运输可促使运输生产走向机械化、自动化。现代集装箱运输具有以下特点:①高效益的运输组织方式;②高效率的运输组织方式;③高投资的运输组织方式;④高协作的运输组织方式;⑤适于组织多式联运。

(1)集装箱运输作业。根据发收货人托收货物的数量、性质、状态以及使用集装箱的型号不同,集装箱货物运输可以分为整箱货和拼箱货运输两大类。

整箱货运输:整箱货的接取送达作业以"箱"为单位,其装箱与拆箱作业由货主负责自理。整箱货物质量由发货人确认,货物装载质量应以不超过所使用集装箱规定的最大允许装载质量为限。货物在箱内装载时,必须稳固、均衡,且不妨碍箱门开关,箱内货物装妥之后,发货人应自行施封,并在箱门把手上拴挂货物标记。集装箱运输过程中,凭铅封进行交接,铅封完整,箱体完好,拆封时发现货物残损、短少或内货不符,应由发货人负责。铅封上注明发货人、发货点,以及施封日期等。所拴挂的货物标记,应注明起讫地点,发收货人等有关内容。发货人使用集装箱装货时,必须编制货物清单,并在每只箱子内附上装箱货物清单。

拼箱货运输:拼箱货的接取作业仍以普通货物形态完成,其作业方式与整车或零担运输作业相仿。拼箱货的装箱拆箱作业应在集装箱货运站内完成。

(2)集装箱换装作业。将集装箱从一种运输工具上卸下,转装到另一种运输工具上,称为集装箱换装作业。在同类运输工具之间,如汽车与汽车、轮船与轮船之间,也会发生换装作业。换装作业有直接换装与间接换装两种方式。

直接换装:将一种运输工具上装运的集装箱,利用装卸机械吊装到另一种运输工具上,如将轮船上的集装箱吊装到汽车或火车上,或将汽车或火车上的集装箱吊装到轮船上,或在汽车与火车之间直接吊装。

间接换装:将集装箱自某种运输工具上卸下后,放置在堆场上,然后再装到另一种运输工具上。各种运输工具装卸的集装箱数量不同。如一艘轮船与一辆汽车各自装载的集装箱数量就有很大差异,直接换装很难组织,场地与时间都不允许,只好组织间接换装。间接换装作业在同种运输工具之间,如汽车与汽车之间也可能发生。例如用汽车接运轮船上的集装箱,为了及时运出港口,有时需要将集装箱先运至中转基地卸下,再另行装车运往目的地。

集装箱换装作业有垂直式换装和水平式换装两种组织方式。

垂直式换装:亦称吊下吊上式换装,利用集装箱吊车或跨运吊车、叉车、码头上的集装箱桥等,将集装箱从轮船上吊下转装在汽车或火车上(或者相反)。

水平式换装:亦称开上开下式换装,利用牵引车在水平方向上移动置于底盘车上的集装箱来进行换装作业。水平式换装作业常用于"载车运输"。这种作业是将集装箱与装有集装箱的专用车辆(如汽车的挂车)组成一个运送单元,由牵引车将其拖上(拖下)另一种运输工具(如平板火车和滚装船)上。这种方式不需要配置特种装卸机械,装卸作业简便迅速,能够缩短车船停歇时间,但应用范围有限。

(3)集装箱积载作业。集装箱的载重能力和容积能否得到充分的利用,与货物本身的包装规格有很大关系。小包装的货物容易降低亏箱率,同类货物用纸箱包装比用木箱包装亏箱率要低一些。但是,亏箱率的高低还与采用的积载方法有关,适当的积载方法能使集装箱内部的高度、长度、宽度都得到充分的利用。

集装箱积载时,必须将重货置于底部,轻货置于上部,避免重货压坏轻货,并使货物重心下移;拼装在一个集装箱内的货物,其化学属性、物理属性不能互相抵触,保证安全运输。

4. 特种货物运输组织

特种货物一般分为四大类,即危险货物、大件(大长笨重)货物、鲜活货物和贵重货物。组织特种货物运输除了普通货物运输组织的基本要求以外,还有特殊的标准与作业要求。

(1)危险货物运输组织。危险货物的托运人应向具有从事危险货物经营许可证的运输企业办理托运业务,对那些具有危险性质或消防方法相抵触的货物必须分别托运。

危险货物的包装对安全运输有直接影响,如果包装不良或包装方法不当,是很容易发生事故的。危险货物的包装应与货物的性质、汽车运输特点等相适应,同时,还应尽可能降低包装费用。危险货物包装的具体要求如下:①危险货物一般应单独包装;②包装的种类、材质、封口等应适应所装货物的性质;③包装规格、形式及单位包装质量应便于装卸、搬运和保证运输过程中的安全;④包装必须有规定的标志。

危险货物应在指定地点进行装卸作业,运输、装卸及货主单位必须密切配合。装运危险货物要选择技术性能良好的车辆,选派技能熟练的驾驶员、装卸工人;装车前要对车辆进行认真检查,严格执行有关安全防护措施,准备好相应的防护用品和装卸工具,并指定专人押运;装载危险品的车内严禁搭乘其他人员。

运输危险货物时,必须严格遵守交通、消防、治安等法规;车辆运行应控制车速,保持和前车的距离,严禁违章超车,确保行车安全;装载危险货物车辆不得在居民聚居点、行人稠密区段、政府机关、名胜古迹、风景游览区停车;特殊情况应事先报当地县、市公安部门批准,按照指定的路线、时间行驶。

危险货物运达卸货地点后,因故不能及时卸货,在待卸期间行车和随车人员应负责看管车辆和所装危险货物,同时,承运人应及时与托运人联系妥善处理。

(2)大件货物运输组织。运输长大笨重货物时,通常都要采用相应的技术措施和组织措施。一般必须满足下列基本技术条件:①使用适宜的装卸机械,装车时应使货物的全部支承面均匀地、平衡地放置在车辆底板上,以免损坏车辆;②选用相应的大型平板车等专用车辆,严格按有关规定装载;③支重面不大的笨重货物,必须将货物安置在纵横垫木上,或相当于垫木作用的设备上;④货物的重心应尽量置于车底板纵横中心交叉点的垂直线上,严格控制横向移位和纵向移位;⑤重车重心高度应在规定限制内,若重心偏高,除应认真进行加载加固以外,还应采取配重措施,以降低其重心高度。

托运长大货物时,除按一般货物办托运手续外,发货人还应向承运人提交货物说明书,必要时再附有货物外形尺寸的三面视图和计划装载、加固等具体意见及要求。车站受理托运时,应按发货人提出的有关资料对货物进行审核;指派专人观察现场道路和交通情况,研究装载和运送方案。在特殊情况下,发货人托运长大货物前,还须报请有关部门同意,在办理准运手续后方可起运,按指定线路和时间中速或低速行驶。笨重和超限货物的承运手续基本相同,在装运超限货物时,除应仔细加固捆扎外,还应在其最长、最宽、最高部位设置安全标志,以引起来往车辆注意。

(3)鲜活货物运输组织。承运鲜活货物时,承运方应对托运货物的质量、状态进行认真检查,对已有腐烂变质征兆的货物,托运前应作适当处理;对于不符合规定质量的鲜活货物不予承运。托运方应提出最长运到期限,并在托运单上注明;承运方要根据货物的种类、运送季节、运送距离、运送方向以及托运方的要求(承运方不能满足其要求时不应承运),选择适用的车辆、确定货物装载方法和沿途提供的服务等运输组织方法。

5. 汽车快速运输组织

汽车快速运输是以高时效的货物为服务对象,以高等级公路为基础,依托多层次、网络化的运输站(场)体系集散货源,使用技术先进、结构合理的车辆载运货物,利用高效的通信技术作为管理手段,通过科学有效的运输组织,实现货物安全、准时、快速、"门到门"的货物运输组织方式。快速运输是运输企业为社会提供的运输的产品之一,它首先符合货物运输的品质要求,即安全、方便、经济、及时,又能体现公路运输特征的品质参数,即快速。

汽车快速运输是由快运货物、道路设施、站场设施、货物装卸分拣设备、组织及运输设备、通信信息和运输组织等要素构成的。其中,后五项内容是汽车运输企业必须具备的基本要素,企业通过高速公路、高等级公路网络和运输场站系统为社会快速运输服务。

从服务形式来看,汽车快速运输的组织形式可以分为零担货物快速运输(即零担快运)和整车货物快速运输(即整车快运)。

(1)零担快运。零担快运是以零担运输为基础的快速运输方式,其产生于两种情况:一是被运送的货物批量较小,时效性强,时间要求紧,组织整车直达运输不经济;二是由于道路通行条件(包括交通管制)等原因,为了达到快捷、经济运送的目的,而选用零担快运的组织方式。

(2)整车快运。整车快运是以整车运输为基础的快速运输方式。由于其在基本生产流程中简化了运输站(场)的装卸分拣作业过程,货物由发货人启运可以直接快运到收货人手中。

汽车快速运输的组织过程及各环节的作业内容如图9-7所示。

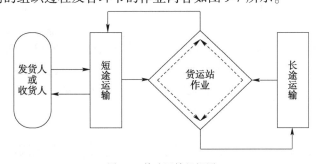

图9-7 快速运输组织图

图9-7中,实线是车辆的流动(如果采用其他运输方式,则是其他运输方式的线路),虚线是货物在货运站中的流动。

短途运输是指货运站至发货人或收货人之间的运输,根据货主的要求可采用"上门取货"或"送货到家"运输组织方式或开展配送等业务。

货运站作业是指货运站内部的各项组织业务,包括货物装卸、分拣、配装、包装、临时保管等作业；还包括车辆的组织调动，其他运输方式的组织衔接、送（取）货员、驾驶员、装卸人员的组织调度等。

长途运输是指货运站至货运站之间的运输，根据运输距离和货主对运送时间的要求可采用铁路运输、航空运输、水路运输、汽车运输等。

零担快速运输业务也可以根据以上组织过程设计不同业务项目，主要有门到门业务、站到站业务、门到站业务、站到门业务等，也可以以时间为标准设计当天送达业务、第二天送达业务、第三天送达业务等。

整车快速运输业务可不经过货运站，直接由调度人员组织发货人到收货人的快速运输。

案例分析　定制客运之"赣州快车"

自2013年以来，全国客运市场出现分化趋势，2017年铁路、民航客运量同比分别增长9.6%和13%，客运周转量分别增长7%和13.5%。道路客运量则下降5.6%，旅客周转量下降4.5%，实载率也呈现同步下降趋势。与之形成鲜明对比的是，随着生活水平的日益提高、社会生产生活交往的日益频繁以及信息科技的日新月异，我国公众出行半径和旅游半径不断增大，出行总量仍在稳步增长。面对居民出行总量持续增长与道路客运量持续下滑的态势，道路客运行业探寻背后的原因，着力解决道路客运服务发展不平衡不充分的问题，转型升级、创新发展。

从社会经济发展环境看，随着社会经济的快速发展，人民生活水平有了显著提升，人民群众已经不仅仅满足于"走得了"，而转向"走得好""走得舒适"。传统道路客运服务方式无法实现"门到门""随客而行"，不能充分发挥道路客运机动性强、灵活度高、覆盖面广的比较优势，不能满足人民群众"走得好""走得舒适"的多元化、个性化出行需求。在移动互联网等信息技术的作用下，灵活、快速、小批量的道路客运定制服务应运而生。

以赣州地区为例，江西新世纪汽运集团与巴士管家通过强强联手，打造了赣州、信丰、兴国、于都四个市县之间的"赣州快车"。根据乘客出行需求，提供"点到点、门到门"的定制快车服务和定制包车服务。下面以赣州往返兴国定制快车为例介绍定制客运运行组织情况。

1. 车型

定制快车采用7座、9座豪华商务车和14座豪华巴士运行，既舒适又快捷。普通班车站外是不能随便上客的，也就是说，班车从乘客家门前驶过，车上未装满客，路边招手驾驶员也不能停车，还得到车站去坐车。定制快车无须到站买票上车，通过巴士管家App网上购票，乘客就可选择离家或单位最近的沿途站点上下车。

2. 上下客点

赣州上下客点为：赣州南站—国际汽车城（范围接送，延伸至新附属医院）—赣三中南区（范围接送，延伸至中海国际社区、区市民中心）—起点壹中心（范围接送，延伸至万象城）—市政府、九方（范围接送）—南门口—市人民医院—汽车总站—火车站（范围接送）—嘉福国际—赣县区贡江大道。

兴国上下客点为：兴国城区内上门接送。

3. 服务时间

赣州至兴国定制班车服务时间为6:30—20:30，兴国至赣州服务时间为6:30—19:30，两地每天发班均为 16 趟,全程高速公路行驶。

4. 购票方式

定制快车采用线上购票的方式,旅客关注"赣州快车"或"新世纪赣州客运站"微信公众号选择"定制出行"即可购票。

5. 乘客体验

乘客表示:"自从有了'赣州快车',出门不需要去车站,只需要在家附近等着就行,快车会准时来接,非常方便。他们用的车也很舒服,9 座的人不多车却不小,座位也软,脚放得很舒服,感觉就像每次出门坐的私家车,我要强烈点赞!"

无疑,定制客运是传统班线客运的必要补充,是深化客运供给侧结构、促进传统客运转型升级的有效措施,是提升客运服务水平、服务质量,回应群众美好出行期待的重要手段。

第十章　汽车运输企业质量管理

运输质量管理是汽车运输企业管理的重要内容,加强运输质量管理是企业生存和发展的需要,同时也是提高运输经济效益和社会效益、保证人民生命和财产安全的主要手段。要做好运输质量管理,必须首先了解运输质量的特殊性,掌握运输质量管理的基本原理和方法。

第一节　运输质量管理概述

质量是企业的生命,质量管理又是提高质量水平的重要手段。汽车运输企业要想在激烈的市场竞争中求得发展,就必须加强运输质量管理,不断提高运输质量水平,满足社会对运输质量日益增长的需求。

一、运输质量的概念

产品质量是指产品的使用价值,即产品适合一定用途、满足社会一定需要所具备的特征。不同的产品,由于适用性的要求不同,因而其质量特性也不尽相同。运输产品是一种特殊的产品,实现的是人或物的空间位移,其实质是运输企业为旅客和货主提供的一种运输劳务。因此,运输质量是指"位移"过程的使用价值,即满足社会一定需要的特性。而运输生产过程涉及许多方面的工作,受多种因素的影响,因而运输质量包含了与整个运输生产过程有关的三个方面:运输产品质量、运输工作质量和运输服务质量。

(1)运输产品质量,是指满足旅客和货主对"位移"特定需要的特性,表现在运输生产过程是否安全、有效和满足需要。即运输过程没有出现安全问题,运输过程顺利实现,运输过程在时间、地点、价格、服务等方面达到了要求。

(2)运输服务质量,是指在提供运输产品过程中,运输生产者满足旅客和货主精神需求方面的特性,表现在周到、满意、舒适、愉快等方面的程度。

(3)运输工作质量,是指为保证和提高运输产品质量、运输服务质量,在经营管理和生产技术工作方面所应达到的水平或保证程度。即运输生产过程中的工具、设备、操作规程、规范等是否达到了标准。

运输产品质量、运输服务质量和运输工作质量相互联系、相互影响。运输产品质量反映了旅客和货主物质方面的要求,而服务质量则反映了旅客和货主精神方面的要求。运输工作质量是从运输产品质量和运输服务质量的保证方面提出的质量概念,是运输产品质量和运输服务质量的保证和基础,没有运输工作质量的提高,运输产品质量和运输服务质量就不可能得到保证。对运输质量概念的理解如图10-1所示。

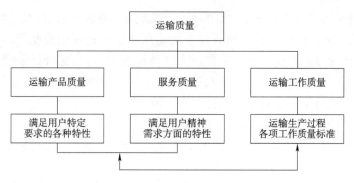

图 10-1　运输质量概念关系图

二、运输质量管理的概念

在国际标准和我国国家标准中将质量管理定义为:"确定质量方针、目标和职责,并在质量体系中通过诸如质量策划、质量控制、质量保证和质量改进使其实施的全部管理职能的所有活动"。

由上述定义可知,运输质量管理是运输企业为了保证和提高运输质量,用最经济和最有效的手段而进行的运输质量策划、组织、实施、检查、监督审核等一系列管理活动的总和。运输质量管理是运输企业管理的重要组成部分。

加强质量管理,确保运输质量的提高,不仅有着重大的社会经济意义,而且更关系汽车运输企业的生存和发展。汽车运输业在国民经济中的桥梁和纽带地位,决定了运输质量的好坏将产生广泛的社会经济影响。旅客运输质量,不仅关系到广大旅客的生活,而且关系旅客的学习和工作;货物运输质量直接涉及物质产品的生产和流通,以及广大人民群众的生活消费。因此,不断提高运输质量,保证客货运输的安全、及时、经济,为旅客或货主提供优质的运输服务,是道路运输企业一项根本性任务,有着极其重要的社会经济意义和企业发展意义。

三、质量管理的发展

质量管理发展成为一门科学。从19世纪末到今天,质量管理的发展经历了漫长的发展过程,大体上分为三个阶段。在不同阶段,质量及质量管理的概念都在不断地拓展。

1. 传统质量管理阶段

这一阶段是从19世纪末到20世纪40年代,是质量管理的初级阶段,称为传统质量管理阶段,也称为质量检验阶段。其基本特征是:一是将质量检验工作作为一种专门工序,从直接生产工序中划分出来,成立质量检验机构,对产品进行检验,挑出废品;二是检验方法以对产品实行全数检验及筛选为主。质量检验的目的,在于通过对最终产品的测试,与质量标准对比,选出次品和废品,保证出厂产品的质量。质量检验是泰勒"科学管理"的一项重要内容。这种质量管理,属于一种事后管理的方法,无法把质量问题消灭在产品的设计和生产过程中,缺乏预防和控制作用。

2. 统计质量管理阶段

这一阶段从20世纪40年代到20世纪60年代,称为统计质量管理阶段。这一阶段,数理统计理论被引入到质量管理之中,指出质量管理除应具有检查监督的职能外,还应该具有预防产生废品的职能。即将统计质量管理方法运用于生产过程中控制产品质量,从而保证了产品质量,防止废品的产生。这一阶段的主要特征有三点:一是开始采用抽样检查方法,降低了检验费用;二是强调工序质量的动态控制,预防不合格品的产生;三是及时分析影响产品质量的原因,使质量管理由事后检验变为以预防为主。

统计质量管理阶段虽然对产品质量进行控制,具有预防产生废品的职能,但仅局限于制造、检验部门,而忽视了人的因素和管理工作对质量的影响,存在一定的局限性。

3. 全面质量管理阶段

自20世纪60年代以来,随着世界经济形势的变化、科学技术的进步和市场竞争的加剧,产品更新换代日益频繁,对一些产品的安全性、可靠性的要求越来越高,企业内外部联系增加,出现了系统的思想,要求把质量问题作为一个统一的有机整体。产品质量是否合格,是否适应市场需要,是否优质价廉等,已不只是检验部门的事了,而是涉及市场调查、计划采购、生产、运输、销售、服务等企业各个部门和生产经营各个环节的工作。质量管理问题开始用系统的观念加以综合分析研究。美国朱兰、费根堡姆等学者认为:质量单纯靠数理统计方法控制生产是不够的,还需要一系列的组织管理工作;产品质量有个形成发展过程,包括市场调查、研制、设计、制定标准、生产计划、制造实施、辅助生产、产品销售和为用户服务等全过程,一环扣一环,互相制约、互相促进,形成一个产品质量螺旋上升的过程。因此,在此基础上,将系统工程、行为科学应用于质量管理之中,提出了对产品质量实施全面、全员、全过程、全范方位的管理,发展成为全面质量管理。

第二节 运输质量特性及衡量指标

运输生产不同于工农业,它的产品即运输劳务是一种特殊产品,其使用价值就是实现旅客或货物的空间位置移动。运输产品特点如马克思所指出:运输所出售的东西,就是场所的变动,即人和物的"位移"。由于运输生产和产品的特殊性,运输产品的质量与一般工农业产品质量相比较,有特殊的质量要求,反映了运输产品的质量特性,主要表现在运输的安全性、及时性、经济性、方便性、服务性等方面。

一、安全性及衡量指标

运输安全性是指在运输过程中,使运输对象达到完好无损,平安实现位移的满足程度,包括装卸、储存保管工作的安全和行车安全两个方面。影响安全性的主要因素有:道路条件和交通管理状况,车辆技术性能和维护、修理质量,驾驶员的操作技术水平和责任心以及装卸工作质量等。安全性的基本要求是在运输过程中以完善可靠的车辆设备和高度负责的驾驶、装卸工作,确保货物的安全,避免任何伤亡事故和货损货差事故。道路客货运输的安全性,可用以下指标综合评价。

1)特大行车责任事故次数

凡一次造成死亡3人及以上,或重伤11人及以上,或死亡1人同时重伤8人及以上,或死亡2人同时重伤5人及以上,或直接经济损失折款6万元及以上的重大事故,为特大行车事故。事故责任≥50%即为特大行车责任事故,以案次为计算单位。

2)行车责任事故频率

行车责任事故频率是指营运车辆在单位行程内发生行车事故的次数。车辆行程单位一般用"百万车·km"表示,计算公式如下:

$$行车事故频率(次/百万车·km) = \frac{报告期营运车行车事故总次数}{同期营运车总行程 \div 百万公里车} \tag{10-1}$$

按照造成的损失大小,行车事故分为轻微事故、一般事故、重大事故和特大事故四类,每类事故又按责任大小分为责任事故和非责任事故两种。行车责任的划分以交通监理部门裁定为准。上述计算公式中的事故次数,只包括"一般"及以上的责任事故次数。

3)安全行车间隔里程

安全行车间隔里程是指报告期内两次行车事故之间的行驶里程,计算单位为km。它是反映营运车行车安全的指标,计算方法如下:

$$安全行车间隔里程(km/次) = \frac{报告期营运总里程}{同期行车事故次数} \tag{10-2}$$

计算公式中的事故次数是指"一般"及以上的责任事故。如果报告期未发生一般以上的责任事故,可不计算此项指标(因分母为零)。若对单车考核,则可跨期计算。

4)货损率

货损率是指货物运输中因运输企业责任而损坏(包括货物受潮变质、破损、污染、灭失等)的货物件(吨)数占承运货物总件(吨)数的百分比。货损率的计算方法如下:

$$货损率 = \frac{报告期货物损坏件(吨)数}{同期承运货物总件(吨)数} \times 100\% \tag{10-3}$$

5)货差率

货差率是指货运中的装错、运错、卸错、交错等差错率。货差率可按运次计算,也可按货物的吨数或件数计算,即货差率为货差发生的运次占同期总运次的百分比。或者,货差率指出现差错的货物吨(件)数的百分比。货差率的计算公式如下:

$$货差率 = \frac{报告期货差运次数}{同期总运次数} \times 100\% \tag{10-4}$$

$$货差率 = \frac{报告期货差吨(件)数}{同期承运货物总吨(件)数} \times 100\% \tag{10-5}$$

6)货运事故赔偿率

货运事故赔偿率是指报告期货运事故发生后,货运者向货主依法赔偿的金额与同期货运总收入的比例。赔偿金额用"元"计量,货运收入用"万元"计量,计算方法如下:

$$货运事故赔偿率 = \frac{货运事故赔偿金额(元)}{同期货运总收入(万元)} \times 100\% \tag{10-6}$$

7)行车事故死亡频率

行车事故死亡频率是指在一定的时间内,因发生事故而致死的人数占行车里程的比例。车辆行程一般用"千万车·km"计量,计算公式如下:

$$行车事故死亡频率(人/千万车·km) = \frac{报告期内责任事故死亡人数(人)}{同期营运车总行程(千万车·km)} \tag{10-7}$$

8)旅客运输安全率

旅客运输安全率是指报告期内安全运送的旅客人次与同期客运总人次的百分比,其计算公式如下:

$$旅客运输安全率 = \frac{报告期安全运送人次}{同期客运总人次} \times 100\% \tag{10-8}$$

9)行包差错率

行包差错率是指旅客运输中行包托运出现差错的件数占同期行包托运总件数的千分比,其计算公式如下:

$$行包差错率 = \frac{报告期行包差错件数}{同期行包托运件数} \times 1000‰ \tag{10-9}$$

10)行包赔偿率

行包赔偿率是指在旅客行包运输中因丢失、损坏等事故,营运企业向行包托运者赔偿的金额与同期托运行包收入的千分比,其计算公式如下:

$$行包赔偿率 = \frac{报告期行包赔偿金额}{同期行包托运收入} \times 1000‰ \tag{10-10}$$

11)货物装卸合格率

货物装卸合格率是指在货物运输的装卸工作中,符合装卸要求的车次占总装卸车次的百分比,其计算公式如下:

$$卸货合格率 = \frac{报告期装卸合格车次数}{装卸总车次数} \times 100\% \tag{10-11}$$

也可用一次装卸过程中合格的装卸货物件数占货物总件数的百分比来表示,即:

$$卸货合格率 = \frac{装卸货合格的货物件数}{装卸货物总件数} \times 100\% \tag{10-12}$$

装卸工作是货物运输的重要环节,也是最容易出现货运事故的环节,只有确保较高的装卸合格率,才能确保货物不在起讫点发生不安全问题。对装卸合格率的评价,可采用抽样调查方法进行统计评价。

二、及时性及衡量指标

运输及时性即迅速、准确并适时地满足旅客或货主提出的运送要求的程度,包括两个方面的内容:一是货物从托运到交付给收货人或者乘客从乘车到下车,时间要求尽可能地短,特别是在鲜活易腐品的运输中更需要速度快、时间短,使货物能尽快实现其使用价值;二是提供运输劳务的时间,要符合旅客或货主的要求,做到随叫随到,特别是在紧急、救灾货物的运输中,要求"召之即来",适时地满足运输需要。道路客货运输及时性可用下列指标进行衡量。

1)客车正班率

能够按照线路计划当班的班次是正班班次;客车因待修、待料、待驾、待乘或驾乘人员不服从调度安排而造成停车的班次,为缺班班次。因季节变化,或因旅客流量减少进行针对性调整并经行业主管部门批准后而减少班次数不列入缺班班次,但应从批准之日起在计划班次内减除;加班车、包车、因自然灾害被迫停车,不列入考核。客运正班率是正班班次与计划

班次的百分比,其计算公式如下:

$$客运正班率 = \frac{报告期计划班次 - 缺班班次}{报告期计划班次} \times 100\% \qquad (10\text{-}13)$$

2) 定点停靠率

定点停靠率是一项反映正班客车按照线路规定的车站(包括代办点)停靠,使旅客得以上下、休息、食宿和客车修整的质量指标。审批线路时规定的班车停靠站数,为计划停靠站数,运行途经车站在路单上签章的为实停站数;凡不按规定线路运行或路单上未签章的应停靠站数为未停站数。而不按规定线路运行擅自停车属于违章,在计算时列入未停站数内。定点停靠率是实际停靠站与计划停靠站的百分比,其计算公式如下:

$$定点停靠率 = \frac{报告期计划停靠站数 - 报告期未停靠站数}{计划期停靠站数} \times 100\% \qquad (10\text{-}14)$$

3) 发车正点率

发车正点率是一项反映正班客车按照班次时刻表要求而正点发车的指标。行业管理部门规定:开车时间及延后 2min 以内发出的班车为正点班次,超过 2min 发出的班车为误点班次。发车正点率是实际正点开出客运班车次数与应开出班车次数之比,其计算公式如下:

$$发车正点率 = \frac{报告期班次数 - 报告期误点班次数}{报告期班次数} \times 100\% \qquad (10\text{-}15)$$

4) 旅客正运率

旅客正运率是指报告期正运人次占发送总人次的百分比,其计算公式如下:

$$旅客正运率 = \frac{报告期正运人次}{同期发送总人次} \times 100\% \qquad (10\text{-}16)$$

其中,在公路旅客运输中,因运输企业责任造成的旅客误乘、漏乘等人次称事故人次,其余为正运人次。

5) 货运及时率

货运及时率是指按货运合同规定期限,实际运达的货物吨(件)数占应运达的货物吨(件)数的百分比,其计算公式如下:

$$货运及时率 = \frac{按规定时间运达的货物吨(件)数}{规定期限内应运达的货物吨(件)数} \times 100\% \qquad (10\text{-}17)$$

6) 货运合同履约率

货运合同履约率是指报告期履约合同票次数占全部合同票次数的百分比,其计算公式如下:

$$货运合同履约率 = \frac{报告期履约合同票次数}{同期执行合同总票次数} \times 100\% \qquad (10\text{-}18)$$

每份运输合同不论其运量多少、所需运次多少,均为一个票次。执行某份运输合同时,开始若干运次都按合同规定期限完成,只有后面几个运次,或最后一个运次未按合同要求完成,仍算违约。考核这项指标,就要求货运部门和调度人员善始善终,加强运输合同管理。

7) 货运超期率

货运超期率是指货物超期吨天数或件天数与同期货物总吨天数或件天数的比例,其计算公式如下:

$$货运超期率 = \frac{货运超期吨(件)天数}{同期货物总吨(件)天数} \qquad (10\text{-}19)$$

式中分子项按超期货物吨(件)数乘超期天数计算,即一吨(件)货物超期一天即为一个超期吨(件)天。按此公式计算的超期率,实质是表示每吨(件)货物平均超期大数。

衡量及时性的上述各项指标,从不同侧面反映了生产过程各阶段、各环节的工作质量,例如车辆运行工作、车辆维修工作、客运站务工作、燃(润)料供应工作、劳动组织、运力配置,以及计划、调度工作等。只有系统地加强生产过程各环节的管理,全面改善工作质量,才能有效地保证运输的及时性。

三、经济性及衡量指标

运输经济性是指运输企业以尽可能少的运输劳动消耗实现客货空间位移的满足程度。用户要求运输企业提供的运输服务,不但要安全、及时、完整,而且在费用方面也要合理并合算。后者就是运输质量的经济特性。它要求运输企业必须研究最大限度地节约生产耗费降低运输成本的途径,以最经济实惠的运输质量满足用户的运输需求。

衡量道路客货运输经济性的指标主要有客货运输价格水平、运杂费收取水平等。

四、方便性及衡量指标

运输方便性是指运输经营者以便利的条件满足货主提出的运输要求的程度,主要包括托运、取货交付手续的简便;运输的通达性和直达性;代办包装、储存、中转等作业的服务性;以及时间上满足要求的便利条件等,其衡量指标为营运线路辐射密度和营运站点分布密度。

(1) 营运线路辐射密度,其计算公式如下:

$$营运线路辐射密度(km/km^2) = \frac{营运线路总长度}{营运区域总面积} \qquad (10\text{-}20)$$

(2) 营运站点分布密度,其计算公式如下:

$$营运站点分布密度(个/km^2) = \frac{营运站点数}{营运区域总面积} \qquad (10\text{-}21)$$

五、服务性及衡量指标

服务性是指旅客或货主对所提供的运输服务的满意程度的特性。它要求一切从旅客或货主的需求出发,尽最大可能为旅客或货主提供便利条件,进行热情周到的服务。如提供良好的服务设施,运输设备和齐全的服务项目,从办理托运手续和旅客乘车手续,到运输时间、运输地点直至货物交付后和旅客下车到达目的地,提供种种便利条件,进行全过程服务,并帮助解决运输过程中的困难。同时,要讲职业道德和精神文明,有热情周到的服务态度,文明礼貌,满足旅客或货主在运输过程中的精神需求,使旅客旅行舒适愉快等。服务性可用下列指标进行衡量:

1) 旅客(货主)满意率

这是从服务效果方面考察道路运输企业的客观服务条件和主观服务态度使旅客或货主感到满意的程度,计算公式如下:

$$旅客(货主)满意率 = \frac{报告期旅客(货主)满意人次数}{总人次数} \times 100\% \qquad (10\text{-}22)$$

式中的满意或不满意项(条)数,可按企业的设施设备、车站及车况、服务项目及服务时间、客货运手续、运输线路与站点设置、其他便利条件以及服务态度中的文明用语、文明待客、文明装卸、文明经营、文明秩序等方面,通过用户访问或抽样调查统计,或根据用户意见统计。调查表可设"很满意""基本满意""很不满意""不满意""无所谓(感到难肯定)满意或不满意"等项,其中前两者统计为"满意"。

2) 旅客(货主)意见处理率

这是从工作质量方面考核的指标,计算公式如下:

$$旅客(货主)意见处理率 = \frac{报告期已处理意见数}{旅客(货主)提出意见总数} \times 100\% \qquad (10\text{-}23)$$

对于旅客或货主提出的批评意见,要认真处理,讲究实效,采取有力措施加以解决。同样的意见,由旅客或货主多人多次提出,只算一个意见。旅客或货主提出的意见,虽已做了处理,但没有效果,不能计入"已处理意见数"。有的意见虽经多次处理仍反复出现,只说明工作量很多而工作质量很差。

3) 售票差错率

这是考核售票环节的工作质量,计算公式如下:

$$售票差错率 = \frac{报告期售票差错张数}{同期售票总张数} \times 100\% \qquad (10\text{-}24)$$

以上是汽车运输质量特性的主要方面,它们之间是相互联系、相互作用的,不可单纯地追求某一特性。运输质量的好坏,是衡量运输企业生产经营管理水平高低的重要标志。不断提高运输质量,保证客或货运输的安全、及时、经济、方便和良好的服务,可以提高企业的信誉和声望,从而吸引更多的客或货源,发展企业生产,增强企业的竞争力。

第三节 运输质量管理方法

运输质量受企业生产经营管理活动中多种因素的影响,是企业各项工作的综合反映。保证和提高运输质量,必须把影响运输质量的因素,全面系统地管理起来,全面质量管理就是适应这一要求而形成的现代化质量管理方法。

一、全面质量管理的概念及特点

1. 全面质量管理的概念

全面质量管理(Total Quality Control,简称TQC)的概念,有的表述为"就是组织企业各职能部门,各管理层次和全体职工参加,综合运用各种方法和手段,充分发挥经营技术和管理技术的作用,建立一整套质量保证的体系,以优质的工作和最经济的办法,为消费者提供满意的优质服务而进行的综合质量管理活动";有的表述为"就是现代企业依靠企业全体职工及有关部门同心协力,把专业技术,经营管理,数量统计方法和思想教育结合起来,建立起产品的研究、设计、生产、服务等全过程的质量保证体系,从而最有效、最经济地利用人力、物力、财力、信息等资源,研究和生产出质量、价格、交货期和数量方面符合规定要求和用户期望的产品或服务"。

上述的两种表达大同小异,不存在本质上的区别。其基本核心是不断提高人的素质,调动人的积极性,做好本职工作,提高人的工作质量,以工作质量保证工序质量,以工序质量保证产品质量和服务质量,从而达到全面提高企业经营管理水平和经济效率的目的。

2. 全面质量管理的特点

全面质量管理的特点是突出一个"全"字。具体说来,就是全面性、全过程性和全员性。

(1)全面性。全面质量管理不仅要管理产品质量(运输质量),而且要管理工作质量。产品质量是目的,工作质量是保证。从这个意义上说,质量管理是全企业性的管理工作,应把企业各方面的工作,都纳入质量管理体系之中,对各项工作的质量实行全面的综合管理。

(2)全过程性。产品质量(运输质量)是企业生产经营活动的成果。它是经过运输生产的全过程,一步一步地逐步产生和形成的。每一个生产环节的工作质量状况如何,都对最终的产品质量有影响。因此,要求对企业生产的全过程进行质量管理。

运输产品最终质量的形成包括一系列的活动过程。从运输市场调查预测、开辟运营线路、设计布置车场站点、组织客货源、办理托运或旅客乘车手续、准备运行材料、燃料、备品配件、费用结算,到调配适当的营运车辆承运、选用适宜的装卸机械、货物装车、旅客上车、车辆运行直至完整无损及时准确送达旅客下车、货物卸交验收、回访用户等过程。实行全过程的管理,就要求这一过程中的每一个阶段、每一个环节、每一项作业,都要有严格的质量标准和工作标准,以确保每一工序的质量,来保证全过程的质量,实现优质服务。

(3)全员性。企业中的每个人,包括生产过程中每个阶段、每个环节、每个岗位的工作人员,直接与运输产品质量有关。因此,全员性就是要求企业的全体员工,在各自有关的工作中进行质量管理,将企业的质量目标从上到下、层层分解,落实到每个部门、每个环节、每个岗位,直至每个职工。企业全体员工从自己的工作中去发现与运输质量有关的因素或特点,主动地与他人协调起来,共同努力,改进各自的工作。这样,企业全体员工就能团结互助,创造舒畅的工作环境和工作气氛,保证运输质量不断改善和提高。

全面质量管理,除了"三全"特点外,在指导思想方面,还具有"为用户服务"和"以预防为主"两个特点;在方法上,具有"一切用数据说话"和按PDCA循环法(戴明循环法)办事两个特点。

二、全面质量管理的基本工作方法

现代企业全面质量管理的基本工作方法是PDCA循环管理方法,它是由美国质量管理学家戴明提出的。它是质量保证体系运转的基本方式,也是全面质量管理中所有方法中最重要、最基础的一种方法。

1. PDCA循环法的含义

PDCA,即计划(Plan)、实施(Do)、检查(Check)、处理(Action)。PDCA循环是指把全面质量管理的思想方法和工作步骤条理化、系统化、形象化和科学化,使质量管理活动周而复始不停地运转,各项具体业务工作都处于"管理状态"。通过寻找原因、制定措施、认真执行、检查结果等程序,不断进行信息反馈,保证和推动运输质量稳步提高。

2. PDCA 循环法的内容

PDCA 循环法可以概括为四个阶段和八个步骤,具体内容如下:

(1)计划阶段(Plan)。计划是质量管理的第一个阶段,包括①分析现状,找出存在的质量问题;②分析产生质量问题的各种原因或影响质量的因素;③找出影响质量的主要因素;④制定改进措施,拟订行动计划,并预计效果。这个阶段要解答"5W 1H"六个问题,即为什么要制订这样的计划(Why)？具体内容是什么(What)？什么地方实施(Where)？什么时间实施(When)？谁组织实施(Who)？以及怎样实施(How)？这六个问题都得出了明确而清晰的答案,使目标、计划、措施具体化以后,才可以转入下一阶段。

(2)实施阶段(Do)。把第一阶段制定的目标和措施计划,具体落实到执行单位和具体的执行人。然后就要按照预定的质量目标、质量标准、操作规程和作业标准等各方面的要求,具体组织实施。这一阶段只有一个步骤,即组织计划实施。

(3)检查阶段(Check)。检查阶段主要是检查实施过程是否按照各种标准、规程、要求和规章制度正常进行。通过检查,把质量管理活动的结果与预定的目标进行比较分析,以了解和掌握计划的执行情况是否达到了预期的效果。这一阶段也只有一个步骤,即检查计划实施效果。

(4)处理阶段(Action)。要求根据上一阶段的检查结果,采取相应的处理措施,为下一个循环提出计划目标。①总结经验。如果计划、实施有效果、有成绩、有好的经验,就要进一步采取充实、巩固和提高的措施。②处理遗留问题。如果计划、实施效果差,甚至基本没有什么效果或者出了什么差错,就要进一步找出具体原因,采取相应的措施,加以纠正或改善,并把未解决的问题以及新出现的问题转入下一个循环过程,作为下一次计划的目标和任务。

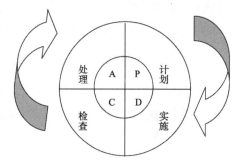

图 10-2　PDCA 循环的阶段

PDCA 循环的四个阶段,如图 10-2 所示。

3. PDCA 循环的特点

(1)连续性。PDCA 四个阶段按顺序完成循环,是一个周而复始的过程,每经过一个循环,质量水平都有所提高。这样连续进行下去,质量管理工作就能不断提高,质量水平就会逐步地上升。

(2)循环上升。PDCA 循环不是简单的周而复始的运转,而是一个不断上升、提高的过程。犹如一个轮子在楼梯上转动,每转动一周,要求前进一步,实现一个质量目标,逐级上升。如此循环上升,质量问题不断得到解决,产品质量就能稳步上升。循环上升如图 10-3 所示。

(3)大环套小环。质量保证体系是一个完整的系统,各子系统相对独立工作而又从属于更大的系统运行过程中,各子系统各自循环(小环),但又受控于更大系统的循环(大环),构成一个"大环套小环"的循环模式,如图 10-4 所示。大环套小环是一个综合循环体系,各环之间用质量指标联系。上一级的循环是下一级循环的依据,下一级循环又是上一级循环的具体内容和保证。大环控制小环转动,小环又推动大环转动。通过上下级配合,带动企业质量保证体系的运行。

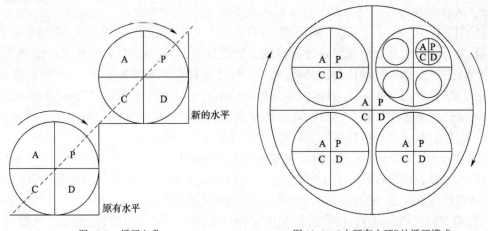

图10-3 循环上升　　　　　图10-4 "大环套小环"的循环模式

(4)完整性。四个阶段一个也不能少,先后顺序是:计划—实施—检查—处理。处理阶段更重要,它起着承前启后的作用,保证了PDCA循环过程的连续性。

PDCA循环的理论和方法不仅用于质量管理,还适用于企业经营管理的各个方面。它把管理工作分成若干循环过程,每个循环过程解决一两个问题。通过循环不断地提高工作质量,促使管理工作的规范化和条理化,减少盲目性,提高科学化程度。

三、全面质量管理的具体方法

全面质量管理的具体方法较多,大体上分为两类:一是数理统计方法;二是运用系统科学的理论所形成的有关方法。根据运输质量的特点和企业开展质量管理的实践,运输企业常用的质量管理方法有以下几类。

1. 质量数据的收集、整理方法

数据是反映事物性质的一种量度,或者说,是具有某种实际内容的数字。数据因其确切反映客观事物的性质而构成了科学分析的基础和依据。

在运输质量管理中,反映运输质量特性的数值即运输质量数据。用质量数据可以进行运输质量分析,制定运输质量标准,编制运输质量计划,进行质量考核与控制等。

(1)质量数据的收集。运输质量数据来源于运输生产的实际现场,因此,可直接从运输生产的各个环节现场获得有关质量数据。但有时由于没有必要或不可能无限地收集质量数据,因而采用抽样调查的方法来获得质量数据。抽样调查的对象即总体,从总体中按不同的方法抽出的样品即子样,对子样进行测定可得到若干质量数据,通过对质量数据整理分析,便可判断母体(总体)的质量状况。因此,抽样调查的方法体现了事物的普遍性,一般性存在于事物的特殊性、个别性中这一哲学原理。运输质量调查中的抽样方法主要有下面几种:①单纯随机抽样。先把每个个体编号,然后用抽签的方式从总体中抽取样本。这种方法适用于个体间差异较小、所需抽选的个体数较少或个体的分布比较集中的研究对象。②分类抽样。对总体进行分类,然后在各类中随机抽取。③等距抽样。等距抽样也称为系统抽样或机械抽样,它是首先将总体中各单位按一定顺序排列,根据样本容量要求确定抽选间隔,然后随机确定起点,每隔一定的间隔抽取一个单位的一种抽样方式,是纯随机抽样的变种。④整体随机抽样。在全部研究(或关注)的对象里随机采取一定数量的子样进行研究,一般采取的样本满足等可能性(总体中每个对象被采取的概率相等)和随机性。在实际中,每个抽样方法既可以单独使用,也可以结合使用,具体要根据调查的目的和总体的特点来进行。

(2)质量数据的整理。收集质量数据的根本目的在于进行质量分析、检查、预测等。为了达到这一目的,必须对收集的质量数据进行整理。质量数据整理的方法大体上有图表整理法和数量整理法两大类。图表整理法是将质量数据列于表中或画到图上;数量整理法是用表示数据集中位置的量(如平均值、中位数)和表示分散程度的量(如极差、标准值等)来反映数据的总体分布。

2. 主次因素排列图法

主次因素排列图法,是寻找运输质量影响主要因素的一种简单而有效的方法。以旅客不满意因素为例,其排列图如图10-5所示,它由两个纵坐标、一个横坐标及若干个直方形和一条折线组成。其中,直方形个数代表影响运输质量的因素个数,直方形高度表示各因素对运输质量影响的程度。左边纵坐标表示频数,右边纵坐标表示频率,横坐标表示影响运输质量的各项因素,按照影响程度大小从左到右排列。折线即累计频率曲线,又称巴雷特曲线。

排列图的作图步骤如下:①先将用于排列图所收集记录下来的数据进行按类整理分层,每一层为一个项目,并统计出每个项目的频数;②先在坐标纸上均衡、匀称地画出纵横坐标,再按照数理统计分析表中各项目的顺序,依次在横坐标上左至右画出表示各项目的频数直方图形。然后,按照左纵轴上频数标记和比例,找出各项目的累计百分点,并从原点开始,逐一连接各点,即得巴雷特曲线。③记上图的名称、制图者姓名和作图日期,并标注数据来源、目的等其他说明事项。

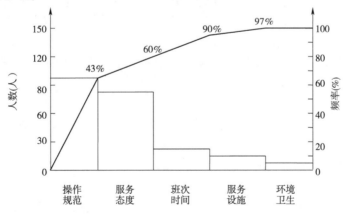

图 10-5 旅客不满意排列图

排列图分析按以下步骤进行:①明确排列项目;②收集数据;③制作缺陷项目统计表并进行必要计算;④制作排列图,并标注必要的说明;⑤对排列图进行分析。

3. 因果分析图法

因果分析图是将造成某项结果的众多原因以系统的方式图解,即以图来表达结果(特性)与原因(因素)之间的关系。因果分析图的形状像鱼骨,因此又称鱼骨图。它以结果作为特性,以原因作为因素,在它们之间用箭头联系表示因果关系。因果分析图是一种充分发动员工动脑筋、查原因、集思广益的好办法,也特别适合于工作小组中实行质量的民主管理。当出现了某种质量问题,未搞清楚原因时,可针对问题发动大家寻找可能的原因,使每个人都畅所欲言,把所有可能的原因都列出来。

在运输质量管理过程中,一旦发现质量问题就要寻找原因。当找到产生质量问题的第一层原因(即大原因)后,又分析第二层的原因(称中原因),即大原因又是什么原因造成的,再进一步找第三层次的原因(称小原因),即第二层次的原因又是什么原因造成的,如此一层一层地分析下去,追根求源,直至找到主要矛盾的主要方面。把这种因果之间的关系用图形加以反映,即为因果分析图,如图10-6所示。其中,主干指向要研究的质量问题,以箭头表示不同层次原因之间的因果关系。因果分析法经常与其他方法(如排列法)联合使用。

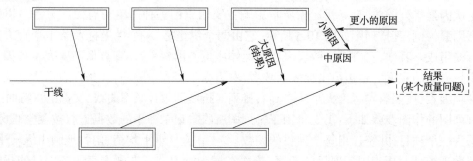

图10-6　因果分析图

因果分析图的主要特点在于能够全面地反映影响运输量的各种因素,而且层次分明,可以从中看出各种因素之间的关系。这种分析有助于使质量管理工作越做越细,从而找出产生质量问题的真正原因,然后对症下药,加以解决。因果分析图的作图步骤如下:①明确问题的结果由人、机器、材料、工艺、环境五大方面组成;②做出主干与结果,并选择影响结果的要因作为大枝,然后再对大枝进行项目研究,进一步画出中枝和细枝;③将制图者、日期及制图时的生产状态等需要说明的事项记载下来;④画出因果图后,正对主要原因列出对策表。

4. 分层法

分层法也称分类法或分组法,是指把收集的数据,按不同的标志加以分类(即分层),再进行整理分析的方法。分层法亦用于分析影响质量的因素。用排列图可以找出主要因素,有时用分层法可以把影响质量的因素分析得更细更深入,使数据反映的事物显示得更明确,更便于对症下药。

分层的标志(方法)很重要,它在一定程度上决定分层法的应用是否有明显效果。分层的主要原则是尽可能地使层与层之间的差别大一些,以便找出关键层次;同时使同一层次内的数据波动幅度尽量小些。

分层的标志很多,可根据需要和数据的具体情况,灵活运用。常用的分层标志如下:①按不同原因(或因素)分层,如区分为人、机、操作、环境、货物包装等原因等;②按不同人员分层,如按新、老工人分类;按男工、女工分类;按工种(驾驶员、乘务员、管理者)分类;按工人的技术级别或工龄分类等;③按不同单位责任部门分层,如按不同班组分类;按不同科室分类;按责任部门或责任环节分类等;④按不同时间、不同季节分层,如分成早班、晚班;节假日、工作日;上旬、中旬、下旬;冬季、夏季、旺季、淡季等;⑤按不同设备、机具分层,如按不同车型分类;按车辆厂牌分类;按设备役龄长短分类;按车辆已行驶总里程分类等;⑥按不同工艺或不同的操作方法分层;⑦按不同环境、不同条件分层,如天气可分为晴天、雨天、雪天;按公路等级可分为高速公路、高等级路(一、二级)、低等级路(三、四级)、等外路;按交通状况分类,如单一交通、混合交通;按地区分类,如山区、平原、高原等;⑧按不同地点分层,如站内、站外、始发站、中途站、终到站;市区、郊区;装货现场、卸货现场、交付现场等;⑨按不同材料、燃料、润料、备件等作为分层标志;⑩按货物类型作为分层标志;⑪按不同状况、情节等分层,例如行车事故可按损失大小分类,也可按事故情况分类。

分层法是质量管理中经常使用的分析方法。不经过分层分析,有时就找不出问题的真正关键。在各项统计工具中,不仅排列图可以分层,其他统计工具必要时也可以进行分层分析。

5. 关联图法

关联图是一种表示若干问题或因素之间相互影响、相互制约的复杂关系的连线图。它的作用是可以纵观事物的全貌,使人们能在复杂的事物中理出头绪,准确抓住解决问题的主要矛盾。关联图法的特点是:①不受形式限制,可以用语言文字和各种灵活的图形表示问题之间的相互关系;②错综复杂的事情,用直观图形表达,容易使成员之间取得共识,有利于统一行动;③应用关联图,不仅能解决单一目标的问题,也能解决多种目标的问题。这也是它区别于因果图法的主要特点。

关联图的形式大致可分三种:一是中央集中型——把重要项目或应解决的问题,置于中间,从关系最近的因素开始,把相关因素排列在其周围;二是单向集约型——把重要项目或要解决的问题,安排在某一侧,将各因素按因果关系尽量向另一侧排列;三是关系表示型——以简明表示各项目或因素之间的因果关系为主,排列方法则灵活处理,怎样方便、怎样直观就怎样画。

6. 对策表法

对策表也称措施计划表。当通过数据整理找出存在的质量问题后,为了迅速而有步骤地解决,可以用对策表来明确对策措施、标准要求,并以定员、定期来保证对策的实施,从而保证运输质量的改善。

对策表的主要内容包括:①主要问题,即需要采取对策措施加以解决的影响质量的具体问题,问题如果有两个及两个以上,可以编号;②对策措施,即针对存在的问题而提出的各种解决方法;③责任者,即措施的具体执行者,包括实施各项措施的具体部门和责任人;④完成时间,即实施措施的进度及最后完成时间;⑤检查者,即为了确保措施的落实,负责具体督促检查的具体人员。

对策表简单明了、责任分明、便于推行、应用广泛,是一种十分有用的质量管理工具。但是,在使用对策表时,必须处理好以下几个问题:①对策表中的主要问题必须与排列图、因果图等分析方法中的主要因素相一致;②拟定的措施要具体、明确,切实易行,要有明确的标准和要求,使检查有据可依;③每一项措施要落实到具体的人。由某一个部门完成的,要有具体的负责人；④对策表要有明确的检查人以及检查人应负的责任。

7. 系统图法

系统图又称树型图，是一种系统的寻找自动的最佳手段的方法。系统图分为结构因素展开型和方法展开型两种。结构因素展开型又称为组成因素展开图，即把构成系统对象的因素展开为"目的-手段"的关系。方法展开型又称措施展开图，即为了解决问题或实现目的，把图中标注的手段和措施加以系统地展开。

系统图在质量管理中的应用范围比较广泛。例如，在改善质量方面，运用因果图在某些场合下有不便之处，那么系统图即可以替代因果图；在进行方针目标管理时，可利用系统图展开方针目标，使之贯彻到基层并付诸实施；可用于质量管理小组活动方案的展开；改善原始记录、统计报表等设想方案的展开；可用于各部门业务职能的展开，使业务明确，寻找实现该业务的新的更有效的方法，以改善业务结构本身，提高效率。

第四节 运输质量保证体系

质量保证体系是全面质量管理深入发展的产物，它将质量管理推上了一个更高的层次，为质量的提高奠定了系统的、全面的基础。因此，建立好运输质量保证体系，是运输质量管理工作的重要内容之一。

一、道路运输质量保证体系的特征和要求

1. 质量保证

质量保证是指企业对用户提供优质服务的担保或保证，做到不出质量问题，以满足用户要求，取得用户信任。对公路运输企业来说，质量保证的内容包括：①保证客货运输安全可靠，旅客旅途舒适、不损害身心健康，货物不发生损坏和差错；②保证客货运输班期准确，如期到达目的地；③保证提供满意的服务，为旅客和货主提供各种方便；④保证对运输服务的收费合法合理。

质量保证就是使用户确认企业运输服务质量而进行的有计划、有系统的活动，着重于事前控制，以预防质量问题的产生。

质量保证与质量管理没有本质差别，两者都是从满足用户要求出发的。质量管理侧重于企业内部（内向）质量管理工作，对象是企业内部的质量工作；质量保证的对象是用户（外向），强调保证向用户提供优质服务。因此，质量保证的概念，与用户要求的质量联系紧密，容易被用户接受，使用户关心，也体现了运输生产的目的——满足用户需求，使用户满意放心。

2. 质量保证体系

体系是由多个按一定规律运动的系统组成的统一体，并且这个统一体能够依靠自身的运动得以存在和发展。例如，"人"就是一个由呼吸系统、消化系统、神经系统等组成的统一体，它自身的运动就是生存活动（生命运动）。如果某个系统发生严重故障，致使"人"的生命运动不能继续进行，这个统一体就不能存在。尽管其他系统仍正常，所有的系统一个不少，但不能成为"体系"。

道路运输质量保证体系由质量目标计划系统、质量责任系统、执行控制系统、检查监督系统、质量信息系统、组织机构系统、质量教育系统和质量保证评价系统八个系统构成。这个质量保证体系自身的运动就是质量保证活动。如果质量保证活动不能进行(不能保证质量),这个体系就名存实亡,或者是尚未发育健全。因此,必须明确规定企业职工的职责、权限和工作关系,包括运输信息传递反馈关系,健全各种制度、规章、标准及组织机构,优化工作方法、工作程序,把上述八个系统有机地组织起来,充分发挥其职能,并且协调一致地运转,才能构成真正的、完整的质量保证体系。

3. 道路运输质量保证体系的特征

(1)质量职能范围广泛,需要对企业全部质量活动进行协调。

(2)落实各项质量职能,需要明确企业内部各部门、各机构在质量管理方面应承担的工作任务、工作内容和工作责任。

(3)要有明确的质量标准,作为质量保证的目标值,才能有针对性地制定工作程序、评审方法,进行检测评价和信息反馈。

4. 道路运输企业质量保证体系的要求

(1)建立和健全质量保证体系,必须和企业经营管理工作相结合,面向用户,立足市场,提高企业的竞争能力。

(2)建立和健全质量保证体系,要重点解决企业中各项工作的工作质量,使工作质量得到保证并不断有所提高;要以较高的工作质量去保证运输服务质量。

(3)在企业生产经营活动中,质量保证体系应该是实实在在的,要扎扎实实使之成为企业生产经营管理的一部分。不要流于形式主义做虚功,使之名存实无。既不能认为是可有可无、不予重视,也不能过分强调、任意拔高。

二、道路运输质量保证体系的构成

1. 质量目标与计划系统

质量保证体系中的质量目标,主要是指用户对运输服务所要求的质量标准,也包括企业为了保证用户的质量目标而制定的运输服务工作质量目标。企业质量目标确定后,需要进行分解,使之落实到每个单位、每个职工、每个岗位、每一项工作中去,构成完整的质量目标系统。每个职工都明确自己在质量保证中的目标,并在自己的工作中为实现这些目标贡献力量,整个企业的质量目标系统就联系起来、运转起来。

贯彻实现质量目标必须编制相应的质量计划,并有计划地进行,从而形成相应的质量计划系统。质量目标系统和质量计划系统成形影关系。以质量目标为基础的质量计划,是企业全部计划中的一部分。

2. 质量责任系统

与质量目标系统相对应,除明确质量目标外,还要进一步明确规定每个单位、每个职工、每个岗位、每项工作在质量保证中的具体责任、权限和利益,使责权利相结合,构成质量责任系统(确切说,是质量责权利系统)。质量责任系统是建立正常运输服务秩序、保证质量目标和质量计划实现的基本条件。

3. 执行与控制系统

质量目标、质量计划和质量责任都要付诸实施。质量保证体系中的执行和控制系统的任务是保证质量目标、计划的实现和质量责权利的落实。执行与控制系统存在于客货运输生产的全过程中,它要根据质量目标、计划以及有关客货运输的法律、规章、制度,选择合理的运输生产工艺,并相应地选择一套能保证优质的运输服务规范、程序、工作措施,以保证运输生产现场和运输服务工作协调配合,正常进行,使运输质量得到有效控制。同时,也包括适当地选择和应用一系列行之有效的质量管理方法和手段(例如排列图、因果图、对策表、标准化等),使执行和控制科学化。

显然,除了质量目标计划系统、质量责任系统外,执行与控制系统还与其他系统(如检查监督系统、质量信息系统、组织机构系统、质量教育系统等)密切相关。这些系统的建立和运行,都会给执行控制系统带来很大影响。

4. 检查与监督系统

质量控制是在运输生产过程中采取预防措施,以避免发生质量事故。不能认为有了质量控制,就有了充分的质量保证,还必须加强对运输生产活动全过程的质量检查和监督,特别是要加强对每个单位、每个职工、每个岗位、每道工序工作质量的检查和监督。要有一支专职与兼职结合的质量检查监督队伍。要强化激励措施,建立一个及时、严格的检查监督系统。在质量保证体系中,执行控制系统与检查监督系统密切联系,前者不能代替后者,两者之间是相辅相成的关系。

5. 质量信息系统

质量信息是运输生产全过程的质量情况的反映,包括市场情况、用户反映、统计数据、检查记录,以及生产经营过程各种动态等。它是质量管理的依据。信息工作要求企业各部门通力协作来完成,要依靠企业全体职工一起来做好信息工作。公路运输企业信息管理工作要连接成网,由信息处理中心负责质量信息的综合和处理,做到信息传递迅速、信息反馈及时,使质量信息系统成为质量保证体系的耳目。

6. 组织机构系统

质量保证体系中各个系统的工作,都必须做到组织落实。这些工作依靠企业所有组织机构来共同完成。公路运输企业的质量保证体系,就是建立在这些机构的基础上的。一方面必须明确规定企业各级组织机构在质量保证中的职能;另一方面,还必须建立专门的质量管理机构,以组织、协调、检查、监督各个机构的质量保证工作,进行质量综合工作,组织并做好质量管理的基础工作。

7. 质量教育系统

质量教育系统,应包括思想政治教育,提高职工的政治思想觉悟水平,增强主人翁责任感;质量意识教育,增强全员的质量意识,把参与质量管理变成全员的自觉行动;职业道德教育,使全体职工建立起强烈的职业道德观念;文化教育及业务技术培训,提高职工的文化素质、业务技术水平和服务技能,全面掌握质量管理的基本原理和具体方法。大力加强质量教育系统,充分发挥其职能和作用,企业质量保证体系才有坚实的群众基础。

8. 质量保证评价系统

质量保证的评价是指对质量保证体系及其所属系统的工作状况进行评价(或称诊断)。可由企业领导组织专职机构和有关人员或者邀请企业外部的专家和用户代表,组成评价(诊断)组,定期或不定期地对企业质量保证体系及各系统的工作,从活动状况、协调配合、方法运用、实际成效,以及存在的问题等各个方面进行系统、全面的调查分析和研究,并作出符合实际的评价(诊断)鉴定。质量保证评价是为了改善质量保证体系及所属各个系统的工作,使之更有效地发挥作用。如果有一定数量的用户代表参加这种评价,那么实际上在一定范围和某种程度上,也是用户对企业质量保证的鉴定或确认。

总之,质量保证体系强调一个共同目标——让旅客和货主取得满意和信任。质量保证体系强调要从企业全局出发,进行综合管理;强调加强横向联系,即企业内部的协调和企业外部的协调;强调组织领导和发动群众相结合来开展质量保证活动。

三、运输作业现场的质量保证

汽车运输车站是固定的作业现场,车辆是流动的作业现场。这些现场的质量保证是企业建立质量保证体系的基础。作业现场直接接触旅客和货主,是企业工作质量和生产质量反映最灵敏的地方,也是旅客和货主对质量要求反映最强烈的地方。因此,作业现场的质量保证很重要,它关系企业质量保证能否落到实处。

作业现场质量保证分为质量预防和质量把关两个方面。质量预防主要是做好作业管理,严格执行货物卸运载标准和作业标准,加强现场作业质量控制。质量把关就是加强对现场客货运输质量的监督检查和现场作业安全的监督检查。

所谓现场作业质量控制,是指在运输生产现场对操作者的作业程序和作业行为,加以科学的控制,使每一个环节、每一个行为,都符合操作规程和作业标准的要求。经过多年全面质量管理实践,我国交通运输企业发展了两种行之有效的现场作业质量控制方法,即建立质量管理点和实行质量确认制。

1. 建立质量管理点

所谓质量管理点,是指现场作业中,对需要控制的质量特性、关键部位、薄弱环节或影响因素,采取特殊措施和方法,以强化管理,使工序处于良好的控制状况,保证实现规定的质量目标,而专门设置的控制重点。也可以理解为,质量管理点就是影响运输质量的薄弱点,因而把强化管理落到这个点上,而不是一条线或一个面。

(1)质量管理点的选择。质量管理点不能凭印象去判断,要拿出充分的数据,证实这个环节需要重点加强质量管理。因此,这种质量管理点不宜过多,以便于真正抓住重点、保证重点、突出重点。在汽车运输企业中,质量管理点很可能在以下方面:①对运输生产的安全性、及时性、完整性、经济性等有直接影响的关键作业部位;②货主对所托运的物资有特殊要求;③质量经常不稳定或直接影响服务质量的作业部位;④需要紧密衔接而又经常存在衔接不好(互相脱节)的作业环节或结合部;⑤经常发生质量事故的部位等。

例如在行车事故多发路段设置安全巡回管理点,预防事故发生;在车站检票口设置管理点,以防止因售票错误或检票差错而出现错乘、漏乘车;在车站行李房、零担货库房或装车地点设置管理点,以防止行李和货物错装、错运和货损事故的发生等。

(2)设置质量管理点的基本要求。凡已确定的管理点,都要明确管理点名称、管理目标、管理内容、操作规程和作业标准、检查考核办法、管理者及负责人等。

(3)质量管理点活动的检查。质量管理点活动可采取自我检查、巡回检查、专业检查、联合检查等办法进行检查。不论哪种办法的检查,都要建立检查记录。对于自检,一般都实行

"班后检查"，并与经济责任制联系起来。在实际工作中，许多质量事故往往是由于不按操作规程和作业标准作业、违反规章制度造成的。因此对管理点的检查，应以检查考核执行规章制度，包括遵守操作规程和执行作业标准的程度为主。

确定检查方式时应考虑以下情况：①管理点的质量管理活动是稳定的，则可采用监视方法，加强观察即可；若处于不稳定状态，则需要进行全面检查诊断，找出主要影响因素。②管理点在整个运输生产过程中处于关键地位，则需进行经常性的检查。③对于长期未能改善或改观的管理点，应分析其历史状况，根据积累的经验，找出问题长期不能解决的原因，有针对性地采取措施，并进行定期检查。

（4）管理点的撤销。质量管理点经过一段时间的管理活动，问题得到解决；成功的经验已纳入标准，并得到贯彻执行；遗留的问题已不是重要问题，并经过一定时间的验证，质量确已稳定。这类管理点就无继续存在的必要，可予撤销。

2. 现场作业质量确认制

现场作业质量确认制，就是以确保现场作业职工的每一个作业行为，都符合既定的作业程序和作业标准为目的，采用图表或卡片的形式，对每一岗位、每项工作，进行工作质量自检、互检和确认的一种工作制度，或者说是职工自我肯定作业行为符合规定作业程序和作业标准的一种方式。即通过现场职工对自己的作业质量进行确认的方式，实现现场作业质量控制。

实行现场作业质量确认制要注意的问题是：①设计确认图表从细，执行从简。即设计程序、标准时要不漏一个环节，全面细致考虑，而执行时又能使作业者感到真正的方便。②确认内容尽量用"问语"形式。在问语中体现该作业行为应执行的制度、规范、标准等要求，并使作业者容易判断容易回答。③作业者对每一个作业行为的评价采用符号（"√"表示肯定即确认，"×"表示不能肯定）表示。④要增强作业者的责任心。

案例分析　A公司运输质量分析

A公司是隶属于世界500强M集团旗下的一个国际知名物流公司，在全球范围内为客户提供各种一站式的物流服务。公司的运营网络遍及全球，于2001年正式进入中国内地市场，并成功注册成为独资公司。公司在上海设立中华区的总部，随后又在我国多个重要城市设立办事机构。为了争取我国市场的份额以及进一步完善公司的物流链，A公司于2005成立了国内物流部门，专门提供国内运输、仓储以及报关代理的业务。经过二十几年的发展，在行业内建立了自己的品牌效应。A公司的目标客户主要是服务大客户、中等客户和中高端小客户，目标客户主要以运输线路多、运输频率高的知名品牌的连锁企业为主。为了在物流行业中脱颖而出，成为最受客户推荐的物流公司之一，公司致力于加强内部服务质量管理，在确保提供优质服务的前提下，降低运营成本以满足市场及客户的需求。

A公司对于运输质量管理的措施主要包括顾客满意度调查及设定关键服务质量要素的质量目标，通过调查或质量目标的结果来有针对性地进行管理、改善。A公司的运输质量现状具体从运输质量的五个特征或表现形式分析，即运输的安全性、及时性、方便性、经济性、服务性，见表10-1。

A 公司运输质量考核的主要内容　　　　　　　表 10-1

属性	主要考核内容
安全性	货物的完整性(无货损、货差现象);人员的安全;设备的安全;车辆行驶安全
及时性	准时提货;准时发车;准时提交报表;准时送货到站;及时履行订单合同
方便性	网络覆盖范围广;运输方式多样化;流程简单快捷;单证交接方便
经济性	运输费用合理;拼载线路优化;额外补救费用有效控制;倡导环保节能
服务性	客服服务态度;沟通能力;工作人员专业性;报表的准确性;专业设备的操作能力;车辆管理质量;人员管理制度等

1. 安全性

运输质量的安全性包括两个方面的内容:一是指设备的运行安全及驾驶员、现场操作人员的安全,包括各种行车事故、人事伤亡以及设备故障;二是货物的安全,包括货物的货损、货差现象。A 公司对于货物的安全性主要从货损、货差、事故率方面设定 KPI(关键绩效指标)来管理。其中,货损率目标值低于 0.04%,货差率目标值低于 0.01%,事故率目标值低于 0.5%。公司每个月会根据指标的执行情况进行考核,2015 年运输安全指标数据统计情况见表 10-2。

A 公司 2015 年运输安全指标数据统计表　　　　　　　表 10-2

月份	1	2	3	4	5	6	7	8	9	10	11	12	情况
事故率(%)	0	0.21	0.24	0	0.21	0	0	0.2	0	0	0.24	0	达标
货损率(%)	0.08	0.07	0.04	0.05	0.08	0.05	0.05	0.05	0.06	0.08	0.06	0.03	超标
货差率(%)	0.005	0	0.009	0	0	0	0	0.001	0	0	0.003	0	达标

从 A 公司 2015 年 KPI 数据可以看出,A 公司对于运输设备以及人员的安全管理执行得比较好,运输事故率跟运输产品差异率控制在公司制定的目标范围内。公司的车辆设备管理与驾驶员的操作技能管理能保障到运输的安全性。公司的车辆管理制度,明确规定了对于车辆设备的挑选、维护、运输技术以及适当的质量管理控制,不仅保证产品在装货、运输、卸货中的完整性,同时为其员工提供安全的工作环境。然而对于运输产品的破损率的控制,公司的管理明显还有待加强,2015 年公司的破损率一直高于行业标准线。由于运输的复杂性,造成影响货物破损的因素很多,操作人员、设备、装卸方法、产品包装,甚至自然环境都有可能引起货物的破损。因此,公司在控制货物破损率能力上的提升体现了公司的服务质量管理能力。

2. 及时性

及时性的管理主要是通过合理的运输组织活动及有效的管理,以最短的运输时间将运输的产品送到客户指定的地方。货物运输的及时性要求公司能有效地控制好各个关键节点,及时有效地实现货物的转移。A 公司对于货物运输及时性的评价指标主要包括:货运合同履约率、提货准时率、送货准时率、报表准时率,指标的目标值分别为 100%、不低于 99%、不低于 99%、不低于 99%。A 公司 2015 年运输及时性指标数据统计情况见表 10-3。

A 公司 2015 年运输及时性指标数据统计表　　　　　　表 10-3

月份	1	2	3	4	5	6	7	8	9	10	11	12	情况
提货准时率（%）	99.32	100	100	99.07	100	99	99.8	100	100	100	99.36	100	达标
送货准时率（%）	99.07	99.79	99.52	99.11	99.36	98.22	98.21	99.33	99	99.53	99.21	99.07	超标
报表准时率（%）	100	99.5	100	100	100	100	99	100	99.23	100	100	100	达标
货运合同履约率（%）	100	100	100	100	100	100	100	100	100	100	100	100	达标

A 公司对货物的及时性执行得比较好,货运合同履约率达 100%,没有出现过运单不执行的问题。提货准确率、送货准确率、报表准时率都能达期望的目标值,说明公司在操作层面的时间性管理比较好。

3. 方便性

目前 A 公司的国内运输业务覆盖了全国 60 多个城市,300 多条运输线路,形成了华南、华东、华西、华北四大业务覆盖中心。运输形式由最初单一的集装箱拖车运输发展到公路零担拼载运输、公路整车运输、公路集装箱运输、海运驳船集装箱运输等,A 公司的运输网络以及运输方式基本能满足客户不同运输方式以及运输区域的要求。公司的国内运输业务操作系统比较简单明了,并且能够根据客户要求,调整操作流程,以方便客户信息的获取。

4. 经济性

经济性跟运输成本息息相关,是运输质量评价的重要指标,也是许多公司最看重的运输指标。运输的经济性要求企业能高效、节能、低成本的完成货物的转移。目前困扰 A 公司的两大难题为:①由于公司客户的货物分布不均匀、货量信息的不对称,导致货运返程空车率比较高,运输成本增加,2016 年 A 公司车辆的空载率达 35%;②由于货物的破损或特殊原因产生的额外补救费用较高。2015 年公司全年产生的特殊赔偿费用占公司总成本的 5.6%,影响了公司的经济性。

5. 服务性

物流服务质量是物流质量管理的一项重要内容。服务性是一种综合的感知,客户会通过很多方面对于运输质量的服务性进行评价,如公司的服务设施、运输设备、人员素质、专业水平、服务态度、运输质量、职业道德等。A 公司主要是通过客户满意度调查来了解客户对公司服务的满意程度。2015 年 11 月,公司在制定未来三年业务发展目标时,对现有客户进行了一次满意度总体调查摸底,以调查客户的忠诚度。

从 A 公司的客户满意度调查收集到的数据来看,A 公司的客户满意度情况并不乐观,有 20% 的客户选择一般满意;9% 客户选择不满意;6% 的客户选择很不满意。如果客户对于公司的运输服务很不满意,那么这些客户在合同期满后很有可能不会再选择 A 公司的运输服务。A 公司的客户满意度已出现下滑趋势,特别是连续 3 个月出现了几次大的投诉,突出反映了 A 公司运输质量管理的现状,客户投诉情况见表 10-4。客户满意度将直接影响客户忠诚度,客户的忠诚度又会最终影响企业的整体利润水平和核心竞争能力。

A 公司 2015—2016 年连续 3 个月投诉记录　　　　　　　　表 10-4

投　诉	事　件	投　诉	事　件
货物破损率（F）	厦门公路坏货 52 件	送货准时率（B）	不按照要求事件送货
货物破损率（F）	沈阳公路坏货 132 件	送货准时率（B）	送货延误
其他（H）	驾驶员甩柜影响 DC 正常运作	货物破损率（F）	广州湿箱坏货 37 件
货物破损率（F）	北京坏货 80 件	货物破损率（F）	沈阳公路坏货 32 件

第十一章　汽车运输企业技术管理

汽车运输企业的技术活动渗透在运输生产的各个领域和各个环节，技术水平的高低，直接影响着企业生产和经营的正常进行。加强汽车运输企业的各种技术管理工作，不断促进企业的技术进步，既是企业科学发展的要求，也是企业管理的一项重要内容。

第一节　技术管理概述

一、技术管理的概念和意义

1. 企业技术管理的概念

技术管理的对象是技术。技术就是为了特定的目的所应用的一种手段和方法，这种手段和方法包括物质手段(工具和设备等)、知识、经验和技能以及组织形式等。这些客观的物质手段和主观的精神因素相互组合，组成了一个技术系统。技术的特定应用目的不同，使技术的种类多种多样。从汽车运输企业的范围看，在运输生产过程中贯穿着各种技术，如车辆及运输技术、信息技术、运输安全技术、节能技术等，它们构成了一个技术系统，在汽车运输企业生产中发挥着越来越重要的作用。

汽车运输企业的技术管理，就是合理、有效地组织、指挥、协调、监督和激励所有为汽车运输企业生产服务的各项技术工作，利用好企业内部和外部的有关技术资源，组织科学研究和技术开发活动，尽快地把最新的技术成果转化为现实的生产力，实现企业生产的现代化。技术管理的主要特点，首先是技术管理工作贯穿整个生产活动过程的始终，对生产活动产生直接而巨大的影响；再就是技术管理与企业的其他各项管理工作的关系十分密切，与其他管理工作相互促进、相互制约。

2. 企业技术管理的意义

技术是直接的生产力，而且是第一生产力。随着社会技术的不断进步，企业的技术管理工作在所有管理工作中更具重要意义。

(1) 技术管理是企业生产经营建立在现代科学技术基础之上的重要保证。现代汽车运输企业生产经营中，不论是物的要素还是人的要素，都与一定的技术密切地联系在一起。从物质要素方面看，所有的车辆、装卸机械、维修设备，乃至包括计算机在内的各种管理手段，都越来越多地应用了技术新成果。要保持车辆设备完好，需要技术；要合理运用车辆、设备，延长其使用寿命，实现安全、高产和低消耗，也需要科学技术；要合理组织生产，达到生产要素的优化组合，同样离不开技术。从人的方面看，人的技术知识越丰富，劳动技能就越高，同时，只有具备先进知识的人，才能应用和开发技术。因此，技术不仅是企业的重要的生产要素，而且是企业生产的重要基础，只有将企业的全部生产活动建立在技术基础之上，建立在最新技术基础之上,企业才能适应生存和发展的需要。而要做到这一点,必须以强有力的技术管理工作作为保证。

(2)技术管理是企业提高经济效益的重要环节。不断提高经济效益,是包括汽车运输企业在内的每一个企业的中心工作,它不仅关系企业的生存和发展,而且涉及全社会经济的发展。从企业角度看,要提高其经济效益,就要按照社会需求,提供新的产品和服务,增加产量,提高质量,节约能源、物资的消耗,降低生产成本,增加盈利,即以最小的投入获得最大的产出。要达到这一目的,必须依靠技术这一强大手段,并且不仅要不断地改造旧技术,还要普及和应用新技术,提高技术在经济效益方面的贡献率。为了更好地做到这一点,必须加强技术管理工作。

(3)技术管理是促进企业科研和技术开发的重要条件。随着现代科学技术的进步,各种科学技术相互渗透,科研和技术开发越来越需要综合各方面的科技成就,这需要企业内外的科技人员通力合作才能完成。这种合作范围之大,有时要跨地区、跨国界进行综合研究和开发。这种科技工作上的综合性、系统性、复杂性使得如果没有十分有效的科技管理工作,科技工作本身就无法开展,就会妨碍企业的技术进步。

(4)技术管理也是技术资源节约和利用的基本要求。技术不仅是生产力,而且是企业最为宝贵的资源,无论是开发技术还是应用技术,企业都要发生一定的支出,而且这种支出的规模越来越大。因此,节约技术资源,充分利用技术资源,使技术有效地发挥其作用就显得更为重要,这就要求通过技术管理工作给以解决。相反,如果盲目地开发和应用不必要的技术,必然只能给企业带来浪费和损失。

二、汽车运输企业技术管理的任务

总的来说,汽车运输企业技术管理的任务,就是推动运输企业的技术进步,提高企业的经济效益和社会效益。具体来说,主要有以下几个方面。

1. 有计划地开展科研和技术开发,建立科学储备

科研工作是技术的先导,只有在科研上探索新的领域,形成新的思想、概念和原理,才能开辟新的技术途径。这种侧重于理论性方面的研究,当然主要是在科研机构和高等院校等专门研究机构中进行,但对有条件的企业,也要有计划地进行有关的科研工作,为开发新的技术提供理论储备。从汽车运输企业看,必须结合运输企业生产发展的需要,量力而行,主要是取得与专门科研机构的密切合作。

2. 加快科研成果转化为应用技术的进程,建立相应的技术储备

在汽车运输企业中,主要是根据企业生产的实际需要,配合有关研究机构共同研究,共同试验,为尽快将国内外的有关科研成果转化为运输企业所需的专门技术作准备。

3. 加快应用技术转化为现实生产力的进程

尽早地将先进的技术应用于生产实际,是企业技术管理中最为重要的一项任务,是企业得以生存和发展的关键。只有不断地进行生产技术的改造和创新,才能适应需求的不断变化,才能提高生产效率,节约能源,降低生产成本,提高经济效益。

4. 建立良好的生产技术工作秩序

包括建立完整的技术标准,统一齐全的技术文件,使一切生产设备保持良好的技术状

态,有健全的技术工作制度,良好的计量工作和安全工作等,这是企业生产正常进行的基本条件,是企业管理的技术基础工作。

5. 建立健全的技术管理指挥系统

在企业最高决策者领导下,建立以总工程师为首的技术管理指挥系统,结合企业的具体情况,设置必要的技术管理职能机构,配备必要的技术人员,保证技术管理工作正常有效地进行,完成企业技术管理的各项任务。

6. 贯彻执行国家技术政策和法规

根据国家和有关部门制定颁发的技术法规、法令、条例和技术标准等,结合汽车运输企业的情况具体实施,制定企业自身的技术标准、规范、工艺流程和操作规程等。

7. 加强对企业职工的技术培训

根据新技术的应用要求,和企业教育部门密切配合,对企业的职工进行专门培训,提高职工的技能,以便更快更好地适应新的技术要求。

三、汽车运输企业的技术管理机构和责任制度

建立健全运输企业的技术管理机构,是有效开展企业技术活动、实现技术管理任务的组织保证。汽车运输企业根据具体情况,本着精干、高效的原则,以及加强技术管理的需要,可设立有关技术管理机构,行使技术管理职能。

为了加强严密地分工协作,必须建立技术管理工作责任制度,对各职能部门、科室及其领导、管理人员的职责和权限等,要进行明确划分,形成良好的约束和激励机制,确保技术管理工作的正常开展。

第二节 运输与配送技术

运输与配送是指运用各种运输工具将货物从不同地区运送到目的地的活动,以改变"物"的空间位置为目的。运输与配送技术就是指在运输组织过程中所采用的方式、方法。

一、建立运输与配送网络

1. 建立直接运输网络

直接运输网络是指所有货物直接从供应商处运达零售店所形成的运输线路。直接运输网络的每一次运输的线路都是指定的,只需决定运输的数量并选择运输方式。要作出这一选择,供应链管理者必须在运输费用和库存费用之间进行权衡。

直接运输网络的主要优势在于无需中介仓库,而且在操作和协调上简单易行。运输决策完全是地方性的,一次运输决策不影响别的货物运输。同时,由于每次运输都是直接的,从供应商到零售商的运输时间较短。

2. 利用"送奶线路"的直接运送

送奶线路是指一辆卡车将从一个供应商那里提取的货物送到多个零售店时所经历的线路,或者从多个供应商那里提取货物送至一个零售店时所经过的线路。在这种运输方式中,供应商通过一辆卡车直接向多个零售店供货,或者由一辆卡车从多个供应商那里装载要运

送到一家零售店去的货物。一旦选择这种运输方式,管理者就必须对每条送奶线路进行规划。

直接运送具有无需中介仓库的优点,而送奶线路通过多家零售店在一辆卡车上的联合运输降低了运输成本。

3. 所有货物通过配送中心的运输网络

在这种运输系统中,供应商并不直接将货物运送到零售店,而是先运到配送中心,再运到零售店。零售供应链依据空间位置将零售店划分区域,并在每个区域建立一个配送中心。供应商将货物送至配送中心,然后由中心选择合适的运输方式,再将货物送至零售店。当供应商和零售店之间的距离较远、运费高昂时,配送中心(通过货物保存和转运)有利于减少供应链中的成本耗费。

如果商店的库存更新规模大到足以获取进货规模经济效益,配送中心就没有必要为其保有库存。在这种情形下,可采取货物对接的方式。每一辆进货卡车上装有来自同一个供应商并将运送到多个零售店的产品,而每一辆送货卡车则装有来自不同供应商并将被送至同一家商店的产品。货物对接的主要优势有:无需库存,加快了供应链中产品的流通速度,减少了处理成本。

4. 通过配送中心使用送奶线路的运送

如果每家商店的进货规模较小,配送中心就可以使用送奶线路向零售商送货了。送奶线路通过联合的小批量运送减少了送货成本。

5. 建立综合运输网络

综合运输网络是上述运输方式的综合利用。它在运输过程中综合利用货物对接、送奶线路、满载和非满载承运,甚至在某些情况下使用包裹递送,目的是根据具体情况,采用合适的运输方案。

这种运输网络的管理是很复杂的,因为大量不同的产品和商店要使用不同的运送程序。量身定做的运输网络的运营,要求较多的信息基础设施及其引致的投资,以便进行协调。但同时,这种运输网也可以有选择地使用进货方法,减少运输成本和库存成本。

二、集装单元化技术

集装单元化技术是运输管理硬技术(设备、器具等)与软技术(为完成搬运装卸、储存、运输等作业的一系列方法、程序和制度等)的有机结合。它是采用先进的科学技术与科学的管理方法相结合的复合技术。

集装是将许多大小,形状,各种各样的物品,通过一定的技术措施组合成尺寸规格相同、质量相近的大型标准化的组合体,这种大型的组合状态称为集装。集装是材料科学和装卸技术两个方面有了突破进展之后才出现的,用大单元实现组合,是整个包装技术的一大进步。

从包装角度来看,集装是一种按单元将杂散物品组合包装的形态,是属于大型包装的状态。在多种类型的产品中,小件杂散货物很难像机床、构件等产品进行单件处理,由于其杂、散,且个体体积、质量都不大,所以,总是需要进行一定程度的组合,才能有利于销售,有利于物流,有利于使用。比如,箱袋等都是杂散货物的组合状态。

从运输角度来看,集装所组合的组合体往往又是一个装卸运输单位,非常便于运输和装卸,因而在这个领域把集装主要看成是一个运输体(货载),称单元组合货载或称集装货载。

集装单元化的主要方式有托盘、柔性集装袋、集装箱等。

1. 托盘

托盘是为了使物品能有效地装卸、运输、保管,将其按一定数量组合放置于一定形状的台面上。这种台面有供叉车或堆垛机从下部叉入并将台板托起的叉入口,便于叉车和堆垛机叉取和存放。以这种结构为基本结构的平板、台板和各种形式的集装器具都可统称为托盘。

托盘是在物流领域中为适应装卸机械而发展起来的一种集装容器,托盘的发展可以说是与叉车同步,叉车与托盘的共同使用,形成的有效装卸系统,大大地促进了装卸活动的发展。装卸活动的发展,使装卸机械化水平大幅提高,使长期以来在运输过程中的装卸瓶颈得以解决和改善。所以,托盘的出现有效地促进了全物流过程水平的提高。此外,也促进了集装箱和其他集装方式的形成与发展。现在,托盘已是和集装箱一样重要的集装方式,形成了集装系统的两大支柱,托盘尤其以简单方便在集装领域中颇受青睐。

托盘根据其结构特征可分为平托盘、网箱托盘、箱式托盘、柱式托盘、轮式托盘等。

(1) 平托盘:是指承开面和支撑面间夹以纵梁,构成可集装物料,可使用叉车或搬运车等进行作业的托盘。(I80/K455 定义)按使用材料不同,可分为木制、塑制、钢制、竹制、塑木复合等。

(2) 网箱托盘:它适用于存放不规则的物料,可使用托盘搬运车,叉车,起重机等作业;可相互堆叠四层,空箱可折叠。

(3) 箱式托盘:是在平托盘基础上发展起来的,多用于散件或散状物料的集装。金属箱式托盘还用于热加工车间集装热料,一般下部可叉装,上部可吊装,并可进行码垛(一般为四层)。

(4) 柱式托盘:是在平托盘基础上发展起来的,其特点是在不压货物的情况下可进行码垛(一般四层),多用于包装材料、棒料管材等的集装。柱式托盘还可以作为可移动的货架、货位,不用时可叠套存放,以节约空间,在国外推广迅速。

(5) 轮式托盘:是在平托盘、柱式托盘或网箱托盘的底部装上脚轮而成的,即便于机械化搬运,又宜于短距离的人力移动,适用于企业工序间的物料搬运,也可在工厂或配送中心装上货物运到商店,直接作为商店货架的一部分。

2. 柔性集装袋

柔性集装袋又称柔性集装箱,是集装单元器具的一种,配以起重机和叉车就可以实现集装单元化运输,它适用于大型散状、粉粒状物料。它的特点是结构简单,质量轻,可以折叠,所占空间小,价格低廉,形式多样。

集装袋的适用形式有重复使用型、一次使用型;形状有圆桶形、方形、圆锥形、折叠形等;提升方式有顶面提升、底盘提升、侧面提升;有些有排料的,有些无排料的;材料有橡胶、塑料、帆布等;体积和填充质量规格多。

3. 集装箱

集装箱运输就是将货物装在集装箱内,以集装箱作为一个货物集合(成组)单元,进行装卸、运输的运输工艺和运输组织形式。国际标准化组织 ISO/K830—1968《集装箱术语》中对集装箱作了规定：①具有足够的强度，能反复长期使用；②适合一种或多种运输，中转时，箱内货物不必换装；③可以进行快速装卸和搬运，特别是从一种运输方式转移到另一种运输方式；④便于货物满装和卸空；⑤容积≥$1m^3$。

集装箱依据运送方式的不同划分为铁路集装箱、公路集装箱、海运集装箱和航空集装箱。目前关于铁路集装箱的规格没有统一的国际标准，各国自己制定各自的规格标准。海运集装箱主要指国际贸易中使用的大型集装箱。在国际贸易过程中使用的集装箱在规格尺寸如果不统一，则会引起混乱和低效率。为此国际上制定了通用的国际规格标准(ISO)规定了集装箱的外形尺寸和最大总质量。在国际符合全程运送过程中使用的集装箱一般是20英尺(1英尺约合0.3048m)和40英尺两种。国际航空协会(IATA)制定了航空集装箱的统一规格标准。除了以上4种类型的集装箱之外，还有特殊使用用途的集装箱，如冷冻型集装箱、隔热型集装箱、通风型集装箱、灌状型集装箱、干货集装箱、汽车用集装箱、开盖集装箱、框架集装箱、牲畜集装箱等。另外为了满足零售业顾客的需要，在物流配送中心使用小型集装箱。

三、集装单元化技术的应用

1. 集装单元化在搬运装卸作业中的应用

在运输过程中，物资的装卸搬运出现的频率大于其他作业环节，其需要的时间多、劳动强度大、所占费用的比例大。采用集装单元化技术，可使物资的储运单元与机械等装卸搬运手段的标准能力相一致，从而把装卸搬运劳动强度减少到最低限度，便于实现机械化作业，提高搬运装卸效率，降低运输费用，实现物料搬运机械化和标准化。集装单元化技术在装卸搬运中具体应用在单元化搬运和单元物资上。

2. 集装单元在运输作业中的应用

提高运输效率最重要的手段是尽可能减少转载作业。如果货物从始发地就采用单元形式，不管途中经过怎样复杂的转运过程，都不会打乱集装单元物资的原状，直到终点，这就充分发挥了集装单元的效果。把物资按一定单位集中，并保持集装原状的直达运输，称为集装单元化直达运输。它是一种很有发展前景的运输方式，在国外一些发达的国家已推广使用。集装单元化直达运输有两种形式，一种是集装箱化直达运输，另一种是托盘化直达运输。

3. 集装单元化在存储作业中的应用

由于现代科学技术的发展，仓库功能有了很大变化，仓库已由存储物品停留时间较长的"静态"管理，发展为物品在仓库处于运动状态的"动态"管理。集装单元化技术就是使"静态"货物变为"动态"货物的一种技术方法，应用集装单元化技术能使"物料经常处于运动状态"。而托盘、集装箱、活动载货台等单元储运器具就是实现它们之间转变的媒介物。

在存储作业中，采用集装单元化技术有利于仓库作业机械化、省力化，提高搬运活性，加速物资周转，降低物流成本。

第三节 现代信息技术的应用

现代信息技术是在计算机与通信技术支持下，收集、存储、处理、检索、传递、分析与显示各种信息的高技术群技术,或者说是开发和利用信息资源的技术。在现代运输企业生产经营活动中,信息技术发挥着越来越重要的作用,已成为现代企业管理的重要内容。

一、信息技术在现代运输企业中的作用

随着经济全球化的到来,运输需求的客观变化要求运输企业提供更加柔性、多样化、高品质的运输服务。将现代化的信息技术引入道路运输业,实现运输系统的信息化,是现代运输企业管理的基本任务。而如何将信息技术引入交通系统,实现运输系统信息化是近、现代交通领域研究的主要课题。

20世纪80年代,智能交通(ITS)在国外的兴起,就很好地解决了这个问题。公路、水路交通通过运用计算机技术、现代通信技术以及与交通密切相关的全球定位系统、地理信息系统等技术,迅速改造传统交通运输业的生产、管理和服务,而向信息资源为基础的智能化新型交通运输业发展。智能运输系统实质是利用高新技术对传统的运输系统进行改造而形成的一种信息化、智能化、高效化、社会化的新型运输系统。在各国已建成四通八达的现代化道路网的同时,随着经济的发展,路网的通过能力满足不了交通量增长的需要,交通拥挤、阻塞等现象时有发生,而利用现代信息技术的智能交通系统很好地解决了这一难题,为运输、配送提供了良好的基础条件。

信息技术通过进入运输企业的业务流程来实现对运输企业各生产要素(车、仓、驾等)进行合理组合与高效利用,降低经营成本,直接产生明显的经营效益。它有效地把各种零散数据变为商业智慧,赋予了运输企业新型的生产要素信息,大大提高了运输企业的业务预测和管理能力。通过"点、线、面"的立体式综合管理,实现了运输企业内部一体化和外部供应链的统一管理,有效地帮助运输企业提高服务质量,提高运输企业的整体效益。

据国外统计,信息技术的应用,可为传统的运输企业带来以下实效:降低空载率15%～20%;提高对在途车辆的监控能力,有效保障货物安全;网上货运信息发布及网上下单可增加商业机会;无时空限制的客户查询功能,有效满足客户对货物在运情况的跟踪监控,可提高业务量40%;对各种资源的合理综合利用,可减少运营成本15%～30%。

对传统仓储企业带来的实效表现在:配载能力可提高20%～30%;库存和发货准确率可超过99%;数据输入误差减少,库存和短缺损耗减少;可减低劳动力成本约50%,提高生产力30%～40%,提高仓库空间利用率20%。

信息技术在现代物流的运作过程中的重要作用已被充分认识,特别是发达国家已经在物流过程中普遍应用了信息技术,在物流设施自动化和经营网络化全面实现了信息化。物流设施自动化是指货物的接受、分拣、装卸、运送、监控等流程的自动化。只有在条形码、射频识别、全球卫星定位、地理信息系统等信息技术及设施成熟的今天,才可能实现货物的识别、分拣、装卸和存取等物流作业的自动化和高效化。物流经营网络化是指将网络技术运用到物流企业运行的各个方面,包括企业内部管理上的网络化和对外联系上的网络化,这使得货物运行的各种信息及时反馈到企业内部网的数据中,管理信息系统对数据进行自动分析和安排调度,自动排定货物的分拣、装卸以及运送车辆、线路的选择等。企业的外部网一般都与Internet对接,用户可以下订单、进行网上支付,对货物随时查找跟踪。

二、汽车运输企业管理信息

汽车运输活动中产生的各种数据、资料既是对运输活动及其环境自身的反映,同时又影响汽车运输活动的进行,需要对这些信息进行收集、加工、整理,并用于汽车运输企业经营管理活动之中,以指导企业活动的有效开展。按汽车运输企业生产经营管理结构不同,管理信息一般划分为领导决策信息、生产管理信息、基层作业信息三种类型。

1. 领导决策信息

领导决策信息主要是提供给领导决策层,用来确定企业生产经营目标,制定相应的经营方针与经营策略。此类信息主要来自企业外部的不确定性信息和企业内部的确定性信息。企业外部的不确定性信息主要包括国民经济发展状况、国家对运输业的调控政策等宏观经济信息,社会对运输的需求量与变化规律、道路交通状况、运价变化情形等市场信息,其他汽车运输企业运输力量消长、区域综合运输结构调整等竞争信息;企业内部确定性信息主要包括企业现有经营规模、管理体制、经营方式等基本信息,企业员工队伍素质、运输供给能力等生产要素信息,企业资金运转情况等财务信息以及企业内部的其他信息。

2. 生产管理信息

生产管理信息是为汽车运输企业各生产管理机构提供的信息,以便管理人员能掌握这些信息,以合理地使用企业的人、财、物各种资源,有效地实现企业生产经营目标,将领导决策层制定的目标予以落实。同时,管理人员还可以利用这些信息随时检查运输生产实绩状况,通过必要的控制手段促成预期目标的实现。此类信息主要来源于企业内部的各生产要素信息。同时,企业外部信息、领导决策信息及基层作业信息也对生产管理活动产生重要影响。

3. 基层作业信息

基层作业信息主要是反映企业日常运输生产活动的信息,经加工后作为领导决策信息和生产管理信息提供给领导决策层和生产管理层,属确定性信息。工作中需要重点获得并处理以下几个方面的基础信息:

(1)运输需求信息。这里所谈的运输需求,是指有能力的运输需求,因为只有支付能力的运输需求,才能构成现实的运输市场。它主要是指品类(客运指长、短途,直达、中转等类别,货运指各种不同类别的货物)、流量(客运指人次、人公里,货运指吨次、吨公里)、流时、运距、质量要求(安全性、及时性、经济性、方便性以及客运的舒适性)、空间分布等。

(2)运输供给信息。企业根据运输需求,组织运输生产经营活动,提供运输供给以满足用户需要,它涉及企业内部的各个方面和诸多部分与环节。运输供给信息主要有企业人员(重点是驾乘人员、管理人员等)、营运车辆(车型、数量等)、保修机具、设备、车辆运用效率(完好率、工作率、平均车日行程、行程利用率、吨(座)利用率、实载率、拖挂率、平均吨(座)位、车吨(座)期产量等)、行车路单、货票、调度日志等有关信息。

(3)投入产出信息(主要以货币、价值形式反映)。投入方面包括单车、车队(班组)企业三级核算,产出方面由车队(班组)到企业,逐一汇总,主要包括售票收入、行包收入、结算收入及其他收入,运量、周转量、车吨期产量等,安全、及时、经济、方便、舒适等,单位运输成本、总成本、单位运输收入(运价)、总收入、利润、税金、资本利润率、车吨(座)利润、人均利润率等。这些信息一般首先表现在各类台账之上,具有不完整性、离散性,需要加工、整理之后才能利用。

企业的三类管理信息是企业外部信息、企业内部固定信息及运输生产活动中产生的流动信息相互作用的结果,是对各种原始资料按照管理活动实施的要求加工、整理出来的信息资源。领导决策信息、生产管理信息、基层作业信息三者既相互联系,又与企业外部、内部各种信息密切交流,形成企业管理活动中特定的管理信息结构,如图11-1所示。

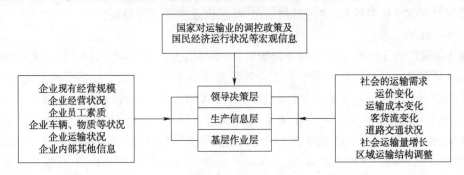

图11-1 管理信息结构

三、汽车运输企业管理信息系统

管理信息系统(Management Information Systems,简称MIS),是用系统思想建立起来的,以计算机为基础的,为管理决策服务的信息系统。它首先是一个系统,其次是一个信息系统,再次是一个应用于管理方面的信系系统。有别于其他应用系统,管理信息系统强调了其应用于管理决策中的重要性。管理信息系统能实测企业的各种运行情况,利用过去的数据预测未来,从全局出发辅助企业进行决策,利用信息控制企业的行为,帮助企业实现其规划目标。管理信息系统的中心数据库和计算机网络系统能将组织中的数据集中起来,进行快速处理、集中使用,利用定量化的科学管理方法通过预测、计划、优化、管理、调节和控制手段来支持决策。

汽车运输企业管理信息系统能实现计划管理、客货运输信息管理、售票管理、车辆运行调度管理、车辆管理、物资管理、人力资源管理、运输安全质量管理、财务管理及运输统计分析等多项功能。系统运行时,首先将领导决策、生产管理、基层作业等企业内部信息和企业外部信息汇总输入数据库,经过数据处理后提供给各子系统调用,经过系统运行得到企业决策方案供领导决策层选择。然后,根据企业择优选定的目标,合理安排企业生产管理层、基层作业层的生产计划与作业计划。最后,将执行结果反馈回系统。系统的运行结构如图11-2所示。

1. 计划管理子系统

计划管理子系统主要是在充分收集企业内部与外部信息如企业经营方向、规模、职工素质、国家运输经济政策、市场竞争对手等信息的基础上,建立正确的经济预测模型与管理决策模型,运用计算机模拟优化企业的计划目标及实现目标的最优方案。该系统的主要功能有:制订企业长期经营计划,确定企业年度生产计划的主要指标值,编制运输生产总进度计划,根据总指标计算人力资源、物资材料的消耗及车辆占用等,从而形成企业计划体系。

第十一章 汽车运输企业技术管理

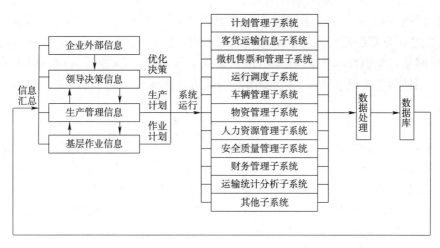

图 11-2　系统运行结构

2. 客货运输信息子系统

客货运输信息子系统可分旅客运输信息子系统和货物运输信息子系统分别建立。旅客运输信息子系统主要以各客运售票点、旅客集散地为信息搜集对象,掌握本企业旅客组织发送量及社会对旅客运输的要求,研究旅客流量、流向、流时及其时空变化规律,分析旅客流量变化的影响因素。货物运输信息子系统的设计思路与旅客运输信息子系统的设计基本相类似,只是在具体的数据输入、输出和分析模型上有所不同而已。

3. 微机售票和管理子系统

微机售票和管理子系统可分为微机售票子系统和微机售票管理子系统。微机售票子系统主要以各地客运售票点为信息搜集对象,及时掌握售票、检票、退票、废票的动态信息,为各地客运站完成多种形式、任意时段的客流分析提供了可能,对提升车站工作效率,提高服务质量及现代化管理水平起到了有力的推动作用。微机售票管理子系统与微机售票子系统类似。

4. 运行调度子系统

开发运行调度子系统,关键在于把汽车运输中车辆、班次、线路、客货源(即运输任务)等问题归结为优化调度数学模型,然后利用计算机求解得出最优(或最满意)的调度方案。目前,国内外通常采用的车辆运行调度数学方法主要是线性规划、网络分析等运筹学方法。运行调度子系统建立后,调度人员只要输入计划期内(以货运为例)货源分布、货物起讫点、货物类别、等级、数量、装卸搬运要求等信息,同时调用车辆管理子系统中有关运行的车辆数、车型、目前车辆动态等信息,通过计算机的运行处理后即可打印输出每条运输线路的货物品种、数量以及应配置的车辆类型与数量等调运方案资料,供调度人员选择使用。车辆运行调度子系统一般适应于在客货源相对稳定、车辆保有量较多、调度指挥高度统一的企业中建立和使用,对城市短途运输适应性极强。

5. 车辆管理子系统

车辆从购入开始就要为其建立车辆技术档案,详细记载车辆的各项技术性能参数与车辆装备,随时记录车辆运行过程中完成的运行里程、运输工作量,车辆运行过程中发生的各种技术故障、维修间隔里程、维修级别、占用车日数及车辆经检查的时间、内容与结果,车辆肇事经过、原因、损失损坏情况及处理结果,车辆技术等级鉴定的时间、形式与鉴定结果等资料信息。这些信息都将定期或不定期地输入数据库,通过车辆管理子系统对数据进行调整分析,可随时掌握车辆技术状况、使用状况。根据车辆运行动态,系统自动编制车辆维修计划、车辆运用计划及车辆计划等,从而提高车辆运用效率及车辆运行的经济性、安全性。

6. 物资管理子系统

建立物资管理子系统的目的是保障物资供应,进行物资管理。系统只要拥有了物资种类及其消耗定额、运输生产计划及进度安排、物资储备定额及库存量、物资采购渠道及物资市场信息等资料,则可借助于物资库存控制模型,确定物资需要量、订购批量、订货时间与进货方式等,指导采购供应工作的进行。同时,通过计算机进行库存物资的分析,登录物资进出库明细账、统计库存情况,分析物资消耗规律,进行库存物资会计管理,并按需要定期或不定期地输出各种库存物资报表,为物资采购、库存控制等提供依据。

7. 人力资源管理子系统

人力资源管理子系统主要通过企业内各部门提供的各种人力资源信息,经整理汇总、系统运行后提供查询、输出人力资源情况;编制人力资源需要计划、工资计划,辅助人事部门进行人事档案管理、劳动组织、工资管理等工作;分析企业人力资源结构特征,指导企业开展技术培训。

8. 安全质量管理子系统

汽车运输的安全质量特性表现为汽车运输的安全性、经济性、及时性、服务性、方便性等几个方面,可通过万车公里事故频率、货损货差率、旅客正运率、运输合同履行率、运输成本降低率、营运站法分布密度、旅客(货主)满意率等一系列的安全质量指标进行分析、统计。建立了安全质量子系统后,只要随时输入这些信息,通过系统运行与计算机的模拟计算,则可输出安全质量报表;分析运输安全与质量事故发生的原因,指导企业安全质量管理人员制定有效的防范措施;编制企业安全质量计划,督促企业全体员工提高安全质量意识,共同协作,做好安全生产工作。

9. 财务管理子系统

财务管理子系统主要通过收集、整理企业长期投资、短期投资、运输价格、运营收入、税金、各成本费用项目的消耗等信息,分析企业资金运转的效率,辅助企业财务管理部门编制资金计划、财务计划(含营运收入计划、成本计划、费用计划)及盈利计划等;随时分析企业财务状况及营收、成本、利润等的升降原因,输出财务报表等。

10. 运输统计分析子系统

运用计算机进行汽车运输统计分析,不仅可以大量减少统计人员的工作量,提高劳动效率,而且数据精确,可按各种要求提供统计分析报表。因此,运输统计分析子系统在汽车运输企业的应用极为广泛。对于大中型企业,还可通过计算机联网实现各分公司、各站、队之间的信息传输与集中,对提高信息的传递速度、及时掌握企业生产经营动态效果十分显著。运输统计子系统所处理的信息很广,可在数据库中调用其他各子系统所收集的信息,按照统计分析的要求建立各种统计分析模型(如连环替代分析模型等),设计各种统计表格,通过计算机的运算,输出各种统计分析情报及各种统计报表,供各层管理人员参考使用。

不同的运输企业由于其规模、经营方式、业务特点等不同,因而对管理信息系统的功能要求也不一样。企业可根据具体情况,从自身的需要出发建立各种相应的子系统,以有效地实现企业在管理活动中所需要的各种功能。

四、GPS 信息技术的应用

1. GPS 技术的含义和特点

GPS 是英文 Global Positioning System 的缩写,意为全球定位系统。全球定位系统利用导航卫星进行测时和测距,对于地球上任何地方的用户,都能计算出他们所处的方位。当前有两个公开系统可以利用。一是 NAVSTAR 系统,由美国研制,归美国国防部管理和操作;二是 GLONASS 系统,为俄罗斯联邦所拥有。因为通常首先可利用的是 NAVSTAR 系统,故又将这一全球卫星定位导航系统简称为 GPS。

GPS 系统具有如下特点:①全球、全天候工作。能为用户提供连续、实时的三维位置、三维速度和精密时间,不受天气的影响。②定位精度高。单机定位精度优于 10m,采用差分定位,精度可达厘米级和毫米级。③功能多、应用广。随着人们对 GPS 认识的加深,GPS 不仅在测量、导航、测速、测时等方面得到更广泛的应用,而且应用领域还将不断扩大。

2. GPS 在运输中的应用

GPS 定位技术的出现给车辆、轮船等交通工具的导航定位提供了具体的实时的定位能力。通过车载 GPS 接收机,驾驶员能够随时知道自己的具体位置。通过车载电台将 GPS 定位信息发送给调度指挥中心,调度指挥中心便可及时掌握各车辆的具体位置,并在大屏幕电子地图上显示出来。目前,用于公安、交通系统的主要有:车辆 GPS 定位与无线通信系统相结合的指挥管理系统;应用 GPS 差分技术的指挥管理系统。

(1) 车辆 GPS 定位管理系统:主要是由车载 GPS 自主定位,结合无线通信系统,对车辆进行调度管理和跟踪。已经研制成功的如车辆全球定位报警系统、警用 GPS 指挥系统,分别用于城市公共汽车调度管理,风景旅游区车船报警与调度,海关、公安、海防等部门对车船的调度与监控。

(2) 应用差分 GPS 技术的车辆管理系统。若采用一般差分 GPS 技术,每辆车上都应该接收差分改正数,这样会造成系统过于复杂,所以实际应用中多采用集中差分技术。

在车辆管理系统中,每一辆车都装有接收机和通信电台,监控中心设在基准站位置,坐标精确已知。基准点上安置 GPS 接收机,同时安装通信电台、计算机、电子地图、大屏幕显示器等设备。工作时,各车辆上的 GPS 接收机将其位置、时间和车辆编号等信息一同发送到监控中心。监控中心将车辆位置与基准站 GPS 定位结果进行差分求出差分改正数,对车辆位置进行改正,计算出精确坐标,经过坐标转换后显示在大屏幕上。

这种集中差分技术可以简化车辆上的设备。车载部分只接收 GPS 信号,不必考虑差分信号的接收,而监控中心集中进行差分处理、显示、记录和存储。数据通信可采用原有的车辆通信设备,只要增加通信转换接口即可。

由于差分 GPS 设备能够实时地提供精确的位置、速度、航向等信息,故车载 GPS 差分设备还可以对车辆上的各种传感器进行校对。

五、GIS 信息技术的应用

地理信息系统(Geographical Information System,简称 GIS),也称为土地资源信息系统

(Land Resources Information System),是 20 世纪 60 年代开始迅速发展起来的地理学研究新技术,是多种学科交叉的产物。它是以空间数据为基础,采用地理模型分析方法,适时提供多种空间的地理信息,为地理研究和地理决策服务的计算机技术系统。

GIS 在运输中的应用主要是指利用 GIS 强大的地理数据功能来完善运输分析技术。完整的 GIS 物流分析软件集成了车辆路线模型、最短路径模型、网络物流模型、分配集合模型和设施定位模型等。

1. 车辆路线模型

车辆路线模型用于解决一个起始点、多个终点的货物运输路线问题。例如,如何降低物流作业费用,并保证服务质量的问题,包括决定使用多少车辆、每辆车的行走路线等。

2. 网络物流模型

网络物流模型用于解决寻求最有效的分配货物路径问题,也就是物流网点布局问题。如将货物从 N 个仓库运往到 M 个商店,每个商店都有固定的需求量,便需要确定由哪个仓库提货送给哪个商店,可使运输代价最小。

3. 分配集合模型

分配集合模型可以根据各个要素的相似点,把同一层上的所有或部分要素分为几个组,用以解决确定服务范围和销售市场范围等问题。如某一公司要设立 X 个分销点,要求这些分销点要覆盖某一地区,而且要使每个分销点的顾客数目大致相等。

4. 设施定位模型

设施定位模型用于确定一个或多个设施的位置。在物流系统中,仓库和运输线共同组成了物流网络,仓库处于网络的节点上,节点决定着线路,如何根据供求的实际需要并结合经济效益等原则,在既定区域内设立多少个仓库、每个仓库的位置、每个仓库的规模,以及仓库之间的物流关系等,运用此模型均能很容易得到解决。

六、EDI 信息技术的应用

1. EDI 的含义及分类

国际标准化组织(ISO)将 EDI 描述成"将贸易(商业)或行政事务处理按照一个公认的标准变成结构化的事务处理或信息数据格式,从计算机到计算机的电子传输。"而 ITU-T(原CCITT)将 EDI 定义为"从计算机到计算机之间的结构化的事务数据交换。"因此可以说,EDI(Electronic Data Interchange,电子数据交换)是指通过电子方式,采用标准化的格式,利用计算机网络进行结构化数据的传输和交换,俗称"无纸化"。根据 EDI 的功能不同,可以分成以下四类:

(1)贸易数据交换系统。最知名的 EDI 系统就是最简单的订货信息系统,又被称为贸易数据交换(Trade Data Interchange,简称 TDI)系统,它用电子数据交换来传输订单、发货单和各类通知等。

(2)电子资金转账系统。电子资金转账(Electronic Funds Transfer,简称 EFT)系统也是一种比较常见的 EDI,就是指在银行和其他组织之间进行电子费用汇兑。EFT 已经使用多年,但仍在不断改进中,其中最大的改进就是和订货系统联系起来,形成一个自动化水平更高的系统。

(3) 交互式应答的 EDI。第三类常见的 EDI 就是交互式应答（Interactive Query Response，简称 IQR）系统。它可以使用在旅行社和航空公司，作为机票预订系统。这种 EDI 在应用时要询问到达某一目的地的航班，要求显示航班的时间、票价或其他问题，然后根据旅客的要求确定所要的航班、打印机票等。

(4) 自动传输的 EDI。带有图形资料自动传输的 EDI，最常用的是计算机辅助设计图形的自动传输。比如设计公司完成一个厂房的平面设计图，将它传输给厂房的主人，请主人提出修改意见。一旦设计被批准，系统将自动输出订单，购买建筑和装修材料、家具和其他用品。收到这些建筑和装修材料、家具和其他物品后，自动开发出货票等。

2. EDI 技术在运输企业管理中的应用

企业使用 EDI 的目的是改善作业、降低成本、减少差错。企业可以将 EDI 与企业内部的 MIS（管理信息系统）对接，实现一体化管理。企业物流管理的 EDI 与 MIS 系统关联图如图 11-3 所示。

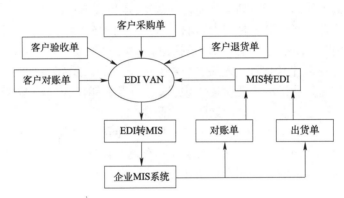

图 11-3　企业物流管理中的 EDI 与 MIS 关联图

注：VAN 代表增值网络。

由图 11-3 可以看出，与企业管理有关的作业活动由于采用了 EDI 技术，效率得到了提高，主要表现在以下几个方面：

(1) 引入采购进货单。采购进货单是整个交易流程的开始，接到 EDI 订单就不需要重新输入，从而节省了订单输入人力，保证了数据的正确；开发核查程序，核查收到订单是否与客户的交易条件相符，从而节省核查订单的人力，减低核查的错误率；与库存系统、拣货系统集成，自动生成拣货单，加快了拣货与出货速度，提高了服务质量。

(2) 引入出货单。在出货前事先用 EDI 发送出货单，通知客户出货的物资及数量，以便客户事先打印验货单并安排货仓，从而加快验收速度，节省双方交货、收货的时间；EDI 出货单也可供客户与内部定购数据进行比较，缩短客户验收后人工确认计算机数据的时间，降低日后对账的困难；客户可用出货单验货，使出货单成为日后双方催款对账的凭证。

(3) 引入催款对账单。开发对账系统，并与出货系统集成，从而减少财务部门每月对账的工作量，降低对账错误率以及业务部门催款的人力和时间。

(4) 引入转账系统。实现与客户的对账系统后，可以引入银行的 EDI 转账系统，由银行直接接收客户的 EDI 汇款再转入企业的账户内，可加快收款作业，提高资金利用效率。转账系统与对账系统、会计系统集成后，除实现自动转账外，还可将会计作业自动化、节省人力。

第四节 节能技术的应用

汽车运输企业能耗的主要部分是油料，油料费用一般要占到平均运输成本的25%~30%。因此，从企业角度看，节约能源，对于降低运输成本，提高运输企业经济效益，有着极为重要的意义。

1. 影响能耗的技术因素

节能是指在满足同样的生产需要或达到相同的生产成果时，使能源的消耗减少，其减少的量就是节能量。因此，节能完全是一个相对意义上的概念。所谓节能量，也只能用某一个基准进行比较之后才能确定。进行比较的基准通常有两个：一是计划定额基准；二是历史同期能耗水平基准，二者都以能耗水平指标表示，即百吨公里油耗量、千人公里油耗量等。通过节能量大小比较可以衡量企业因节能技术进步、节能管理改善等措施而取得的节能效果大小，因此，节能的本质即在于提高单位能耗的效果，或提高能耗的使用效率。

运输企业的能耗水平受到各种因素影响。就技术因素分析，主要有以下几个方面：

(1) 道路条件及交通环境。道路条件是指道路的技术等级、质量、路况、线形等，交通环境是指道路所在地理条件，如地形、地貌、气候等。一般而言，道路条件和交通环境越好，车辆的能耗水平就越高。从运输企业角度来说，这一因素只能作为一种客观的外部因素来对待，这一方面的节能，也只能随这种因素的变化而变化。

(2) 车辆技术性能。车辆技术性能包括车辆设计的结构、性能和车辆的制造质量。不同厂家、不同型号的车辆，油耗水平差异比较明显。车辆的设计结构越合理，性能越先进，其油耗水平就越低。这一因素的改变完全取决于车辆设计制造的技术水平，运输企业只能从车辆选购方面考虑这一因素。

(3) 车辆技术状况。车辆技术状况即车辆在使用过程中的技术性能完好情况，对日常生产中的油耗有着很大的影响。由于车辆的技术状况与车辆维护有着直接的关系，因此，从节油的角度看，车辆技术维护的好坏是能耗最直接的影响因素。一辆汽车能否节油，驾驶员的操作技术固然是主要原因，但车辆本身的技术状况好坏，同样涉及操作的条件问题。

(4) 车辆的使用情况。车辆使用包括车辆装载、车辆在不同条件下的使用等情况，如车辆的严重超载，必然会损坏车辆的技术性能，从而引发油耗水平增高。

(5) 驾驶操作技术。驾驶操作技术是继车辆技术状况之后又一重要的能耗影响因素。驾驶技术包括汽车发动机不同温度下的起动技术、起步加速技术、换挡操作技术、车速选择技术、行车温度控制技术和车辆滑行技术等。凡是驾驶操作技术水平高的驾驶员，节油效果就明显；反之，驾驶技术差的，节油效果也就差，甚至高出正常油耗标准。对此，可将这一因素扩展到驾驶员的年龄、驾驶经历及水平等方面。

(6) 燃油的品质。燃油的品质包括燃油的种类和质量，如果燃油本身的品质较差，油耗的水平就高，并且还会产生其他方面的不良后果。

由此可见，运输企业要做好节能工作，必须从提高车辆技术状况，提高驾驶人员的技术水平以及合理选择车辆、使用车辆、合理选择油料等方面寻找技术节油的途径。

2. 节能技术在节能中的地位

从上面的分析中可以看出，走技术节能之路，在节能中有着重要的地位。

(1) 技术是实现节能的根本途径。节能管理,包括设立节能管理组织机构、制定节能制度等,固然是节能的重要因素,且为节能提供保障,但节能最根本的途径还在于节能技术的发展。一方面,节能的很多障碍在于技术难题未能有效地解决,使发展节能技术成了永久性的工作;另一方面,在节能管理制度完善、管理水平提高到一定程度时,节能潜力的挖掘主要只能依靠技术。实践证明,节能技术的每一次小突破,都会显示出明显的效果。

(2) 节能管理必须以节能技术为基础。节能管理工作能否做好,在很大程度上取决于是否把握节能技术规律,即节能管理始终要依赖节能技术的要求。比如,制定燃料消耗定额时,究竟什么样的水平才是合理的,只有了解有关技术特点,才能分析确定。

因此,企业必须通过节能技术的日常管理和节能技术的开发管理,让节能技术在节能中发挥其应有的作用。

3. 节能技术管理

企业的节能技术管理包括日常技术管理和节能技术开发工作管理两个方面。就日常的节能技术工作来说,技术管理部门要做好以下工作:

(1) 做好节能技术资料的搜集和保管工作。节能技术资料包括企业自身的技术资料,如实际统计资料、实验资料、以往的节能研究资料等;国内外节能技术方面的信息资料;国家技术管理部门有关节能方面的技术政策、法规等。对这些资料,要充分搜集,加以整理,并妥善保管。一方面用于及时发现节能中存在的问题;另一方面,为企业进行节能技术开发做好调查、研究工作方面的准备,同时,也为企业制定节能计划、确定能耗定额、选择车辆等工作提供依据。

(2) 制定能耗定额并实施。能耗定额是要求有关生产单位在一定时期内必须达到的能耗水平。能耗定额的制定、修改和实施,是从制度上确保能源节约的管理手段,节能技术管理部门要广泛分析各种技术因素的变化及对能耗的实际影响,科学地制定本企业在能耗方面的定额,分车辆、分地区等的能耗定额差别。制定能耗定额的方法很多,一般采用实际查定和统计分析法相结合,综合分析制定。随着技术条件的变化,还要对原来的能耗定额作分析修正。技术管理部门要对定额实施进行监督和考核,保证定额的完成。

(3) 制定节能技术操作规范和技术标准。节能技术渗透到运输生产的各个方面,特别是在车辆技术和驾驶操作技术中,通过制定系统的节能技术规范,如车辆的技术性能要求、驾驶人员的操作技术规程等,并在企业实施,可以保证能耗定额的完成。因此,技术管理部门要按照节能技术要求制定相关规范,并监督实施。一旦有新的节能技术出现,则要及时地将其补充到相应的技术规范当中去。

(4) 对驾驶人员进行操作技术教育。驾驶技术对节能的影响是经常性的,因此,要对驾驶人员进行各种驾驶操作技术的教育工作,通过驾驶操作技术的讲解、学习,使驾驶人员不断提高驾驶技术水平。

(5) 及时推广先进的节能技术。节能技术是全社会有关部门都在探索研究的技术,因而发展速度十分迅速,企业技术管理部门也在不断实践和总结。因此,有组织地及时将新的节能技术在操作人员中推广、在硬件设备中应用,也是节能技术管理的重要日常工作。

第五节　其他新兴技术的应用

近年来,移动互联网、大数据、云计算、物联网、车联网、人工智能、无人驾驶、无人机配送技术在运输领域的应用,给运输技术带来了很大变革。

一、大数据技术

1. 大数据技术的概念

大数据(Big Data),是指无法在一定时间范围内用常规软件工具进行捕捉、管理和处理的数据集合,是需要新处理模式才能具有更强的决策力、洞察发现力和流程优化能力的海量、高增长率和多样化的信息资产。

麦肯锡全球研究所给出的大数据的定义是:一种规模大到在获取、存储、管理、分析方面大大超出了传统数据库软件工具能力范围的数据集合,具有海量的数据规模、快速的数据流转、多样的数据类型和价值密度低四大特征。

大数据技术的战略意义不在于掌握庞大的数据信息,而在于对这些含有意义的数据进行专业化处理。换而言之,如果把大数据比作一种产业,那么这种产业实现盈利的关键,在于提高对数据的"加工能力",通过"加工"实现数据的"增值"。

从技术上看,大数据与云计算的关系就像一枚硬币的正反面一样密不可分。大数据必然无法用单台的计算机进行处理,必须采用分布式架构。它的特色在于对海量数据进行分布式数据挖掘。但它必须依托云计算的分布式处理、分布式数据库和云存储、虚拟化技术。

2. 大数据技术的发展与应用

随着云时代的来临,大数据也吸引了越来越多的关注。

2015 年 9 月,国务院印发《促进大数据发展行动纲要》(以下简称《纲要》),系统部署大数据发展工作。《纲要》明确,推动大数据发展和应用,在未来 5~10 年打造精准治理、多方协作的社会治理新模式,建立运行平稳、安全高效的经济运行新机制,构建以人为本、惠及全民的民生服务新体系,开启大众创业、万众创新的创新驱动新格局,培育高端智能、新兴繁荣的产业发展新生态。

为贯彻落实习近平总书记关于网络强国的重要论述和国家大数据战略部署,推进交通运输治理体系和治理能力现代化,提升综合交通运输服务水平,加快建设交通强国,2019 年 12 月 9 日交通运输部印发《推进综合交通运输大数据发展行动纲要(2020—2025 年)》,提出到 2025 年,力争实现以下目标:综合交通运输大数据标准体系更加完善,基础设施、运载工具等成规模、成体系的大数据集基本建成。政务大数据有效支撑综合交通运输体系建设,交通运输行业数字化水平显著提升。综合交通运输信息资源深入共享开放。大数据在综合交通运输各业务领域应用更加广泛。大数据安全得到有力保障。符合新时代信息化发展规律的大数据体制机制取得突破。综合交通大数据中心体系基本构建,为加快建设交通强国,助力数字经济勃兴提供坚强支撑。根据以上目标,提出了 21 项任务,分别为:完善标准规范;强化数据采集;加强技术研发应用;完善信息资源目录体系;全面构建政务大数据;推动行业数字化转型;稳步开放公共信息资源;引导大数据开放创新;构建综合性大数据分析技术模型;加强在服务国家战略中的应用;提升安全生产监测预警能力;推动应急管理综合应用;加强信用监管;加快推动"互联网+监管";深化政务服务"一网通办";促进出行服务创新应用;推动货运物流数字化发展;完善数据安全保障措施;保障国家关键数据安全;推动管理体制改革;完善技术管理体系。

二、云计算技术

1. 云计算的概念

云计算(Cloud Computing)是分布式计算的一种,指的是通过网络"云"将巨大的数据计算处理程序分解成无数个小程序,然后,通过多部服务器组成的系统进行处理和分析这些小程序得到结果并返回给用户。

"云"实质上就是一个网络,狭义上讲,云计算就是一种提供资源的网络,使用者可以随时获取"云"上的资源,按需求量使用,并且可以看成是无限扩展的,只要按使用量付费就可以。"云"就像自来水厂一样,我们可以随时接水,并且不限量,按照自己家的用水量,付费给自来水厂就可以。从广义上说,云计算是与信息技术、软件、互联网相关的一种服务,这种计算资源共享池叫作"云",云计算把许多计算资源集合起来,通过软件实现自动化管理,只需要很少的人参与,就能让资源被快速提供。也就是说,计算能力作为一种商品,可以在互联网上流通,就像水、电、煤气一样,可以方便地取用,且价格较为低廉。

总之,云计算不是一种全新的网络技术,而是一种全新的网络应用概念,云计算的核心概念就是以互联网为中心,在网站上提供快速且安全的云计算服务与数据存储,让每一个使用互联网的人都可以使用网络上的庞大计算资源与数据中心。

2. 云计算技术的应用

较为简单的云计算技术已经普遍服务于现如今的互联网服务中,最为常见的就是网络搜索引擎和网络邮箱。搜索引擎最常用的莫过于谷歌和百度,在任何时刻,只要用移动终端就可以在搜索引擎上搜索任何自己想要的资源,通过云端共享了数据资源。而网络邮箱也是如此,在过去,寄写一封邮件是一件比较麻烦的事情,同时也是很慢的过程,而在云计算技术和网络技术的推动下,电子邮箱成为社会生活中的一部分,只要在网络环境下,就可以实现实时的邮件寄发。其实,云计算技术已经融入现今的社会生活。

三、人工智能技术

1. 人工智能的概念

人工智能(Artificial Intelligence),英文缩写为AI。它是研究、开发用于模拟、延伸和扩展人的智能的理论、方法、技术及应用系统的一门新的技术科学。该领域的研究包括机器人、语言识别、图像识别、自然语言处理和专家系统等。

人工智能被称为20世纪70年代以来世界三大尖端技术之一(空间技术、能源技术、人工智能),也被认为是21世纪三大尖端技术(基因工程、纳米科学、人工智能)之一。这是因为近30年来它获得了迅速的发展,在很多学科领域都获得了广泛应用,并取得了丰硕的成果,人工智能已逐步成为一个独立的分支,无论在理论和实践上都已自成一个系统。

2. 人工智能的应用

人工智能的应用非常广泛,如机器视觉:指纹识别、人脸识别、视网膜识别、虹膜识别、掌纹识别等;语音识别领域,除了科大讯飞输入法,还有面向医疗领域的智能"语音识别"技术,能实时准确地将语音转换成文本。在金融智能投资领域,所谓智能投(资)顾(问),即利用计算机的算法优化理财资产配置,目前国内进行智能投顾业务的企业已经超过20家。

人工智能在交通运输领域的应用主要是无人驾驶,通过传感器、计算机视觉等技术解放人的双手和感知。此外,人工智能重要落地场景之一的智慧物流体系也在加速发展,而作为智慧物流体系的一个重要分支,无人机物流正是机械化、自动化和智能化发展的结果。无人驾驶技术、无人机物流的发展和广泛应用必将对交通运输业带来革命性影响。

四、无人驾驶技术

1. 无人驾驶的概念

无人驾驶汽车又称自动驾驶汽车(Autonomous Vehicles,Self-driving Automobile)、电脑驾驶汽车,或轮式移动机器人,是一种通过电脑系统实现无人驾驶的智能汽车。自动驾驶汽车依靠人工智能、视觉计算、雷达、监控装置和全球定位系统协同合作,使电脑可以在没有任何人类主动的操作下,自动安全地操作机动车辆。

2. 无人驾驶的应用

无人驾驶属于高级别自动驾驶技术,是人工智能等技术在汽车领域深度应用的产物,具有划时代的变革意义。完全的无人驾驶不仅有助于降低交通事故的发生概率,同时由于用车效率的提升,也将为全球的节能减排作出积极贡献。

无人驾驶应用场景也在逐步拓展。现阶段,无人驾驶技术的应用可拓展至物流、公共交通、港口码头、共享出行、园区、环卫、矿山开采、零售等多种低速与限定场景领域。借助无人驾驶技术,装卸、运输、收货、仓储等物流工作将逐渐实现无人化和机器化,促使物流领域降本增效,推动物流产业的革新升级。

在现实中,根据技术成熟度以及环境稳定性,无人驾驶技术最常被运用到以下几种场景。一是相对封闭环境——代步功能。企业与园区或景区合作,将无人驾驶技术运用于电动车上。二是半封闭环境——"最后一公里"短驳接送。人们经常会遇到公交站、地铁站较远或绕路的问题,或者错过一班车又要等很久的情况。因此,有的企业会提供短驳接送服务。而有了无人驾驶技术之后,短驳接送任务就可以全权交给无人车,员工可以在厂区任何位置预约搭乘无人车。三是基本开放环境——无人驾驶公交车、出租汽车、清扫车。2016年,新加坡试运行无人出租汽车模式,并限定在 $6.5m^2$ 的商业住宅区内。四是全开放环境——商用汽车。2016年,Uber收购的Otto无人驾驶货车已经运用于实际商业运输,减轻了货车驾驶员的负担,可谓是无人驾驶技术普及到生活和商业的重要开端。

五、无人配送技术

1. 无人配送的概念

无人配送是指应用现代化的无人机、无人车、无人船进行货物的配送,旨在提高运输效率、降低运输成本。无人机配送,即通过利用无线电遥控设备和自备的程序控制装置操纵的无人驾驶的低空飞行器运载包裹,自动送达目的地。

2. 无人配送的应用

无人机配送的优点主要在于解决偏远地区的配送问题,提高配送效率、减少人力成本,其优势具体如下:

(1)配送速度快。无人机配送避免了堵车、等红灯、快递员找地址等难题,并且配送路径能直接走直线,配送效率比快递员高出好多倍,甚至可以实现"闪电达",满足了消费者"2h达""即刻达"的时效要求。如亚马逊让无人机和配送车搭档,能将包裹在30min或更短时间内送到顾客手中。

(2)配送成本低。无人机具有部署便捷、成本低、机动性强、对任务环境要求低等优点,能更好地解决快递成本问题。如京东"掌门人"刘强东提到,采用无人机进行农村快递配送,成本大约为5元/单,而采用人工与普通车辆进行农村快递配送,成本大约为20~30元/单。又如中国邮政2016年9月在浙江西北部山区安吉县开通的3条无人机测试邮路,试运营测算货物的运输成本只有3元/kg。

(3)配送条件要求低。如无人机用弹射方式起飞,用降落伞方式降落货物,则可以不需要机场,全程不需要有飞行员,机场温度降至-10℃甚至-20℃也不受影响。在我国某些贫困山村,由于自然环境恶劣,路况不佳,传统配送车辆无法到达,只能通过快乡村递员徒步将快递送达。同时在城市某些人口密集场所,如会展中心、商场、卖场等,由于城市的交通管制,车辆不允许驶入该区域。用无人机替代传统配送工具来配送货物,不会受到复杂地形的限制,能更好地解决问题。

无人机配送在实际推广上,存在以下几个障碍:①自身技术障碍,包括电池续航时间较短,感知和避障能力有待提高,负载质量有限。②安全性障碍,无人机自身可能会遭到第三方的拦截与蓄意破坏,无人机在失灵、受极端天气影响、操作员操作不当、撞到电线等障碍物的情况下,会出现坠落的可能,这对地面人员的生命财产和民航飞行的安全构成一定威胁。③公共忧虑障碍。公共忧虑主要体现在隐私问题上,无人机上配备的相机,各类传感器可以长时间多视角对公众造成威胁。同时,公众也可能对无人机送货所产生的噪声产生负面情绪。

六、物联网技术

1. 物联网的概念

物联网(the Internet of Things,简称IOT)是指通过各种信息传感器、射频识别技术、全球定位系统、红外感应器、激光扫描器等各种装置与技术,实时采集任何需要监控、连接、互动的物体或过程,采集其声、光、热、电、力学、化学、生物、位置等各种需要的信息,通过各类可能的网络接入,实现物与物、物与人的泛在连接,实现对物品和过程的智能化感知、识别和管理。物联网是一个基于互联网、传统电信网等的信息承载体,它让所有能够被独立寻址的普通物理对象形成互联互通的网络。

从通信对象和过程来看,物与物、人与物之间的信息交互是物联网的核心。物联网的基本特征可概括为整体感知、可靠传输和智能处理。整体感知是指可以利用射频识别、二维码、智能传感器等感知设备感知获取物体的各类信息。可靠传输是指通过对互联网、无线网络的融合,将物体的信息实时、准确地传送,以便信息交流、分享。智能处理指使用各种智能技术,对感知和传送到的数据、信息进行分析处理,实现监测与控制的智能化。

2. 物联网的应用

物联网的应用领域涉及方方面面,在工业、农业、环境、交通、物流、安保等基础设施领域的应用,有效地推动了这些方面的智能化发展,使得有限的资源更加合理地使用分配,从而提高了行业效率、效益。在家居、医疗健康、教育、金融与服务业、旅游业等与生活息息相关的领域的应用,从服务范围、服务方式到服务的质量等方面都有了极大改进,大幅提升了人们的生活质量。在涉及国防军事领域方面,虽然还处在研究探索阶段,但物联网应用带来的影响也不可小觑,大到卫星、导弹、飞机、潜艇等装备系统,小到单兵作战装备,物联网技术的嵌入有效提升了军事智能化、信息化、精准化程度,极大提升了军事战斗力,是未来军事变革的关键。

物联网技术在道路交通方面的应用比较成熟。随着社会车辆越来越普及,交通拥堵甚至瘫痪已成为城市的一大问题。对道路交通状况实时监控并将信息及时传递给驾驶员,让驾驶员及时作出出行调整,有效缓解了交通压力;高速路口设置电子不停车收费系统(简称ETC),免去进出口取卡、还卡的时间,提升了车辆的通行效率;公交车上安装定位系统,能及时了解公交车行驶路线及到站时间,乘客可以根据搭乘路线确定出行,免去不必要的时间浪费。社会车辆增多,除了会带来交通压力外,停车难也日益成为一个突出问题,不少城市推出了智慧路边停车管理系统,该系统基于云计算平台,结合物联网技术与移动支付技术,共享车位资源,提高车位利用率和用户的方便程度。该系统可以兼容手机模式和射频识别模式,通过手机端 App 可以实现及时了解车位信息、车位位置,提前做好预定并实现交费等操作,很大程度上解决了"停车难、难停车"的问题。

物联网在物流行业的应用主要体现以下三个方面:

(1)货物仓储。在传统的仓储中,往往需要人工进行货物扫描以及数据录取,工作效率低下;同时仓储货位有时候划分不清晰、堆放混乱,缺乏流程跟踪。将物联网技术应用于传统仓储中,形成智能仓储管理系统,能提高货物进出效率、扩大存储的容量、减少人工的劳动力强度以及人工成本,且能实时显示、监控货物进出情况,提高交货准确率,完成收货入库、盘点调拨、拣货出库以及整个系统的数据查询、备份、统计、报表生产及报表管理等任务。

(2)运输监测。通过物流车辆管理系统对运输的货车以及货物进行实时监控,可完成车辆及货物的实时、定位跟踪,监测货物的状态及温湿度情况,同时监测运输车辆的速度、胎温胎压、油量油耗、车速等车辆行驶行为以及制动次数等驾驶行为。在货物运输过程中,将货物、驾驶员以及车辆驾驶情况等信息高效地结合起来,提高运输效率,降低运输成本,降低货物损耗,清楚地了解运输过程中的一切情况。

(3)智能快递柜。智能快递柜是基于物联网技术,能够对物体进行识别、存储、监控和管理等功能,与 PC 服务器一起构成了智能快递投递系统。PC 服务端能够将智能快递终端采集到的信息数据进行处理,并实时在数据后台更新,方便使用人员进行查询快递,调配快递以及快递终端维护等操作。快递员将快件送达到指定的地点后,将其存入到快递终端后,智能系统就可以自动为用户发送一条短信,包括取件地址以及验证码等信息,用户能在 24h 内随时去智能终端取货物,简单快捷地完成取件服务。

七、车联网技术

1. 车联网的概念

车联网的概念源于物联网,即车辆物联网,它通过新一代信息通信技术,实现了"三网融合",即将车内网、车际网和车载移动互联网进行融合。车联网是以行驶中的车辆为信息感知对象,借助新一代信息通信技术,实现车与车、车与人、车与路、车与服务平台之间的网络连接,提升车辆整体的智能驾驶水平,为用户提供安全、舒适、智能、高效的驾驶感受与交通服务,同时提高交通运行效率,提升社会交通服务的智能化水平。车联网能够为车与车之间的间距提供保障,降低车辆发生碰撞事故的概率;可以帮助车主实时导航,并通过与其他车辆和网络系统的通信,提高交通运行的效率。

2. 车联网的应用

车联网应用场景不断丰富,提供日常刚性需求。研究表明,在车联网的初级阶段,通过有效的辅助驾驶技术可将交通事故的发生概率降低50%~80%,实现智能化和网联化也大大提升了交通效率。到了智能汽车和车联网的终极阶段,即自动驾驶阶段,则有可能实现零伤亡甚至零事故,车联网在新型城市智能交通系统的构建中发挥重要作用。目前,车联网基于人、车、路应用场景较为丰富,且已逐步演进为日常生活中的必要环节。

案例分析 京东物流无人机,白洋淀上空搭"天梯"

2020年2月,地形复杂的河北省白洋淀,由于新冠肺炎疫情影响而封村封路,普通快递方式无法到达,京东物流的无人机团队使用无人机为白洋淀杨刘庄村村民送去一批主要内容物为生活用品的订单包裹。据悉,这是国内首批享受到京东物流无人机配送的用户。

平时给白洋淀杨刘庄村村民送货,交通工具最少需要三种。一是京东物流配送站的车,负责把货物送到码头。第二是轮渡船,带物流人员和车上的货物跨越湖面。如果幸运的话,渡船很快凑满8辆车就会开动,不然就要耐心的等待。第三是配送员凭借双腿的步行,完成给村民的送货任务。每天乘坐轮渡船是一笔不菲的花销。最近因为疫情的影响,这个唯一通道也被关闭了,但村民们的购物单却比往常同期多了很多,而且大多是生活物资,不能按时送达,河北省白洋淀地区京东安新营业部的站长邓华山非常焦虑。于是,他给京东物流××事业部的技术团队打去了求救电话:"巴经理,我们这里进村的路被阻断,订单无法配送,请求无人机支援……"

巴航了解对方的具体困难之后,马上召集无人机团队的四个同事商量解决办法。几个小时后,无人机团队的小伙伴已经出现在白洋淀的安新营业部,并对周围的环境和飞行路线进行勘测。实地考察后,巴航才发现,困难远远超出了想象:在华北地区这样一个平原地带,竟然还会有这样一个与世隔绝的地方。要打通这个通道,需要环境勘测、空域审批及村民们的支持。问题一一解决之后,无人机终于可以在这里飞了。无人机起飞点是端村西堤码头,降落点是白洋淀对岸的刘李庄镇杨刘庄村。这条绕行超过100km的路程,在无人机的飞行下,变成了2km,全程只需要十几分钟。无人机自主完成起飞、巡航、降落、卸货、返航等环节。

"在合适的情景下使用无人机配送,效率能提升60%~70%,成本节约60%以上。从目前实际情况来看,商业化批量中距离运输,采用无人机配送最为高效,原来因为距离问题无法空运的商品也可以空运了。"天津华鼎科技有限公司总经理白子龙展望未来无人机应用时表示,特色生鲜、医疗冷链的物流业将因为无人机的逐渐普及,进入到全新的速度等级;地质条件相对复杂的地区,无论是高山还是海岛,甚至难以修路的地方,用无人机可以完成更多物资运输和补给。未来城市无人机物流配送会面向B端(组织或企业)配送一些对时效性要求较高的高价值物品。

第十二章 汽车运输企业财务管理

财务管理是现代汽车运输企业管理的重要组成内容。市场经济越发展,运输市场竞争越激烈,企业财务管理就越重要。财务管理已成为汽车运输企业生存和发展的重要环节,也是提高企业经济效益的重要手段。

第一节 财务管理概述

一、企业财务与财务管理

1. 企业财务的概念

企业财务是指企业在生产经营过程中的财务活动及其与有关各方发生的财务关系,主要包括以下两方面的内容:

(1)企业财务活动。企业账务活动即企业的资金运动。汽车运输企业为从事运输生产经营活动必须要拥有一定数量的资金。企业的筹措资金、运用资金和分配资金等各项价值活动的总和形成了企业的财务活动。具体地说,企业财务活动由以下各项价值活动构成:①企业的筹资活动;②企业的资金运用活动,包括企业的投资活动以及生产经营过程中所涉及的资金使用、资金耗费、资金补偿以及资金增值等价值活动,经营资产的使用,运输成本费用的发生,运输收入的取得以及运输利润的形成等;③企业的资金分配活动。

(2)企业财务关系,企业账务关系即企业财务活动中与有关各方面发生一定的经济关系,如企业与投资者、企业与债权人、企业与债务人、企业与税务机关、企业与被投资单位、企业内部各部门之间以及企业与员工之间的经济关系。

2. 企业财务管理

财务管理是组织企业财务活动、协调和处理企业财务关系的经济管理工作。具体来说,企业财务管理是以价值形式对企业的生产经营活动进行综合管理,它利用资金、成本费用、收入利润等价值形式来反映企业经济活动中的劳动占用量、劳动消耗量和劳动成果,进而反映出企业经济效益的好坏。

二、企业财务管理的内容

公司的基本活动可以分为投资、筹资、运营和分配活动四个方面。对于生产企业而言,还需进行有关生产成本的管理与控制。从财务管理角度看,投资可以分为长期投资和短期投资,筹资也可以分为长期筹资和短期筹资,由于短期投资、短期筹资和营业现金流管理有着密切关系,通常合并在一起讨论,称为运营资金管理。

企业财务管理的上述五部分内容是相互联系、相互制约的。筹资是基础,离开企业生产经营所需的资金筹措，企业就不能生存与发展；而且公司筹资数量还制约着公司投资的规模。企业所筹措的资金只有有效地投放出去，才能实现筹资的目的，并不断增值与发展；而且投资反过来又决定了企业需要筹资的规模和时间。

投资和筹资的成果都需要依赖资金的运营才能实现，筹资和投资在一定程度上决定了公司日常经营活动的特点和方式；但企业日常活动还需要对营运资金进行合理的管理与控制，努力提高营运资金的使用效率与效果。成本管理则贯穿投资、筹资和营运活动的全过程，渗透在财务管理的每个环节之中。收入与分配影响着筹资、投资、运营资金和成本管理的各个方面，收入与分配的来源是企业上述各方面共同作用的结果，同时又会对上述各方面产生反作用。

因此，投资管理、筹资管理、运营资金管理、成本管理和收入与分配管理都是企业价值创造的必要环节，是保障企业健康发展、实现可持续增长的重要内容。

三、财务管理基础

1. 货币时间价值

本杰明·弗兰克说："钱生钱，并且所生之钱会生出更多的钱"。这就是货币时间价值的本质。货币的时间价值概念认为，当前拥有的货币比未来收到的同样金额的货币具有更大的价值，因当前拥有的货币可以进行投资、复利。即使有通货膨胀的影响，只要存在投资机会，货币的现值就一定大于它的未来价值。对于货币时间价值，专家给出的定义为：货币的时间价值就是指当前所持有的一定量货币比未来获得的等量货币具有更高的价值。从经济学的角度而言，当前的一单位货币与未来的一单位货币的购买力之所以不同，是因为要节省现在的一单位货币不消费而改在未来消费，则在未来消费时必须有大于一单位的货币可供消费，作为弥补延迟消费的贴水。

2. 风险与收益

资产收益是凭借所占有的资产取得的收益，如存款利息、股息、红利等。资产作为收益源泉不外是两种形式：一种是资金所有者通过存款方式进行间接投资，取得存款利息；另一种是资金所有者用于生产性投资，成为生产资料所有者从而获得股息红利或直接经营收入。资产收益率，又称资产回报率，它是用来衡量每单位资产创造多少净利润的指标。资产收益率的计算公式如下：

$$资产收益率 = 净利润/平均资产总额 \times 100\% \tag{12-1}$$

资产收益率值越高，表明企业资产利用效果越好，说明企业在增加收入和节约资金使用等方面取得了良好的效果，否则相反。

资产风险是指资产价值的不确定性，是一个关于公司经营风险和行业风险的测度。公司的资产价值只是一个估计值，存在一定不确定性，应当在公司的经营风险或者资产风险的框架下理解。

3. 成本性态分析

成本性态分析是指在成本性态分类的基础上，按一定的程序和方法，将全部成本最终区分为固定成本和变动成本两大类，并建立相应的成本函数模型。成本性态分析就是要用特定的办法，对成本和业务量之间的关系进行分析，选择采用高低点法、散布图法和回归直线法等技术,将所有成本都划分为固定成本与变动成本两大类,但由于相关范围的存在,成本性态分析通常具有相对性、暂时性和可转化性等特点。按照成本性态,通常可以把成本区分为固定成本、变动成本和混合成本。

第二节　资金筹措与管理

资金筹集是企业资金运动的起点,是企业运输生产活动得以正常进行的前提条件,也是企业财务管理的首要问题。

一、企业的资金来源

现代企业资金筹集的方式、渠道多种多样。但是,无论采用何种筹资方式,也不管如何分类,现代企业的资金来源应包括所有者权益和负债两大类。具体地讲,应包括企业资本金、资本公积金、留存收益和企业负债四个方面。

1. 企业资本金

企业资本金是指企业在工商行政管理机关登记的注册资金,即企业开办时的本钱。对股份制企业而言,资本金就是股本。资本金按照投资主体分为国家资本金、法人资本金、个人资本金及外商资本金。

2. 资本公积金

资本公积金是一种资本储备形式,或者说是一种准资本,可以按照法定程序转化为资本金,是所有者权益的构成之一。以前资本公积金的主要来源为股票溢价、法定资产重估增值和企业接受的捐赠,现资本公积金的核算方法发生了变化,只包括资本溢价或股本溢价。

3. 留存收益

留存收益是企业生产经营活动所取得净收益的积累。它是所有者权益的一个组成部分,也是企业的一个重要资金来源。留存收益一般包括:①盈余公积金。它是企业按照规定从税后利润中提取的积累资金。盈余公积金可以按照法定程序转增资本金,可以用于弥补企业以前年度亏损,还可按规定用于分配股利。②未分配利润。它是企业实际利润和已分配利润的差额,在分配前形成企业资金的一项来源。

4. 企业负债

企业负债是指企业承担的能够以货币计量,并需要以资产或劳务偿付的债务。在市场经济条件下,企业借入资金是企业筹集资金的重要方式。企业负债一般按其偿还期限的长短分为流动负债和长期负债:前者是指可在一年或超过一年的一个营业周期内偿还的债务,包括短期借款、应付票据、应付账款、预收货款、应付职工薪酬、应交税费、其他应付款等;后者是指偿还期限在一年或超过一年的一个营业周期以上的债务,包括长期借款、应付债券、长期应付款等。

二、企业资本金的筹集方式

《企业会计准则》规定:"企业根据国家法律、法规的规定,可以采用国家投资、各方集资或发行股票等方式筹集资本金"。由此可知,由于资金渠道的增加,筹资方式也显多样化。

1. 吸收直接投资

吸收直接投资是企业根据出资协议等吸收国家、法人、个人和外商等直接投入的资金,形成企业资本金的一种筹资方式。吸收直接投资不用借助于发行股票,也无须发行任何有价证券,广泛适用于非股份有限公司,可以认为是非股份有限公司筹集资本金的主要方式。

(1) 吸收国家投资。国家向企业投入一般有两种方式:一种是以资本形式向企业投入;另一种是以财政资金通过政策性银行向企业贷款。

(2) 吸收法人单位投资。吸收法人单位投资是指独立于本企业以外的法人组织以参与利润分配为目的向本企业的投资。吸收法人单位投资具有"共同投资,共同经营,风险共担,利润共享"的特点。用这种筹资方式筹集资本金有两个特点:一是联营投资者都要求与投资额相适应的经营管理权;二是同其他筹资方式相比,联营投资者以参与利润分配为目的向企业投资。因此,投资者按照一定的比例参与企业的利润分配,便成为外来投资的资金成本。

(3) 吸收个人投资。个人投资是指企业内部职工或社会个人以个人合法财产投入企业。直接吸收个人投资的筹资方式,具有两个特点:一是投资者主要以取得投资收益为投资目的,企业的决策权受到"稀释"的可能性较小;二是筹资速度快,尤其是内部职工股的筹资速度较快。

2. 发行股票筹资

发行股票筹集资本金是股份公司筹集长期资金的基本方式。股票是企业收到投资者支付的股金份额后交付给投资者的股权证书。从实质上讲,它是投资的凭证,是财产所有权证书,是一种能够定期给所有者带来利益的凭证。企业如通过发行股票来筹集资本金,资本金应当按照面值计价,股票超面值发行产生的股票溢价,作为资本公积金处理;从法律方面讲,股东所持股份代表对公司净资产的所有权;发行股票所筹集的资金属于企业长期自有资本。

发行股票筹集资本金的主要特征是:一是发行股票不单纯是一个筹集资本金的问题,而是一种利用股份公司形式筹集社会资金,具有调节社会资源分配及与企业经营机制的变化相统一的特征;二是发行股票筹集资本金,其资金成本不是固定的;三是发行股票筹集资本金没有偿还期,股东购买后不能退股,只能在证券市场上依法转让;四是股息和红利虽说是股票投资的权益部分,对企业来说则是发行股票进行筹资的资金成本,只能从税后支付,属于非免税费用。

三、企业债务资金筹集方式

1. 流动负债筹资

1) 商业信用筹资

商业信用是指商品或劳务在交易过程中,由于延期付款或预收货款所形成的企业间的借贷关系。它是企业间的直接信用行为,在流动负债融资中占有较大比例。常见的形式有应付账款、应付票据、预收账款等。

(1) 应付账款。应付账款是企业购买商品或劳务时暂未付款而形成的对卖方的欠账。卖方利用这种方式促销,而对买方来说则可延期付款,以利用卖方的资金,满足短期资金的需要。应付账款往往伴随着付款期限、现金折扣等信用条件,一般分为三类:一是免费信用,即买方在规定的折扣期内享受折扣而获得信用;二是有代价信用,即买方企业放弃现金折扣付出代价而获得信用;三是展期信用,即买方企业超过规定的信用期推迟付款而强制得到的信用。

在利用商业信用筹资时,企业财务管理人员要在融资的时间、数量以及机会成本等方面权衡利弊并慎重决策。一般有下列几种情况:

①享受现金折扣。在这种情况下,企业可以获得最长信用期为现金折扣期的免费资金,并可以取得相应的折扣效益。其免费信用额度为扣除现金折扣后的净购价。

②放弃现金折扣的信用成本,在信用期内付款。在这种情况下,企业可获得的最长信用期为信用期的免费资金,其信用额度为商品或劳务总购价。在一般情况下,企业需要将放弃的现金折扣的成本率与银行借款的年利率进行权衡比较。如果成本率大于银行借款利率,企业放弃现金折扣的机会成本就大,对企业不利。

③逾期付款,强制展期。在这种情况下,企业实际上就相当于拖欠了对方企业的货款,在没有现金折扣的付款条件下,企业逾期时间越长,占用对方企业的资金就越多,理论上也不存在筹资成本。但这样会使企业的信誉受到影响,未来失去的机会收益就可能更多,对企业来说是得不偿失的。

(2)预收货款。预收货款是指卖方按照合同规定,在商品或劳务交付之前向买方预收部分或全部货款的信用方式。通常买方对于紧俏商品或劳务乐于采用这种方式;另外,一般生产周期较长、售价较高的商品或劳务,生产企业通常要向订货者分次预收货款,以缓解本企业生产经营收支的不平衡问题。

(3)应计未付款。应计未付款是企业在生产经营和利润分配过程中已经计提但尚未以货币支付的款项,主要包括应付工资、应缴税金、应付利润或应付股利等。以应付工资为例,企业通常以半月或月为单位支付工资,在应付工资已计但未付的这段时间,就会形成应计未付款。它相当于职工给企业的一个信用。应缴税金、应付利润或应付股利也有类似的性质。应计未付款随着企业规模的扩大而增加,企业使用这些自然形成的资金无须付出任何代价。但企业不是总能控制这些款项,因为其支付是有一定时间的,企业不能总拖欠这些款项。所以,企业尽管可以充分利用应计未付款,但并不能控制这些账目的水平。

2)短期借款筹资

短期借款是企业根据借款合同向银行或其他非金融机构借入的期限在一年以内的借款。短期借款按照目的和用途不同,分为生产周转借款、临时借款和结算借款;按偿还方式不同,分为一次性偿还借款和分期偿还借款;按利息支付方式不同,分为收款法借款、贴现法借款和加息法借款;按有无担保品可分为抵押借款和信用借款等。

企业取得短期借款而发生的利息费用,一般应作为财务费用处理,计入当期损益。银行或其他金融机构一般按季度在季末月结算借款利息,每季度的前两个月不支付利息。按照权责发生制原则,当月应负担的利息费用,即使在当月没有支付,也应作为当月的利息费用处理,应在月末估计当月的利息费用数额。在短期借款数额不多,各月负担的利息费用数额不大的情况下,年内各月也可以采用简化的核算方法,即于实际支付利息月,将其全部作为当月的财务费用处理,借记"财务费用"科目,贷记"银行存款"科目。但在年末,如果有应由本年负担但尚未支付的借款利息,应予预提,否则会影响年度所得税的计算。

短期借款的利息结算方式:短期借款的利息结算方式分为按月支付、按季支付、按半年支付和到期一次还本付息方式。如果企业的短期借款利息按月支付,或者利息是在借款到期归还本金时一并支付且数额不大的,可以在实际支付或收到银行的计息通知时,直接计入当期损益。如果短期借款的利息按期支付(如按季),或者利息是在借款到期归还本金时一并支付且数额较大的,为了正确计算各期的盈亏,应采用预提的办法,先按月预提,计入当期损益,到期再进行支付。

2. 长期负债筹资

1) 长期借款筹资

长期借款是指企业向银行等金融机构以及向其他单位借入的期限在一年以上的各种借款,它是以企业的生产经营能力为依托,主要用于企业长期资产的投资和永久性流动资产需要的重要资金来源。企业申请取得长期借款的基本程序如下:

(1) 企业提出借款申请。企业申请贷款应具备一定的条件。

(2) 银行审核申请。银行根据企业的申请,按照贷款条件,对借款企业进行调查,依据审批权限,核定企业申请的贷款金额和用款计划。

(3) 双方签订借款合同。经银行审核后,双方可进一步协商贷款的具体条件,签订正式的借款合同,规定贷款的数额、利率、期限和一些限制性条款。

(4) 企业取得借款。借款合同签订后,企业可在核定的贷款指标范围内,根据用款计划和实际需要,一次或分次将贷款转入企业存款结算户,以备使用。

(5) 企业归还借款。贷款到期时,借款企业应根据贷款合同的规定按期清偿贷款本金与利息或续签合同。

2) 发行债券筹资

债券是债务人为筹集资金而发行的并承诺按期向债权人支付利息和偿还本金的一种有价证券。从性质上讲,一是债券代表着一种债权债务关系,利用债券筹资所筹集的资金属于借入资本,需还本付息;二是债券具有分配上的优先权,表现在收入分配和求偿权优先;三是由于债券投资的风险小于股票,因而要求的报酬一般也低于股票;四是债券持有人只是企业的债权人,不是所有者,无权参与企业的决策。

债券发行价格通常有三种:即等价发行、溢价发行和折价发行。债券的发行价格与其面值不一致,主要是由于资金市场上的利率是经常变化的,而企业债券的利率,一经印制就难以改变。但从债券印出到正式发行期间,市场上的利率可能发生变化。从理论上分析,债券的投资价值由债券到期还本面额按市场利率折现的现值与债券各期债息的现值两部分组成。如果债券利息每年支付一次,则债券发行价格的具体计算公式如下:

$$P = \sum_{t=1}^{n} M \times i(1+K)^{-t} + M(1+K)^{-n} \tag{12-2}$$

式中:P——债券发行价格;

n——债券期限;

K——市场利率;

M——债券面值;

i——债券利率。

从上述计算公式分析可知:当票面利率与市场利率相等时,债券的发行价格等于票面面值,即所谓等价发行;当票面利率高于市场利率时,债券的发行价格高于票面面值,即溢价发行;当票面利率低于市场利率时,债券的发行价格低于票面面值,即折价发行。

四、企业筹资成本分析

企业筹资决策的实质,实际上是对企业资本结构的优化配置。所谓企业的资本结构,主要是指企业的资金来源结构,是指企业的自有资本与债务资本的比例结构。企业最优的资本结构,应当是财务风险恰当、资金成本最小的资本结构。

1. 资本成本的含义

资本成本即企业为筹措和使用资金所花费的代价。资本成本包括狭义的资本成本和广义的资本成本两种概念。

狭义的资本成本反映了企业为取得和使用资金所付出的各项费用,包括:①资金筹集费用。资金筹集费用在取得资金时一次性发生,可视为固定费用,在计算资金成本时应作为筹资额的扣除项目。②资金占用费用。资金占用费用是指企业在投资和生产经营过程中因占用资金所支付的各种费用,表现为使用债务资金所支付的各种利息费用,即债权人所要求的投资收益;站在公司股东的角度分析,公司所支付的优先股股利也可以认为是一种资金成本。

广义的资金占用费还包括所有者权益资本成本。站在所有者权益角度来分析,将资金投入企业属于一种资金占用。因此,所有者要求企业对权益资金的占用承诺一定的资金回报。对企业来讲,这部分承诺的资金回报就是使用所有者权益的资金成本。权益资本成本的概念,在资本结构理论和资本结构优化中发挥着重要的作用。

2. 资本成本计算与分析

在财务管理中,资本成本一般表示为资本成本率,即资金占用费与企业实际筹集到的资金的比值。资本成本率的通用计算表达式如下:

$$资本成本率 = \frac{资金占用费}{筹资总额 - 筹资费用} \times 100\% \qquad (12\text{-}3)$$

或

$$资本成本率 = \frac{资金占用费}{筹资总额 \times (1 - 筹资费率)} \times 100\% \qquad (12\text{-}4)$$

由于借款利息等债务性质的资金占用费具有抵扣所得税的作用,因此,用抵扣所得税前的资金占用费计算的资本成本率叫作税前资本成本率;用抵扣所得税后的资金占用费计算的资本成本率叫作税后资本成本率。

(1)长期借款的资本成本率。企业对长期借款所支付的利息,无论是否资本化,通常都是在所得税前扣除;因此,可以少缴部分所得税。另外,如果企业信誉良好,长期借款筹资费很少,可以忽略不计。因此,长期借款的资本成本率的计算公式如下:

$$资本成本率 = \frac{借款总额 \times 利息率 \times (1 - 所得税率)}{借款总额} \times 100\% \qquad (12\text{-}5)$$

(2)债券资本成本率。与长期借款相类似,企业发行债券筹集资本所支付的利息,也通常在税前支付,这样就可以少交一部分所得税。因此,企业所实际负担的利息应为:债务利息 × (1 - 所得税率)。但是,企业发行债券的筹资费用较高,在测算时应予以考虑。因此,发行债券的资本成本率的计算公式如下:

$$资本成本率 = \frac{债券总额 \times 债券利息率 \times (1-所得税率)}{债券总额 \times (1-筹资费率)} \times 100\% \qquad (12-6)$$

上述计算的长期借款资本成本率和债券资本成本率,由于两者的利息费用均在所得税前扣除,故资本成本都比较低。相比之下,债券的资本成本率略高于银行借款的资本成本率。应当指出,计算长期负债的税后资本成本率是以假设企业有利润为前提的。

(3)优先股资本成本率。企业发行优先股筹资,需要花费筹资费用,并定期支付股利,但股利支付与负债利息支付不同,它不能取得避税收益。因此,优先股资本成本率的计算与长期负债不同,其计算公式如下:

$$资本成本率 = \frac{优先股年股息额}{优先股筹资总额 \times (1-筹资费率)} \times 100\% \qquad (12-7)$$

当公司破产清算时,优先股股东的求偿权位于债权人之后。因此优先股的投资风险大于债券,从而优先股要求的报酬率一般要大于债券;另外,优先股股利需从净利润中支付,不能减少公司的所得税,所以,优先股筹资的资本成本明显高于债券资本成本。

(4)普通股资本成本率。普通股的资本成本率是所有资金来源的资本成本率中最难测定的。从理论上分析,普通股的资本成本率可定义为普通股股东所要求的最低投资收益率;或为公司在实施投资方案时,为使其股票市价稳定而必须得到的普通股资本投资收益率。如果预期收益低于这一水平,股票市价将下跌。

如果普通股股利按固定比例增长,则普通股资本成本率计算公式如下:

$$普通股资本成本率 = \frac{第一年普通股股利}{筹资总额 \times (1-筹资费率)} + 股利固定增长率 \qquad (12-8)$$

第三节 资产运营管理

企业资产从占用形态上看,可以分为流动资产和固定资产两种基本形态。为了使企业的资产发挥最大的效力,应针对流动资产和固定资产特点实施有效管理。

一、企业流动资产管理

流动资金是流动资产的货币表现,又称运营资金。具体地说,流动资金就是垫支在材料、能源、备品备件和低值易耗品,并准备用于支付工资和其他费用方面的资金。汽车运输企业的流动资产包括现金、短期投资、应收及预付款项、存货等。流动资金各种占用形态的具体项目如图12-1所示。

1. 企业现金管理

(1)企业持有现金的原因。企业现金的基本特征是具有普遍的可接受性和最强的流动性。企业持有现金的主要原因是:交易性需求,亦称支付性需求,是指企业必须持有一定的现金以满足生产经营过程中的支付需要;预防性需求,是指企业持有一定的现金以应付意外事件所产生的现金需求;投机性需求,是指企业持有一定现金以备满足某种投机行为的资金需求。

(2)企业持有现金的成本。企业持有现金需要付出代价,即是持有现金的成本。一般持有现金的成本有机会成本、短缺成本和管理成本三种。

第十二章 汽车运输企业财务管理

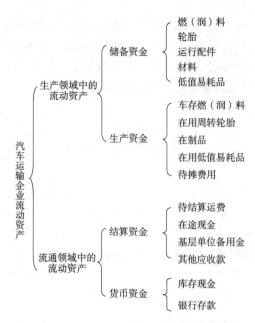

图 12-1 汽车运输企业流动资产构成

机会成本:现金资产通常被认为是非营利资产,银行存款即便有利息收入,只能看作是起一种保值作用。但若是企业将这部分现金资产进行投资,则可能像企业其他资金一样获得大致相同的利润率。可见现金作为企业一种特殊的资产形式是有代价的,这种代价便是其放弃投资的机会成本,一般可用企业投资收益率来表示。

短缺成本:是指企业由于缺乏必要的现金资产,而不能应付必要的业务开支而使企业蒙受的损失。现金的短缺成本一般有三种:①丧失购买能力的成本;②使用损失和得到折扣好处成本;③丧失偿债能力的成本。

管理成本:是指对企业置存的现金资产进行管理而支付的代价。如要建立完整的企业现金管理内部控制制度,制定各种现金收支规定和现金预算执行的具体办法等。这种现金的管理成本的高低一般与企业现金置存量并没有明显的关系,故在大多情况下被视为一种相对固定成本。

(3)最佳现金持有量的确定方法。这里主要介绍成本分析模式和存货模式两种方法。

第一,成本分析模式。成本分析模式是在现金持有成本分析的基础上,通过寻求相关成本的最低点来确定最佳现金持有量的方法。成本分析模式认为,与现金持有相关的成本共有三项,即机会成本、短缺成本和管理成本。

管理成本不受现金持有量变动的影响,其表现为一种相对固定成本。现金持有量与机会成本的关系表现为:现金持有量越大,现金持有的机会成本也越大,反之亦然。现金持有量与短缺成本的关系表现为:现金持有量越大,现金持有的短缺成本就越小,反之则反。可见,机会成本和短缺成本之间为一种互逆关系。从理论上讲,这两种成本的反向变动必然会在某一特定的现金持有量水平上相等,同时使相关总成本达到最低。

在采用成本分析模式确定最佳现金持有量时,是通过对不同现金持有量的总成本进行测试并在总成本的对比中完成的。

第二,存货模式。存货模式是利用存货管理上经济订货量或经济生产量的计算原理来确定最佳现金持有量的方法。存货模式的使用是建立在一系列假设基础上的。这些假设包括:①企业在为了一定时期(一年或一个月)的现金需求量相对稳定且可以准确预测;②对现金持有量的调节是通过买进与卖出有价证券来完成的;③现金的收入定期发生且每次金额相等,现金支出在一定时期内均衡发生,直至现金持有量为零。

按照上述假设,由于通过出售有价证券,可以使现金持有量得到瞬时补充,从而不会出现现金短缺的情况,故短缺成本为零,可将其排除在相关成本之外;而管理成本本来就是固定成本,也不属于相关成本。因此,与现金持有相关的成本,只剩下机会成本和转换成本,即:

$$现金持有总成本 = 机会成本 + 转换成本 \tag{12-9}$$

通过分析可以发现,机会成本与转换成本之间实际上存在着一种互逆关系,即在现金需求总量既定的条件下,现金持有量大,其机会成本也大,但需要将有价证券转换为现金的次数却少,从而转换成本小;现金持有量小,其机会成本小,但需要将有价证券转换为现金的次数却多,从而转换成本大。如果用 TC 表示持有现金的总成本,用 Q 表示现金持有量,用 S 表示一定时期的现金需求总量,用 i 表示同期有价证券收益率,用 F 表示每次的转换成本,则上述现金持有量总成本构成的关系式可以转化为:

$$TC = \frac{Q}{2}i + \frac{S}{Q}F \tag{12-10}$$

对上述公式求导,因为一阶导数为零的点是方程的极值点,故最佳的现金持有量 Q 为:

$$Q = \sqrt{\frac{2SF}{i}} \tag{12-11}$$

存货模式除了能够确定最佳现金持有量外,还能够确定最佳转换次数、最低现金持有成本,即:

$$最佳转换次数 = \frac{S}{Q} \tag{12-12}$$

$$最低现金持有成本 = \frac{S}{Q}F + \frac{Q}{2}i \tag{12-13}$$

2. 企业应收账款管理

(1)应收账款产生的原因。对应收账款产生的原因,可概括为以下两点:①适应市场竞争的需要。汽车运输企业的赊账业务主要针对的是货运业务,赊销作为一种促销的重要手段,实际上降低了客户所支付的运费,所以赊账业务往往对货主有更大的吸引力。②会计核算的需要。现代会计广泛实行的权责发生制。在权责发生制下,商品交易和劳务提供确认的时间往往与收款时间不一致,这也必然会导致应收账款产生。

(2)应收账款成本。应收账款成本包括应收账款的管理成本、机会成本和坏账成本。应收账款的管理成本是指从应收账款发生到应收账款收回期间所发生的与应收账款管理系统运行有关的全部费用,主要包括:①调查客户信用情况的费用;②收集各种信息的费用;③账簿的记录费用;④收账费用;⑤其他费用。应收账款的管理成本一般来讲是相对固定的,但当一定时期企业应收账款有很大变化时,其管理成本也会随着发生变化。

应收账款的机会成本是指企业将有限资金占用在应收账款上所丧失的经济利益。显然,如果企业的资金不占用在应收账款上,而是用于其他方面的投资活动,将可以获得一定的投资收益。这种由于资金被占用在应收账款上而不得不放弃其他方面的投资所丧失的收益,就属于应收账款的机会成本。

应收账款的坏账成本是指企业因应收账款无法收回而招致的坏账损失。在现代社会的经济运行中,企业必须考虑到应收账款的坏账损失。就坏账损失的性质来看,它属于变动成本,企业应收账款规模越大,坏账损失的数额也就有可能越大;反之则较小。

(3) 信用政策及其制定。信用政策是指企业基于自身情况和一定的经济环境,根据自己对与应收账款相关的效益与成本的权衡,为规划应收账款和监控应收账款的收回而确定的一系列策略与措施。信用政策通常由信用标准、信用条件和收账政策三个要素构成。

① 信用期限的选择。信用期限是指企业对外提供商品或劳务时允许客户延期付款的时间界限。确定适宜的信用期限是企业制定信用政策首先需要解决的问题。信用期限对应收账款的影响是非常明显的。较长的信用期限,意味着企业提供了较为优越的信用条件,自然会给客户以刺激,吸引更多客户,取得更多的营业额。在应收账款额扩大的同时,既给企业带来了扩大营业收入的好处,也给企业带来需要发生较多的管理成本、机会成本和坏账损失等不利一面;相反则反。合理的信用期限应当是有利大于不利,最低限度应该是二者基本相当。

② 现金折扣的选择。现金折扣也是企业信用政策中的一个重要组成部分。通常它包含两个方面的内容:一是折扣期限,即在多长时间内给予折扣;二是折扣率,即在该时间内给予客户多大折扣。例如,"2/10"的现金折扣政策表明,如果客户能够在10天之内付款,将获得运费总额的2%的折扣优惠。一个企业可以制定单一的现金折扣政策,也可以制定包含两种折扣方式的现金折扣政策。

在对不同的现金折扣方案作出选择时,通常采用比较各方案的成本与收益的方法,并选择能够给企业带来最大收益的方案。需要特别强调的是:此处的收益是指因提供现金折扣而减少的应收账款的持有成本,即减少的机会成本、管理成本和坏账成本;此处的成本是指因为提供现金折扣而减少的营业额,即现金折扣额。

3. 企业存货管理

(1) 存货的成本。基于运输生产所需,企业必须储备一定量的存货。然而事实上,企业储备存货必须为之付出一定的代价,这一代价限制了企业的存货量,它就是存货的成本。企业要保持一定量的存货,就一定会发生存货成本的开支。存货成本一般包括以下几个方面:

① 采购成本。采购成本一般是由存货的买价、运杂费、合理损耗等以及其他为使存货送交企业所花费的成本开支。采购成本的高低主要取决于采购数量与采购的单价。

② 订货成本。订货成本是指为订购存货而发生的成本。当存货是从外部购入时,订货成本是指订购费用,如采购材料出差费等;如果存货购自企业内部,则是指安排生产各种存货的费用。一般来说,订货成本与订货的数量无关,而与订货的次数有密切的联系。

③ 储存成本。储存成本是指存货在储备过程中发生的仓库保管费、保险费、存货资金占用所支付的利息等。储存成本与存储的存货数量有关,而与订货次数无关。在一定时期内,存货的储存成本总额是平均存货量乘以单位储存成本。

④ 短缺成本。短缺成本是指由于存货短缺而导致生产经营中断而给企业带来的损失。从企业内部来看,如果由于某种原材料短缺而引起整个生产线停工,将会导致生产损失与完

工日期的延误;从企业外部来看,如果客户不能如期得到它的全部订货,将会导致延期交货成本,不仅使企业丧失当前的销售收益,而且还可能使企业的商誉受损,给企业未来的经营成果造成损失。

(2)经济批量的确定。存货控制主要涉及两种成本,一是订货成本,二是储存成本,前者的高低与订货次数成正比,而与每次定购的批量成反比;后者则正好相反。要使这两种成本之和最低,企业就应设法选定一种最适量的存货数量,而这一数量就是我们所说的经济批量。

确定经济批量的假设前提条件是:①在一定时期内已经确知某项存货的耗用量,这一耗用量在分析期保持不变,它与存货水平无关;②每次订货成本都作为固定成本保持不变;③单件存货的储存成本及单位时间的储存成本都固定不变;④存货能够得到及时的补充。

根据以上的假设和前提条件,以及存货耗用量在一个时期内稳定不变,并且不考虑保险库存,企业的存货成本是储存成本与订货成本之和,这两种成本可分别计算如下:

存货的储存成本总额等于平均存货量与单件存货的储存成本(C)相乘之积;存货的订货成本总额等于每次的订货成本(F)乘以订货次数。由于在一定时期以内(一般为一年),存货订购总量是一定的,所以,订货次数是用每次订货量(Q)除以订购总量(S)。

这样,就可以得到存货总成本(T)的计算公式:

$$T = \frac{CQ}{2} + \frac{SF}{Q} \tag{12-14}$$

由于在上式中,总成本 T 是订货量 Q 的函数,因此可对 Q 求导,并令其为零,从而可求出经济批量公式:

$$Q = \sqrt{\frac{2SF}{C}} \tag{12-15}$$

(3)管理技术。为了使存货总成本极小化,有以下几种存货管理技术:

①ABC 法。依存货的价值来分类,通常 A 类存货的价值最昂贵,管理上最为严格,再依次为 B 类、C 类。A 类存货品种占全部存货的 10%~15%,资金占存货总额的 80% 左右,实行重点管理,如大型备品备件等。B 类存货为一般存货,品种占全部存货的 20%~30%,资金占全部存货总额的 15% 左右,适当控制,实行日常管理,如日常生产消耗用材料等。C 类存货品种占全部存货的 60%~65%,资金占存货总额的 5% 左右,进行一般管理,如办公用品、劳保用品等随时都可以采购。通过 ABC 分类后,抓住重点存货,控制一般存货,制订出较为合理的存货采购计划,从而有效地控制存货库存,减少储备资金占用,加速资金周转。

②JIT 法。及时生产系统,将存货维持在最低水平。JIT 存货管理是准时制生产方式(Just In Time,简称 JIT),又称作无库存生产方式或者超级市场生产方式。JIT 生产方式的基本思想是"只在需要的时候,按需要的量,生产所需的产品",也就是追求一种无库存,或库存达到最小的生产系统。JIT 以准时生产为出发点,首先暴露出生产过量和其他方面的浪费,然后对设备、人员等进行淘汰、调整,达到降低成本、简化计划和提高控制的目的。

③MRP 法。物料需求规划,以资讯系统管理存货的订购与管制。制造资源计划是基于整体最优,运用科学方法,对企业的各种制造资源和企业生产经营各环节实行合理有效的计

划、组织、控制和协调,达到既能连续均衡生产,又能最大限度地降低各种物品的库存量,进而提高企业经济效益的管理方法。

二、企业固定资产管理

1. 固定资产的概念及其界定

在生产力的基本要素中,固定资产属于劳动工具或称为劳动手段。这是固定资产的基本属性。固定资产是指企业为生产产品、提供劳务、出租或者经营管理而持有的、使用时间超过12个月的、价值达到一定标准的非货币性资产,包括房屋、建筑物、机器、机械、运输工具以及其他与生产经营活动有关的设备、器具、工具等。固定资产是企业的劳动手段,也是企业赖以生产经营的主要资产。从会计的角度划分,固定资产一般被分为生产用固定资产、非生产用固定资产、租出固定资产、未使用固定资产、不需用固定资产、融资租赁固定资产、接受捐赠固定资产等。汽车运输企业的经营业务特点决定了营运车辆是汽车运输企业固定资产的主要组成部分。

根据固定资产的概念来理解,作为固定资产必须同时具备以下基本条件:

(1)与该固定资产有关的经济利益很可能流入企业。企业在确认固定资产时,需要判断与该项固定资产有关的经济利益是否很可能流入企业。实务中,主要是通过判断与该资产所有权相关的风险和报酬是否转移到了企业来确定。通常情况下,取得固定资产所有权是判断与固定资产所有权有关的风险和报酬是否转移到企业的一个重要标志。凡是所有权已属于企业,无论企业是否收到或拥有该固定资产,均可作为企业的固定资产;反之,如果没有取得所有权,即使存放在企业,也不能作为企业的固定资产。但是,所有权是否转移不是判断的唯一标准。在有些情况下,某项固定资产的所有权虽然不属于企业,但是,企业能够控制与该项固定资产有关的经济利益流入企业,在这种情况下,企业应将该固定资产予以确认。例如,融资租赁方式下租入的固定资产,企业(承租人)虽然不拥有该项固定资产的所有权,但企业能够控制与该固定资产有关的经济利益流入企业,与该固定资产所有权相关的风险和报酬实质上已转移到了企业,因此符合固定资产确认的第一个条件。

(2)该固定资产的成本能够可靠地计量。成本能够可靠地计量是资产确认的一项基本条件。要确认固定资产,企业取得该固定资产所发生的支出必须能够可靠地计量。企业在确定固定资产成本时,有时需要根据所获得的最新资料,对固定资产的成本进行合理的估计。如果企业能够合理地估计出固定资产的成本,则视同固定资产的成本能够可靠地计量。固定资产的各组成部分具有不同使用寿命或者以不同方式为企业提供经济利益,适用不同折旧率或折旧方法的,应当分别将各组成部分确认为单项固定资产。

2. 企业固定资产分类

固定资产的分类即指固定资产的类别构成。常用的分类方法主要有以下几种:

(1)按使用价值分类。汽车运输企业的固定资产主要包括:①运输车辆;②装卸机械设备;③机器设备;④房屋、建筑物;⑤办公设备;⑥其他。

(2)按经济用途分类。汽车运输企业的固定资产可划分为生产经营用固定资产和非生产经营用固定资产两大类。

(3)按计提折旧的要求分类。汽车运输企业的固定资产主要包括:①通用设备;②专用设备设施;③房屋、建筑物。

(4)按固定资产所属关系分类。汽车运输企业的固定资产主要包括:①自有固定资产;②投资转入固定资产;③租入固定资产。

(5)按固定资产的运行效率分类。汽车运输企业的固定资产主要包括:①满负荷运行的固定资产;②运行不足的固定资产。

3. 企业固定资产折旧

会计学中的折旧仅是相对于排除无形资产、递延资产和其他资产之外的应计折旧的固定资产而言的,其源于检验企业生产经营成果——收入减去费用为纯粹所得计量过程中所使用的配比假设原则,因而固定资产折旧是把固定资产成本扣除净残值后的余额,按照一定的规律在估计使用年限内进行分摊的过程;折旧程序是对固定资产效用逐渐消失的认可和资本性支出转化为期间费用的处理。

对于固定资产折旧的认识,可以从以下方面来理解:①折旧是一种经济现象,也是固定资金运动的基本形式。②折旧是企业的现金流入。③折旧是企业不付现的成本。④折旧是企业投资的收回。⑤折旧是一个配比的概念;⑥折旧具有抵税作用;折旧的抵税数额为折旧额与所得税率的乘积。

4. 固定资产准则

《企业会计准则——固定资产》规定,固定资产是指同时具有下列特征的有形资产:①为生产商品、提供劳务、出租或经营管理而持有的;②使用寿命超过一个会计年度。使用寿命,是指企业使用固定资产的预计期间,或者该固定资产所能生产产品或提供劳务的数量。固定资产同时满足下列条件的,才能予以确认:①与该固定资产有关的经济利益很可能流入企业;②该固定资产的成本能够可靠地计量。固定资产的各组成部分具有不同使用寿命或者以不同方式为企业提供经济利益,适用不同折旧率或折旧方法的,应当分别将各组成部分确认为单项固定资产。与固定资产有关的后续支出,符合《企业会计准则——固定资产》第四条规定的确认条件的,应当计入固定资产成本;不符合该确认条件的,应当在发生时计入当期损益。

5. 固定资产折旧计算方法

确定一定期限内固定资产价值转移量的方法称为固定资产折旧的方法。固定资产价值转移的规律,就成为建立固定资产折旧方法的理论基础。固定资产价值转移的规律,实质上就是固定资产磨损的规律。它是由固定资产的价值量、价值转移速率以及价值转移期限三个因素来决定的。

企业应根据固定资产所含经济利益的预期实现方式选择折旧方法。可供选择的折旧方法主要包括年限平均法、工作量法、双倍余额递减法、年数总和法等。折旧方法一经确定,不得随意变更。如需变更,应在会计报表附注中予以说明。为体现一贯性原则,在一年内固定资产折旧方法不能修改在各折旧方法中,当已提月份不小于预计使用月份时,将不再进行折旧。本期增加的固定资产当期不提折旧,当期减少的要计提折旧以符合可比性原则。

1)平均年限折旧法

$$月折旧率 = (1 - 残值率)/预计使用月份 \qquad (12\text{-}16)$$

$$月折旧额 = 月折旧率 \times 原值 = (原值 - 残值)/预计使用月份 \qquad (12\text{-}17)$$

$$残值 = 原值 \times 残值率 \tag{12-18}$$

可以看出,平均年限折旧法一只与三个参数相关:原值、残值(或残值率)、预计使用月份。折旧的多少与"累计折旧""已计提月份(已计提月份小于预计月份时)"无关。

2)年数总和法

年数总和法是将固定资产的原值减去残值后的净额乘以一个逐年递减的分数计算每年的折旧额,其计算公式如下:

$$年折旧率 = (折旧年限 - 已使用年数)/[折旧年限 \times (折旧年限 + 1) \div 2] \tag{12-19}$$

$$月折旧额 = (固定资产原值 - 预计净残值) \times 月折旧率 \tag{12-20}$$

3)双倍余额递减法

双倍余额递减法是在不考虑固定资产残值的情况下,按双倍直线折旧率和固定资产净值来计算折旧的方法,其计算公式如下:

$$年折旧率 = 2/折旧年限 \tag{12-21}$$

$$月折旧率 = 年折旧率/12 \tag{12-22}$$

$$月折旧额 = 固定资产账面净值 \times 月折旧率 \tag{12-23}$$

采用此法,应当在其固定资产折旧年限到期前两年内,将固定资产净值扣除预计净残值后的净额平均摊销。

4)工作量法

工作量法是根据实际工作量计提折旧额的一种方法,其计算公式如下:

$$每一工作量折旧额 = (固定资产原值 - 预计净值)/规定的总工作量 \tag{12-24}$$

$$某项固定资产月折旧额 = 该项固定资产当月工作量 \times 每一工作量折旧额 \tag{12-25}$$

第四节 成本费用管理

汽车运输企业为社会提供运输劳务所发生的各种资源耗费构成运输劳务的制造成本;为组织和管理汽车运输企业的生产经营活动而消耗的各种经济资源,形成了汽车运输企业的期间费用。制造成本和期间费用之和,即为汽车运输企业的成本费用。

一、运输成本的概念和主要内容

1. 运输成本的概念

企业在一定时期内,以货币额表现的生产耗费就是成本费用。成本费用有多种形式,例如,生产中消耗的劳动资料,表现为固定资产折旧费、修理费等费用;生产中消耗的劳动对象,表现为原材料、燃料、动力等费用;劳动报酬表现为工资、奖金等人工费;生产经营中的其他耗费,表现为制造费用、管理费用、财务费用等。把企业在生产经营中为制造产品或劳务所发生的直接材料、直接人工、制造费用等归集并加和,就构成了这些产品或劳务的生产成本;生产经营中所发生的管理费用、财务费用等,由于这些费用容易确定发生期,但难以确定归属的对象,则作为期间费用,从当期损益中扣除。

2. 运输成本费用的主要内容

运输成本是运输业完成客货运输所支出的各项费用的总和,是运输产品价值的主要组成部分,是衡量运输工作质量和考核运输企业管理水平的重要指标,也是合理制定运输价格的基础。运输成本一般由工资、材料、燃料、电力、修理与折旧、企业管理费等项费用构成,其中材料费占比小,有的甚至没有;燃料费、修理费与折旧费占比大。实际工作中,常把运输支出的总额称为"运输总成本",单位运输产品所负担的运输支出称为"单位运输产品成本"。

根据现行运输企业财务制度规定,汽车运输企业的运输成本主要内容包括:①直接材料。企业在运营生产过程中实际消耗的各种燃料、材料、润料、备品配件、轮胎、专用工器具、动力照明、低值易耗品等支出。②直接人工。企业直接从事营运生产活动人员的工资、福利费、奖金、津贴和补贴等。③制造费用。企业直接从事营运生产过程中发生的固定资产折旧费、修理费、租赁费(不包括融资租赁费)、汽车运输管理费、行车杂支、车辆牌照检验费、过渡费、车辆冬季预热费、过路费、过桥费、过隧道费、驾驶员途中宿费、取暖费、水电费、办公费、差旅费、保险费、设计制图费、试验检验费、劳动保护费、职工福利费、季节性、修理期间的停工损失、事故净损失等支出。

汽车运输企业的期间费用主要包括:①管理费用。管理费用包括公司经费、职工教育经费、业务招待费、税金、技术转让费、无形资产摊销、咨询费、诉讼费、开办费摊销、上缴上级管理费、劳动保险费、待业保险费、董事会会费、财务报告审计费、筹建期间发生的开办费以及其他管理费用。②财务费用。财务费用是指企业为筹集资金而发生的各项费用,包括企业运营期间发生的利息支出(减利息收入)、汇兑净损失、调剂外汇手续费、金融机构手续费以及筹资发生的其他财务费用等。

企业的下列支出,不得列入成本或费用:为购置和建造固定资产、无形资产和其他资产的支出;对外投资的支出;被没收的财物、支付的滞纳金、罚款、违约金、赔偿金以及企业赞助、捐赠支出;国家法律、法规规定以外的各种付费;国家规定不得列入成本、费用的其他支出。

二、运输企业成本核算

运输成本核算,是指企业在一定时期内车辆在运输过程中和企业在经营管理过程中发生和支付的各项运营费用,按照成本计算对象和规定的成本项目以一定的方法进行归集和分配,计算出客车、货车运输的运输总成本和单位成本以及装卸业务的总成本和单位成本,为检查和分析成本的完成情况提供真实可靠的核算资料。

1. 成本费用的确认原则

在运输成本核算时,需确认某项资产耗费是否属于成本、费用,其基本原则是配比原则和权责发生制原则。《企业会计准则》明确指出:会计核算应当以权责发生制为基础。收入与其相关的成本、费用应当相互配比。

具体说来,这种配比有以下三种方式:①直接配比。如果某项资产的耗费与取得的收入之间具有直接的因果关系,就可直接将发生的资产耗费计入某一具体的成本计算对象之中,如直接材料、直接人工都是为产生一定运输工作量而直接发生的,其耗费应全部直接计入运输成本的计算对象之中,构成运输成本。②间接配比。将多种收入共同耗用的费用按一定比例或标准再分配到各种运输劳务中去,构成运输劳务的成本。如制造费用。③期间配比。当既不能采用直接配比,又不能采用间接配比,这种方式叫期间配比。如制造成本法下的管理费用、财务费用等就可直接从当期收入中扣除。

按权责发生制确认成本费用,是对本期发生的成本费用按其是否应发生在本期为标准来确认的。凡是应在本期发生的成本费用,不论其是否在本期实际支付,均作为本期的成本、费用;反之,凡是不应在本期发生的成本费用,即使在本期支付,也不作为本期的成本费用处理。

2. 运输成本核算对象

汽车运输企业在运输生产经营过程中发生的各项费用的承担者,就是成本计算的对象;企业主要经营旅客、货物运输业务以及装卸业务等,这就需要计算旅客运输业务、货物运输业务以及装卸业务的成本。由于旅客运输业务和货物运输业务是用不同的运输工具即客车和货车来完成的,其许多费用发生在汽车上。因此,汽车运输业务的成本计算对象是客车运输业务和货车运输业务;由此计算得出的就是客车运输总成本和单位运输成本,挂车一般不单独计算成本,其所发生的费用计入主车分类成本;自卸车发生的费用全部计入运输成本。车队运输业务应按车型作为成本计算对象归集费用,分别计算车型成本,企业汇总计算客车、货车分类成本。

3. 运输成本核算方法

按照制造成本法的核算方法,对于营运车辆在运输过程中发生的各项直接材料、直接人工费等,可根据有关原始凭证、统计资料、费用标准编制各种费用计算表,然后根据各种计算表直接计入客、货车分类成本和车队车型成本。营运车辆在运输过程中以及车队所发生的制造费用,应根据原始凭证、统计资料、费用标准编制各种费用分配表,然后根据分配表直接计入客、货车分类成本和车队车型成本。企业总部在组织和经营企业生产中所发生的管理费用、财务费用等期间费用,分别按原始凭证、统计资料和费用预算标准计算期间费用总额,在计算企业利润总额时,直接从收入中扣减,不列入运输成本的计算范围。

利用制造成本法核算运输成本,具有以下优点:①避免了成本费用的重复分配,从而简化了运输成本核算程序。②由于按制造成本法计算出来的运输成本,实际上相当于车队或车间成本,它反映了运输生产单位的成本水平,这样更便于对车队、车间成本管理责任的考核。③把与运输生产不直接相关的期间费用排除在运输成本之外,对运输成本预测来讲,实际上就是消除了不相关因素,因而有利于成本的准确预测。

综上所述,制造成本法克服了完全成本法的缺陷。根据成本费用的不同归属,把成本和费用划分为制造成本和期间费用;与运输生产有关的耗费列为制造成本,与经营期间有关的期间费用从当期损益中扣除。采用制造成本法计算出来的成本不但较为真实,而且与收入更为相关,因而得出的利润也比较真实,同时还可促进汽车运输企业积极开拓运输市场,避免过去那种只重产值不重效益的错误做法,促使汽车运输企业的经营活动得到良性循环。

三、汽车运输企业成本费用控制

运输成本控制的主要内容是对各种费用开支、人力、物力消耗的控制。有些控制是绝对控制,有些控制是相对控制。绝对控制是对费用开支总额的控制,控制其不超过预算数;相对控制是把工作量、成本、收入等指标结合起来而进行的控制。当某些费用开支超过预算总额时,只要同时能获得较多的收益,即使超过预算的开支也是合理的。相对控制是积极控制,有时为了增加收益宁肯主动使费用开支超出预算数。在实际工作中,相对控制应得到广泛的应用。

汽车运输生产经营的特点,决定了成本控制的内容与工业企业不同。汽车运输成本控制的内容应从甲、乙、丙三类成本构成来分析。

(1)甲类成本控制。这类成本在一定时期是相对固定的。这类成本项目一般应实行绝对控制方法,即要控制各项费用的总发生额,使发生额不能突破既定计划或预算范围。

(2)乙类成本控制。这类成本是随车公里变动而变动的成本,主要包括燃料、轮胎、保修、大修、折旧、行车事故损失、其他车辆费用的变动部分等。这类成本项目应采用相对控制方法,不能一味地控制发生额,要根据运输生产任务和盈利情况进行分析和控制。

(3)丙类成本控制。这类成本是随吨公里变动而变动的成本。一般说来,在运价确定的情况下,吨公里完成越多,运输收入也越多,与燃料消耗有关的费用也随之增加。因此,对这类成本项目只能采取相对控制法。

(4)对运输周转量和车辆运用效率指标进行控制。车辆运用效率指标的提高或降低,直接会影响运输周转量的增减变动;而运输周转量的变动,又会影响单位运输成本的增减。因此,这类指标控制也是成本控制的重要内容。一般地讲,对运输周转量指标应进行相对控制;对车辆运用效率指标要进行绝对控制。特别是对里程利用率和拖运率指标,必须实行绝对控制。

第五节 营收与利润管理

一、运输企业营业收入管理

1. 营业收入及其类别

收入按其与企业生产经营活动的相关程度,可分为营业收入和营业外收入两大类。营业收入是指企业在某一会计期间的生产经营活动中,通过销售商品、提供劳务或从事其他经营活动而获得的收入;营业外收入亦称"营业外收益",指与生产经营过程无直接关系,应列入当期利润的收入,是企业财务成果的组成部分。营业收入通常又可分为主营业务收入和其他业务收入。其中,主营业务收入一般是指出售商品或提供劳务而取得的收入;其他业务收入,则是指除出售商品或提供劳务以外的与企业的生产经营活动有关的各种收入。从这个意义上说,其他业务收入类似于营业外收入;但所不同的是,其他业务收入派生于企业的生产经营活动,而营业外收入则派生于企业的生产经营活动之外。

2. 运输企业营业收入的分类与基本内容

汽车运输企业的营业收入一般包括两部分:一部分是经营旅客、货物运输业务,装卸业务及与运输、装卸业务相关的其他业务所取得的收入,又称基本业务收入或主营业务收入;另一部分是企业主营业务以外的其他日常活动所取得的收入。一般情况下,其他业务活动的收入不大,发生频率不高,在收入中占比较小,故又称其他业务收入。

(1)运输收入。运输收入是指汽车运输企业经营客货运输业务并按规定的费率向旅客和货主收取的运费收入,主要包括:①客运收入,指发售长、短途客票收入、客运计时包车和计程包车收入等;②货运收入,指长、短途整车、零担货物运输收入和行李、包裹、邮件等运输收入以及自卸车卸车费收入等。

在实际的运输生产经营过程中,客运收入和货运收入一律按客、货运别来划分,不是按车别来划分的。但运输成本的计算则是按车别分别计算的,因此,两者的计算口径不一致。在分析运输收入与运输成本关系时,必须特别注意这一点。应将客运收入、货运收入分别换算为客车收入和货车收入,其换算关系分别如下:

$$客车收入 = 客运单位收入 \times 客车载客人公里 + 货运单位收入 \times 客车载货吨公里 \tag{12-26}$$

$$货车收入 = 货运单位收入 \times 货车载货吨公里 + 客运单位收入 \times 货车载客人公里 \tag{12-27}$$

(2)装卸收入。装卸收入是指汽车运输企业所经营的人工装卸业务和机械装卸业务并按照规定的费率向货主收取的装卸费收入。

(3)其他业务收入。其他业务收入是企业经营与运输业务有关的其他业务所取得的各种收入,主要包括:①客运服务收入;②联运及代理业务收入;③堆存仓储业务收入;④集装箱服务收入;⑤其他收入。

3. 营业收入的确认和计量

(1)营业收入的确认。营业收入的确认有两种方法,一种是收付实现制;一种是权责发生制。按照收付实现制原则,企业营业收入确认是以客货运输收入的款项(现金)是否收到为标志,款项(现金)收到即确认营业收入的实现。按照权责发生制原则,营业收入的确认不是以款项是否收讫为依据,而是以收入是否已经实现为依据。具体地说,营业收入的实现,一般为产品或者商品已经发出,工程已经交付,服务或者劳务已经提供,价款已经收讫或者已经取得收取价款的权利。

为了规范企业确认营业收入的做法并与国际惯例接轨,《企业财务通则》以及《运输企业财务制度》均要求企业采用权责发生制原则为基础的确认原则。

(2)营业收入的计量。确认和计量是相辅相成的。确认是计量的前提,计量是确认的延续。企业在根据权责发生制原则确认营业收入的同时,还必须对营业收入进行计量。

一般地说,营业收入的计量比较直截了当。营业收入应当根据实际的或预期的现金流入(或其他等价物)进行计量。但是由于收入的赚取过程往往伴随着某些不确定因素,存在着诸如销售退回及折让、商业折扣、现金折扣甚至出现坏账的可能性。因此,营业收入的计量应充分考虑这些因素,唯有如此,营业收入才能真正代表某一特定时期所取得的真实的经营业绩。

4. 运输收入的划拨与清算

运输收入的划拨与清算,是指各汽车运输企业之间相互为对方车辆办理运输业务所取得的运输收入之间的相互划拨与清算,包括跨省(区)运输收入的划拨与清算;省内各地(市)汽车运输企业之间运输收入的划拨与清算以及代社会其他单位和个体运输户车辆办理运输收入的划拨与结算。

(1)货运收入的结算与划拨。货运收入的结算与划拨,相对手续比较简单,本企业为跨省(区)汽车运输企业和社会其他单位、个体运输户代办货物运输业务的货运收入,月终根据各经办站(所)营业收入月报表中按代理业务货票结算应划拨的货运收入。按照双方协议规定,分别汇付对方单位;也可以由对方企业凭货票结算联汇总,通过开户银行向代办企业办理委托收款。双方结算代办客货运输收入,均应按协议规定扣收代理业务手续费,作为本企业的"联运及代理业务收入"。

(2)客运收入的结算与划拨。客运收入的相互结算与划拨相对复杂,而且方法较多,概括起来主要有以下几种:

第一,互不结算。当两家运输企业在同一条跨省、区线路上对开等量客运班车时,如双方各自经营路段设置的营业站、点大致相等,里程所差甚小(基本相等),双方车辆所完成的旅客周转量和客运收入基本接近时,经双方协议,各营业站点的客票收入和行李包裹收入,不管旅客和行包是哪个企业车辆承运的,均作为各站点主管企业的客运收入处理,双方不做补差结算。

第二,相互结算。这是指汽车运输企业同在一条路线上对开固定班车,而各自负责经营的路段里程和站点设置数量相差悬殊时所采用的一种结算方式。在这种情况下,双方所辖站点的收入差额很大。为了使双方车辆所完成的运输工作量与其收入基本相适应,可由双方签订协议,规定差额结算办法。具体做法有下述几种:①相互代售客票,双方根据售票月报相互结算、补差。②根据行车路单记录,双方各自计算本企业车辆在对方站点所完成乘车旅客周转量,按标准客运费率计算应得收入,月终结算,扣除代理业务手续费后相互补差。③固定补差。按双方车辆每月计划总行驶座位公里乘以双方议定的实载率,再按标准费率计算应得全程全月客运总收入,以总收入的50%作为平均每车客运收入,然后根据双方各自负责经营站段里程占整个路段里程的比例,计算双方辖区客运收入。平均收入与辖区收入的差额即为相互补差金额。在一定时间内固定按这个差额结算。在对开班车数、车辆座位、实载率、站点设置等不变时,补差金额可以长期固定不变。④客票上印制副券。副券上印有起讫点站名和票价,旅客上车后由随车乘务员或驾驶员将客票副券撕下,月终双方将客票副券汇总后进行结算。

第三,包干实载率。这是指甲公司车辆定期开往乙公司所辖营运区域,去程由甲公司售票,回程全部由乙公司售票,事先经双方商定,乙公司按固定实载率计算客运收入按月付给甲公司,实际收入多于包干实载率收入或少于包干实载率收入,双方不增拨也不扣补。

二、汽车运输企业利润总额及其构成

利润是企业从事运输生产经营活动以及其他业务活动而取得的净收益。利润既是企业经营成果的集中体现,也是衡量企业经营管理业绩的主要指标之一。《运输企业财务制度》对汽车运输企业的利润及构成作出规范,即企业的利润总额包括营运利润、投资净收益以及营业外收支净额,其计算公式如下:

$$利润总额 = 营运利润 + 投资净收益 + 营业外收入 - 营业外支出 \quad (12\text{-}28)$$

1. 营运利润的计算

$$营运利润 = 主营业务利润 + 其他业务利润 - 管理费用 - 财务费用 - 销售费用 \quad (12\text{-}29)$$

上述公式的特点是,主营业务利润和其他业务利润近似"毛利"的概念,减去管理费用和财务费用后,得出的营运利润近似于"净利"的概念。从顺序上讲,上述公式把两种期间费用作为营运利润的扣减项目,意味着不仅主营业务应负担管理费用和财务费用,其他业务也应负担管理费用和财务费用,更加体现了财务上的配比原则。

2. 主营业务利润和其他业务利润的计算

$$主营业务利润 = 主营业务收入 - 主营业务成本 - 税金及附加 \quad (12-30)$$

$$其他业务利润 = 其他业务收入 - 其他业务成本 - 税金及附加 \quad (12-31)$$

税金及附加包括税金和教育费附加。另外,企业收到减免税退回的税金,应作为减少税金处理。

上述计算公式的特点是,主营业务成本、税金及附加与运输业务直接相关;其他业务成本、税金及附加与运输有关的其他业务直接相关,分别从主营业务收入和其他业务收入直接扣减,计算出来的主营业务利润和其他业务利润近似于"毛利"的概念。

3. 投资净收益的计算

投资净收益是指投资收益扣除投资损失后的数额,是企业利润总额的构成项目之一。

投资收益是指企业对外投资所得的收入(所发生的损失为负数),如企业对外投资取得股利收入、债券利息收入以及与其他单位联营所分得的利润等,是对外投资所取得的利润、股利和债券利息等收入减去投资损失后的净收益。严格地讲,所谓投资收益是指以项目为边界的货币收入等,既包括项目的销售收入又包括资产回收(即项目寿命期末回收的固定资产和流动资金)的价值。投资可分为实业投资和金融投资两大类,人们平常所说的金融投资主要是指证券投资。投资损失包括投资到期收回或者中途转让取得的款项低于账面价值的差额;以及按照权益法核算的股权投资在被投资单位减少的净资产中所分担的数额等。

4. 营业外收入和营业外支出的计算

企业的营业外收入和营业外支出是指与企业营运不直接相关的各项收入和支出。

营业外收入主要包括:债务重组利得、企业合并损益、盘盈利得、因债权人原因确实无法支付的应付款项、政府补助、教育费附加返还款、罚款收入、捐赠利得等。营业外支出主要包括:固定资产盘亏、毁损和出售的净损失;非季节性和非修理期间的停工损失;职工子弟学校经费和技工学校经费;非常损失;公益救济性捐赠;赔偿金、违约金、公安、法院、检察院经费等。

企业利润的种类有:①营业利润,是企业主营业务收入(营业额)扣除材料或商品采购成本、人员工资、设备损耗与折旧、营业税金及附加、增加投资收益、公允价值变动净收益之后的余额。②企业金融利润(投资利润),是企业长期投资收益和短期融资收益与有关费用的差额,反映企业长期投资、短期借贷等各项金融活动的经济效益。③营业外利润,是营业外收入与支出的差额,反映企业营业外收支的平衡情况。④利润总额,是企业生产经营各方面的最终成果,是主营业务、其他业务、对外投资、营业外业务各环节经济效益的综合反映,也是对企业获利能力和投资效益、利润分配等进行分析的主要依据。

三、汽车运输企业利润分配管理

现行的《企业会计准则》,按照利税分流的思路,兼容不同所有制、不同经营方式企业利润分配的特征,设计了尽可能与国际惯例接轨的规范的利润分配制度。

1. 所得税前利润分配

(1) 弥补以前年度亏损。如果商业企业在一定时期内入不敷出,即全部收入不足以抵补全部支出币,其发生的亏损是为企业经营亏损。

①政策性亏损,是企业完成政府规定的社会公益目标,生产和经营特定产品,由于国家限价等原因而发生的亏损。这种亏损一般实行定额补贴或亏损包干的办法。随着社会主义市场经济体制的建立与完善以及价格体制的改革,政策性亏损将逐步取消。

②经营性亏损,是由于管理不善而造成的亏损。现行的运输企业财务制度规定:企业发生的经营性年度亏损,可以用下一年度的税前利润来弥补。下一年度利润不足弥补的,可以在5年内延续弥补。5年内不足弥补的,用税后利润弥补。按照国际惯例,亏损的弥补有两种资金来源,即由税前利润和税后利润。其弥补的方法有:用税前利润和筹建期间的汇兑净收益以及用税后利润和盈余公积金弥补方法,用税前利润弥补亏损,由于会影响国家的税收,一般都规定有时间界限;用税后利润弥补亏损,应在提取盈余公积金之前进行。亏损未弥补完就不得提取盈余公积金,同时不得用资本公积金弥补。

(2) 依法缴纳所得税。企业利润总额在按照国家税法规定作相应调整后,依法缴纳所得税。企业所得税,以实行独立核算的企业或者组织为纳税人,以应纳税所得额为计税依据,按照规定的税率计算应纳的所得税额。纳税人预缴所得税时,应当按纳税期限内应纳税所得额的实际数预缴;按实际数预缴有困难的,可按上一年度应纳税所得额的1/12或1/4预缴,或者经当地税务机关认可的其他方法分期预缴所得税。应纳所得税额的计算公式如下:

$$应纳所得税额 = 月(季)应纳税所得额 \times 25\% \qquad (12-32)$$

或

$$应纳所得税额 = 上年应纳税所得额 \times 1/12(或 1/4) \times 25\% \qquad (12-33)$$

2. 所得税后利润分配

根据《中华人民共和国公司法》等有关法律、法规的规定,企业当年实现的净利润,一般应按照下列内容、顺序和金额进行分配:①计算可供分配的利润。将本年净利润(或亏损)与年初未分配利润(或亏损)合并,计算出可供分配的利润。如果可供分配的利润为负数(即亏损),则不能进行后续分配;如果可供分配利润为正数(即本年累计盈利),则进行后续分配。②提取法定盈余公积金。在不存在年初累计亏损的前提下,法定盈余公积金按照税后净利润的10%提取。法定盈余公积金已达注册资本的50%时可不再提取。提取的法定盈余公积金用于弥补以前年度亏损或转增资本金。但转增资本金后留存的法定盈余公积金不得低于注册资本的25%。③提取任意盈余公积金。任意盈余公积金计提标准由股东大会确定,如确因需要,经股东大会同意后,也可用于分配。④向股东(投资者)支付股利(分配利润)。企业以前年度未分配的利润,可以并入本年度分配。公司股东会或董事会违反上述利润分配顺序,在抵补亏损和提取法定公积金之前向股东分配利润的,必须将违反规定发放的利润退还公司。在利润分配的顺序中,要注意以下两个方面的问题:

第一,企业当年无利润时,不得向投资者分配利润。其中,股份有限公司当年无利润时,原则上也应不分配股利,但在用盈余公积金弥补亏损后,经股东会议特别决议,可以按照不超过股票面值6%的比例用盈余公积金分配股利,但在分配股利后,法定盈余公积金不得低于注册资本金的25%。其目的是防止股票价格大起大落,维护企业的信誉,增强企业价值。

第二，关于提取任意盈余公积金。企业提取任意盈余公积金是指企业出于经营和管理等方面的需要，在向投资者分配利润前，按照公司章程或者股东会议决议提取和使用的留存收益，这是为了控制向投资者分配利润水平以及调整各年利润的波动，通过提取任意盈余公积金形式对向投资者分利施加限制。

案例分析　大秦铁路股份有限公司财务分析

大秦铁路股份有限公司（以下简称"大秦公司"）是由太原铁路局控股的一家以煤炭、焦炭、钢铁、矿石和旅客运输为主的区域性、多元化的铁路运输上市公司，其主营业务为铁路货运业务，辅以客运业务，货运业务以煤炭等大宗货物运输为主。公司管辖内的大秦铁路是山西、内蒙古西部、陕西煤炭外运的主通道。公司于2004年10月26日创立，2006年7月在国内资本市场公开发行A股股票，2006年8月1日在上交所正式挂牌交易。该公司为中国铁路第一家以路网核心干线为主体的铁路运输上市公司，搭建了铁路通过资本市场融合的新平台，标志着铁路投融资体制改革取得重大突破。

1. 盈利质量分析

大秦公司2013—2017年盈利情况见表12-1。2013—2017年，该公司非经营性损益占比较低，但2016年因公司以39.03亿元的价格收购太原铁路局持有的太兴公司70%股权，并以太古岚既有线资产向太兴公司增资，致使非经营性损益占比大幅增加。非经营性损益跟公司主营业务不具有直接相关性，属于公司营业外收入，具有偶然性和不稳定性。因此，从前期的净利润增长情况综合来看，大秦公司以前盈利质量较高，受非经营性损益影响不大。

大秦公司2013—2017年盈利情况　　　　　　　　　　　　　　　　表12-1

年份	2013	2014	2015	2016	2017
扣除非经常性损益利润（亿元）	127.8	142.5	127.1	72.62	134.1
净利润（亿元）	126.9	141.8	126.5	71.68	133.5
非经常性损益占比（%）	-0.71	-0.49	-0.47	-1.31	-0.45

2. 盈利能力分析

大秦公司主营业务比较单一，主营业务收入占总收入比例一直维持在97%左右，2013—2015年在主营业务收入中货运收入约占80%，客运收入约占10%，其他业务收入约占10%，变化不大。但从2016年开始，货运收入比例有所下降，客运收入、其他业务收入比例有所上升，具体见表12-2。

大秦公司2013—2017年盈利结构　　　　　　　　　　　　　　　　表12-2

年份	2013	2014	2015	2016	2017
主营业务收入比例（%）	96.12	97.13	97.10	97	97.36
货运收入比例（%）	79.89	81.84	81.31	73.88	76.03
客运收入比例（%）	10.30	9.12	9.83	12.02	11.03
其他业务比例（%）	9.81	9.04	8.86	11.1	10.30

综上，大秦公司主营收入比例稳定，企业经营稳健，但同时也可以看出，企业过度依赖主

营货运业务,其他业务经营不足。虽然近两年来企业在附加业务和对外投资的运营方面作出了一些调整,但占比仍然不高。

表12-3为大秦公司2013—2017年盈利能力。由表12-3可以看出,大秦公司盈利能力在2013—2014年保持了较高的水平,2015年开始下滑,到2016年跌入底部。分析其原因,2015年开始我国经济结构加快调整,供给侧改革"三去一降一补"等政策措施深入推进。公司主要货源区域发运需求减少,周边新线开通分流,使得公司货运量、换算周转量等同比下滑,抵消了2015年2月1日全路上调货物运价对收入的贡献,造成营业收入减少。

大秦公司2013—2017年盈利能力 表12-3

年份	2013	2014	2015	2016	2017
净利润率(%)	24.73	26.29	24.09	15.86	23.54
加权总资产收益率(%)	12.41	12.95	11.02	5.95	10.43
扣非/加权净资产收益率(%)	17.54	17.9	14.69	7.85	13.56

3. 偿债能力分析

大秦公司2013—2017年偿债能力见表12-4。大秦公司2013—2017年流动比例逐年上升,表明该公司短期偿债能力不断增强。2013—2017年,大秦公司产权比例一直比较低,企业自有资本与总资产的比例较大,表明公司长期偿债能力较强。此外,大秦公司资产负债率在2013—2017年很低,说明资本结构比较保守。虽然保守型资本结构可以减少偿债压力,保持较低的财务风险,但也加大了企业的资本成本。因此,企业应使用合理的债务资本。

大秦公司2013—2017年偿债能力 表12-4

年份	2013	2014	2015	2016	2017
资产负债率(%)	25.67	23.36	20.9	25.84	20.97
流动比率	0.74	0.86	1.02	1.01	1.36
产权比率	0.35	0.31	0.27	0.36	0.27

4. 运营能力分析

表12-5反映了大秦公司运营能力的发展趋势和与行业竞争对手在这方面的差距。从总体趋势来看,大秦公司应收账款周转率呈明显下降趋势,在三家铁路上市公司中高于广深铁路,却远低于铁龙物流,处于落后状态。其原因为大秦公司应收账款主要来自其母公司或中国铁路总公司投资的公司或下属单位,收回时间较长。

大秦公司2013—2017年应收账款周转率行业分析 表12-5

年份	2013	2014	2015	2016	2017
大秦铁路(%)	24.55	24.27	19.17	9.85	9.51
广深铁路(%)	12.37	7.65	6.05	5.53	4.88
铁龙物流(%)	26.19	27.12	44.27	60.45	80.17

参考文献

[1] 陈成功.营运车辆挂靠经营的行政监管浅析[J].法制博览,2018(33):238.

[2] 方静.道路客运公司化经营问题研究[D].西安:长安大学,2006.

[3] 蒋先平,卫贵武,肖艳.企业战略决策管理[M].北京:北京师范大学出版社,2017.

[4] 刘冀生.企业战略管理——不确定性环境下的战略选择及实施[M].3版.北京:清华大学出版社,2016.

[5] 单建华.传统道路客运企业的改革与发展战略研究[D].西安:长安大学,2014.

[6] 余沛.企业战略管理[M].北京:电子工作出版社,2017.

[7] 王建民.战略管理学[M].2版.北京:清华大学出版社,2006.

[8] 王广军.基于EFE和IFE矩阵的森林旅游发展战略研究[D].长沙:中南林业科技大学,2013.

[9] 陈春花,曹洲涛,曾浩.企业文化[M].北京:机械工业出版社,2010.

[10] 董克用,李超平.人力资源管理概论[M].北京:中国人民大学出版社,2019.

[11] 荆新,王化成,刘俊彦.财务管理学[M].8版.北京:中国人民大学出版社,2018.

[12] 阎繁荣.发扬"搬装精神"助推传统运输企业转型发展[J].交通企业管理,2018,33(04):6-8.

[13] 王海娥.A企业运输质量管理的诊断研究[D].广州:华南理工大学,2016.

[14] 冯正霖.首届全国交通运输行业"宇通杯"机动车驾驶员节能技能竞赛活动总结[J].交通建设与管理,2009(11):10-11.

[15] 单建华.传统道路客运企业的改革与发展战略研究[D].西安:长安大学,2014.

[16] 马天山.汽车运输企业管理[M].北京:人民交通出版社,1997.

[17] 马天山.汽车运输企业市场营销学[M].北京:人民交通出版社,1997.

[18] 马天山.现代物流基础[M].北京:人民交通出版社,2004.

[19] 马天山.运输经济(公路)专业知识与实务[M].北京:中国人事出版社,2008.

[20] 马天山.道路旅客运输"三优""三化"规范[M].西安:陕西科学技术出版社,1997.

[21] 孙焱林,陈雨良,李彤.实用现代管理学[M].北京:北京大学出版社,2004.

[22] 朱艳茹.交通运输企业管理[M].南京:东南大学出版社,2008.

[23] 李启明.现代企业管理[M].北京:高等教育出版社,2004.

[24] 王槐林.采购管理与库存控制[M].北京:中国物资出版社,2005.

[25] 张周堂.现代物流与道路货物运输[M].北京:人民交通出版社,2003.

[26] 张颖.哈佛框架下的铁路运输业财务报表分析——以大秦铁路公司为例[J].中国乡镇企业会计,2019(03):74-76.

[27] 星海.传授技能,传递理念[J].中国道路运输,2010(2):78-80.